자본주의 사회가 어떻게 노동계급을 솎아내는지 낱낱이 보여준다. 주식 시장, 부동산 속보 뒤에서 실제로는 어떤 일이 벌어지고 있는지 알고 싶다면 이 진실한 이야기와 함께 시간을 보내야 한다.
- 〈뉴욕 타임스(The New York Times)〉

재능 넘치는 이야기꾼이 실제 사실 속에서 아름다운 이야기를 완성했다. 이 책은 앞으로 나아갈 길을 찾는 이들에게 탐조등이 되어 길을 비춘다.
- J. D. 밴스(J. D. Vance), 《힐빌리의 노래》 저자

지금 노동계급이 처한 상황을 이해하고 싶다면 《제인스빌 이야기》의 등장인물들을 만나보자. 뛰어난 취재를 밑바탕으로 쓰인 이 책은 정치 이데올로기들이 만들어낸 현실을 냉철하면서도 가슴 아프게 기록했다. 보기 드문 공감과 통찰력이 돋보이는 놀라운 책.
- 트레이시 키더(Tracy Kidder), 《새로운 기계의 영혼》 저자·퓰리처상 수상자

이 책이 독자의 기억에 오래 남는 이유는, 이야기 자체로도 성공적이기 때문이다. 등장인물들이 보여주는 인내심과 사려 깊음은 감동을 자아낸다. 우리는 골드스타인의 이야기를 따라가며 최선을 다해 살아가는 책 속의 인물들을 응원하게 된다.
- 〈뉴요커(The New Yorker)〉

눈부시고 집요하며 충격적이다. 등장인물들의 좌절과 회복 과정에 몰입해서 지켜보게 된다.
- 밥 우드워드(Bob Woodward), 〈워싱턴 포스트(The Washington Post)〉 부편집인

《제인스빌 이야기》는 르포 문학이 거둔 위대한 성취다. 이 책은 제너럴 모터스의 공장 폐쇄가 노동자와 가족들의 삶에 어떤 영향을 끼쳤는지 가슴 아프게 서술하면서, 이 재난 앞에서 공공과 민간 부문이 취했던 대응을 냉철하게 분석한다. 러스트 벨트의 경제 상황을 이해하고 싶다면, 그것이 한때 미국의 자긍심이었던 중산층을 어떻게 뒤흔들었는지 알고 싶다면 반드시 이 책을 읽어야 한다.
– 〈필라델피아 인콰이어러(The Philadelphia Inquirer)〉

2016년 11월에 치른 미국 대통령 선거 이후, 중산층은 설 자리와 희망을 잃고 낙담에 빠졌다. 많은 사람들이 이들의 이야기를 그동안 언론이 간과했다고 지적했다. 그러나 탁월한 기자 에이미 골드스타인은 줄곧 이 문제에 천착해왔다. 고통에 신음하는 전형적인 미국 소도시에 대한 생생한 묘사는 "하나의 장소를 이해하게 되면, 모든 장소를 더 잘 이해하게 된다"는 유도라 웰시의 주장을 수긍하게 만든다.
– 다이앤 맥워터(Diane McWhorter), 《고향으로 날 데려다 줘(Carry me home)》 저자 · 퓰리처상 수상자

열정적인 취재와 독자의 공감을 불러일으키는 서사. 예견할 수 없었던 경제적 재난 앞에서 보통 사람들은 어떻게 살아남았는지, 혹은 살아남지 못했는지 그럼에도 어떻게 회복할지에 대한 이야기.
– 《월스트리트 저널(Wall Street Journal)》

골드스타인은 제너럴 모터스의 정리해고로 많은 것을 잃은 희생자들이 어떻게 다시 일어섰는지, 그 영웅적인 노력을 써 내려간다. 이 감동적인 책에서 눈을 떼지 못하고 끝까지 읽어갈 무렵, 나는 그녀가 속편을 쓰면 좋겠다고 생각했다. 만약 그 속편에서 이 재난을 막기 위해 어떤 조치를 가장 먼저 취했어야 했는지를 다룬다면 더 바랄 것이 없겠다.
– 〈워싱턴 포스트〉

J. D. 밴스는 《힐빌리의 노래》에서 백인 노동계급의 처지를 돌이켜볼 때 문화적 타락과 개인적 존재에 초점을 맞춘다. 반면 에이미 골드스타인의 《제인스빌 이야기》는 경제적 붕괴와 지역사회에 주목한다. 미국이 현재 겪는 병폐가 어디서 기인했는지를 이해하려면 우리는 이 두 권의 책을 반드시 읽어야 한다.
- 로버트 D. 퍼트넘(Robert D. Putnam), 《나 홀로 볼링》과 《우리 아이들》의 베스트셀러 저자

골드스타인은 '깨져버린 사회적 타협'을 주제로 진행된 우리의 논의에 의미 있는 저작 하나를 추가했다. 제인스빌은 수많은 미국 소도시들의 전형이다. 이 책은 관료, 사회학자, 경제학자, 깨어 있는 시민 모두가 교훈으로 삼아야 할 이야기다.
- 〈보스턴 글로브(The Boston Globe)〉

뉴스 속보만큼이나 시의적절한 책이다. 금융위기와 탈산업화가 어떻게 미국 중심부의 사회적·경제적·정치적 삶을 파괴했는지 알고 싶다면 반드시 이 책을 읽어야 한다. 2016년에 왜 정치적 이변이 일어났는지 궁금한 이들에게도 일독을 권한다.
- E. J. 디온 주니어(E. J. Dionne Jr.), 《왜 우익은 길을 잃었는가?(Why the right went wrong?)》 저자

깊은 공감을 불러일으키면서도 공정함을 잃지 않는다. 《제인스빌 이야기》는 등장인물들이 좌절을 극복하고 다시 일어서는 모습을 그려 연민과 함께 비극적인 분위기를 풍긴다. 그것은 압도적인 힘, 특히 경제적인 힘에 맞서는 보통 사람들의 숭고한 투쟁을 그린다.
- 〈밀워키 저널 센티널(Milwaukee Journal Sentinel)〉

〈워싱턴 포스트〉의 퓰리처상 수상자인 골드스타인은 3년에 걸친 치밀한 인터뷰를 바탕으로 탁월한 조사 결과를 담은 한 편의 문학 작품을 선보인다. 이 책은 미국 중심부 노동계급의 삶을 따뜻한 시선 속에서도 충격적으로 묘사한다.
- 《커커스 리뷰(Kirkus Reviews)》

왜 이제는 '그냥 살아가기'조차 어려워진 것일까? 에이미 골드스타인은 이런 의문에 적절한 답을 내놓는다. 그녀는 제너럴 모터스 공장이 영구 폐쇄된 폴 라이언의 목가적인 고향 마을에 들어가 우리의 중산층을 일군 강력한 생산직 노조의 쇠퇴와 더불어 파괴되기 시작한 삶과 결혼, 아이들의 생활을 조명한다. 중산층이 파괴되는 과정은 지역사회의 균열 및 정치적 양극화와 동시에 진행됐다. 트럼프 정권의 등장은 바로 그 결과였다.
- 셸던 댄지거(Sheldon Danziger), 《미국의 불평등(America Unequal)》 공저자

골드스타인은 허다한 고정관념들을 산산조각낸다.
- 〈미니애폴리스 스타 트리뷴(Minneapolis Star Tribune)〉

전형적인 미국의 한 지역사회를 대상으로 실행한 철저하고도 공정한 연구. 매우 인간적면서 무척 충격적이고, 시의적절한 동시에 사태의 본질을 꿰뚫는다.
- 《라이브러리 저널(Library Journal)》

제인스빌 이야기

공장이 떠난 도시에서

제인스빌 이야기

에이미 골드스타인 지음 | 이세영 옮김

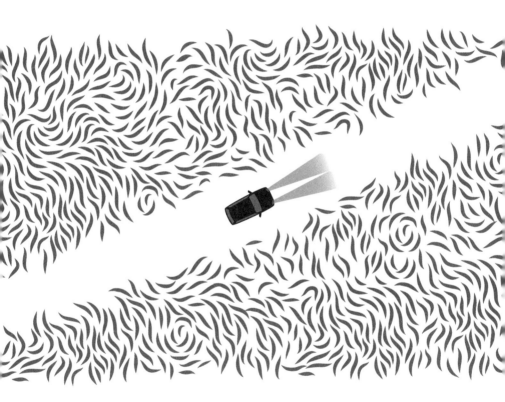

세종서적

신시아 골드스타인과 로버트 골드스타인에게
이 책을 바친다.
두 사람은 내게 언어를 존중하고
사랑하는 법을 가르쳤으며,
자신들이 사는 지역의 삶을 개선하기 위해
부단히 노력했다.

프롤로그

오전 7시 7분, 마지막 자동차 타호Tahoe 가 조립라인 끝에 당도했다. 바깥은 아직 어둡고 기온은 영하 9도, 12월 강설량으로는 기록적 수치에 가까운 84센티미터의 눈이 매서운 바람에 실려 주차장에 쌓였다.

GM 제인스빌 자동차 생산 공장은 휘황한 불빛 아래 꽉 들어찬 사람들로 발 디딜 틈이 없다. 이제 곧 공장을 떠나 불확실한 미래와 마주서야 할 노동자들이 연금으로 생활하는 퇴직자들과 나란히 도열했다. 퇴직자들의 가슴은 충격과 향수로 저미는 듯하다. 지에머GMer 들 모두 구불구불한 조립라인 위로 움직이는 타호를 뒤따른다. 그들은 서로를 격려하고, 얼싸안으며 눈물 흘린다.

마지막 타호는 아름답다. 열선이 깔린 좌석과 알루미늄 휠, 아홉 대의

스피커를 장착한 보스Bose 오디오 시스템을 풀 옵션으로 갖춘 검정색 엘
티지LTZ 다. 시장에 나가면 정찰 가격이 5만 7745달러는 하겠지만 지금
처럼 경제 사정이 안 좋을 때 고가의 GM 스포츠유틸리티 차량SUV을
사려는 사람은 더 이상 없다.

산타 모자를 쓴 남자 등 다섯 명이 노동자들 서명이 빼곡한 대형 펄
침막을 들고 눈부시게 빛나는 검정색 SUV 앞에 섰다. 펄침막에는 "제
인스빌 조립라인에서 출고된 마지막 자동차"라는 글씨와 "2008년 12월 23
일"이라는 날짜가 적혔다. 이 펄침막은 지역사 박물관에 보내질 예정이다.

미국 최대 자동차 생산 업체의 가장 유서 깊은 공장에서 최후의 제품
이 출고되는 순간을 영상에 담기 위해 TV 방송 관계자들이 현장을 찾
았다. 네덜란드와 일본에서 온 이들도 섞여 있다.

크리스마스 이틀 전에 이루어진 자동차 생산 공장의 폐업은 이렇듯
충실하게 기록된다.

이 책은 공장폐쇄 뒤 벌어진 이야기를 담았다.

★

위스콘신주 제인스빌은 미국을 동서로 가로지르는 90번 고속도로에
서 시카고~매디슨 구간의 4분의 3 지점에 있다. 인구 6만 3000명의 군
청 소재지로 록강Rock River의 만곡부를 따라 시가지가 형성되었는데, 자
동차 공장은 강폭이 좁아지는 강변 둔덕에 자리 잡았다. 제너럴 모터스
는 1923년 밸런타인데이부터 제인스빌에서 쉐보레를 생산하기 시작했다.
85년 동안 이 공장은 막강한 마법사처럼 도시의 생활 리듬을 규율했다.

라디오 방송국은 뉴스 시간을 공장의 근무 교대 주기에 맞춰 편성했다. 식료품 가격은 GM 노동자들의 임금 인상 폭에 맞춰 상승했다. 주민들은 부품을 실어 오고 완성차와 트럭 그리고 SUV 차량을 싣고 가는 화물 열차의 운행 시간에 맞춰 시내 외출 계획을 짰다. 공장이 폐쇄될 무렵에 미국은 참담한 금융위기를 겪는 중이었고, 이는 전국에 걸쳐 일자리 감소와 임금 하락을 가져왔다. 그러나 제인스빌 사람들은 여전히 앞으로의 미래가 과거와 같을 것이며, 운명을 스스로 개척할 수 있으리라는 믿음을 버리지 않았다. 그들의 확신에는 근거가 있었다.

제너럴 모터스가 들어오기 오래 전, 제인스빌은 남부 위스콘신의 비옥한 농지에 둘러싸인 근면한 소도시였다. 이곳의 지명은 헨리 제인스라는 한 정착민의 이름에서 따왔다. 제조업의 역사도 일찌감치 시작되었다. 남북전쟁이 일어나기 몇 해 전, 록강 철공소는 사우스 프랭클린가에 있는 한 건물에서 농기구를 만들고 있었다. 1870년 당시의 사업자 연감에는 제인스빌 마차 제조업자 열다섯 명의 이름이 등재되었다. 강을 따라 직물 업체가 번창했으며 처음에는 모직물을, 그다음에는 면직물을 생산했다. 1880년 무렵, 제인스빌 면직 공장에는 250명의 노동자가 일하고 있었다. 대부분 젊은 여성이었다.

20세기 초의 제인스빌[1]에는 약 1만 3000명의 주민이 살았다. 이들은 동부에서 넘어온 초기 정착민의 후손과 수십 년에 걸쳐 아일랜드, 독일, 노르웨이 등지에서 흘러들어온 이민자들이었다. 다운타운에 속하는 프랭클린가와 리버가에는 공장들이 늘어서 있었다. 밀워키가와 중심가는 상점과 사무실 들로 빼곡했다. 한때 이곳에는 250명까지 들어가는 큰 술집이 있었다. 상점들은 한 주의 일을 마치고 도심으로 쏟아져 나오는 인근 농가 주민들을 위해 토요일 밤까지 영업을 했다. 강을 가로질러 밀워키가로 연결된 다리는 여전히 나무 재질이었으나 다운타운에서 남북 방면으로 운행하는 시내 교통은 오래된 마차 서비스를 대체해 전차가 책임지고 있었다. 제인스빌은 철도 허브이기도 했다. 여객열차와 화물열차 64편이 매일 도시를 들락거렸다. 공장으로 가는 원자재, 순회 유세에 나선 정치인들, 마이어스 그랜드 오페라 하우스에서 공연을 하려는 연예인들이 기차역을 거쳐 도시로 들어왔다.

제인스빌 제조업의 오랜 역사를 살펴보면 지역 출신 기업인 두 명이 눈에 띈다. 대부분의 미국인들은 잘 모르지만 학교를 다니는 제인스빌 아이들에게는 전설적인 인물들이다. 바로 이들이 지역경제를 일구고 이 도시의 정체성을 만들어낸 사람들이기 때문이다.

첫 번째로 소개할 사람은 지역의 젊은 전신 교육 강사telegraphy instructor였던 조지 S. 파커George S. Parker라는 인물이다. 1880년대에 그는 질 좋은 만년필로 특허를 받아 파커 펜 회사를 세웠다. 얼마 지나지 않아 파커 펜은 해외로 시장을 확장했다. 이 회사의 펜은 세계 박람회를 거치며 각국 지도자들이 조약에 서명할 때 사용하는 필기구로 이름을 날렸다. 파커 펜이 이 도시에 커다란 명성과 영향력을 선사하면서 제인스빌은 유명세를 얻었다.

두 번째는 역시 수완 좋은 사업가 조지프 A. 크레이그Joseph A. Craig다. 그는 제너럴 모터스가 제인스빌이 지닌 잠재력에 관심을 가지게 만든 인물이다. 1차 세계대전이 끝날 무렵 그는 GM을 지역에 유치하기 위해 전략적 노력을 기울였다. 시작할 당시의 목적은 트랙터 생산이었다. 불과 몇 년 만에 GM 생산 공장은 풋볼 경기장 열 개 크기인 1만 3400여 평으로 확대되었다. 공장은 전성기 때 7000명이 넘는 종업원을 고용했고, 부품을 공급하는 인근 업체들에도 수천 개의 일자리를 만들어냈다. 파커 펜이 제인스빌을 유명하게 했다면, GM은 그 명성을 지속시켰다. 제인스빌이 고통스러운 상황 속에서도 어려움을 극복할 수 있으며, 역사적 격변이 가져오는 외부 충격에도 흔들리지 않는다는 사실을 입증한 것이다. 실제 GM 공장은 대공황기에 문을 닫았지만 몇 년이 지난 뒤에 생산을 재개했다. 미국 노동운동사에 한 획을 그은 연좌 파업 sitdown strike 당시 다른 지역의 자동차 공장에서 노동자 소요가 잇따를 때도 제인스빌만은 평화로웠다. 2차 세계대전 기간에 공장은 '후방 전선 home front' 지원 정책에 따라 포탄 공장으로 전환되어 운영되었지만, 전쟁이 끝나자 자동차 생산을 한층 확대된 규모로 재개했다. 자동차 산업의 기운이 쇠락하기 시작한 1970년대에 다른 공장들이 불행한 운명을 맞을 때도 제인스빌의 조립라인은 쉬지 않고 돌아갔다.

그랬으니 만큼 꽁꽁 얼어붙은 2008년 12월 아침에 자동차 생산라인이 멈췄을 때, 앞으로의 사정은 이전과 다를 것이라는 사실을 제인스빌 사람들이 알아차리기는 어려웠다. 과거의 그 어떤 경험도 제인스빌에는 더 이상 재기의 기회가 찾아오지 않을 것임을 일깨워주지 않았다.

2008년과 2009년, 제인스빌과 인근 지역에서는 9000명에 이르는 노동자가 일자리를 잃었다. 이 '대불황 Great Recession'으로 알려진 금융위기 동안 미국 전역에서 일자리 880만 개가 사라졌다. 물론 미국 일부 지역에서 핵심 산업 분야가 타격을 받아 대규모 실업 사태가 벌어진 것은 처음이 아니다. 매사추세츠주 로웰의 섬유 공장들은 이미 1차 세계대전 무렵부터 문을 닫거나 남부로 이전하기 시작했다. 오하이오주 영스타운에서는 1977년 검은 월요일Black Monday 당시 철강과 관련 산업에서 위기가 확산되어 최종적으로 5만 개의 일자리가 사라졌다. 그러나 1930년대 이래 최악의 경제 상황이라 일컫는 이 강력한 불황은 많은 미국인들의 일자리를 빼앗았다. 일자리가 사라진 분야는 특정 산업이나 운이 나빴던 지역의 산업 단지들에만 국한되지 않는다. 지역의 경제 규모와 상관없이, 동부 해안에서 서부 해안에 이르는 미 전역에서, 러스트 벨트(미 북부의 사양화된 공업지대_옮긴이)나 다른 어떤 불량 경제 지대에 속한 적이 없는 곳, 자기들이 그렇게 타격을 입을 것이라고는 상상조차 못했던 곳들에서 많은 일자리가 사라졌다.

★

철망 울타리 너머 보이는 공장 문은 오늘도 굳게 잠겼다. 아르데코 양식으로 꾸민 출입구 현관 지붕 위에 여전히 공장 로고가 보인다. 로고는 세 개의 톱니바퀴 모양으로, 각각의 톱니바퀴마다 디자인이 다르다. 오른쪽 것은 GM, 왼쪽 것은 전미자동차노련United Auto Workers, UAW을 상징한다. 가운데 톱니바퀴 안에는 위스콘신주 모양의 흰색 땅덩이가 그려져 있는데, 제인스빌이 위치한 아랫부분에 캔디 핑크색으로 하트 표시가 되어 있다. 로고 윗부분에는 검정색 글씨로 "함께 일하는 제인스빌 사람들"이라고 쓰였다. 로고 표면은 녹이 슬기 시작했다.

공장 안쪽은 어둡다.[2] 선반과 용접기, 5톤 무게의 승강 장치 등 망해 버린 자동차 공장에서 쓸모없어진 내부 설비는 이미 뜯겨 나가 경매에 넘어갔다. 공장 밖 주차장의 콘크리트 마당에는 경비원의 승용차 한 대만 덩그러니 놓였다. 한동안 그 자리를 지킬 것이 분명한 공장 굴뚝에선 연기 한 가닥 피어오르지 않는다.

공장 뒤편, 수송을 앞둔 화려한 SUV 차량 대열로 가득했던 넓은 공터는 오랜 기간 사람의 손길이 닿지 않은 듯 여기저기서 작은 나무들이 자라는 중이다. 공장 후문 풍경도 을씨년스럽기는 마찬가지여서 경비원 출입구 위에는 알파벳 몇 개가 떨어져 나간 채 "T FOR HE MEMORIES"라고 쓰인 작은 간판이 걸렸다.

자동차 공장이 문 닫은 뒤에도 제인스빌은 유지되었다. 얼핏 보기에 이곳은 경제적 지각변동을 겪어온 곳 치고는 이상하리만치 온전해 보인다. 고통스러운 현실을 감추고자 멀쩡한 겉모습을 유지하는 것은 양질의 일자리가 사라지고 중산층에 속했던 사람들이 계층 사다리의 아래쪽으로 밀려날 때 벌어지는 일이다. 고속도로에서 도심부를 연결하는 러신가의 모든 가로등에서 작은 성조기가 펄럭인다. 중심가는 붉은 벽돌과 밀워키산 회색 벽돌로 지은 19세기 건물들 덕에 여전히 건축적 품위를 유지하고 있다. 그곳의 몇몇 점포들이 빈 것은 새삼스러운 일이 아니다. 1970년대 쇼핑몰이 들어서면서 다운타운 상가에는 공실이 생기기 시작했다. 최근 '도심 옥외 예술 캠페인'이 펼쳐지면서 다운타운의 건물 벽면은 파스텔 색조의 거대 벽화들로 장식되었다. 각각의 벽화들은 1836년에 시가지가 형성된 직후의 초창기 모습을 재현했다. 시청사 뒷면

벽화는 1850년대 당시 철도가 도심으로 가설되는 장면을 묘사하는데, 증기기관차와 철도 가설 노동자들의 모습 아래에 이런 문구가 적혔다. "역사. 비전. 투지."

그렇게 제인스빌은 지속되고 있다. 그러나 변화는 뚜렷하다. 그 변화는 주택가를 따라 걸린 "팝니다" 간판에서, 밀턴가를 따라 문을 연 단기 대출 가맹점들에서, 구세군 가족 센터가 사용 중인 넓직한 공간에서 발견된다.

제인스빌 주민들은 어떻게 살고 있을까? 많은 사람들이 마을과 자신을 되살리는 일에 착수했다. 지난 몇 해 동안 명백해진 사실은 외부의 그 누구에게도 이 도시의 중산층을 재건하기 위한 묘책이 존재하지 않는다는 것이다. 민주당원이든, 공화당원이든, 매디슨(위스콘신주의 주도) 관료든, 워싱턴 연방 관료든, 쇠락하는 노동조합이든, 발버둥치는 회사든 마찬가지다. 제인스빌 사람들은 그러나 포기하지 않는다. 자동차 노동자들뿐만이 아니다. 은행가 중역부터 홈리스 아이들을 돌보는 사회복지사까지 모두가 서로를 위해 위험을 감수한다. 그들을 여기 머물게 하는 것은 이 도시에 대한 애착이다.

물론 쉬운 일은 아니다. 쓸쓸하게 방치된 자동차 공장이 그들 앞에 놓인 딜레마를 보여준다. 1만 3400여 평에 이르는 산업화 시대의 거대 유적이 강변에 말없이 도사리고 있는데, 과거 따위는 훌훌 털고 나아가야 한다는 사실을 어떻게 받아들일 것이며, 이로부터 새로운 미래를 만들어내는 일은 또 어떻게 가능하다는 말인가?

여전히 사람들은 '할 수 있다'는 제인스빌의 정신에 애착을 갖는다. 공장이 문 닫기 한 달 전, 공장 경영진과 전미자동차노련 제인스빌 지부는 공장에서 생산될 마지막 타호가 유나이티드 웨이United Way(미국 자선단체_옮긴이) 노스 록 카운티 지부에 기증된 뒤 추첨을 거쳐 경품으로 증정될 것이라고 공동 발표했다. 경품 티켓은 한 장에 20달러 또는 여섯 장을 묶어 100달러에 팔렸는데, 티켓의 상당수 구매자들은 다음 달 급여가 어디서 나올지 알 수 없는 일시 해고 노동자들이었다. 티켓의 최종 판매 수입은 총 20만 460달러였다. 이 모금 행사는 극심한 불경기의 터널을 통과하는 와중인데도 유나이티드 웨이의 캠페인 연례 목표를 상향 조정하게 만들었다.[일시 해고(layoff)는 경영 부진으로 인원 감축이 필요할 때 노동조합과 협의를 거쳐 경영이 회복되면 재고용할 것을 약속하고 종업원을 일시적으로 해고하는 미국식 제도. 이 책에 등장하는 '해고'는 별도의 부연이 없는 한 '일시 해고'를 뜻한다._옮긴이]

타호의 당첨 티켓은 37년을 GM 공장에서 일한 어떤 퇴직 노동자에게 돌아갔다. 하지만 이 마지막 타호는 차고 문 밖으로 좀처럼 나가지 못한다. 차에 대한 주인의 애착이 너무도 큰 탓이다.

자동차 공장 노동자와 가족

- **크리스티 바이어** 13년차 노동자. 제너럴 모터스에 차량용 좌석을 납품하는
  리어에서 일한다.

본 가족

- **마이크** 리어 소속 18년차 노동자. UAW 제95지역노조 지부장.
- **바브** 리어 소속 15년차 노동자.
- **데이브** 제너럴 모터스 퇴직 노동자. 제인스빌 공장에서 35년 동안 근무했다.
  UAW 제95지역노조 부지부장.

휘태커 가족

- **제러드** 제인스빌 GM 공장 소속 13년차 노동자.
- **태미** 데이터 입력이 주된 업무인 시간제 노동자. 홈 엔트리 서비스에서 근무한다.
- **알리사, 케이지아** 쌍둥이 자매
- **노아** 막내아들

위팻 가족

- **마브** 제너럴 모터스 퇴직자. 제인스빌 공장에서 40년 동안 근무했다.
  UAW–GM 근로자 지원 프로그램의 전 대표이자 록 카운티 감리위원회 위원.
- **맷** 제인스빌 GM 공장 소속 13년차 노동자.
- **다시** 시간제 노동자. 홀마크 카드에서 진열 업무에 종사한다.
- **브리트니, 브룩, 브리아** 딸들

다른 노동자들

- **린다 코번** 44년차 노동자로 파커 펜 컴퍼니에서 근무한다.
- **수 옴스테드** 19년차 노동자로 SSI 테크놀로지(자동차 및 산업 부품 제조 업체) 근무.

정치인들

- **팀 컬런** 민주당 소속 위스콘신주 상원의원. GM 공장 지키기 태스크포스 공동대표.
- **폴 라이언** 공화당 소속 연방 하원의원(위스콘신 제1선거구).

교육자들

- **앤 포벡** 사회복지사, 제인스빌 교육청 홈리스 학생 연락 담당.
- **샤론 케네디** 블랙호크 기술 전문대학 부학장.
- **데리 왈럿** 파커고등학교 사회 교사, 파커의 벽장 설립자.

경제계 지도자들

- **다이앤 헨드릭스** 벌로이트에 소재한 ABC 서플라이 주식회사의 대표.
  경제발전계획 록 카운티 5.0 공동대표.
- **메리 윌머** M&I 은행 제인스빌 지점장, 록 카운티 5.0 공동대표.

지역사회 지도자들

- **밥 버러먼스** 남서부 위스콘신주 인력양성 위원회 사무처장, 록 카운티 취업센터장.
- **스탠 마일럼** 전 〈제인스빌 가제트 Janesville Gazette〉 기자,
  WCLO 1230 AM 라디오 '스탠 마일럼쇼' 진행.

Part 1

제인스빌에 도착한 긴급 뉴스

#2008

전화벨은 울리고

허리춤에 꽂힌 휴대전화가 울리기 시작했을 때 폴 라이언은 주방에 서 있었다. 만약 다른 평일 밤이었다면, 그는 아마도 워싱턴에서 밤늦게 까지 일한 뒤 십중팔구는 연방 의사당 건물 맞은편 롱워스 하우스 오 피스 빌딩에 있는 의원 사무실 간이침대에서 자고 있었을 것이다. 하지 만 그날은 월요일 밤이었고, 워싱턴에는 이튿날 오후까지만 돌아가면 문 제없었다.

이제 몇 달 뒤면 폴이 워싱턴 의사당과 제인스빌 사이의 약 1200킬로 미터를 오가는 이중생활을 시작한 지도 꼭 10년이 된다. 연방 하원의원 에 처음 당선되었을 때 그는 겨우 스물여덟 살이었다. 10년 동안 그는 집에 돌아와 가족과 함께 보내는 시간에서 유일한 삶의 위안을 찾았다.

2008년 6월 2일, 폴은 주말에만 집에서 지내던 평소보다 더 오랫동안 집에 머무르다 그 월요일을 맞았다. 10여 일 전, 그는 "미국의 미래를 위한 로드맵"이라는 거창한 이름의 정책 계획을 발표했다.[1] 이것은 공화당 내에서 최고의 예산 정책통이 되고자 하는 그에게는 새로운 성취였다. 그런 다음 폴은 아내 재나와 아이들과 함께 원기를 충전할 2주 동안의 메모리얼 데이 Memorial Day (전몰장병기념일_옮긴이) 휴가를 받았다.

이날 밤 전화가 왔을 때 그가 코트하우스 힐에 있는 자기 집 주방에 있었던 것도 이 때문이다. 폴의 집은 영국 조지 왕조시대의 주택 양식을 재현한 위엄 넘치는 붉은색 벽돌집이다. 그 집은 역사적 기념물들과 온전히 이웃하면서, 자신이 성장한 집 뒷마당과는 작은 수풀 하나로 경계를 이룬다.

폴은 자신의 고향이자 돌아올 집이 있는 제인스빌을 어린 시절 자전거에 자물쇠를 채워두지 않아도 걱정할 필요가 없었던 곳으로 기억한다. 그곳에서 폴은 고등학교 3학년 학생회장에 뽑혔고,[2] 그 덕에 《바람과 함께 사라지다》가 테마였던 학교 무도회에서 주인공 '레트'였다. 이곳에서 철물점이라도 갈 때면 어린 시절 학교 축구팀에서 함께 운동했던 친구들이나 그의 형제, 누이, 부모들 아니면 그의 자식들과 마주친다.

폴의 삶에서 제인스빌이 차지하는 부분은 방대하고도 뿌리 깊다. 따라서 그날의 전화가 예고하는 거대한 변화에 대해 그로서는 온전히 파악할 준비가 충분히 되어 있지 않았다.

전화를 받은 폴은 깜짝 놀랐다. 수화기 건너편에서 들려온 목소리가 제너럴 모터스의 회장이자 최고경영자인 릭 왜거너 Rick Wagonaer였기 때문이다. 폴은 아마도 기업 활동에 대한 간섭이나 개입이 원활한 경제 활동을 교란시킨다고 확신할 것이다. 하지만 자신의 고향이자 위스콘신주 제1연방 하원의원 선거구의 최대 고용주인 GM과 관련해서는 회사의 최고위층들과 관계를 다지는 일에 힘을 써왔다. 폴은 릭이 워싱턴에 있을 때면 그와 함께 아침을 먹는다. 또한 거의 매주, GM 북미 지역 회장인 트로이 클라크Troy Clarke와 대화한다. 따라서 폴은 GM과 관련된 사정에 어둡지 않았다. GM이 금융위기 이전부터 비틀거렸으며, 휘발유 가격이 갤런당 4달러를 돌파해 사상 최고치를 경신하려는 상황인데도 제인스빌 공장에서는 가파르게 인기가 추락 중인, 기름 먹는 하마나 다름없는 SUV를 대량생산 중이라는 사실 말이다.

폴은 이런 사실들을 알았지만, 제너럴 모터스의 사운이 꾸준히 쇠락하는 최근까지도 릭을 비롯한 중역들과 사사로운 대화를 나누면서도 제인스빌 공장의 미래가 위험하다는 어떤 징후도 감지하지 못했다.

이런 까닭에 폴은 "내일 제너럴 모터스가 제인스빌 공장의 가동 중단을 발표할 것"이라는 릭의 말을 납득하기 어렵다. 일순간 정신이 멍해지더니, 분노가 치민다. 주방에 딸린 창문 너머로 부부 모두가 GM 공장에 나가는 집, 자동차 시트 제조 회사에서 나오는 월급봉투에 가족의 생계를 오롯이 의지하는 집 들이 눈에 들어왔다. 이웃이 다니는 회사는 GM 공장에 차량용 좌석을 납품하는 최대 협력 업체다. 그들은 수백 명의 종업원을 고용하고 있었고, 만약 GM 공장이 문을 닫는다면 그 일자리들은 고스란히 사라질 운명이었다.

★

"당신도 잘 알 텐데? 그런 짓을 하면 이 도시는 완전히 무너진다는 거 말이야."

폴은 수화기에 대고 소리를 질렀다.

"이 사람들은 당신이 고용했던 사람들 가운데 최고의 일꾼들이라고. 그리고 이 도시는 당신네 회사에 충성해왔어. 정 문을 닫으려거든 후폭풍이 그다지 크지 않은 대도시 공장을 닫는 것이 어때?"

상냥한 평소 모습과 달리 험한 말을 쏟아내는 그 순간조차 폴에게는 분노와 함께 또 다른 느낌이 밀려든다. 이 최고경영자의 마음을 돌이킬 수 있으리라는 확신이다. 그의 생각에 해결책은 간단했다. 소비자들이 더 이상 제인스빌에서 생산되는, 그 기름 먹는 하마인 SUV를 원하지 않는다면, 더 인기 많은 다른 차들을 여기서 만들면 될 일 아닌가?

폴은 GM이 생산하는 자동차 모델을 줄줄 읊기 시작한다.

"캐벌리어를 이쪽 공장으로 넘기면 되잖아."

폴이 다시 릭에게 말한다.

"픽업 생산라인도 옮겨오면 되겠네."

전화를 끊은 뒤 폴은 같은 제인스빌 출신인 자신의 수석 보좌관에게 전화를 건다. 아침이 밝으면 일단 대처 방안을 마련하기 위해 부지런히 전화를 돌려야 할 판이다.

폴은 뜬눈으로 밤을 지샌다. 침대에 누워 GM이 이 지역에서 지불하는 급료 규모와 이번 사태가 몰고 올 경제적 충격을 헤아려본다. 그의 생각은 이제 공장폐쇄로 직격탄을 맞을 사람들의 미래에 미친다. 그들은 동네에서 함께 자란 뒤 공장에 일터를 잡은 폴의 친구 혹은 그의 부모다. 그들은 아직 현장에 몸담고 있다.

여전히 폴의 믿음은 확고하다. 공화당원도 민주당원도 아닌, 자신들의 미래를 위해 분투하는 제인스빌 주민의 단결된 힘만이 제너럴 모터스를 설득할 수 있으리라는 확신이다. 폴은 중얼거린다. 우리는 단 한 번도 공장이 문 닫도록 내버려둔 적이 없었잖아. 여긴 제인스빌이야!

★

"긴급 뉴스입니다."

'WCLO 1230' AM 라디오에서 흘러나오는 목소리는 흥분으로 한껏 고조돼 있다. 아직 새벽 5시 30분도 되지 않은 시각이다. 제인스빌의 베테랑 저널리스트이자 정오 라디오 쇼 진행자인 스탠 마일럼은 밤을 꼬박 지샜다.

스탠은 어제 제너럴 모터스에 관한 소문이 점차 무성해지는 것을 감지했다. 제너럴 모터스가 오늘 아침 델라웨어에서 연차 주주총회를 소집하면 뭔가 큰일이 벌어질 것이라는 이야기였다. 그는 이 일생일대의 스토리를 긴급 뉴스로 타전하기 위해, 필요하다면 기꺼이 잠을 포기하고 버틸 작정이었다.

매 시간 스탠은 컴퓨터 화면을 들여다봤다. 곧 나올 속보와 관련한 예고 기사를 발견하기까지 지루한 탐색이 이어졌다. 그 기사는 제너럴 모터스가 북미 공장 네 곳을 폐쇄할 것이며, 제인스빌 공장도 그중 하나라는 내용이었다. 그는 GM의 홍보 담당자를 깨워 기자회견이 이날 아침 열릴 예정이라는 사실을 알아냈다. 회견이 시작되기를 넋 놓고 기다릴 수만은 없다. 그는 라디오 방송국으로 쏜살같이 달려갔다. 총괄 관리자를 지나쳐 곧바로 조정실로 들어간 뒤 어리둥절해하는 현장 요원을 향해 다급하게 소리친다.

"나한테 마이크 넘겨!"

★

오전 5시 48분, 첫 번째 교대근무 조의 작업이 시작된다. 제인스빌 공장의 폐쇄 소식을 전하는 뉴스 속보가 이미 전파를 탔지만, 제인스빌 공장 사람들은 조립라인에 줄지어 들어가기 전까지는 이 소식을 접하지 못한 듯하다. 이렇게 이른 시간에 방송되는 라디오를 듣는 사람이 많지 않은 탓이다. 제러드 휘태커에게도 여느 날과 다름없는 아침이었다.

이날 아침까지 제러드는 13년 하고도 엿새를 GM 노동자로 지내왔다. 그동안 제러드는 여러 라인을 돌았다. 제인스빌 공장이 중형 트럭을 생산하는 동안에는 트럭 라인에서 일했고, 그 뒤에는 SUV 차량 라인으로 옮겼다. 사실 제러드는 그동안의 조립라인 생활이 지루하기 짝이 없었다. 그러나 시간당 임금을 28달러나 주는 직장은 이 제인스빌에 GM 공장 말고는 없었다. 게다가 SUV 판매가 부진에 빠지기 전에는 일반 시급의 1.5배를 받을 수 있는 알짜배기 시간 외 근무가 일주일에 열 시간이나 주어졌다. 그의 아버지와 장인 역시 퇴직 후 GM의 빵빵한 연금을 받기 전까지만 해도 공장에서 보낸 30년을 무척 끔찍해했다. 제러드도 중년에 접어들면서 태도가 바뀌었다. 아버지와 장인처럼 퇴직한 뒤 안락한 노후를 보낼 연금이 보장된다면 직장 생활의 지루함 정도는 얼마든지 견디겠다고 생각한다. 새벽에 출근하는 첫 번째 근무 조로 일하면 아내 태미, 세 아이와 매일 집에서 저녁 식사를 함께할 수 있다. 그에게는 가족이 전부다.

제러드가 출근 카드를 찍는다. 그의 자리는 조립 공정의 마지막 단계인 연료 주입 라인이다. 자리로 향하는 그에게 전단지가 건네진다. 첫 번째 근무 조 1250명 전원에게 배포된 전단지다. 오전 6시 30분에 조립라인 가동이 일시 중단되면 모든 직원들은 공장 2층에 올라와 공지 사항을 들어야 한다는 내용이다. 정확히 30분 동안 가솔린과 엔진오일, 변속기 유동액을 완성 직전의 SUV에 주입한 뒤 제러드는 작업을 멈췄다. 그러고는 동료들과 함께 계단을 올라 2층으로 향한다. 트럭 운전석 조립라인이 있던 2층의 트인 공간에는 디트로이트에서 온 회사 중역 빌 보그스가 전미자동차노련 제95지역노조에서 나온 암울한 표정의 두 사내와 나란히 무대에 서 있다.

보그스의 발표는 간결하다. 제인스빌 공장은 2010년부터 가동을 중단한다는 내용이다. 소식을 전하는 데 긴 시간이 필요하지 않았다. 공장폐쇄까지는 2년이 남아 있지만, 제너럴 모터스 본사는 제인스빌에 새로운 생산 물량을 주지 않을 것이라고 했다. 그것으로 끝이었다. 보그스는 질문을 받지 않았다.

제러드 주변에 선 몇몇 동료들이 울기 시작한다. 대체로 침울한 표정들이다. 한동안 침묵이 이어진다. 모두 아래층으로 내려온다. 조립라인이 다시 돌아간다. 제러드는 SUV에 유동액을 주입한다. 그는 이 뉴스에 보인 자신의 반응에 스스로 놀라는 중이다. 동료들은 여러 가지 걱정거리들을 이야기하지만 제러드는 도리어 안도감을 느낀다. 조립라인 일은 그의 적성에 맞지 않았다. 2년 뒤에 조립라인이 멈추면 GM 노동자로서 그가 받을 실업수당과 노조의 해직 급여는 지금 받는 임금과 큰 차이가 없다. 그 정도면 적성에 맞는 일자리를 찾을 때까지 가족을 건사할 수 있으리라고 제러드는 기대한다. 그는 조립라인 일을 싫어하지만, 라인이 사라진 뒤에도 회사가 자신을 보호해줄 것이라는 데 의심을 품지 않는다.

★

이제 이틀 남았다. 오늘 아침은 화요일이고, 목요일이면 파커고등학교에서 사회 교사로 일한 지 꼭 2년이 된다. 데리 왈럿은 채 정돈을 끝내지 못한 침대 모서리에 걸터앉아 출근용 정장을 입었다. 같은 학교 과학 교사인 파트너 롭은 욕실 문을 열어놓은 채 면도를 한다. 왈럿의 품에 안긴 아홉 달 된 아들 에이버리는 젖병을 물고 있다. NBC 방송의 매디슨 지역 제휴 채널에 맞춰놓은 침실 TV에서 갑자기 제너럴 모터스와 관련해 중요 뉴스가 보도될 것이라는 예고가 흘러나온다.

"오, 이런 젠장."

데리가 중얼거린다. 데리는 이 예고 방송이 무엇을 뜻하는지 안다. 적잖은 일자리가 사라질 수 있다는 이야기다.

데리는 제인스빌에서 북쪽으로 한 시간 거리에 있는 포트 앳킨슨에서 자랐다. 아버지는 인근 프리스키스 사료 공장의 관리자였다. 데리가 7학년일 때 아버지는 척추 바이러스성 질환으로 하반신이 마비됐고 몇 해 뒤 직장을 그만둬야 했다. 데리는 휠체어를 탄 아버지와 함께 10대 시절을 보냈다. 그 경험은 고통받는 사람들을 바라보는 예민한 감수성을 데리에게 심어주었다.

그렇게 과거를 반추하는 가운데, 데리는 앞으로 고통을 겪을 제너럴모터스 사람들에 대해 생각한다. 먼저 롭의 절친한 친구이자 공장 엔지니어인 브래드를 떠올렸다. 브래드는 에이버리의 대부이며, 그에게는 두 딸이 있다. 브래드는 뭘 해야 할까? 데리는 궁금했다. 브래드에 대한 걱정은 더욱 광범위한 문제들을 둘러싼 의문으로 확산된다. 데리와 롭은 GM 공장에서 얼마나 많은 사람들이 일하는지, 가장 최근에 들었던 수치를 애써 떠올렸다. 3000명이다. 이 사람들 모두 앞으로 뭘 해야 하는 걸까?

데리는 발표를 지켜보고 싶지만 TV를 끈다. 에이버리를 돌봄 시설에 데려가야 하기 때문이다. 롭도 일찍 학교로 나가봐야 했다. 데리가 학교에 도착했을 때, 동료 교사들이 삼삼오오 대화를 나누고 있다. 예상한 대로 GM 공장 뉴스가 화제였다. 데리는 오늘 수업 시간에는 공장폐쇄 문제에 대해 토론하지 않을 작정이다. 그와 관련된 사실이 거의 알려진 바 없기 때문이다.

하지만 데리는 제인스빌의 삶이 변할 것이라는 사실을 예감했다. 사람들은 데리를 이상주의자라고 여기지만 사실 그는 현실주의자의 면모도 함께 갖췄다. 그리고 이 도시에 사는 누군가에게 도움의 손길이 필요하다면, 기꺼이 그들과 함께할 사람이 데리다. 지금 데리에게 필요한 것은 돌아가는 상황을 지켜보고 이해하는 일이다.

★

밥 버러먼스는 제인스빌로 가는 39번 고속도로를 따라 남쪽으로 이동 중이다. 그가 운전하는 GMC 소노마의 꽁무니에는 소형 보트가 매달려 있다. 그는 이날 오후를 카멜롯 호수에서 보내려고 했다. 보트에 몸을 싣고 고요한 수면 위를 미끄러지거나, 적당한 장소에 닻을 내린 뒤 바닥에 등을 붙이고 잠들 때까지 호수 위를 떠다니면서 말이다. 그러나 사흘간의 짧은 연차 휴가에 본격적으로 돌입하기도 전, 록 카운티 취업 센터에 남은 부하 직원으로부터 전화가 왔다. 그는 제너럴 모터스의 최고경영자가 방금 제인스빌 생산 공장을 폐쇄한다는 방침을 발표했다고 전했다. 밥은 취업 센터에 사무실을 둔 근로자직업능력개발위원회Workforce Development Board 남서 위스콘신 지부의 책임자다. 제인스빌이 지금껏 가져온 가장 큰 두려움이 GM 공장의 대량해고 사태라는 사실을 밥은 잘 알았다. 그는 자신의 휴가가 물 건너갔다는 사실을 이내 깨달았다. 오랜 두려움이었던 이 재난에 어떻게 대처할 것인지를 계획하고 실천에 옮기는 것이 그의 임무다. 카멜롯 호수에서 한가하게 뱃놀이나 즐길 때가 아니었던 것이다.

시내 한가운데를 헤엄치는 잉어

록 카운티 취업센터의 넓은 주차장에 도착한 밥 버러먼스는 사무실과 작은 방들이 오밀조밀 들어선 한 건물로 뛰어들어 간다. 제인스빌 남부에 위치한 이곳은 예전에 케이마트가 쓰던 건물이다. 이 버려진 매장 한가운데 있는 작은 사무실에서 밥은 여섯 개 카운티 주민들의 구직 활동을 돕는다. 밥이 책임자로 있는 근로자직업능력개발위원회는 전국 곳곳에 수백 곳이 설치되어 있다. 위원회는 1960년대에 만들어진 연방 법률에 근거해 구직자 교육에 드는 돈과 전문 기술을 정부로부터 제공받아 전달하는 역할에 전념해왔다. 위원회의 업무에는 종사하던 일자리가 갑자기 사라져버린 이들을 재교육하는 일도 포함되었다.

밥은 자신의 이런 역할 때문에 제너럴 모터스 수뇌부가 제인스빌 공장의 폐쇄 방침을 발표한 뒤 도시 전역에 빠르게 확산되는 불안과 정면으로 맞닥뜨려야 했다. 밥은 쉽게 패닉에 빠지는 사람이 아니다. 물론 수십 년에 걸쳐 온갖 낭설과 잘못된 경고에 시달렸던 탓에 공장폐쇄 가능성에 둔감해진 것도 사실이다. 설사 그 일이 현실이 된다 해도 GM 사람들에게는 2년이라는 기간이 더 남아 있었다. 2년이면 닥쳐올 일에 어느 정도 대비할 수 있는 시간이기도 하다. 그래, 무슨 일이야 생기겠는가. 그러나 이런 생각이 마음에 안정을 가져다 줄지언정 곧 닥쳐올 상황을 회피하며 시간을 낭비할 때는 아니다. 록 카운티 경제를 지탱하는 일자리 수천 개가 사라지는 것은 지금까지 직면했던 모든 어려움을 능가하는 대재앙이다.

밥은 취업센터 책임자로 5년을 일했다. 그전에는 블랙호크 기술전문대학에서 25년 가까이 관리자로 있었다. 블랙호크는 2년제 기술전문학교로 이 도시가 필요로 하는 직업교육 대부분을 담당했다. 젊었을 때 밥은 부드럽고 내성적인 남자였다. 대학 학장은 그의 뛰어난 창의성을 발견하고 부학장으로 승진시킨 뒤 자기 생각을 표현하는 법을 익히도록 많은 조언을 했다. 그렇게 몇 년이 지나자 밥은 누구 앞에서든 당당히 자기주장을 펼칠 수 있는 사람으로 변했다. 나이 예순을 넘겨 턱수염마저 희끗해진 지금, 밥은 젊었을 때 알고 지내던 이들은 변한 자신을 알아보지 못할 것이라고 가끔씩 생각한다. 오만함이라고 해도 좋다. 밥은 스스로를 '해결사'라고 생각한다. 사무실에 앉아 하나의 프로젝트를 진행할 수 있는 박사학위 소지자, 맡은 프로젝트를 어느 누구보다 잘 해낼 전문가라고 자부하는 것이다. 무엇보다 밥은 공장이 문을 닫았을 때 가장 필수적으로 요구되는 업무에 가장 숙달된 사람이다. 바로 정부에 보조금을 신청해 지역으로 가져오는 일이다.

밥도 공무원이지만, 구직과 직업교육에 쓰이는 돈의 흐름을 감독하는 매디슨과 워싱턴의 공무원들에게는 인내심을 갖기 힘들다. 그 돈은 직업능력개발 업무를 담당하는 기관들에게 생명줄이다. 휴가를 포기하고 돌아온 밥은 지금과 같은 상황에 대비해 정부가 마련해놓은 지침에 따라 바로 업무에 착수했다. 첫 번째 절차는 '신속 대응'으로 알려진 노동부 프로토콜이었는데,[1] 밥은 곧바로 회의감에 휩싸였다.

신속 대응의 첫 부분은 어느 회사가 대량해고를 고려 중인지 미리 알아내 어떻게든 그것이 현실화되는 것을 막아야 한다는 내용이다. 밥이 볼 때 그것은 허술하기 짝이 없는 규정이다. 회사들은 자기들이 내린 결정을 직접 공개하기 전까지는 감원을 준비하고 있다는 사실을 밝히지 않기 때문이다. 무엇보다 제인스빌 GM 공장의 인사 책임자는 공장의 의사 결정에 개입하려는 어떤 시도에도 거부감을 보인다. 신속 대응이 실제로 이루려는 바는 두 번째 부분에 있다. 그것은 충격을 완화시킬 방법을 찾는 것으로, 밥이 지금 시작하려는 일이기도 하다.

제인스빌 공장의 인사책임자는 적어도 종업원 명단을 취업센터와 공유할 의향은 있다. 그리고 밥은 충격 완화를 위한 프로그램에 누구의 이름을 등재할 필요가 있는지 정확히 안다. 바로 전미자동차노련 제95지역 노조 지부장과 밥이 사회복지 인력을 지원받아야 하는 주정부의 담당 공무원들이다. 취업센터는 최근 직원 일부가 일을 그만두는 등 시련을 겪고 있다.

취업센터는 흥분을 가라앉혀야 했다. 밥은 공장폐쇄로 직격탄을 맞을 노동자들에게 지금 상황을 정확히 알려야 한다는 것을 깨달았다. 그는 또 기술전문학교 입학을 원하는 지역의 해고 노동자들에게는 정부 지원을 받도록 필요한 조치를 취할 수 있을 것이라고 생각했다.

비가 내린다. 밥은 비가 오리라고 생각하지 못했다. GM이 공장폐쇄 방침을 발표한 지 8일이 지난 6월 11일, 국립 기상국은 주말까지 폭우가 쏟아질 것이라고 했다.[2] 예보에 따르면 정부가 기상 관측을 시작한 이래 최악의 홍수가 록강 일대에 찾아올 것이다. 자원봉사자와 교도소 재소자들이 강둑 보강에 필요한 26만 부대가 넘는 모래주머니를 채웠다.[3] 치안담당관은 위스콘신 주방위군 투입을 요청했다.

혹독하고 눈이 많이 내렸던 지난겨울 이후 줄곧 젖어 있던 위스콘신과 아이오와의 대지에 거의 18센티미터에 가까운 비가 내린다. 물은 강둑을 넘어 도심으로 흘러들었다. 몰 새들러 주택단지 전체가 침수되었다. 강물은 아름다운 트랙슬러 공원을 집어삼켰고, 인근 카운티의 농장들을 물바다로 만들었다. 강둑을 등지고 조성된 중심가에는 전면을 고풍스러운 벽돌로 장식한 건물들이 늘어서 있었는데, 강물이 상점과 사무실로 밀려들면서 가구들이 진흙 범벅이 되었다. 로펌의 서류 뭉치들이 물에 젖고, 흙탕물이 전등 스위치까지 차올랐다.

기록적인 비다. 제인스빌에서 가장 가까운 측정소에서 록강의 수위는 제너럴 모터스의 발표 뒤 2주 나흘이 지난 토요일에 최고조에 이르렀다.[4] 이날 강물 수위는 4.11미터였는데, 홍수위를 1.4미터나 초과한 것은 물론 역대 최고치였던 1916년의 기록 3.97미터를 넘어섰다. 이는 100년

빈도 홍수위를 넘어선 기록이기도 했다. 카운티 당국은 홍수 때문에 생긴 피해가 4200만 달러에 이를 것으로 추산했다.

농지와 다운타운 건물들이 입은 침수 피해는 주민들로 하여금 몇 달 동안이나 실의에 빠져 일손을 놓게 만들었다. 이 도시에서 1950년대부터 주민들의 머리를 매만져온 다운타운 이발소의 창문에는 "언제 다시 문을 열지는 하느님만 알고 있음"이라고 쓴 손 글씨 팻말이 걸렸다. 주인은 머리 손질이 필요한 고객들을 위해 집 전화번호를 함께 적어놓았다.

취업센터가 입주한 옛 케이마트 건물은 지대가 높아 침수 피해를 입지 않았다. 홍수로 일거리를 잃은 사람이 늘수록 밥의 업무도 늘어났다. 홍수 규모가 100년 사이 최대라고는 하나 이미 대응 방법을 아는 자연재해에 대처하는 것은 수천 개의 일자리가 사라지는 것을 막아야 하는 전례 없는 난제를 다루기보다 쉬웠다. 밥은 불안에 떠는 자동차 공장 노동자들에게 기울이던 관심을 잠시 접고, 홍수로 파괴된 지역사회를 위해 긴급 보조금 지원을 확약받는 데 집중하기로 했다. 연방정부로부터 보조금을 받는다면, 취업센터가 나서서 대공황기 공공사업촉진국Works Progress Administration의 선례를 따라 더디고 힘든 복구 작업을 전담할 별도 조직을 만들 수도 있었다.

그러나 취업센터로 내려오는 보조금으로 성난 자연을 누그러뜨릴 수는 없는 노릇이다. 록강의 강물이 높은 수위로 사납게 밀려들면서 물고기들도 길을 잃었다. 잉어들이 한길을 헤엄쳤고, 거리의 북쪽 끝에 있는 유나이티드 웨이 노스록 카운티 지부의 주차장은 잉어들을 위한 새롭고 멋진 산란장으로 변했다.[5]

주민들은 길 잃은 물고기 떼에 대한 소문을 재난이 아닌 흥미로운 구경거리로 받아들였다. 도시 도처에 피해가 속출했지만 물에 잠긴 거리 바로 위 미침수지에는 제인스빌 주민과 일부 관광객들이 여러 날에 걸쳐 꾸준히 몰려들었다. 그들은 헤엄치며 노니는 노란 잉어 떼 수백 마리를 보면서 웃고, 환호하고, 사진을 찍었다.

크레이그

제너럴 모터스가 제인스빌에 들어온 것은 우연이 아니다. 제너럴 모터스는 1차 세계대전의 종전이 가까워 오던 어느 날, 지역 트랙터 제조 업체에서 일하던 영리한 매니저의 재간 덕분에 이 도시에 들어왔다. 한 세기가 지난 지금, 그는 제인스빌에 '할 수 있다' 정신을 불어넣은 공로를 인정받고 있다. 그 정신이란 스스로 운명의 지도를 그릴 수 있다는 이곳 주민들의 낙관주의다.

서부 펜실베이니아 토박이인 조지프 크레이그는 젊었을 때 밀워키로 이주했고, 지역의 한 농기구 제조 업체에서 라이벌인 제인스빌 기계 회사로 스카우트될 때까지 영업 사원으로 일했다. 제인스빌 기계 회사는 쟁기와 경운기, 씨 뿌리는 기계, 풀 깎는 기계 등을 만들었는데, 그들이 만든 제품은 미 중서부 전역에서 팔렸다. 1897년에 서른 살이 된 크레이그는 회사의 총괄 관리자로 승진했다.

10년도 채 되지 않아 이 회사는 제인스빌의 여러 제조 업체 가운데 가장 크고 돈을 많이 버는 회사가 되었다.[1] 회사는 사우스 리버와 사우스 프랭클린가를 따라 거의 세 개 블록에 걸친 건물 단지를 사용했다.

1909년, 이 도시의 첫 번째 차량 제조 업체가 오언 토머스라는 자동차를 사우스 펄가를 따라 들어선 오래된 철도 공장에서 생산하기 시작했다.[2] 이듬해 위스콘신 마차 회사는 자동차 자회사를 세워 단명했던 위스코를 생산했다. 모니터 오토 웍스라는 회사가 시카고에서 이전해왔는데, 오래된 담배 창고 부지에 자리를 잡고 제인스빌에서 처음으로 트럭을 생산했다.

크레이그는 그러나 또 다른 최신 발명품에 더 관심이 많았다. 가스 추진 트랙터였다. 그의 진두지휘 아래 제인스빌 기계 공장은 이 분야로 사업을 확장했다. 회사는 번창했다. 1918년에 1차 세계대전이 끝나기 몇 개월 전, 크레이그는 제너럴 모터스의 설립자이자 이사회 의장인 윌리엄 C. 듀랜트William C. Durant에게서 디트로이트를 방문해달라는 초청장을 받는다. 듀랜트는 직전 10년 동안 소규모 자동차 회사들을 마구잡이로 합병하면서 GM을 설립하고 키워온 인물이었다. 나날이 수요가 커지는 기계화 농기구 시장을 사업 확장의 기회로 삼으려던 듀랜트는 당시 휘청거리던 캘리포니아의 샘슨 트랙터를 인수했다. 포드 자동차 회사가 처음으로 대량생산 체제로 트랙터를 만들기 시작하고 1년 뒤 있었던 일이다. 듀랜트는 크레이그가 경험 많고 박식한 비즈니스맨이라는 평판을 익히 들어 알았다. 그리고 그해 5월, 디트로이트에서 크레이그를 만난 듀랜트는 그에게 샘슨의 관리자직을 제안했다. 크레이그가 기발한 재능을 발휘하고 있을 때 받은 이 제안은 제인스빌의 운명을 바꿨다.[3] 듀랜트의 첫 제안을 크레이그는 거절했다. 그리고 미팅을 끝내고 몇 시간이 지난 뒤 듀랜트와 다시 만났다. 듀랜트는 제인스빌 기계 회사를 인수한 뒤 샘슨과 합병해 제너럴 모터스의 트랙터 생산라인이 들어설 새로운 공장을 제인스빌에 짓는 데 동의했다. 크레이그는 이 공장의 총책임자를 맡기로 했다.

1919년 GM은 제인스빌에서 트랙터 생산을 시작했고,[4] 이듬해 다운타운 남쪽 강변에 있는 약 6만 6000평의 부지에 대형 공장을 세웠다. 첫 1년 동안 제인스빌 공장의 트랙터 생산 능력은 하루 10대에서 150대로 가파르게 수직 상승했다. 크레이그는 빠르게 늘어나는 직원들을 수용하기 위해 도로, 학교, 주택 정비에 나서도록 시 공무원들을 설득했다. 듀랜트도 제인스빌도시개량협회 앞으로 10만 달러짜리 수표를 끊어 시 상공회의소로 보냈다. "이제껏 저는 이 정도 규모의 도시에서 이처럼 훌륭한 기풍이나 멋진 성취를 본 적이 없습니다." 듀랜트는 수표를 동봉한 편지에 이렇게 적었다. "저는 제인스빌의 미래가 눈부실 것이라고 예견합니다."[5]

그러나 농업 경기의 침체와 적정 한도를 넘어선 듀랜트의 재정 조달은 GM 트랙터 사업 부문의 손실을 키웠고, 1921년 가을에 이르러서는 제인스빌 공장의 트랙터 생산도 중단할 수밖에 없었다. 수십 년에 걸쳐 축적된 불사조 신화의 첫 에피소드가 만들어진 것도 이때다. 크레이그는 쉐보레 생산라인과 협력사인 피셔의 차체 생산 부문을 들여와 새것이나 다름없는 트랙터 공장을 승용차와 트럭 생산라인으로 개조하도록 회사를 설득했다. 제인스빌에서 만든 첫 번째 쉐보레가 공장 문을 나선 것은 1923년 2월 14일이었다.

9년 뒤 대공황의 한복판에서 제인스빌 공장은 가동을 중단한다. 그러나 이듬해 봄에 시카고에서 "발전의 세기"라는 주제로 세계 박람회가 개막했을 때, 제인스빌 공장에서 일시 해고된 노동자 200명은 제너럴 모터스에서 시범 생산라인을 가동하는 일거리를 얻었다.[6]

"과학의 기적이 빚어낸 예술 작품들"이 당시 박람회의 모토였다. 제인스빌 사람들은 일당 7달러에 깨끗한 유니폼을 지급받고 1000명의 관람객이 지나다니며 구경하는 통로 아래서 쉐보레 마스터 이글 4도어 세단을 생산했다. 박람회를 선전하는 GM의 소책자는 "현대 산업의 드라마에 등장하는 온갖 눈부신 스펙터클 가운데, 자동차 만드는 광경만큼 매혹적인 것은 없다"고 썼다.[7]

1933년 12월 5일, 제인스빌 공장은 다시 문을 열었다.[8] 위스콘신주의 주지사 앨버트 슈메더먼Albert Schmedeman이 재가동에 들어간 조립라인에서 첫 번째로 출고된 트럭을 사기 위해 개장식에 참석했다. 미국 노동운동사상 가장 중요했던 사건에서 제인스빌 사람들이 맡았던 역할만큼 역경에 대처하는 그들의 고요하고 부드러운 반응을 생생하게 보여주는 사례는 없다. 1936~1937년 동안 벌어진 제너럴 모터스의 연좌 파업이 그것이다. 연좌는 새로운 형태의 파업이었다. 파업 때면 공장 바깥에서 전통적으로 펼쳐온 피케팅 대신, 공장 안에 꼼짝 않고 있으면서도 생산라인을 멈출 수 있다는 사실을 노동자들은 깨달았다. GM의 연좌는 이 새로운 파업 방법의 가장 유명한 본보기가 되었다. 그들은 5개 주에 있는 생산 공장 7개의 가동을 멈추게 했고, 결국에는 첫 번째 전국 단위 협약을 이끌어냈다. 이로써 전미자동차노련은 GM 노동자를 대표하는 노동조합으로 공식 인정을 받았다.

미시간주의 플린트에서는 파업이 44일 동안 지속되었다.[9] 그러던 어느 한겨울 밤, 구사대와 경찰이 최루 가스를 쏘며 곤봉을 휘두르고 파업 노동자들에게 저녁 식사를 전달하려는 여성들에게 몇 발의 총격을 가하면서 파업은 폭동으로 번졌다. 파업 노동자들은 소방 호스로 물을 뿌리고 창문 밖으로 금속 부품을 던지며 경찰과 맞섰다. 그와 대조적으로 제인스빌에서는 연좌 파업이 9시간 15분밖에 지속되지 않았다.[10] 제인스빌의 지방 권력 구조는 그 당시까지도 시의회가 임명한 담당관이 시 행정을 모두 통제하고 관리하는 형태였는데, 혁신주의 시대(미국에서 1890년대부터 1920년대까지 이어진 사회운동과 정치개혁의 시대_옮긴이)의 개혁 조처들이 시행되고, 헨리 트랙슬러Henry Traxler라는 유능한 행정 담당관이 있었다.

1월 5일 제인스빌에서 연좌 파업이 시작되고 몇 시간이 지나지 않아 트랙슬러는 노조 지도부를 자신의 사무실로 불러 한 가지 제안을 내놨다. 나라 전체에서 파업이 진정될 때까지 제인스빌 공장에서 어떤 차도 만들지 않기로 관리자들이 약속하는 대신 노조원들은 연좌를 풀고 그날 밤 9시에 공장을 비워주면 어떻겠느냐는 제안이었다.[11] 트랙슬러는 카운티 치안담당관과 시 경찰서장의 에스코트를 받으며 자신의 생각을 노조원들에게 설명하기 위해 노조 간부들과 함께 공장으로 갔다. 파업 중이던 노조원들은 트랙슬러의 제안에 쌍수를 들고 환영했다. 밤 10시 15분이 되자 파업 노조원들이 공장 정문 밖으로 걸어 나와 "명랑하고, 떠들썩하고, 생기 넘치는 대열"을 형성했다. 훗날 누군가의 회고에 따르면, 다운타운에서 펼쳐진 노동자들의 퍼레이드는 자정이 가깝도록 이어졌다고 한다.

이후 5주 동안 플린트에서는 폭동이 일어났고[12] 연방 노동장관인 프랜시스 퍼킨스Frances Perkins가 전국 단위의 협상을 중개하기 위해 직에서 물러나는 등 상황이 악화되었다. 하지만 제인스빌에서는 치안담당관, 기업인 두 명, 시 행정관으로 구성된 소위원회가 조업 중단 상황을 평화롭게 감시하고, 자동차노련 지부에 보고서를 제출했다. 보고서에는 제인스빌 공장에서 조업이 이루어졌다는 어떤 증거도 찾을 수 없다는 내용이 담겼다. 제인스빌 공장은 미국이 2차 세계대전에 참전하고 몇 주가 지난 뒤 또 한 번 문을 닫는다. 정부가 민간에서 쓰이는 차량과 트럭 생산을 금지하면서 취해진 조치였다. 그러나 8개월도 안 되어 공장은 다시 가동을 시작했다. 이번에는 여성과 노인들이 전쟁 물자인 포탄을 만들기 위해 작업 라인을 채웠다. "계속 쏠 수 있게 하라"가 당시 공장의 모토였고,[13] 이들은 전쟁 기간 1600만 발의 곡사포탄을 생산했다. 이 덕분에 제인스빌 공장은 훗날 미 육군성으로부터 '육해군 군수물자 생산 우수상'을 받았고, 공장에서 일했던 모든 남녀 노동자들도 '승리의 원동력이 된 리더십의 상징'으로 옷깃에 부착하는 라펠 핀을 받았다.

지난 수십 년 동안 제인스빌 GM 노동자들의 질적 우수성을 인정한 것은 육군성뿐만이 아니었다. 제인스빌 공장과 그들이 만든 자동차는 소비자 만족도 조사 전문기관인 J. D. 파워로부터 상을 받았다. 공장 관리자들은 가끔씩 모든 종업원을 위해 소매에 수상 패치가 붙은 재킷을 주문했다. 1967년 제너럴 모터스는 제인스빌에 이 회사의 100만 대째 자동차를 생산하는 영예를 베풀었다.[14] 그것은 투 도어 하드톱 스타일의 푸른색 쉐보레 카프리스였는데, 제작 과정을 GM 회장이 직접 지켜봤다. 그날 열린 공장 오픈하우스에는 3만 명의 인파가 몰렸다. 종종 사람들은 GM 차를 주문하면서 제인스빌에서 생산된 제품이어야 한다고 콕 집어 요구하기도 했다.

불안한 시기도 있었다. 1986년에 제너럴 모터스는 제인스빌의 두 개 조립라인 가운데 하나였던 픽업트럭 라인 전부를 이전시켰다.[15] 갑자기 1800개의 일자리가 인디애나주의 포트웨인으로 가버린 것이다. 노동자들은 그곳으로 이사를 가든지, 그렇지 않으면 직장을 잃게 될 수도 있다는 말을 들었다. 1200명이 넘는 노동자들이 이주를 선택했다. 그런데 몇 달 뒤 제너럴 모터스가 중형 트럭 라인이 곧 제인스빌로 옮겨갈 것이라고 발표하면서 다시 훈풍이 불었다. 일자리는 넉넉하고 보수도 좋았다. 하루 열 시간씩 주 4일 노동에 금요일 열 시간 초과 근무를 가능케 하는 새로운 단체협약이 만들어졌다.

제너럴 모터스가 2008년에 '사형선고'를 내릴 때까지 제인스빌 공장이 문을 닫을지도 모른다는 소문은 굉장히 오랫동안 도시를 떠돌았다. 주민들은 불안했지만 너무나 흔한 소문이었기 때문에 그것이 현실이 되리라는 생각은 더 이상 하지 않게 되었다. 그것은 제인스빌 생활의 익숙한 배경막 같은 것이었다. 불과 3년 전, 제너럴 모터스는 3만 명의 감원 계획을 발표했다. 시장 점유율이 떨어지고 회사의 재정 상태가 부실해지면서 취하게 된 불가피한 조처였다. 제너럴 모터스에서 가장 오래된 생산 공장이 있는 제인스빌은 특히 위험했다. 어느 공장에서 감원을 할 것인지, GM 수뇌부의 결정을 기다리는 몇 달은 고통스러운 시간이었다. 그러나 2005년 추수감사절 때 릭 왜거너(이번에 제인스빌에 강펀치를 날린 바로 그 최고경영자)가 북미 공장 10여 곳의 생산라인을 폐쇄하거나 대규모 감원을 하겠다고 최종 발표를 했을 때, 제인스빌은 살아남았다.

그날 〈제인스빌 가제트〉의 1면 제목은 "휴Whew"였다.

은퇴 파티

마브 워팻은 친구가 많다. 7월의 첫 번째 토요일 오후, 200명이 넘는 친구들이 실버그 공원에 있는 파빌리온으로 모여들었다. 모든 GM 사람들이 열망하는 통과 의례를 축하하기 위해 그의 가족들이 빌린 공간이었다. 마브는 이제 막 퇴직했다.

직장 생활 마지막 날까지, 마브는 40년 4개월을 생산라인에서 보냈다. 예순한 살의 나이지만 어쩌다 발견한 흰 머리칼에 충격받을 만큼 활기 넘치고 건강한 남자다. 그는 조립라인 폐쇄가 현실화된다면 사라지게 될 '올드 가드old guard'(한 집단에서 변화를 반대하는 창단 멤버들을 가리키는 말_옮긴이)의 일원이다. 그는 제너럴 모터스 직원이라면 당연히 받게 될 퇴직연금을 이제 막 신청했다. 마브는 이전부터 노조원으로서, GM 직원으로서의 이점을 줄곧 누려왔다.

젊은 시절에 그는 여러 해 동안 폭음했지만 회사는 그를 내치지 않았다. 오히려 치료받을 기회를 주었고 그 뒤에는 다른 사람이 치료받는 것을 돕는 역할을 부여했다. 그는 직장 생활 40년 가운데 25년을 근로자 지원 프로그램의 공장 대표자로서 노조원과 관리직의 경계에 있었다. 그러면서 직원들이 중독성 질환을 포함해 개인이 극복하기 힘든 문제들에 대처하는 것을 도왔다. 덕분에 그는 공장의 터줏대감으로 자리 잡았고, 3개월 전에는 록 카운티의 감리위원으로 선출되기까지 했다.

마브는 할리 데이비슨을 탄다. 감성적이었고, 울기도 잘했다. 자신의 은퇴 파티가 열린 이날, 예상보다 많은 사람들이 공원의 빨간 파빌리온 지붕 아래 모인 것을 보며 그는 흡족해했다. 공원은 제인스빌의 북쪽 변두리 밀턴에 있는 그의 집에서 걸어서 닿는 거리다. 그러나 사실 그는 회한에 젖었다. 제인스빌에서의 삶과 그보다 확실성이 낮은 삶의 갈림길에서 지금 자신은 안전한 곳에 서 있다는 사실을 마브는 깨닫는다.

제인스빌에 사는 많은 또래들처럼 마브는 농촌에서 태어났다. 그는 위스콘신주 엘로이의 낙농업 농가에서 자랐고, 로열 하이스쿨을 졸업하고 2주 뒤 해군에 입대했다. 고등학생 시절 지역 풋볼 연맹에서 최우수 선수로 뽑힐 만큼 전도유망한 수비수여서 장학금을 주고 데려가겠다는 대학도 있었다. 하지만 그는 이를 거절하고 같은 학교의 치어리더였던 여자친구와 입대 전에 결혼했다.

베트남전은 격렬했다. 그러나 운 좋게 그는 군 생활을 텍사스 비행장에서 소방차를 운전하며 보낼 수 있었다. 그래서 1968년, 스물한 살에 제인스빌로 돌아왔을 때 마브는 소방서에서 일할 계획이었다. GM 직원이던 처남이 GM에 입사 원사를 내보라고 권유하지 않았다면 그 계획은 실현되었을지도 모른다. 많은 젊은이들이 농장과 소도시, 북쪽의 작은 마을들을 떠나 제인스빌로 몰려들었다. 제인스빌에는 좋은 일자리들이 있었다. GM은 마브처럼 크고 강인한 농촌 청년들을 고용하길 원했다. 그는 제인스빌 공장이 아닌 다른 어디에서도 일한 적이 없다.

이날 오후, 친구들이 버릇없는 젊은 녀석들을 흉보며 바비큐를 먹을 때 마브는 자신의 은퇴와 관련해 짧은 소회를 밝힌다. 그는 직장 생활 내내 제인스빌 공장에서 일하는 행운을 누렸고, 그동안 가장 좋았던 것은 사람들과 함께 일하고 그들을 돕는 데 힘을 쏟을 수 있었던 것이라고 했다. 그러나 공장이 문 닫는 것과 관련해서는 한마디도 하지 않았다. 이 불길한 현실이 자신의 은퇴 파티에서 언급되는 상황만은 피하고 싶었던 것이다. 설사 이 파티가 이전에 결코 경험해보지 못한 감정들로 뒤범벅이 된다고 해도 어쩔 수 없는 일이다. 그의 감정은 회한에서 죄책감으로 변해간다. 두 아들 때문이다. GM 공장에 다니는 아들들은 그가 막 연금 신청을 마친 순간 실직의 위기로 내몰리고 있었다.

★

이런 일이 일어날지 누가 알았겠는가? 불과 5개월 전인 2월의 어느 아침, 마브는 대통령을 꿈꾸던 일리노이주 상원의원 버락 오바마의 연설을 듣고 있었다. 공장을 찾은 그는 경제가 나아질 것이며, 제인스빌의 미래는 과거처럼 희망적일 것이라는 익숙한 이야기를 반복했다.

평상시처럼 새벽 2시 30분에 두 번째 교대 조 근무를 마친 마브는 겨우 네 시간 동안 눈을 붙인 뒤 아침 일찍 공장으로 다시 나갔다. 그가 공장 남문에 도착했을 때, 출입문 앞에는 폭발물 탐지견과 금속 탐지기를 든 보안 요원이 있었다.[1] 그러나 마브가 누군지 아는 공장 경비원들은 간단한 수신호로 그를 통과시켰다.

제인스빌은 소도시였다. 그러나 대통령이나 대통령이 되려는 사람들, 곧 대통령이 될 사람들이 들렀다 갈 정도의 도시 규모는 되었다. 에이브러햄 링컨이 1859년 가을에 처음으로 이 도시를 찾은 이래 줄곧 그랬다. 오바마가 선거운동을 위해 제인스빌에 왔을 때, 그는 경제 분야 연설의 주요 부분을 GM 공장 문제에 할애했다. 공장의 다른 교대 조들처럼 마브가 속한 두 번째 교대 조 역시 희망자 가운데 연장자 순으로 유세를 참관할 수 있게 했다.

마브는 노조로부터 유세를 참관하겠냐고 묻는 전화를 받고 망설임 없이 그러겠노라고 했다. 마브는 민주당원이었고, 오바마가 노동계급에 많은 관심을 기울인다는 사실을 알았다.[2] 마브가 검색대를 통과해 행사장으로 들어갔을 때, 오바마는 이미 GM 관리자들 및 전미자동차노련 제95지역노조 간부들과 함께 1층 회의장에 입장해 있었다. 마브는 잠깐 동안 출입구 인근 복도에 혼자 서 있었는데, 운 좋게도 짙은 회색 정장에 빳빳한 흰색 셔츠, 붉은색 날염 넥타이를 맨 오바마가 회의장 문을 열고 나와 그에게 곧장 걸어와서는 말을 걸었다.

"여기서 얼마나 일했습니까?"

오바마가 자주색 자동차 노조 후드 티셔츠를 껴입어 평소보다 어깨가 넓어 보이는 마브에게 물었다. 마브는 곧 40년을 채운다고 답했다. 오바마는 무슨 일을 하느냐고 다시 물었고, 마브는 근로자 지원 프로그램 대표로 일한다고 답한 뒤 티셔츠 앞주머니에 손을 넣어 꼬깃해진 〈제인스빌 가제트〉의 최근 기사를 꺼내 그에게 건넸다. 마브가 제인스빌의 영향력 있는 50인 가운데 한 명으로 소개된 기사다. 오바마는 펜을 빌려 기사에 사인을 한 뒤 2층으로 통하는 계단으로 뛰어올라 갔다.

연단에 오른 후보자가 연설을 시작했다. 민주당 출신 위스콘신주 주지사 짐 도일Jim Doyle이 자동차노련 지역노조 간부들 및 GM 관리자들과 첫 번째 줄에 앉아 있었고, 접이식 의자와 관람석에 앉은 600여 명의 노동자들이 그들을 둘러싸고 있었다. 연단에는 출입구 위에 걸린 제인스빌 공장의 로고와 똑같은 모양의 명판이 박혀 있었는데, 거기에는 "함께 일하는 사람들"이라는 아치 모양의 문구가 쓰여 있었다.

공교롭게도 오바마가 제인스빌에서 이야기하려던 주제는 '노동'이었다. 당시 미국은 두 달째 심각한 경기후퇴를 겪고 있었다. 자동차 공장 노동자들은 불안해했다. 불과 하루 전에 GM은 2007년 한 해 390억 달러의 적자를 기록했다고 발표했다.[3] 회사 설립 이래 최악의 손실이었다. 회사는 그러면서 7만 4000명의 노조원과 시간제 근무자들에게 특별퇴직buyout을 제안했다. 이날도 접이식 의자와 관람석에 앉은 노동자들이 회사의 제안을 받아들일지를 두고 토론하고 있었다. 마브는 몇 달 전에 퇴직을 결정한 상태였다. 자동차 산업은 위축세가 뚜렷했다. 마브는 젊은 친구들을 위해 자리를 비켜줄 때가 왔다는 것을 깨달았다.

경제 전반과 자동차 부문의 산업 지표는 이날 아침에도 좋지 않았지만, 7개 주 예비선거에서 거둔 승리의 여운이 가시지 않은 듯 오바마는 활기가 넘쳤다. 그는 이어지는 위스콘신주 예비선거에서 승리를 이어가려고 했다.

"번영은 항상 쉽게 달성되지 않습니다."[4]

그는 말했다.

"그러나 온갖 어려움을 헤쳐 오는 동안, 선하고 위대한 도전으로 거대한 변화를 만들어오는 동안, 제인스빌의 약속은 미국의 약속이었습니다. 그것은 우리의 번영이 모든 배를 띄워 움직이는 물결이 될 수 있고, 또 되어야 한다는 약속입니다. 우리가 그 위에서 하나의 국민으로 움직인다는 약속이며, 중산층이 늘어나고 성공의 기회가 가능한 한 넓게 확산될 때 우리 경제가 어느 때보다 강력해질 것이라는 약속입니다."

그리고 나서 오바마는 연설의 어조를 가라앉혔다. 그는 "우리가 꿈꿔온 것을 요구하고, 우리의 번영을 회복하자"라는 자신의 어젠다를 펼쳐 보였다. 마브는 오바마의 말을 신뢰했다.

"정부가 여러분 편에서 여러분을 돕기 위해 존재하려면, 여러분 역시 이런 변화와 이행을 위해 노력해야 합니다. 그러면 이 공장도 앞으로 100년 동안 이곳에 굳건히 서 있을 것입니다."

주지사와 노조 지도부, GM 경영진, 그들을 둘러싼 수백 명의 노동자들이 박수를 쳤다. 오바마가 쏟아내는 희망의 메시지가 박수 소리에 파묻혀 들리지 않을 만큼 그들이 보내는 갈채는 열광적이었다. 박수가 이어지는 동안 주지사와 노조 지도부, 경영진, 노동자 할 것 없이 모든 청중들이 기립했다. 그들 사이에 있던 마브 또한 마찬가지였다.

★

　공장폐쇄 방침이 발표되던 날 아침, 마브는 친구의 전화를 받고 잠에서 깼다. 자신이 들은 소식이 맞는지 확인하려는 전화였다. 친구가 전화를 끊자마자 마브는 GM에 다니는 아들 맷과 딸 제니스에게 곧바로 전화를 걸었다. 자식들이 다른 사람들로부터 공장폐쇄 소식을 전해 듣는 것은 싫었다. 그는 자식들을 키우며 제인스빌 공장이야말로 안정적이고 보수 좋은 최고의 직장이라고 가르쳤다. 상황은 불안정했지만, 마브는 자식들과 통화하면서 (공장의 미래에 대한) 그의 확신을 자신 있게 설명하기 시작했다. 회사는 공장폐쇄 방침을 밝히면서 제인스빌에서 빠지는 라인을 대신해 다른 차종의 생산라인이 들어오는 상황도 배제할 이유는 없다고 했다. 이 때문에 마브는 공장이 문을 닫는다고 해도 잠시 동안일 뿐, 가동을 곧 재개하리라고 생각했다.

　실버그 공원 파빌리온 아래에서 마브는 모든 일이 잘 풀릴 것이라고 믿고 싶다. 그래서 마음 한구석을 떠나지 않는 그 생각을 입 밖으로 꺼내지 않는다. 맷과 제니스가 자신처럼 은퇴 적령기를 맞을 때까지 이곳 제인스빌에서 일하지 못할 수도 있다는 생각 말이다.

8월의 변화

    교대근무를 끝낸 마브 위팻의 아들 맷은 사물함으로 가서 자물쇠를 연 뒤 여분으로 넣어둔 가방을 꺼내 든다. 맷은 주도면밀하고 매사에 계획적이다. 예비용 가방을 미리 가져다 놓은 것도 이런 날에 대비하기 위해서였다. 이날은 공장폐쇄 방침이 발표된 지 두 달 하고도 닷새째 되는 날이다. 2008년 8월 8일. 8이라는 숫자가 세 번 연달아 이어진 이날을 어떤 이들은 행운의 날로 여길 것이다. 전 세계의 많은 신랑 신부들이 이날을 기념일로 삼기 위해 결혼식을 올렸고, 중국 베이징에서는 올림픽이 개막했다. 그러나 맷에게 8월 8일이라는 날짜는 행운과 거리가 멀 뿐 아니라 초현실적으로 느껴지기까지 한다. 이날은 그가 공장에서 보내는 마지막 날이기 때문이다. 몇 분 뒤면 그는 텅 빈 사물함을 뒤로 한 채 공장 밖 주차장으로 발걸음을 옮길 것이다.

맷은 올해 서른일곱 살이다. 그는 자라면서 자신이 자동차 공장 노동자가 되기 위해 길러진다는 느낌을 받곤 했다. 맷은 매일 공장으로 출근하는 아버지를 보고 자랐다. 맷이 어렸을 때 아버지는 자동차 조립라인에서 일했고, 그가 중학생 때는 근로자 지원 프로그램 책임자가 되어 그 일을 25년 간 계속했다. 아버지는 맷의 삶 대부분에 걸쳐 알코올 의존증이나 다른 개인적 어려움을 겪는 이들의 비밀스러운 속내를 들어주는 일을 해온 것이다. 이 때문에 맷은 GM이 좋은 보수와 연금, 안정된 근로 환경을 보장할 뿐 아니라, 원한다면 자신의 이야기를 공감하며 들어주는 사람까지 제공하는 최고의 직장이라 여기게 되었다. 맷이 고등학교 2학년이었던 1986년, 제인스빌 공장에 대규모 신입 사원 채용이 있었다. 하지만 당시 맷의 나이는 채용 연령에 2년이 모자란 열여섯 살이었다. 맷은 좌절했다. 시간이 흘러 열여덟 살이 되었지만 그해에 제인스빌 공장은 신규 채용을 하지 않았다. 할 수 없이 그는 록 카운티에 있는 위스콘신대학의 2년제 학부 과정 유-록U-Rock에서 기초전공 과정을 밟았다. 그러나 정말 하고 싶은 공부를 찾지 못한 까닭에 1년 만에 학교를 때려치우고 나와 패스트 포워드의 매니저가 되었다. 패스트 포워드는 맷이 고등학생 때 인턴으로 나갔던 회사의 나이 지긋한 상사가 매디슨에 개장한 롤러 스케이트장이었다. 4년이 더 흘렀지만 GM 공장에서는 여전히 신규 채용 소식이 들려오지 않았다. 맷은 할 수 없이 제인스빌 공장에 차량 시트를 납품하는 리어에 들어갔다.

GM에 취직하는 것은 매우 어려웠다. 생산라인에 빈자리가 생겨도 마찬가지였다. 회사에 아는 사람이 누구인지가 중요했다. 지원을 하려면 회사 내 누군가로부터 취업 추천을 받아야 했는데, GM 직원들은 친지나 지인에게 줄 수 있는 추천서를 한 장밖에 받지 못했다. 맷은 아버지로부터 추천받았다. 누이 역시 추천서를 원했지만 아버지의 선택은 아들 맷이었다. 회사는 추천받은 지원자들을 추첨해 최종 합격자를 뽑았다. 1995년 5월 17일, 마침내 맷은 어릴 때부터 줄곧 소속감을 가져온 GM 공장에서 일을 시작했다.

맷의 키는 182센티미터 정도로 아버지 마브보다 겨우 3센티미터쯤 작았다. 어깨가 떡 벌어지고 활동적인 마브와 달리 맷은 호리호리하고 내성적이었다. 책임감도 강했다. 맷은 GM 공장에 취직하고 넉 달이 지난 뒤 싱글맘 다시와 결혼했고, 다시의 어린 딸 브리트니도 자신의 아이로 기꺼이 받아들였다. 이후 부부는 두 딸, 브룩과 브리아를 낳았다.

맷은 삶이 편안하고 완벽하다고 느꼈다. 제너럴 모터스에서 받는 급여 덕에 좋은 가장 노릇을 할 수 있다는 데도 만족했다. 공장에서는 입사 시기가 언제인지가 항상 중요했다. 모든 이들이 자기가 언제 입사했는지 연월일을 머릿속에 담고 다녔다. 회사가 직원에게 어떤 기회를 배분할 때 입사 시기에 따라 차등을 두었기 때문이다. 마찬가지로 언제 근속 30년을 채워 은퇴 자격을 갖추게 되느냐도 입사 시기에 따라 달라졌다. 올 여름에는 여기에 또 하나가 추가되었다. 공장 전체가 문을 닫기 전에 직원 절반을 우선 정리하기로 했는데, 입사 시기를 기준 삼아 잔류자와 해고자를 가리기로 했던 것이다. 맷의 입사일은 1995년 5월 17일로 기준일보다 살짝 늦었다. 며칠만 더 일찍 입사했더라면 그의 일자리는 앞으로도 당분간 무탈할 수 있었다. 물론 입사가 며칠 더 늦었더라면 그는 이미 일자리를 잃었을 것이다. 입사일이 해고기준선 조금 아래였던 덕분에 맷은 시간당 28달러를 급료로 받으며 2주일 더 회사에 붙어 있을 수 있게 되었다. 이 작은 자비에 그는 감사했다.

그러나 맷은 규칙적인 일상에 길들여진 남자였다. 따라서 그에게 지난 2주는 모든 것이 뒤죽박죽인 시간이었다. 회사가 정상적으로 가동될 때, 그는 항상 두 번째 교대근무 조로 일했다. 그러나 그 근무 조는 이제 사라졌다. 따라서 지난 2주 동안 그는 공장에 유일하게 남은 첫 번째 교대 조에 대체 근무자로 투입되었다. 맷은 새벽이 오기 전 잠에서 깨야 했다. 그의 업무는 100개에 달하는 SUV 차량 부품의 토크torque 품질을 제어하는 일이었다. 이 기간 동안 맷이 일을 마치고 사물함을 여는 시각은 오후 서너 시 전후였다. 그는 여분의 가방 안에 살인 미스터리 소설들과 《건독 Gun Dog》 잡지의 복사본을 넣어두었다. 오래 전 휴식 시간에 읽은 것들이었다. 맷은 마지막으로 출퇴근 기록계에 퇴근 시간을 입력한다. 제인스빌 GM 공장에서 일을 시작한 지 13년 3개월 22일 만이다. 그러고는 공장 밖으로 나가는 통로를 걸어 약 26도의 낯선 대기 속으로 들어간다. 그에게는 퇴근 시간의 쾌적한 오후 햇살이 낯설기만 하다.

앞으로 어떤 일이 벌어질지 확신할 수 없지만 맷은 여전히 규칙적인 생활에 익숙하다. 그래도 맷은 40년 공장 생활의 지혜를 축적한 마브의 말에 귀를 기울인다. 몇 주 전 공원에서 떠들썩한 은퇴 기념 파티까지 치른 아버지는 연금을 받으며 안정된 노후를 보낼 수 있다. 맷에게 아버지의 말들은 차분하고 희망적으로 느껴진다. 맷은 도박을 좋아하지 않는다. 그러나 누군가 공장의 미래와 관련해 내기를 제안한다면, 공장의 온전한 회복은 시간문제라는 데 기꺼이 돈을 걸 작정이다.

★

제러드 휘태커의 쌍둥이 딸 알리사와 케이지아는 힘든 문제에 직면할 때마다 자신들이 하나로 연결된 것 같다고 느낀다. 그들은 이란성 쌍둥이다. 알리사는 금발이 도드라지고 키가 약 168센티미터로 케이지아보다 10센티미터쯤 더 크다. 케이지아는 항상 자신이 5분만 더 일찍 태어나 언니가 되었더라면 좋았을 것이라고 생각한다. 그들은 이상적인 쌍둥이 자매는 아니었지만 서로 감정을 이입하는 것이 자연스러웠다. 그리고 지금은 그렇게 하는 것이 특히 유용한 때다. 8학년을 앞두고 이번 여름에 맞닥뜨린 것과 같은 난제들을 그전에는 결코 겪어보지 못했기 때문이다. 게으름을 피워도 좋은 8월 한 달 동안 쌍둥이들은 아침잠을 더 잘 수 있었지만, 집에서 아침을 먹는 아빠 때문에 그러기가 힘들다.

지금까지 살아오는 동안, 더 정확하게는 지난 몇 년 동안, 쌍둥이들이 깨어나면 아빠는 이미 출근하고 집에 없었다. 지난달에 처음으로 아이들은 아침 시간에 아빠가 부엌 테이블에 앉아 있는 것을 봤다. 아이들은 대체 어떻게 된 상황인지 대화를 나누다가 해마다 여름이면 공장이 2주간 문을 닫았다는 사실을 떠올렸다. '그래, 별일 아니야.' 그러나 노동절(9월 첫째 월요일)을 일주일 앞두고 새 학년이 시작될 참에도 아빠는 여전히 아침에 집에 있었다. 뭔가 심상치 않다는 것을 느낀 쌍둥이는 함께 쓰는 지하 침실의 침대에 앉아 아빠에게 찾아온 변화에 대해 이야기를 다시 한번 나누었다. 알리사의 침대는 녹색, 푸른색, 보라색이 섞인 1970년대식 복고풍 침대보로 덮였고, 케이지아의 것은 한가운데 서핑 보드가 그려진 오렌지색 침대보였다. 아이들은 엄마 아빠가 대화할 때 우연히 엿들은 말들을 이리저리 맞춰보았다. "특별 퇴직", "실업급여보조금" 같은 몇몇 말들은 도무지 뜻을 짐작할 수 없었지만 온전히 이해할 수 있는 말도 하나 있었다. "이사"라는 끔찍한 단어였다. 아이들로서는 어떻게든 그것이 실제로 벌어지는 상황만은 막아야 했다.

쌍둥이는 4학년 때 전에 살던 풋빌을 떠나 지금 집으로 이사를 오면서 친구들을 새로 사귀어야 했다. 풋빌은 지금 사는 곳에서 서쪽으로 겨우 14킬로미터쯤 떨어진 농촌 마을이었는데, 지금 집에서 그곳의 학교를 계속 다니기에는 너무 멀었다. 게다가 아이들을 제인스빌의 새 학교로 전학시키는 것이 이사의 유일한 목적이었다. 엄마 태미는 공부 잘하는 딸들이 고등학교에 진학하면 명문대 입시에 필요한 고등학교 심화학습 과정을 수강할 수 있기를 바랐는데, 풋빌의 고등학교에는 그 과정이 없었던 것이다. 엄마에게는 항상 자식들의 미래가 최우선 고려 사항이었다. 엄마는 쌍둥이 자매가 출산 예정일보다 6주 일찍 태어났을 때 의사가 했던 말이 틀렸다는 사실을 입증하고 싶어 했다. 당시 의사는 아이들이 너무 작아서 뭔가를 배우는 데 어려움을 겪을 것이라고 했다. 그 말은 틀린 것으로 판명되었으나, 의사의 잘못된 예견 덕에 엄마는 쌍둥이 딸들의 능력과 지적 성취로부터 항상 더 큰 만족감을 얻었다.

침실 회의를 마친 알리사와 케이지아는 다음과 같이 결론 내린다. '우리 집에 지금 무슨 일이 벌어지고 있는지가 궁금하더라도 가급적 아빠한테는 묻지 않는 것이 좋다. 지금 진행 중인 일은 십중팔구 매우 민감한 문제일 것이 틀림없다. 가족 모두가 알아도 좋은 이야기라고 아빠가 판단했다면 벌써 우리한테 말했을 것이다.' 그래서 자매는 아빠가 아닌 엄마에게 번갈아 가며 조금씩 묻기로 했다. 그러나 엄마한테서 얻어낸 것은 "이 문제를 해결하려고 노력 중이다"라는 답변이었다. 상황 파악에 도움이 되지 않기는 매한가지였다.

아이들로서는 뉴스에서 들은 내용과 친구들한테서 전해 들은 단편적인 이야기들로 상황을 짜 맞출 수밖에 없다. 그들은 아빠가 속했던 근무 조는 제인스빌 공장에서 이미 사라진 것이 분명하다고 추론했다. 아빠의 근무 기간이 길지 않아 다른 이들보다 먼저 일자리를 잃은 것이다. 쌍둥이의 짐작은 옳았다. 아빠는 할아버지의 추천을 받아 1995년 5월 29일에 GM 공장에 취업했다. 아빠와 엄마는 GM이 제공하는 안정된 급여 체계의 혜택 속에서 어린 시절을 보낸 사람들이다. 알리사와 케이지아, 남동생 노아가 이번 여름까지 누려온 것처럼 말이다.

아빠의 아침 식사가 던진 수수께끼를 풀고 난 알리사와 케이지아는 어느 때보다 많은 근심거리를 떠안게 되었다. 풋볼을 떠날 때 그랬던 것처럼, 가족들이 처한 상황 때문에 원치 않는 어딘가로 끌려갈 수 있다는 불안감이 엄습한다. 걱정이 꼬리를 무는 가운데 쌍둥이들은 깨닫는다. 알리사는 농구 팀을 그만둬야 할지도 모른다는 것, 케이지아는 친구들을 잃을지도 모른다는 것이 가장 큰 두려움이다.

자매는 서로의 걱정거리를 풀어나가려 머리를 맞댔지만 지금 가장 궁금한 것은 아빠의 심리 상태다. 그들이 기억하는 아빠는 과묵하고 때로는 시무룩한 사람이었다. 그러나 지금은 가족들이 좋아하는 우스운 이야기도 자주 한다. 좀 더 면밀히 관찰했다면 엄마가 평소보다 더 신경질적이라는 사실을 눈치챌 수 있었을 것이다. 엄마는 약간 안절부절못하는 것처럼 보인다. 그러나 아빠는 잘 시간이 늘어난 것을 좋아했고, 마당 이곳저곳에서 허드렛일을 하는 것을 제외하면 마치 응당 누렸어야할 휴가를 뒤늦게 보상받기라도 한 것처럼 느긋하게 지냈다.

★

기온은 아늑했으나 8월의 후텁지근함이 여전했다. 크리스티 바이어는 오전 9시가 조금 안 되어 낮은 벽돌 건물 앞에 도착해 안으로 들어간다. 어지럽게 뒤얽힌 복도를 이리저리 헤매다가 2606호 강의실을 가까스로 찾았다. 그녀는 뒤에서 중간쯤 되는 곳에 자리를 잡은 뒤 주위를 둘러보다가 앉아 있는 학생들이 자기보다 훨씬 어리다는 사실을 깨닫는다. 그녀는 초조해하는 자신을 다른 사람들이 눈치채지 않기를 바란다.

이날은 블랙호크 기술전문대학에서 첫 수업을 듣는 날이다. 크리스티는 서른다섯 살이다. 땅딸막한 체구에 갈색 머리칼은 실용적이어 보이는 숏 커트 스타일이다. 재혼을 한 그녀에게는 대학에 진학해도 될 만큼 장성한 아들이 있다. 아들은 고등학교를 졸업하고 대학을 가는 대신 위스콘신주 주방위군 신병 훈련소에 입소했다.

이날은 8월 넷째 주 월요일이다. 크리스티가 리어에서 일자리를 잃고 나서 채 두 달이 되지 않았다. 리어 공장은 고속도로 동쪽에 있었다.

1990년부터 GM의 주문에 맞춰 자동차 좌석을 적시 생산해왔다. '적시 just-in-time'라는 말은 완성차가 나오기 정확히 세 시간 전 자동차에 장착할 좌석을 만들어 GM 공장 조립라인에 전달하는 것을 뜻했다.

지난 6월 말, GM에서 교대근무 조 하나가 공중분해되었다. 같은 날, 리어에서도 크리스티가 속한 근무 조가 사라졌다. 블랙호크의 가을 학기가 시작했지만 수강생 가운데 해고 노동자는 극히 일부다. 그들 대부분은 크리스티와 같은 리어의 '실업 난민들'이다. 그들은 GM 노동자들처럼 전미자동차노련 제95지역노조에 속했지만, 그들의 근로계약에는 지금처럼 해고될 경우에도 노조의 실업급여보조금을 지급받을 수 있다는 별도 규정이 없다. 그래서 GM 해고자들처럼 새로운 진로를 모색하는 동안 주어지는 한시적 완충 장치가 그들에게는 없었다.

크리스티는 리어의 자동차 좌석 조립라인에서 13년을 일했다. 회사 안에서 크리스티의 이름을 아는 사람이 있다면, 일할 때 착용해야 하는 작업용 앞치마의 디자인을 한결 편리하게 개량한 사람이 그녀이기 때문일 것이다. 크리스티가 개량한 앞치마는 인체공학을 고려한 주머니들과 치맛자락이 기계에 말려들어 갈 경우 신속히 벗을 수 있는 것이 특징이었다. 그녀는 자신의 디자인을 랩 세이프티 서플라이라는 지역 회사에 팔았는데, 이 회사는 크리스티가 디자인한 앞치마가 팔릴 때마다 소액의 저작권료를 그녀에게 지급했다. 리어가 문을 닫게 되자 그녀는 랩 세이프의 제안대로 저작권료를 일시불로 받는 것이 낫겠다고 생각했다. 자신이 디자인한 앞치마를 필요로 하는 노동자들이 앞으로도 계속 있을지 누구도 알 수 없었기 때문이다. 작업용 앞치마는 크리스티에게 잠재

된 사업가 기질을 보여주는 것이었지만, 그 기질은 다시는 밖으로 표출되지 않았다.

리어에서 일하는 남편 밥도 곧 일자리를 잃게 될 처지였다. 여기에 주방위군에 입대하는 아들마저 크리스티의 걱정을 키운다. 아들이 군에서 전역한 뒤 다닐 만한 지역의 여러 회사들이 중서부로 하나둘씩 옮겨가고 있기 때문이다. 아들 조쉬를 가졌을 때 크리스티는 겨우 열여섯 살이었다. 그래서 크리스티의 엄마는 그녀에게 "넌 항상 서두르면서 살았어"라며 면박 주기를 즐겼다. 크리스티는 두 명의 오빠와 네 명의 남자 사촌들 사이에서 유일한 여자아이로 자라면서 엄마에게 각별한 친밀감을 느꼈다. 리어에서 자신이 속한 근무 조가 곧 없어진다는 소식을 들은 날도 크리스티가 처음 전화를 건 사람은 엄마였다. 그녀는 엄마에게 말했다. "우리 회사, 문 닫는대."

살아온 내내 서둘렀다는 말은 크리스티가 일거리가 없어도 TV나 보며 노닥거릴 여자가 아니라는 의미이기도 했다. 학업을 재개하면 정부로부터 돈을 받을 수 있다는 것도 크리스티가 초조함을 숨기며 형사사법제도 과목의 첫 수업에 나온 이유다.

옆 자리에는 크리스티보다 좀 더 키가 크고, 연한 갈색 머리칼에 크고 움푹 들어간 눈을 가진 여자가 앉았다. 그녀가 어린아이가 아니라는 사실이 크리스티에게 무엇보다 큰 위안이 되었다. 그녀의 이름은 바브 본. 크리스티와 마찬가지로 리어 해고 노동자였다. 크리스티보다 2년 많은 15년을 리어에서 일했다고 했다. 그러나 두 사람은 800명이 넘게 일하는 공장에서 서로 다른 근무 조에 속했던 까닭에 안면이 전혀 없었다.

바브 역시 일찍 엄마가 된 경우였다. 화이트워터에서 술깨나 마시는 파티장 죽순이였던 바브는 고등학교 2학년 때 학교를 중퇴하고 열여덟 살 때 아이를 가졌다. 그 뒤 여자아이 셋을 키우는 싱글맘으로 두 곳의 직장을 잠깐 다니다가 리어에 취직했다. 더 많은 급여와 안정된 연금이 보장되는 리어를 다니면서 생활 형편이 나아졌고, 공장에서 근사한 남자도 만났다. 마이크 본은 이혼남이었다. 생활 형편은 나아졌지만, 고등학교 중퇴자라는 사실은 그녀를 조용하고 사람들 앞에서 쭈뼛쭈뼛하며 부끄러움을 많이 타는 여자로 지내도록 했다. 그녀는 5년 넘게 마이크를 알았으면서도 말을 걸지 못했다. 리어에 입사하기 전이나 리어에 있을 때나, 마이크와 대화하기 전이나 대화한 뒤나, 바브는 GED General Education Development, 고졸 학력 인증서를 따기 위해 노력했다. 그러나 여건이 녹록치 않았다. 그녀에게는 어린아이들이 있었고, 해야 할 일이 너무 많았다. 바브는 자신을 'GED 실패자'로 여겼다.

이런 이유로 회사가 문을 닫을 것이라는 소문이 사실로 드러났을 때, 바브는 자신에게 필요한 것이 무엇인지를 알았다. 마이크는 여전히 리어에서 일하고 있었고, 자동차노련 지역노조의 간부로도 활동했다. 이것은 남편이 지금 당장은 해고자로 내몰리지 않을 것이라는 뜻이기도 했다. 그러나 마이크는 오랫동안 작업 현장을 떠나 있었다. 바브 역시 공장 노동에 지쳐 있었는데, 리어에서 일하는 동안 오른쪽 회선건판이 파열되었고, 손목에도 무리가 왔다. 이 때문에 수술을 두 번이나 받아야 했다. 그녀는 스스로에게 약속했다. 공장 생활은 이제 끝났다고.

즉시 그녀는 고졸 학력 취득에 필요한 주정부의 프로그램에 등록했다. 그녀는 살면서 했던 어떤 일보다 열심히 공부에 매달렸다. 그러면서 시험을 보고, 좀 더 공부하고, 더 많은 시험을 봤다. 이날까지 모든 일을 그녀 자신조차 놀랄 만큼 빠르게 해치우면서 마침내 마흔일곱 살에 고졸 학력을 땄다. 그리고 이처럼 놀라운 성취 동기는 블랙호크 기술전문대학 진학을 자연스러운 그다음 목표로 삼게 했다.

이날 아침, 크리스티와 바브는 서로 내면의 두려움이 표출되는 것을 애써 감추고 있다는 사실을 알지 못했다. 불황의 직격탄을 맞아 일자리를 잃은 블랙호크 기술전문대학의 몇 안 되는 자동차 공장 출신 입학생으로서, 지금까지의 삶을 규정해온 공장의 해묵은 관습과 방식들을 버리고 새로운 생활 방식을 받아들여야 한다는 사실 역시 깨닫지 못했다.

크리스티와 바브가 걸어온 인생행로를 보면, 하고 많은 제인스빌 실직 노동자들 가운데 이들을 특별히 '인생 개조'의 최전선에 서게 만들 만한 요소가 거의 없다. 그런데도 두 사람은 케빈 퍼셀이라는 강사가 지도하는 형사사법제도 과목의 첫 수업 날, 강의실 중간 자리에 앉아 있다. 강사는 강의 요강이라고 불리는 것과, 의무 출석 일수, 구입해야 할 교재 등에 대해 설명한다. 크리스티와 바브에게는 너무도 생경한 것들이다. 이런 분위기 탓에 이날 아침 크리스티와 바브는 각자의 내면에서 불타오르는 경쟁적 기질과, 새로운 단짝 친구가 이제 막 생겼다는 사실을 깨닫지 못한다.

르네상스 센터로

불황에 좌초했던 이 여름도 끝나간다. 폴 라이언은 몸이 두 개라면 좋겠다고 생각한다. 9월의 두 번째 금요일에 공장폐쇄를 어떻게든 막아보려는 제인스빌 대표단이 디트로이트를 방문하기로 되어 있다. 같은 날, 제너럴 모터스의 최고경영자는 위기에 빠진 자동차 산업을 살리기 위해 워싱턴 의사당을 방문할 예정이다. 폴은 두 곳 가운데 어디를 가는 것이 더 좋을지 결정해야 한다.

제너럴 모터스에는 너무도 잔인했던 여름이다. 상반기 매출은 20퍼센트 가까이 급락했고, 주가 역시 50년 만에 최저 수준으로 떨어졌다. 휘발유 가격은 너무 올라 제인스빌 공장에서 생산되는 대형 SUV 차량들은 유독 인기가 없었다. 석 달 전, 폴에게 전화를 걸어 제인스빌 공장과 관련해 사전 언질을 주었던 최고경영자 릭 왜거너는 미 상원이 주관하는 에너지 정상회의에 미국 자동차 업계를 대표해 참석을 요청받은 상태였다. 하지만 왜거너는 그보다 긴급한 목표를 염두에 두고 있었다. 그는 자동차 산업에 대한 본격적인 구제금융에 앞서, 저연비차 생산을 앞당기기 위해 요청한 연방 대출금 250억 달러를 의회가 승인해주기 원했다. 워싱턴에 머무르는 동안 왜거너는 위스콘신 의회 대표단 멤버들과도 만나기로 했다. 이들은 공장폐쇄를 막기 위해 왜거너에게 의지했는데, 이들 가운데 폴만큼 왜거너와 친분이 두터운 사람은 없었다.

그런데 타이밍이 좋지 않다. 워싱턴에서 왜거너를 보기로 한 날, 공장폐쇄를 막아보려는 제인스빌 대표단이 디트로이트를 방문하기로 한 것이다. 그들의 미션이 성공하려면 설득력 높은 주장과 함께 제너럴 모터스에 막대한 지원을 아끼지 않겠다는 약속이 필요했다. 폴의 생각에는 우선 모두가 힘을 모아 끈끈히 연대하는 모습을 보여주는 것이 시급했다. 그러려면 그 자리에는 연방 하원의원 한 명, 그것도 공화당 의원이 참석하는 것이 바람직했다. 바로 폴이었다.

공장폐쇄로 실직 위험에 처한 이들은 그의 선거구 유권자들이자 고향 이웃이다. 그리고 제인스빌에서 살아온 대부분의 가족들과 마찬가지로, 그의 가족 역시 제인스빌 공장과 긴밀하게 연계되어 있다. 폴은 제인스빌에 5대째 살아온 라이언 가문의 일원이다. 그들은 제인스빌에 가장 넓게 퍼져 사는 3대 가문 가운데 하나였는데, 건설업으로 재산을 축적해 지역에 막대한 영향력을 행사하는 까닭에 '아일랜드 마피아'로 불렸다. 할아버지 대에 이르러 폴의 가족은 법률가의 길을 선택했다. 그러나 폴의 아버지는 로스쿨에 다니면서도 여름방학이면 학비와 책값을 벌기 위해 여전히 GM 생산라인에서 일했고, 그 과정에서 엄지손가락이 기계에 끼어 끝마디를 잃었다.

돌아오는 금요일 아침, 폴은 디트로이트로 가는 비행기를 타기 위해 의사당을 떠날 예정이다. 디트로이트에 도착하면 위스콘신 주지사 짐 도일과, 그와 함께 온 시민, 노조, 기업인 대표들과도 만나야 했다. 대표단에는 지난여름 주지사가 GM 공장 존치를 위한 태스크포스 책임자로 발탁한 두 사람이 포함되어 있다.[1] 한 사람은 자동차 노조 간부이고, 또 한 사람은 민주당 출신의 전직 주 상원의원 팀 컬런이었다. 태스크포스는 공장을 살리기 위해 필사적으로 노력 중이다. 팀과 폴은 지역 현안에 관한 한 항상 협력해왔다. 소속 정당은 달랐으나, 이곳은 워싱턴의 연방의회가 아니라 제인스빌이었기 때문이다. 온건하고 겸손한 팀은 위스콘신주 상원의 집권당 원내 대표를 지냈고, 20년 동안 블루 크로스 Blue Cross/블루 실드Blue Shield(미국의 비영리 건강보험조합_옮긴이) 운영진으로 활동하며 정치력을 발휘해왔다. 얼마 전에 정계를 은퇴한 뒤로는 제인스빌 교육위원회에서 활동하고 있다. 폴과 마찬가지로 팀의 집안 역시 자동차 공장과 밀접한 관계였다. GM이 제인스빌에 들어오기 전, 제인스빌 기계 공장 시절이던 팀의 할아버지 대에 처음 공장과 인연을 맺었다. 팀의 아버지는 고등학교를 그만두고 자동차 공장에서 일자리를 얻은 뒤 평생을 그곳에서 일했다. 1962년에 팀이 고등학교를 졸업할 때 GM은 노동자의 아들들을 채용하고 있었고, 그 덕에 팀은 여름 동안 공장에서 일을 해 대학 입학금을 마련할 수 있었다. 대부분의 제인스빌 주민들과 달리 팀은 오랫동안 GM 공장의 운명에 의구심을 품어왔다. 그가 제인스빌 시의회에 있었던 1971년, 시의회는 한 전문가에게 의뢰해 이 도시가 가진 경제 성장 동력을 가장 잘 유지해나갈 수 있는 방법이 무엇인지 연구하게 했다. 연구의 핵심적 결론은 산업의 다각화가 필수적이라는 것이었다. 그러나 당시 제인스빌 공장의 고용 규모는 사상 최대인 7100명에 근접해가고 있었다. 이런 상황에서 전문가의 조언을 진지하게 받아들이는 사람은 팀뿐이었다. 팀은 제인스빌이 언젠가는 근시안적 판단의 비용을 혹독하게 지불하게 되리라 감지했다. 물론 심각한 위기에 맞닥뜨린 지역사회를 살리기 위해 자신이 정계 은퇴 상태에서 호출될 것이라고는 미처 예견하지 못했다.

그러니까 이들은 공장을 살리기 위해 구성된 일종의 구조 팀이었다. 공화당 소속 하원의원과 민주당 출신 주지사, 노조 대표와 기업인, 연방정부와 주정부와 카운티와 시청 공무원들로 구성된, 헌신적이고 단결된 공동전선이다. 그들이 찾아간 디트로이트 도심의 유리로 덮인 고층 빌딩 지역은 '르네상스 센터'라는 희망적인 이름으로 불렸다.

구조 팀의 구성원들은 디트로이트 강이 내려다보이는 전망 좋은 유리 엘리베이터를 타고 제너럴 모터스 본사가 있는 39층으로 미끄러지듯 올라갔다. 빌딩 꼭대기에 도착한 그들은 대리석이 깔린 임원실 접견장을 거쳐 회의실로 안내되었는데, 그곳에서 트로이 클라크가 그들을 기다리고 있었다. 점잖은 외모에 짧게 다듬어진 갈색 턱수염이 인상적인 클라크는 폰티액에서 대학생 실습 사원으로 GM에 합류한 뒤 34년 만에 이 회사의 북미 담당 사장직에 올랐다.

팀원들은 각자가 리허설을 거쳐 정리해온 바를 발표한다. 그들의 발표는 왜 GM이 제인스빌 공장을 폐쇄해서는 안 되는지를 조목조목 짚었다. 그동안 일주일에 한 번은 이야기를 나눠온 사이였던 만큼 폴은 클라크를 잘 알았다. 폴이 맡은 부분은 자신이 의회에서 연금 지출과 관련한 제너럴 모터스의 우려를 해결하기 위해 분투 중이라는 사실을 거듭 상기시키는 것이다. 팀은 제인스빌 공장의 생산 단가가 같은 차종을 만드는 텍사스 알링턴 공장보다 더 낮다는 점을 설득력 있게 제시한다. 알링턴 공장은 비교적 최근에 문을 연 곳이었는데, 금융위기 이후에도 시설 가동을 중단한다는 이야기는 일절 없었다.

마지막으로 주지사가 팀원들이 준비한 내용들을 다시 한번 요약해 발표한다.[2] '위스콘신주는 제너럴 모터스와의 긴밀한 관계를 유지하기 위해 최선을 다하고 있다. 그리고 그 진지한 노력을 더욱 강화하기 위해 위스콘신주와 록 카운티, 제인스빌, 지역 재계가 힘을 합쳐 GM이 계속 공장을 가동할 수 있도록 막대한 규모의 경제적 우대 정책들을 마련 중이다. 제너럴 모터스가 심각한 위기를 극복하기 위해 저가 소형차 모델 출시를 계획하고 있음을 안다. GM이 새로운 소형차 생산을 회사의 가장 오래된 생산 공장에 믿고 맡길 수 있도록 위스콘신은 모든 지원을 다하겠다.'

르네상스 센터의 회의실에서는 누구도 워싱턴에서 동시에 진행 중인 제너럴 모터스 최고경영자의 자구 노력을 언급하지 않는다. 물론 폴은 안다. 자신이 클라크와의 관계에 공을 들여온 것, 제인스빌의 운명과 관련해 클라크가 지금 쥔 권한만큼이나 클라크 자신과 그가 인생 전부를 바쳐온 이 회사의 운명이 유동적이고 위험한 상황에 처했다는 사실 말이다.

최소한 지금은 클라크의 힘이 약해지지 않은 상태다. 발표를 들은 클라크는 위스콘신이 제공하기로 약속한 경제적 인센티브를 GM이 진지하게 검토할 것이라고 말했다. 공장을 닫는다는 GM의 결정이 최종적이라고도 말하지 않았다. 구조 팀에게는 이것만으로도 고무적이다.

팀 컬런은 주지사의 터보 프로펠러 비행기를 타고 주도 매디슨으로 돌아온다. 폴은 밀워키행 비행기에 몸을 실었다. 비행기에서 내린 그는 매주 금요일이면 하는 대로 공항에 주차해둔 쉐비 서버밴에 올라 시속 110킬로미터로 운전해 집으로 향한다. 구조 팀은 백방으로 노력했고 할 수 있는 일은 모두 했다. 하지만 사태가 앞으로 어떻게 전개될 것인지 폴은 아무것도 알 수 없다.

엄마, 어떻게 좀 해봐요

처음 그랬던 것처럼 두 번째 소식도 갑작스럽게 찾아왔다. 10월의 두 번째 월요일이었다. 디트로이트 본사에 갔던 임원이 공장으로 돌아온 뒤, 아직까지 운 좋게 공장에서 잘리지 않은 노동자들은 첫 번째 근무조의 작업이 시작된 지 18분 만에 전원 집합하라는 호출을 받았다. 본사는 아직까지 제인스빌 공장에 소형 신차 라인을 배치할지 여부를 결정하지 못했다. 그 대신 회사는 다른 결정을 내렸다. GM의 상황은 제인스빌 공장을 2010년에 폐쇄하겠다고 밝힌 4개월 전보다 한층 나빠졌고, 새로운 결정에 따라 생산라인의 폐쇄 시점이 10주 뒤로 앞당겨졌다. 이 결정대로라면 85년 동안 이어진 쉐보레 자동차 생산은 그해 크리스마스를 이틀 앞두고 끝나버릴 참이다.

뉴스는 도시 전체로 빠르게 퍼져나갔다. 메리 윌머가 일하는 중심가의 M&I 은행에도 순식간에 도달했다. 메리는 제인스빌에서 가장 규모가 큰 M&I 은행의 지점장이다. 자리가 자리인 만큼 제인스빌 공장의 조기 폐쇄 결정은 메리에게도 최악의 뉴스다. 게다가 메리는 몇 주째 심란한 상태다. 4주 전 월요일, 메리는 유명 투자 은행인 리먼 브라더스의 파산 신청 소식을 들었다.[1] 미국 역사상 최대 규모의 파산 신청이었다. 지난 월요일부터는 뉴욕 증시가 흔들렸다. 금요일 장이 끝날 때까지 다우존스지수가 18퍼센트나 곤두박질쳤다.[2] 불과 일주일 새 이루어진 폭락이었다. 토요일에 백악관과 그리 멀지 않은 곳에서 열린 회의에서는 국제통화기금 관리 이사가 유럽과 미국 금융제도의 취약함 때문에 전 세계 금융 시스템이 붕괴 직전에 이르렀다고 경고했다.[3]

메리는 제인스빌의 거의 모든 주요 인사들과 친분이 있었는데, 금융 종사자가 아닌 그들에게는 이런 위기가 강 건너 불처럼 보일 수 있다는 사실을 메리는 이해했다. 그런데 그 위기가 그날, 집으로 밀려들었던 것이다.

메리는 지역 사정에 밝을 뿐 아니라 이번 사건이 제인스빌에 미칠 여파에 대해서도 잘 안다. 쉰을 바라보는 메리는 GM 공장과 인접한 M&I 제인스빌 지점 남부 분소에 신입 은행원으로 첫발을 내딛은 이래 25년을 이 은행에서 일했다. 메리의 고객들은 GM 직원들이거나 협력 업체 노동자들이었다. 메리의 남동생도 직장 생활 전부를 GM 공장에서 보냈다. 동생은 몇 해 전에 은퇴 자격을 얻을 때까지 그곳에서 지게차 운전사로 근무했고, 그의 부인은 여전히 그 공장에서 일한다.

이런 그들에게 공장의 조기 폐쇄는 두말할 나위 없이 끔찍한 일이었다. 그러나 메리의 우려는 단지 GM 직원들에 관한 것만이 아니다. 리먼 브라더스와 월가를 결딴낸 지금의 위기는 M&I의 미래에 어떤 영향을 미칠까? 밀워키에 본점을 둔 M&I는 제인스빌뿐 아니라 위스콘신주에서 가장 큰 은행이다. 물론 메리는 M&I의 사업이 성공적으로 다각화되어 있고, 다른 몇몇 은행들에 견줘 위기에 덜 취약하다는 사실을 알았다. 그러나 시간이 흐르면서 메리는 자신이 책임지는 M&I 지점의 실질적 위험을 계산해보는 것이 좋겠다는 생각을 하게 되었다.

메리는 진이 빠졌다. 공장과 자신의 지점을 둘러싼 걱정이 온종일 머리를 짓눌렀기 때문이다. 집에 도착한 메리는 부엌에 서서 거실을 힐끗 봤다. 집은 흰색의 식민지 주택 양식으로 지어졌는데, 메리는 같은 은행의 주택대출 매니저인 남편 그리고 아직 부모 곁을 떠나지 않은 두 아이와 함께 산다. 거실에는 열다섯 살 난 딸 첼시가 친구들과 함께 있었다. 메리는 아이들이 친구들을 집으로 초대해 아늑한 벽난로가 딸린 거실에서 시간을 보내는 것에 익숙했다. 그러나 그날 분위기는 평소와 달랐다. 열 명 안팎의 소녀들이 말없이 바닥에 둘러앉았는데 그중 몇몇 아이들이 울고 있었다. 첼시도 마찬가지였다.

"안녕."

메리는 거실에 들어가 아이들에게 말을 걸었다. 하지만 이 아이들을 결코 위로하지 못할 것이라는 사실을 이내 깨닫는다. 그녀가 할 수 있는 최선의 일은 부엌으로 나와 아이들이 먹을 것을 준비하는 일이었다. 부엌은 넓었다. 견목 마루에 두 대의 냉장고와 대리석이 깔린 싱크대가 있었고, 뒤편 창문 너머로는 옥외 테라스와 수영장이 보였다. 어지간해서는 메리도 공개적으로 밝히기를 꺼렸지만, 그의 삶이 항상 안락했던 것은 아니다. 메리의 아빠는 유고슬라비아 출신 이민자였다. 낙농업을 하겠다며 위스콘신으로 와 그 꿈을 이뤘다. 그래서 메리는 화이트워터의 농업지대에 자리 잡은 작은 농장에서 자랐다. 하지만 메리가 열 살 때 아빠는 암 진단을 받았고, 넉 달 뒤 세상을 떠났다. 이후 메리는 한동안 엄마와 함께 농장의 좁은 땅뙈기에 의지해 궁핍한 생활을 이어갔다. 그 가난했던 시절, 메리가 엄마를 따라 식료품 가게에 갔을 때의 일이다. 엄마는 지갑을 열어 한번도 본 적 없는 쿠폰을 꺼냈다. 그게 뭐냐는 질문에 돌아온 '푸드 스탬프'(정부가 저소득층에게 나눠주는 식료품 구매권_옮긴이)라는 엄마의 대답은 어린 딸에게 당혹감과 두려움을 동시에 안겼다. 메리는 이후에도 그 순간을 결코 잊지 못했다.

　그로부터 몇 년 뒤, 화이트워터에 있는 위스콘신대학에 진학하려고 어렵사리 학비를 마련하면서 메리는 생각했다. 금융 분야를 공부해 은행원이 되는 것이 다른 사람에게 봉사하고 자기도 보호할 수 있는 최선의 길이라고. 메리가 대학을 졸업한 직후 엄마는 심장마비로 세상을 떠났다. 메리는 제인스빌로 이주하려던 계획을 밀고 나갔다. 제인스빌에서 3년간 부동산 중개업소 일을 하며 은행에 취업할 기회가 오기를 기다렸다. 은행에 입사한 메리는 승진을 거듭해 지점장에 올랐고, 마침내 제인스빌의 지도적 인사가 되었다. 로터리 클럽의 여성 회장, 시민자문위원회 위원장, 유나이티드 웨이 의장을 지내며 포워드 제인스빌Forward Janesville이 선정하는 우수 여성에 뽑히기도 했다. 그렇지만 메리의 마음

한구석에는 그나마 가진 작은 것을 잃을까 봐 걱정하던 모녀의 어두운 과거가 여전히 자리 잡고 있다.

부엌으로 들어온 첼시가 단짝 친구인 에리카를 포함해 거실에 있는 친구들 절반의 엄마 아빠가 일자리를 잃었다고 흐느꼈다. 이때 메리는 두려움으로 가득했던 유년 시절의 내밀한 기억을 떠올렸다.

얼굴이 온통 눈물로 범벅이 된 똑똑하고 다정다감한 딸 첼시를 보며 메리는 생각한다. 푸드 스탬프 없이는 충분한 음식을 사지 못한다는 사실을 깨달은 가난한 농장집 여자아이의 두려움을 첼시는 결코 이해할 수 없을 것이라고. 첼시는 지금 은행 지점장인 엄마한테서 지역 문제를 해결할 방법을 달라고 기댈 수 있는 지도층 인사의 모습을 찾는다고 말이다.

"엄마."

첼시가 애원하듯 말한다.

"어떻게 좀 해봐요, 네?"

"행복의 한쪽 문이 닫히면 또 다른 문이 열린다"

6월의 홍수가 물러간 뒤 국가 긴급 지원금이라는 이름의 연방정부 예산이 대규모 공공근로 프로젝트에 투입되었다. 대부분 진흙을 퍼내고, 분뇨를 치우고, 기반시설을 복구하는 일이었다. 덕분에 취업센터는 업무의 초점을 온전히 자동차 노동자들에게 맞출 수 있게 되었다. 이것은 밥 버러먼스가 줄곧 원했던 일이었다.

주지사와 밥이 꾸린 구조 팀이 제인스빌 공장을 살리려고 노력한 것은 긍정적으로 평가할 만했다. 그러나 밥은 이 시도가 성공하더라도 채산성 맞는 새로운 차종을 생산하기 위해 새로 들어설 조립라인이 밤새도록 가동될 일은 없으리라고 생각한다. 이런 노력들이 진행되는 사이 크리스마스 이틀 전으로 예정된 공장폐쇄는 시시각각 다가왔다. 수천 명의 제인스빌 노동자들은 마지막 출근일이 임박해오는 상황을 속절없이 바라보는 수밖에 없었다. 이미 공장의 두 번째 교대근무 조가 6월에 사라지면서 수천 명의 직원들이 일자리를 잃었다. 금융위기가 시작된 지 1년이 가까워 오면서 일할 사람을 구하는 곳을 찾기가 더 힘들어졌다. 사람들은 어찌할 바를 몰랐다. 밥은 사람들이 방향을 잃고 심각한 불안감 속에 고통받고 있음을 감지한다.

밥은 문제를 차분히 조망하는 능력에 오랫동안 자부심을 느꼈지만 이번에는 자신이 만들어낸 실질적 변화에 대해서도 크게 만족했다. 그가 한 것은 직장을 이미 잃었거나 조만간 잃을 사람들을 도울 수 있는 지역 내 모든 기관과 조직 들을 열거한 가이드북을 만드는 일이었다. 밥은 자신이 이끄는 취업센터 직원들과 함께 록 카운티 곳곳에 산재한 기구와 조직의 대표들을 만나 이 일의 취지와 가이드북의 기능을 설명하고 그들의 이름을 가이드북에 실어도 좋다는 허락을 얻었다.[1] 직업교육, 소비자 금융, 주택·의료 서비스, 문맹, 식품, 우울증, 중독 증상, 가정폭력 문제 등을 다루는 200여 곳의 광범위한 조력 기관들이 가이드북에 이름을 올렸다.

이 가이드북 아이디어는 밥이 얼마 전 회의에 참석하러 워싱턴에 갔을 때 자기처럼 취업센터를 운영하는 여성과 조찬 대화를 하다가 얻은 것이다. 그녀는 자기가 살던 동부 해안 지역에서 일어난 대량해고 사태를 경험한 뒤 가이드북을 만들었다고 했다. 밥이 좋아하는 냉철하고 실용적인 조언이었다. 밥은 그녀가 사는 지역이 겪은 불행을 안타까워했다. 그는 그곳이 제인스빌보다 운이 나쁘다고 생각하면서도 그 대화를 마음 깊이 새겨두었는데, GM 공장 철수 사태를 겪으며 그때의 아이디어를 자연스럽게 떠올리게 되었다. 다만 가이드북에 도우미 기관들의 이름뿐 아니라, 괜찮은 직장을 다니다가 해고되었을 때 무너지는 감정을 추스르는 데 도움이 되는 몇 가지 지침을 포함시키는 것이 유용할 것 같았다. 그래서 가이드북에 〈해고 이후에 해야 할 일〉이라는 제목의 짧은 글을 넣었다.[2] 글은 열다섯 개의 항목으로 구성되었는데, 첫 번째 항목은 실직 이후 찾아오는 심신 무기력증에 대처하는 방법이다. "부끄러워하지 말라. 해고된 것은 당신의 잘못 때문이 아니다."

가이드북에는 불굴의 도전 정신으로 위대한 삶을 개척한 미국인 명사들의 말도 함께 실렸다. 에이브러햄 링컨을 인용한 대목은 이렇다. "성공을 위한 당신만의 해법이야말로 다른 어느 것보다 중요하다는 사실을 항상 염두에 둬라." 헬렌 켈러의 인용문은 "행복으로 가는 한쪽 문이 닫히면 다른 문이 열린다. 그러나 우리는 종종 닫힌 문을 지나치게 오래 바라보다가 다른 문이 열린 것을 보지 못한다"였다.

해고 노동자를 위한 가이드북은 가을에 완성되었다. 밥은 기뻤다. 가이드북은 사람들의 용기를 북돋을 뿐 아니라 즉각적인 유용성도 적지 않았는데, 이것은 역경에 부딪쳤을 때 제인스빌이 보여준 '선한 행정good-government'이라는 전통의 연장선에 있었다. 이 전통은 70년 전에도 발휘된 적이 있다. 노동자들의 연좌 파업을 다독여 자칫 큰 충돌로 번질 수 있었던 노동 쟁의를 평화로운 야간 도심 행진으로 변화시킨 것이 일례다.

가이드북을 만들기 위해 단체들과 접촉하는 과정에서 예상치 못한 성과도 거두었다. 몇 달 전 홍수 때 주차장이 잉어 산란장으로 변했던 유나이티드 웨이 노스 록 카운티 지부를 포함한 지역 내 여러 기구의 대표자들이 밥에게 대량해고 사태에 효과적으로 대응할 연합조직을 만드는 데 더 적극적으로 나서달라고 요청한 것이다.

밥은 연합조직이 도움을 제공하려는 이들을 한데 묶어 힘과 효율성을 극대화할 수 있는 매우 탁월한 아이디어라고 생각한다. 게다가 밥은 이 지역에서 오랫동안 활동했기 때문에 이런 조직이 실질적인 성과를 내기 위해 꼭 필요한 사람들이 누구인지도 잘 안다.

밥의 머릿속에 가장 먼저 떠오른 인물은 블랙호크 기술전문대학의 교육 담당 부학장 샤론 케네디다. 지역의 학교와 도서관에서도 적합한 이들을 찾아야 했다. 밥이 이 새로운 연합조직을 결성하기 위한 초대장을 발송하고 있을 때, 밥의 계획을 전해 들은 워싱턴 연방의회와 매디슨 주의회에서 활동하는 제인스빌 정치인들은 각자 동원할 수 있는 통로로 이 움직임을 지지하고 동참해달라고 호소했다. 이들은 대부분 민주당 소속이었으나, 공화당 소속인 폴 라이언의 보좌관도 함께했다. 이 보좌관은 미시간대학을 연합조직에 참여시키자는 아이디어를 냈는데, 미시간대학은 일자리 증발로 의지할 곳이 사라져버린 20여 곳의 중서부 도시들에 자문을 제공하고 있었다. 12월 10일의 늦은 오후, 밥은 코드CORD 라는 약칭으로 알려진 '혼돈에 대처하는 공동기구Collaborative Organizations Responding to Dislocation'의 첫 모임에 참석한다.[3] 이 자리에서 밥은 앤아버에서 온 래리 몰나르의 발표를 들었다. 그는 미시간대학 지역경제 조정프로그램의 연구자이자 경제건설 코치였다.

몰나르는 제인스빌이 그의 프로그램에 참여한다면 어떤 이점을 얻을

지에 대해 이야기했다. 그 이점에는 경제적 어려움에 처한 지역을 돕기 위해 조성된 600여 개의 정부 보조금을 타내는 방법, 보조금 수령 자격을 심사하는 연방정부와 주정부의 고위 결정권자들에 대한 개인적 소개도 포함된다고 했다.

현실주의자이자 실용주의자이며 냉소적인 유머 감각을 지닌 60세의 사내 밥은 몰나르의 발표를 들으며 어렴풋한 희망의 기운을 감지하기 시작한다. 자동차 공장은 13일 뒤면 문을 닫는다. 물론 제너럴 모터스가 떠나면 지역은 큰 타격을 입을 것이다. 그러나 취업센터, 미시간대학의 도움, 그가 하나로 조직한 조력 기관들이 본격적으로 가동된다면 곧 닥칠 어려움을 능히 이겨낼 수 있을 것이라고 생각한다.

밥이 볼 때 GM의 두둑한 급료는 사람들을 현실에 안주시키는 족쇄나 다름없었다. 그들은 일하는 것 자체를 지겨워하면서도 30~40년에 이르는 생애 근로 기간 내내 자동차 조립라인에 매여 지냈다. 따라서 밥은 코드가 본격적으로 가동되고 충분한 보조금이 지급된다면, 지금의 파국은 제인스빌 사람들이 적성에 맞는 새로운 진로를 찾도록 돕는 예상치 못한 기회로 활용될 수 있다고 생각했다. 그들이 새로운 일을 하기 위해서는 재교육이 필요했다. 그러나 그 문제는 밥의 영역이 아니다. 그의 과제는 이 심각한 불황에서 새로운 일자리가 나타날 때까지 재교육 기회를 잡을 수 있게 사람들을 돕는 것이다. 밥은 일자리를 잃은 제인스빌의 노동자들이 그동안 잊고 지낸 꿈을 찾도록 취업센터와 코드에 참여하는 다른 조직들이 도움을 줄 것이라고 기대한다.

파커의 벽장

파커고등학교 교사 데리 왈럿은 일부 학생들이 한번도 경험해본 적 없는 슬픈 크리스마스를 맞게 될까 봐 걱정스럽다. 벌써 12월 중순이다. 파커고등학교 교장을 설득해 '파커의 벽장'을 시작한 지도 3개월이 지났다. 사회 과목을 가르치는 데리가 처음부터 벽장을 만들려고 생각했던 것은 아니다. 그러나 그것은 점점 불가피해졌다. 파커고등학교에 부임한 첫 해, 2학년 사라가 왜 늘 1교시 수업에 지각하는지, 살은 왜 점점 빠지는지 속사정을 알게 된 이상 데리로서는 이 아이들을 돕기 위해 뭐라도 해야 했다. 어느 날, 사라는 데리에게 비밀을 털어놓았다. 사라에게는 엄마가 없었다. 사라와 남동생을 전기도 안 들어오고 먹을 것도 부족한 아파트에 남겨둔 채 떠나버린 것이다. 데리가 사라의 지도 상담사와 다른 교사들에게 이 사실을 말하자, 그들은 사라를 위해 음식과 옷을 모으기 시작했다. 데리가 생각할 때 도움의 손길이 필요한 아이들은 사라 말고도 더 있을 것이 틀림없었다.

누군가를 돕는 것은 데리가 가장 잘하는 일이다. 아빠가 바이러스에 감염되어 몸이 마비되기 시작했을 때 데리는 10대였다. 당시 40대였던 아빠는 마비 증세가 나타나고 몇 년 뒤 일을 그만둬야 했고, 이런 처지를 아빠는 원망했다. 그동안 해놓은 저축과 정부가 매달 주는 장애인 사회보장보조금이 있었지만 아빠가 직장에서 벌어오던 수입에는 턱없이 못 미쳤던 탓에 가족들은 그 상황을 감당할 수 없었다. 장애인의 처우 개선을 위한 장애인복지법이 있었지만 법이 만들어진 지 겨우 1년밖에 되지 않았던 때라 길가의 보도나 식당, 사무실 입구에서 휠체어 경사로 같은 시설을 찾기 어려웠다.

데리는 아빠를 바라보던 노골적인 시선들과 그들이 살던 시골 마을 포트 앳킨슨에 떠돌던 뜬소문들을 기억한다. 아빠가 에이즈에 걸렸었냐고? 아니, 아빠를 괴롭힌 건 평범한 바이러스였고 그는 그저 운이 없었을 뿐이다. 아빠의 병과 실직은 데리에게 백인 중산층 가장과 그의 가족들조차 언제든 불평등하고 부당한 처지에 내몰릴 수 있다는 사실을 절감하게 했다. 그래서 데리는 일찍 자신이 도울 수 있는 사람과 장소를 찾기 시작했다. 휠체어 올림픽 출전이 꿈이었던 고등학교 시절 친구와 위스콘신대학 화이트워터 캠퍼스에서 공부할 때 쓰레기로 뒤덮였던 지역 공터들이 그런 경우였다. 한 교수는 데리가 부당함을 바로잡으려는 히피 같은 열정에 사로잡혀 1960년대를 사는 것 같다고 말할 정도였다.

대학을 졸업한 데리는 환경 컨설팅 회사에 취직했다. 몇 달 뒤에 직장을 그만둘 때까지 그는 더 나은 녹색 세상을 위해 헌신할 수 있어 행운이라고 생각했다. 그러다가 대학 시절의 한 친구로부터 자신이 교사가 되기에 좋은 자질을 갖췄다는 이야기를 들었다. 데리는 그 순간 드디어 천직을 찾았다는 사실을 감지했다. 그는 역사학과 중등교육학으로 다시 학위를 받고 2006년 가을에 파커고등학교에서 교사 생활을 시작했다. 당시에는 그 누구도 GM 공장이 문을 닫을 수 있다는 사실에 대해 이야기하지 않았다. 데리는 그때 좋아하는 시를 항상 가슴속에 품고 다녔는데[1] 그 내용은 이렇다. 해변을 따라 걸으며 물 밖으로 밀려난 불가사리들을 물속으로 던져 넣는 젊은이를 한 현자가 눈여겨봤다. 해변의 길이는 수 마일에 이르렀다. 현자는 도움을 기다리는 불가사리들이 해변에 너무 많지 않으냐고 물었다. 젊은이가 부서지는 파도 너머로 불가사리 한 마리를 던져 넣으며 답했다. "그래도 방금 한 마리의 운명은 바꾸지 않았습니까?"

그렇게 데리는 사라를 도왔고, 굶주리고 지친 채 학교에 오는 아이들을 더 찾기 위해 주변을 더욱 면밀히 관찰하기 시작했다. 데리가 특히 관심을 기울인 대상은 과거에 중산층이었다가 최근 부모의 실직으로 형편이 기운 집의 아이들이었다. 교장은 새 학년이 시작할 즈음 데리에게 여분의 창고를 내주었다. 데리가 상주하는 사회 과목 교실에서 두 칸 떨어진 1151호실이었다. 치약, 낡은 청바지, 깡통 수프 같은 기증품을 담아두는 통을 살펴보려고 열두 명의 아이들이 친구들 몰래 창고를 찾았다. 파커의 벽장은 그렇게 탄생했다.

크리스마스와 공장폐쇄 예정일이 빠르게 다가왔다. 데리는 벽장의 아이들 몇 명이 크리스마스를 부모와 함께 보내지 못할 수도 있겠다고 생각했다. 크리스마스를 앞두고 '빅 기브Big Give'라는 특별 기부품 증정 행사를 준비하면서 데리는 1학년 트렌트에게 무엇이 필요한지 물었다. 트렌트는 "매트리스"라고 했다. 뜻밖의 대답에 데리는 할 말을 잃었다.

"집에 있는 건 어쩌고?"

애써 놀라움을 감추고 되묻자 트렌트는 집에 있는 매트리스가 자기보다 나이가 많아 스프링이 비집고 튀어나올 만큼 천이 해어지고 모양도 늘어졌다고 했다. 그러면서 지금보다 어릴 때는 그나마 견딜 만했으나 한창 몸이 크는 지금은 밤마다 스프링이 몸을 찔러 잠을 이룰 수가 없다고 푸념했다. 데리가 매트리스 말고 진짜 선물 같은 것, 정말 바라는 것을 말해보라고 했지만 "우리 엄마가 쓸 물건도 받아올 수 있나요?"라는 반응이 돌아왔다. 트렌트의 쌍둥이 형제 메이슨을 우연히 마주쳤을 때도, 데리의 마음은 파커고등학교 1학년 학생이 낡은 침대 때문에 잠을 제대로 못 잔다는 사실을 여전히 받아들이지 못하고 있었다. 그녀는 트렌트가 크리스마스 선물로 매트리스를 원하더라는 이야기를 메이슨에게 하고 그의 생각은 어떤지 물었다. "당연히 새 매트리스를 가지고 싶죠"라는 답이 돌아왔다. 데리는 속으로 되뇌었다. '세상에. 내가 이 상황에서 뭘 할 수 있지?' 그러나 데리는 매트리스 두 개를 기증하고 심지어 배달까지 해주겠다는 가게를 찾아냈다. 매트리스와 함께 새로운 침구를 기증받는 것도 가능해 보였다.

학교 수업이 끝난 어느 오후, 데리는 부피가 제법 나가는 보따리를 차에서 끌어내려 잘 정돈된 푸른색 랜치 하우스로 옮긴다. 트렌트와 메이슨이 엄마와 함께 사는 집이다. 보따리에는 베개 두 개와 네이비블루 색깔의 이불 두 채, 이것들과 색깔을 맞춘 침대보와 베갯잇이 들어있다. 현관 벨을 눌렀다. 데리는 아이들의 놀이방으로 안내되었다. 엄마의 이름은 셰리 셰리던. 그때까지 전혀 안면이 없던 사이였지만 셰리던은 데리를 끌어당겨 품에 폭 안았다. 그녀는 데리에게 진심으로 고마워하는 것 같다. 학교가 끝난 뒤 업무 차 찾아온 서른 살 교사가 아니라 정말 반가운 손님처럼 대하며 마실 것을 권한다. 데리는 이 집에 온 이상 용무만 마치고 서둘러 자리를 떠서는 안 될 것 같다고 생각한다. 데리는 일단 그들의 생활과 관련해 몇 가지 궁금했던 점을 묻는다.

그들이 사는 집은 자동차 공장에서 겨우 1.6킬로미터 떨어진 곳에 있다. 하지만 셰리던은 GM 공장에 다닌 적은 없다고 했다. 또 셰리던은 트렌트 또래의 아이를 키우는 엄마 치고는 나이가 많았는데, 쌍둥이가 태어났을 때 벌써 마흔여섯 살이었다고 한다. 그리고 더 오래 전, 그러니까 임신 기간에 아이들 아빠를 집에서 쫓아내기 훨씬 전부터 직장인 부모를 위한 데이케어 센터를 운영했다. 괜찮은 사업이었던 덕분에 두 아이를 유복한 환경에서 키울 수 있었다. 그러나 센터에서 돌보던 아이들이 최근 하나둘씩 빠져나가더니 지금은 놀이방이 거의 비어버렸다. 부모들이 불황의 직격탄을 맞았기 때문인데, 이는 단지 GM 공장에 다니는 이들에게만 닥친 일이 아니었다. 한 아이의 아빠는 카펫 설치공, 또 다른 아이 아빠는 미장공이었다. 더 이상 일감을 찾지 못한 그들은 낮에 집에 있으면서 아이들을 직접 돌봤다.

"더 이상 아이들을 돌봐달라고 맡기지 않아요."

데리에게 최근 상황을 설명하던 셰리던이 돌연 눈물을 떨군다. 순간 데리의 머릿속에 문득 이런 생각이 스친다. 공장폐쇄와 관련해 오가는 이야기들은 매우 중요한 사실을 놓치고 있었다. 일자리를 잃을 사람들로 지역 언론이 꾸준히 보도하는 대상이 GM 노동자들에만 그쳐서는 안 된다. GM 부품을 더 이상 하역할 필요가 없어질 화물 조차장 노동자들, 불황에 시달리는 사람들이 지갑을 열지 않으면 고객을 잃을 소규모 점포들, 더 이상 집이나 건물을 짓지 않는 탓에 일이 끊길 건설 노동자들의 사정도 언론에 보도되고 충분한 관심을 받아야 한다.

이 모든 남녀들, 한때 풍요로운 삶을 영위하던 노동자들이 지금은 집에서 아이들과 함께 있다. 그들은 더 이상 이 멋진 여자 셰리던의 돌봄 서비스를 필요로 하지 않는다. 셰리던은 다시 데리를 껴안고 매트리스와 네이비블루색 이불과 여러 생필품들을 챙겨온 것에 고마움을 표시한다. 셰리던이 받은 물건 중에는 데리가 '이글 인 패밀리 레스토랑' 식사권을 넣어 가져온 여성용 지갑도 있다. 레스토랑은 데이케어 센터가 있는 거리에서 몇 블록 떨어진 곳에 있다. 최악의 불황을 겪으며 지금까지 운영해온 센터가 언제 망할지 모르는 상황에 처했다 해도, 가끔은 이런 레스토랑에서 외식을 즐길 자격이 셰리던 가족에게도 충분하다고 데리는 생각한다.

데리는 그것을 이 훌륭한 어머니에게 말하고 싶었으나 그렇게 하지 않는다. 데리의 말이 그를 더 괴롭힐 수도 있다고 생각했기 때문이다. 데리는 비록 신출내기 벽장 운영자였지만 몇 가지 중요한 사실을 이미 깨달았다. 그중 하나는 자기 느낌을 되도록 드러내지 말고, 다른 사람들이 자기에게 분노와 좌절, 두려움 같은 감정을 솔직히 표현하도록 해야 한다는 것이다. 데리가 감정을 무심코 드러내는 순간, 아이들이나 셰리던 부인 같은 학부모들은 교사를 불편하게 했다는 생각 때문에 더 이상 속내를 털어놓지 않을 수도 있다. 그렇게 되면 벽장을 만든 목적이 어그러진다. 데리는 그래서 생각을 마음속에 담아둔 채 셰리던 부인이 다시 한번 그녀에게 감사의 말을 전하도록 내버려두었다. 선물로 가득 찬 자신의 승용차로 돌아와 데리는 생각한다.

'우리가 이곳에서 감당해야 할 문제들이 정말 많구나.'

복잡한 상념에 사로잡힌 채 데리는 주소 목록을 점검하고 다음 배달을 준비하기 시작한다.

Part 2

하나둘씩 깜빡이는 고통의 신호들
#2009

록 카운티 5.0

메리 윌머는 10월의 그날 밤을 잊지 못한다. 집에 왔을 때 딸 첼시는 친구들과 방 안에 둘러앉아 울고 있었다. 그때 같이 있던 친구들은 부모가 실직했거나 실직할 위기에 처한 아이들이었다. 첼시는 메리가 그 상황에서 할 수 있는 일이 무엇인지 물었다. 메리의 답변은 1월에 접어들면서 조금씩 구체화되었다. 공장 가동이 멈춘 직후부터 외부에는 알려지지 않은 소규모 모임이 일주일에 한 차례씩 열리기 시작한 것이다.

그들은 M&I 은행 메인스트리트 지점 2층에 있는 회의실에서 자주 모인다. 메리의 집무실 옆이다. 존 베커드는 제인스빌의 기업인 협의체인 포워드 제인스빌의 의장 자격으로 모임에 참석한다. 제임스 오터스타인은 록 카운티의 경제개발 매니저 자격이다. 가끔씩 다른 사람들도 모임에 나온다. 물론 메리는 당연히 참석한다.

그들이 질문하는 핵심은 명확하고도 감당하기 벅찬 것이다. 이 속절없는 추락 속에서 지역경제를 어떻게 건져낼 것인가? 그들이 재빠르게 인식한 어려움 하나는, 강력한 경제 회생 캠페인에 쏟아부을 현찰이 어디에도 없다는 사실이다. 그것은 포워드 제인스빌도, 록 카운티도, 제인스빌 시정부는 물론 카운티에서 두 번째로 큰 도시인 벌로이트도 마찬가지다.

일주일에 한 번씩 열리는 비공개 토론 중간에 존 베커드가 메리의 사무실에 도착한다. 존은 옅은 갈색 머리칼에 턱수염을 기른 쾌활한 남자다. 그는 경험이 풍부한 경제개발 전문가인데, 8년 전 아이오와주를 떠나 제인스빌로 왔다. 그는 포워드 제인스빌이 지역경제 회생 프로젝트가 추진되기를 진심으로 바란다고 메리에게 전한다. 주요 고용주들이 불황이 덮친 와중에 도시를 떠나버렸다는 것은 사실이 아니었던 셈이다.

제인스빌이라는 브랜드는 이미 심각한 손상을 입었다. 사람들은 제인스빌이 경제적 운을 다하고 쇠락하는 지역이라 생각했다. 실추된 가치를 되살리려면 지역의 경제 단체들로부터 기금을 모으고, 마케팅을 하고, 기존 회사들을 붙잡아두면서 새로운 기업들을 지역으로 끌어들여야 했다. 그러려면 무엇보다 강력한 리더십이 필요하며, 리더 개인에게는 큰 헌신이 요구된다. 그는 메리에게 그 일을 맡겠느냐고 단도직입적으로 묻는다.

메리는 예기치 못한 갑작스러운 질문에 의구심이 먼저 일었다. 그가 말하는 일의 거창함에 견줘, 이 작은 모임에는 구체적인 계획이랄 것이 없었다. 메리 역시 포워드 제인스빌의 이사진에 참여하고 있기는 했지만, 정확히 말해 그녀는 경제개발 전문가가 아니었다.

그리고 나서 메리는 돌연한 깨달음과도 같이 질문에 대한 답을 떠올린다. 메리는 존에게 캠페인이 성공할 수 있는 유일한 방법은 "카운티 전체를 하나로 아우르는 것"이라고 말한다.

"제인스빌만의 캠페인, 벌로이트만의 캠페인이 되어서는 안 됩니다. 카운티 전체가 함께해야죠. 무엇보다 선명한 비전을 제시해야 할 겁니다."

메리의 이런 생각은 경제적 어려움을 겪는 지역이라면 자연스럽게 떠올릴 수 있는 것이었지만, 제인스빌에서만큼은 낯설고 생경한 아이디어였다. 모든 지역 주민들이 알고 있듯 제인스빌과 벌로이트는 서로 적대적이지는 않았어도 감정적인 라이벌 관계인 것만은 분명했기 때문이다.

벌로이트는 일리노이주와의 경계로부터 13마일 떨어져 있다. 그곳은 제인스빌 다운타운에서 센터 스트리트를 따라 '엎어지면 코 닿을 곳'에 위치해 있는데, 옛 케이마트 자리의 취업센터를 지나 51번 도로를 타고 록강이 굽이 멈추는 곳까지 내려가면 벌로이트였다. 거리는 가까웠지만 두 도시는 서로 상극이었다. 작은 도시들이 특정 스포츠 종목에서 과열된 경쟁 관계에 빠지는 것처럼, 제인스빌과 벌로이트도 모든 면에서 라이벌 관계였다. 주민들은 상대편 지역으로 쇼핑이나 외식을 하러 나가지도 않았고, 그곳의 지역신문을 읽거나 라디오 방송을 듣는 일도 거의 없었다.

제인스빌은 백인 거주자 비율이 압도적으로 높은 도시다. 과거에는 부동산 레드라이닝Redlining(인종과 거주지에 따라 금융 서비스에 차등을 두는 것을 이르는 말_옮긴이)마저 성행했다. 반면 벌로이트는 산업 활동이 활발했던 20세기 초반 '대이주'(흑인 대이동_옮긴이)의 흐름 속에서 남부 흑인들이 대규모로 전입해왔다. 그러나 두 도시의 경쟁 관계가 인종 문제와 공공연히 연루되었던 적은 단연코 없다. 그것은 정체성 문제였고, 지난 수십 년간 경제력 측면에서 제인스빌이 상대적 우위를 지켜온 것과 관련이 깊었다. 벌로이트사는 남북전쟁 직전 주물공장으로 시작해 미국에서 가장 큰 제지기계 생산 공장으로 성장했는데,[1] 전성기 때 종업원 수가 7700명으로 제인스빌 자동차 공장보다 많았다. 그러나 회사는 매각과 파산을 거쳐 결국 문을 닫았다. 공장은 영광의 상징에서 독극물 처리를 위해 막대한 비용이 소요되는 애물단지로 전락했다.[2]

좋은 일자리가 많았던 제인스빌 사람들은 이런 벌로이트를 얕잡아 봤다. 하지만 GM 공장이 문을 닫은 지금은 제인스빌이나 벌로이트나 힘든 처지이기는 매한가지라고 메리는 생각한다. 그래서 새로 만들어질 지역경제인 조직을 이끌어줄 수 있겠느냐는 존의 물음에, 메리는 벌로이트에서 누군가 파트너로 나서준다면 형체도 없고 아직 이름도 없는 이 경제 회생 캠페인을 자신이 이끌겠다고 답했다. 모임에 온 사람들 사이에서 메리의 파트너가 될 만한 이름들이 거론되었고, 그중 누가 적임일지 의견이 일치되었다. 존 베커드는 미국에서 가장 부유한 자수성가 여성 기업인 다이앤 헨드릭스에게 연락을 넣었다.

다이앤과 그의 남편은 빈손으로 시작해 막대한 부를 일군 부부 사업가였다. 그러나 얼마 전 남편이 세상을 떠난 뒤 다이앤은 홀몸이 되었다. 농장을 했던 다이앤의 부모는 딸이 아홉이었다.[3] 다이앤은 열일곱 살에 임신을 한 뒤 결혼했고, 4년이 지나 이혼했다. 부동산 매매업을 하다가 남편 켄 헨드릭스를 만났는데, 켄은 지붕수리업자의 아들로 고등학교를 중퇴한 뒤 스물한 살 때 지붕회사를 세워 운영하고 있었다. 부부는 벌로이트에서 ABC 서플라이 주식회사를 공동 설립했다. 켄은 창업 당시 제인스빌의 기업인 사회에서 따돌림을 당한다고 느꼈다. 헨드릭스 부부는 수년에 걸쳐 ABC를 미국 최대의 지붕 재료 및 슬라이딩 부품 제조 회사로 키워냈다. 2006년, 잡지 《Inc.》는 켄을 그해의 기업인으로 선정했다.[4] 부부의 재산은 35억 달러에 이르렀는데,[5] 제인스빌 공장이 문을 닫기 1년여 전 발간된 2007년 12월 20일치 《포브스Forbes》에 따르면, 이는 미국에서 아흔한 번째 부자에 해당하는 재산 규모였다.

사고가 일어난 그날 밤, 부부는 기업인 파티에 다녀왔다. 그리고 몇 분 뒤, 공사 중인 차고 상태를 점검하기 위해 켄이 밖으로 나갔다. 당시 부부는 살던 집을 평소 꿈꾸던 3000평 규모로 확장하는 공사를 진행하고 있었다. 당시 예순여섯 살이었던 이 지붕업자는 방수포로 덮인 차고 지붕의 보조 발판을 잘못 밟아 아래로 떨어졌다.[6] 다이앤이 왔을 때 그는 의식이 없는 상태로 콘크리트 바닥에 쓰러져 있었고, 새벽이 오기 전에 숨을 거두었다.

이후 다이앤은 혼자 회사를 경영해왔다. 그러나 지역 현안과 관련된 많은 일에서는 발을 뺐다. 예순한 살의 다이앤은 호리호리한 몸매에 아름다운 눈과 풍성한 갈색 머리칼을 가졌다. 그녀는 나무가 우거진 24만 평 가량 너른 사유지에서 한 무리의 사슴들과 함께 살았는데, 남편이 죽은 뒤 완성된 저택에서는 제인스빌과 벌로이트 사이를 가로지르는 록

강이 내려다 보였다.

　메리는 켄을 알았던 것만큼 다이앤을 잘 알지는 못했다. 그리고 최근 남편을 잃은 그가 지금 같은 경제위기 와중에 거대하고 형태도 채 갖춰지지 않은 경제 회생 캠페인에 기꺼이 참여하려고 할지도 확신할 수 없었다. 그러나 다이앤은 존 베커드가 그 일을 부탁하자마자 수락했다. 다이앤과 만나 대화를 나눈 메리는 자기와 다이앤이 많은 생각을 공유한다는 사실을 알고 기뻤다. 캠페인이 어떻게 진행되든 여기에는 지역 기업인들의 투자가 필수적이라는 주요 포인트에도 두 사람 생각이 일치했다. "정부가 와서 우리를 살려주기만 기다려서는 안 됩니다." 다이앤은 말하는 것을 좋아했다. "GM이 우리를 구원해주기를 기다리지도 않을 겁니다. 온전히 우리 힘으로 일어서야죠. 어서 시작합시다."

　그들은 이런 생각을 서둘러 카운티의 기업인들에게 설명하고, 각자로부터 필요한 몫을 기부받아야 한다. 그러나 초기인 만큼 난관이 적지 않다. 초기 모임에 제인스빌과 벌로이트 양쪽의 기업인들을 모두 참여시킬 것인지도 결정하기가 어려웠다. 두 도시의 기업인들이 단일한 목소리를 내면서 카운티 전체의 경제적 이익을 도모한다는 것을 과거에는 상상하기조차 쉽지 않았기 때문이다. 메리와 다이앤은 속전속결이었다. 일단은 제인스빌에서 시작하기로 했다.

　그들이 낙점한 겨울밤이 다가왔다. 이날은 제인스빌 경제를 살리기 위해 메리가 마련한 밑그림을 지역사회 기업인들이 지지해줄 것인지 가늠할 첫 시험대가 될 참이다. 기금 모금의 밤 행사가 열리기로 되어 있기 때문이다. 도박이었다. 메리는 이 중대한 행사가 제인스빌의 미래를 좌우하게 되리라는 사실 역시 안다. 그래서 두렵다.

포워드 제인스빌은 때때로 지역 기업인의 집에서 모임을 가졌다. 이날 저녁은 베인스 팜 앤 플리트의 공동대표인 메리의 친구가 강변의 절벽 위에 위치한 웅장한 저택을 행사 장소로 제공했다. 높은 천장과 화려한 장식을 자랑하는 고전적인 유럽풍 저택이었다. 방 두 곳에 마련된 테이블에 기업인 20여 명이 둘러앉자 만찬이 제공되었다. 존 베커드는 이들을 "지역사회의 항공모함들"이라고 표현했는데, 그가 이날 회합을 어떻게 생각하는지 잘 보여주는 말이다. 만찬이 끝나자 존은 이날 저녁의 공식 프로그램을 시작한다. 메리가 나설 차례였다.

메리가 연설을 시작할 무렵, 적잖은 산고 끝에 탄생한 제인스빌과 벌로이트의 이 공동 캠페인은 '록 카운티 5.0'이라는 이름을 가지게 되었다. 메리와 다이앤이 공동대표를 맡아 공공 영역과 민간 영역을 아우르게 될 이 캠페인은 다섯 개의 핵심 전략과 경제 살리기 5개년 계획으로 구성되었다. 메리가 그린 밑그림은 앞으로 이 캠페인이 얼마나 어려운 일인지보다 현재 그것이 얼마나 중요한 일인지에 강조점을 두었다. 메리와 다이앤이 참석자들로부터 질문을 받아 답변하는 순서가 이어졌고, 마침내 이날 저녁 사람들이 가장 궁금해하는 기금 목표액을 공개할 순서가 되었다. 메리가 공개한 목표액은 100만 달러였다. 메리는 자신이 다니는 M&I 은행이 5만 달러를 약정했다고 밝혔다. 다이앤은 추가로 더 많은 기금을 낼 예정이었지만, 자신이 소유한 ABC 서플라이 역시 5만 달러를 출연한다고 했다. 메리는 누가 다음 차례를 이어받을 것인지 기다린다. 방에는 정적만 흐른다. 제인스빌을 살리려는 모든 노력이 이 자리에서 좌초하고 마는 것은 아닌지 두려움이 엄습한다.

마침내 누군가 손을 든다. 지역에서 가장 성공한 건설회사인 JP 컬런의 대표이사였다. 이 회사는 지난 수십 년 동안 자동차 공장에서 많은 일거리를 얻어왔는데, 그것들이 지금 사라지려 하고 있었던 것이다. 한 사람이 물꼬를 트자 다른 사람들도 하나 둘씩 손을 들기 시작한다. 모임이 끝날 무렵 메리는 흥분과 전율에 휩싸였다. 그녀는 잠시 혼자 있고 싶어졌다. 문을 열고 욕실로 들어갔다. 내부 장식이 우아해 품격이 돋보이는 욕실이다. 그곳에서 메리는 안도감에 몸을 떨며 흐느끼기 시작한다. 문 밖에서는 새로운 희망을 위해 기꺼이 믿음과 돈을 투자하기로 결심한 제인스빌의 기업인들이 모인 가운데 록 카운티 5.0이라는 희망도 형태를 갖춰가고 있었다. 이날 저녁 생각대로 일이 풀리지 않았다고 해도 메리에게는 플랜 B가 없었다. 메리는 스스로를 다잡듯 거울을 보며 말한다.

"주사위는 이미 던져진 거야."

네 번째 마지막 날

기계들이 뜯겨나갔다. 조립라인이 뜯겨나갔다. 노동자들이 뜯겨나갔다. 4월 10일. 마이크 본이 리어에 출근하는 마지막 날이다. 거의 20년 동안 리어는 제인스빌에서 가장 큰 제너럴 모터스 납품업체였다. 이 회사는 제인스빌 공장에서 생산되는 모든 차종에 시트를 공급했다. 1917년, 디트로이트 외곽에 설립된 이 회사는 발명가이자 사업가였던 윌리엄 리어의 사업체와 합병되었다. 리어는 차량용 라디오와 8트랙 테이프, 리어젯Learjet을 만든 발명가였다. 이 회사는 전 세계 30여 개국에 200여 곳의 공장을 가지고 있었다. 제인스빌에서는 GM 생산 공장이 리어의 유일한 고객이었기 때문에 그들의 운명도 하나로 묶인 것이나 마찬가지였다.

마이크는 껍데기만 남은 공장을 오래도록 바라보며 출입구에 서 있다. 아내 바브를 만난 것도 이 공장이었다. 아내의 일자리가 사라지기 전인 지난여름까지도 두 사람이 각자 받는 임금에 초과근무 수당까지 더하면 부부가 리어에서 벌어들이는 합산 소득은 연간 수십만 달러에 이르렀다. 바브는 공장 일을 그만두고 더 늦기 전에 학업을 재개하기로 한 선택을 후회하지 않았지만, 어쨌든 시급 22달러짜리 훌륭한 일자리가 갑자기 사라져 버린 셈이다. 그들은 가까스로 버티는 중이다.

그러나 이날이 지나면 외벌이에 의지하던 그들의 가계 사정은 돈 버는 사람이 아무도 없는 곤란한 지경으로 전락할 참이다. 이것은 공장에 남은 모든 사람에게 닥칠 일이기도 했다. 마이크는 전미자동차노련 제95지역노조에서 리어의 남녀 노조원 800여 명의 이익을 대변하는 사업장 대표로 활동해왔다. 그의 할아버지와 아버지에 이어 3대째 자동차노조와 인연을 맺어온 셈이다. 할아버지 톰은 납 광산을 다니다 이곳 GM 공장으로 옮겨와 은퇴할 때까지 30년 하고도 반년을 조립라인에서 일했다. 그의 아버지 데이브도 열아홉 살 때부터 GM 공장의 기름밥을 먹기 시작해 퇴직할 때까지 35년을 일했다.

마흔한 살의 마이크는 짧게 깎은 갈색 머리에 정직한 매너를 지닌 진실된 남자다. 그는 고등학교 졸업 직후 GM에 입사하려 했으나 회사의 부름을 받지 못했다. 그는 유-록에 입학해 별 다른 목표 없이 시간을 보내던 중 머시 병원의 주방 요리사가 되기 위해 그곳을 그만두었다. GM은 여전히 신입 사원을 뽑지 않고 있었다. 하는 수 없이 마이크는 형 디제이를 따라 리어에 들어왔다. 그는 일반 조립라인에서 일을 시작한 지 얼마 안 되어 공장 전체를 돌며 빈 일자리를 채우는 대체 작업자가 되었고, 뒤이어 다른 사람들을 대체 작업자로 키우기 위해 교육하는 일을 했다. 마이크는 노조 전임자가 되면서 2000년에 작업 현장을 떠났는데, 그전부터 이미 여러 해째 노조 일에 관여하고 있었다. 그는 당시 작업 현장의 유서 깊은 전통인 "릴리스 타임release time"을 활용해 첫 번째 교대근무 조에 소속된 노동자 250명의 이익을 대변하는 일을 했다. 4년 뒤 동료들은 그를 리어의 작업장 전체를 아우르는 노조 대표로 선출했다. 그는 경영진과 함께 조합원들의 고충을 처리했고, 조합원들에게 공장의 정책을 알리는 일도 했다. 자동차노련 지부에서 리어 노동자들을 대표하는 것 역시 그가 해야 할 일이었다.

그러나 봄이 되자 마이크는 그의 아버지와 할아버지는 결코 상상조차 못했을 일을 떠맡게 되었다. 마이크는 실직을 앞둔 조합원들이 '무역조정수당'을 신청하는 것을 도왔다.[1] 무역조정수당은 외국과의 무역으로 피해를 입은 노동자들에게 노동부가 지급하는 지원금이었다. 그리고 노조원들이 입사 연차에 따라 순차적으로 해고되어 공장을 떠날 때 마이크는 그들 곁을 지켰다.

이런 이유로 마이크에게 오늘은 네 번째로 찾아온 '마지막 날'처럼 느껴진다. 첫 번째 마지막 날은 두 번째 교대근무 조 소속 조합원 수십 명이 해고되던 15개월 전에 찾아왔다. 당시만 해도 그것은 생산 현장에 으레 있기 마련인 통상적인 고용 조정처럼 보였다. 그때 GM 공장의 생산량은 점차 줄어들고 있었는데 SUV 시장의 불황이 가장 큰 원인이었다. 그래서 GM 공장 역시 리어가 납품하는 차량 좌석을 이전만큼 필요로 하지 않았던 것이다.

그날 마이크는 운 나쁘게 첫 번째 해고 대상자가 된 조합원들과 함께 인사부 회의에 나와 있었다. 조합원들이 해고 통지서를 받을 때 실업 급여와 코브라COBRA(Consolidated Omnibus Budget Reconciliation Act의 약자. 1985년 제정된 법안으로, 실직 후 18개월까지 기존 직장의 건강보험을 사용할 수 있도록 의무화했다_옮긴이) 건강보험, 재교육 기회와 관련해 그들이 알아야 할 모든 것을 회사가 상세하게 설명하는지를 확인해야 했기 때문이다. 그때 마이크는 해고자들의 질문에 노조를 대표해 답변하기도 했다. 이렇게 첫 번째 해고자들의 마지막 날에 그들과 함께 자리를 지켰다.

두 번째 마지막 날은 지난여름 GM 공장에서 교대근무 조 하나가 통째로 사라진 날과 겹쳤다. 그날 리어 노동자의 절반이 일자리를 잃었다. 근속 기간이 15년 이하인 노동자들이었다. 겁에 질린 실직자들 중에는 마이크의 아내 바브도 있었다. 당시 GM은 제인스빌 공장의 조립라인을 단계적으로 폐쇄하겠다고 밝힌 상태였다. 마이크는 아내의 일자리처럼 자신의 일자리가 사라지는 것도 시간문제임을 직감했다. 그것은 난생 처음 경험해보는 충격이었다.

세 번째 마지막 날은 12월 23일, GM 공장이 문을 닫은 날이었다. 그날 리어에서 일자리를 잃은 노동자들 중에는 마이크의 형인 디제이도 있었다. 형은 오래 전, 마이크에게 리어에 취업하라고 권했던 바로 그 사람이다. 운명의 날이 다가오면서 마이크는 앞선 두 번의 해고 때와 달리 공장을 돌아다니며 조합원들에게 개인적으로 작별을 고했다. 그가 작별인사를 해야 할 사람은 모두 371명이었다. 그는 가능한 한 많은 사람들을 만나기 위해 여러 날을 공장에서 보냈다. 그는 자신이 대변해온 남녀 조합원들에게 어떻게든 긍정적 삶을 유지하기 위해 노력하자고, 우리들은 똑똑하고 부지런하며 당당한 사람들임을 기억하자고 말했다. "무슨 일을 맞닥뜨리든 최선을 다해야 합니다." 마이크는 당부하고 또 당부했다. "그리고 앞으로의 인생 계획을 세우세요." 그가 볼 때 아내 바브는 고등학교 졸업 학력을 취득한 뒤 블랙호크 기술전문대학에서 형사정책학을 공부하기 위해 최선을 다하고 있었다. 조립라인 곳곳을 돌며 실직 후의 인생 계획이 중요하다는 점을 공들여 설득하던 그는 때때로 울음을 터뜨리기도 했다.

조합원들과 작별 인사를 끝냈을 때, 마이크는 여름에 파산을 신청하려는 회사가 더 있다는 사실을 알게 되었다. 공장폐쇄와 대규모 실직은 리어와 GM만의 문제가 아니었던 것이다. GM 노동자들은 전미자동차노련 제95지역노조에 지역의 다른 하청업체 노동자들과 함께 소속되어 있었지만, 그들이 받아온 최상의 급여와 휴가 수당은 다른 노동자들에게 질시받는 대상이었다. 그런 갈등이 있었지만 GM은 지역에 반드시 있어야 할 사업장으로 받아들여졌다. GM 공장이 없다면 다른 일자리들이 존재하기 힘들었기 때문이다. 그리고 마침내 GM 공장이 문을 닫자 도시 전역에서 일자리들이 빠르게 증발했다.

크리스마스 이틀 전, GM과 리어가 공장 가동을 중단할 때 로지스틱스 서비스 주식회사에서 일하던 159명도 일자리를 잃었다.[2] 이 회사는 부품들을 분류해 보관하고 그것을 GM 생산 공장으로 배달하던 지역 물류 업체였다. 얼라이드 시스템 그룹도 마찬가지였다. 제인스빌 공장에서 생산된 차를 미 중서부의 대리점들로 운송하던 이곳 노동자 117명도 일손을 놓았다. 브로드헤드 인근 우드브리지 그룹의 노동자 70여 명도 리어 공장으로 납품하던 발포고무 생산을 중단했다. 발포고무는 리어가 GM 공장에 납품하던 자동차 시트의 충전제로 쓰였다. 우드브리지의 다른 노동자 99명도 이듬해 봄에 공장이 문 닫으면 해고될 처지였다. 그러니 이듬해 2월까지 록 카운티의 실업률을 13.4퍼센트까지 치솟게 만든 원인은 GM과 리어에만 있는 것은 아니었던 셈이다.[3]

이 수천 명의 제인스빌 노동자들이 일자리를 잃어갈 때, 마이크는 앞으로 이들에게 닥칠 일들을 걱정하며 밤이 늦도록 잠을 이루지 못했다. 마이크는 네 번째 마지막 날이 온다면 자기 차례가 되리라는 것도 명확히 알았다. 그는 리어의 노동자 대표 자격으로 공장이 완전히 문을 닫을 때까지 15명에 불과한 설비 유지 및 지게차 운용 인력과 함께 회사에 남았다. 마이크는 크리스마스 휴가가 끝난 뒤 부활절 이틀 전인 성금요일까지, 매주 공장에 나와 소규모 작업조가 조립라인별로 공장 시설물을 해체하는 것을 지켜봤다. 공장은 하루하루 조금씩 비워지다가 마침내 껍데기만 남았다. 마이크의 마음 또한 그랬다.

오늘 아침, 마이크는 공장 설비 해체 조에 속한 노동자들에게 일일이 작별 인사를 했다. 앞서 공장을 떠난 많은 동료들과 나누던 친밀함이 그들에게서는 느껴지지 않았다. 그날 마이크는 길게 오갔던 어떤 대화에도 진지하게 참여하지 않았다. 자신에게도 마지막 날인 그 하루를 그렇게 보내기 싫었던 것이다. 출입문에 선 마이크는 공장 내부를 마지막으로 둘러본다. 이렇게, 리어에서 보낸 18년이, 끝났다.

입찰 전쟁

6월 11일 오후 6시, 마브 위팻은 록 카운티 법원 4층 대법정 안으로 들어간다. 그가 GM 공장에서 보낸 40년은 끝났을지 모르나 노동자들을 위해 투쟁할 의지마저 사라진 것은 아니다. 더 정확히 말해 그것은, 일자리가 사라질 때까지 공장을 지켜온 이들, 자신의 두 아들을 포함해 미치도록 다시 일하고 싶어 하는 노동자 형제자매들을 위한 투쟁 의지였다. 마브는 오늘 저녁의 한판 승부를 기다려왔다.

오늘은 카운티 감리위원회가 열리는 날이다. 위원회는 대법정에서 한 달에 두 번씩 화요일에 열린다. 감리위원들은 중앙 복도를 경계로 법정 앞쪽에 두 줄로 놓인 의자에 앉아 있다.

지난 14개월 동안 마브는 법정 두 번째 줄 의자에 큰 몸을 욱여넣고

회의장을 지켰다. 그는 제인스빌 최북단에 위치한 밀턴 타운의 대표였다. 마브는 그동안 지역 현안과 관련된 여러 일을 해왔지만 선출 공직을 맡은 것은 62년 생애에서 처음이었다.

발언권을 얻으려고 손을 든 마브를 연단에 앉은 위원장이 쳐다봤다. 마브의 목소리는 매우 커서 그가 마이크를 잡을 때마다 법정 직원이 회의장 오디오 볼륨 다이얼에 손을 가져갔다. 마브는 이 우렁찬 목소리로 위원회를 비공개 임원회의로 전환할 것을 제안한다.[1]

오늘은 공장폐쇄 방침이 발표된 지 1년째 되는 날이다. 일주일 뒤면 마브 역시 회사를 퇴직한 지 1년을 맞게 된다. 열흘 전, 제너럴 모터스 본사는 차세대 소형차 생산라인이 들어설 국내 공장 후보지 세 곳에 제인스빌이 포함되었다고 발표했다. 이날 감리위원회는 그 발표 이후 처음으로 소집된 회의였다.[2] 제너럴 모터스는 차세대 소형차가 기울어가는 회사의 운명을 돌이키는 데 도움이 될 것으로 기대했다. GM의 자산 규모는 이제껏 한번도 상상하지 못한 수준까지 떨어졌다. 재무부가 194억 달러의 구제금융을 GM에 쏟아붓기로 했지만, GM은 제인스빌을 차세대 소형차 라인 후보지로 발표하기 하루 전 오전 8시, 맨해튼 법원에 파산보호 신청을 했다. 자구 노력의 일환으로 회사는 열네 곳의 국내 공장을 폐쇄하고 2만 1000개의 파트타임 일자리를 감축하겠다고 밝혔다. 정부는 3000만 달러를 추가로 투입하기로 했다.

이 암울한 뉴스를 전하는 자리에 릭 왜거너는 없었다.[3] 그는 3월에 회사의 최고경영자 자리에서 밀려났다. 이 잿더미 속에서 마브는 기회를 찾고 있다. 그의 제안에 따라 문이 닫히고 감리위원들과 몇몇 카운티

관리자들만 회의장에 남았다. 회의 주제는 위스콘신주가 제너럴 모터스에 제공하려는 경제적 인센티브 패키지에 록 카운티가 얼마나 많은 돈을 기여할 것인지다. 대부분의 감리위원들은 500만 달러면 충분할 것이라고 봤다. 최악의 경제 상황에서 큰 폭의 재정 적자가 이어지는 카운티의 세수 상황을 고려하면 그 이상의 돈은 감당하기 어렵다는 것이다.

마브의 발언은 평소처럼 거침이 없다.

"최상의 오퍼를 넣어야 합니다. 안 그러면 다른 도시들한테 밀릴 게 확실해요."

마브의 쩌렁쩌렁한 목소리가 회의장 안에 울려 퍼진다. 마브를 비롯해 닫힌 공장 문을 다시 열려고 분투하는 어느 누구도 경쟁하는 다른 두 도시가 어느 정도 금액을 제시할지 모른다. 다른 두 곳은 테네시주의 스프링 힐과 미시간주의 오리온 타운십이다. 마브는 죽어가는 공장을 회생시키기 위한 입찰 전쟁에서 경쟁 상대를 압도하려면 가능한 한 모든 노력을 기울여야 한다는 사실을 제인스빌의 다른 이들 또한 안다는 데서 위안을 받는다.

지역의료보험 기관인 머시 앤 딘은 제너럴 모터스가 공장을 다시 가동할 경우, 노동자들이 부담해야 할 보험료를 할인해주겠다고 약속했다. 얼라이언트 에너지는 공장의 전기료를 깎아주겠다고 했다. 지역의 몇몇 업체들은 함께 돈을 모아 비용이 얼마가 들든 재쵸스 터번을 매입하겠다고 밝혔다. 제너럴 모터스로서는 놀랄 만한 일이었다. 재쵸스는 제인스빌 공장이 그 주위로 주차장을 확장하기 전, 터번이 소유했던 작은 부지 위에 수십 년 동안 자리 잡고 영업해온 선술집이었는데 업주들은 공장이 다시 가동되면 이곳을 사들여 GM 노동자 자녀들을 위한 보육 시설로 전환시킬 계획이었다.

다른 이들의 협조에 힘입어 마브는 주장을 더 강하게 펼쳤다. 그는 카운티가 마땅히 해야 할 일을 하는 데 돈 쓰는 것을 주저해서는 안 된다고 강조한다. 자기 나름의 산술적 계산도 서 있다. 마브는 공장이 성수기 때 하루 연장 근로로 벌어들이는 지역 주민들의 급료를 계산해봤다. GM과 리어의 노동자들, 부품 수송 열차에 화물을 싣고 내리는 노동자들, 제인스빌에서 생산된 차량을 지역 대리점까지 운송하는 노동자들까지 모두가 받는 급료의 1.5배를 벌어들일 수 있다. 그리고 마브는 이 급료로부터 거둬들이는 조세 수입을 어림잡아 본다. 그것만 해도 500만 달러는 된다.

이것이 마브의 주장이다. 마브는 여기에 또 다른 중요한 사실들을 덧붙인다. 공장이 닫혀 노동자들이 일을 못하는 상태가 계속되면 "록 카운티에서 소비되는 돈은 더 이상 없을 것"이라는 이야기다. 카운티 예산을 편성하라고 시민들이 투표로 뽑아놓은 감리위원들에게는 실로 우려스러운 전망이다. 마브가 발언을 끝낸 뒤 개표 집계가 마무리되고 청중들이 입장하도록 법정 문이 다시 열릴 무렵, 감리위원들은 제너럴 모터스에 마브의 주장대로 2000만 달러를 제공하기로 뜻을 모은다.[4] 이 사실은 지역 주민들에게 즉각 발표되지는 않았다. 마브는 오늘 밤 하려던 일을 완수했다는 생각에 비로소 안도한다. 그는 이 2000만 달러가 위기로 타격을 입은 카운티에 충분한 효과를 발휘할 것이라고 생각한다.

소닉 스피드

언제부터인가 미국 자동차 회사들은 신차 생산라인 배치 지역을 정할 때, 후보지의 주정부와 지역사회가 세금 감면과 여러 가지 재정 혜택으로 막대한 '지참금'을 제공할 것이라고 기대하게 되었다. 위스콘신 주정부도 신차 생산라인이 들어올 경우 회사 측에 제공할 경제적 인센티브 패키지의 최종안을 제너럴 모터스에 보냈다. 록 카운티 감리위원들이 제너럴 모터스에 제공하려는 인센티브 규모를 네 배로 늘리고 나서 며칠이 지난 뒤였다. 위스콘신주가 약속한 인센티브 총액은 1억 9500만 달러에 달했다.[1] 이 가운데 1억 1500만 달러는 주정부의 세금 감면과 에너지효율화보조금으로 충당될 예정이었고, 2000만 달러는 마브 워팻이 록 카운티 감리위원회에서 통과시킨 인센티브였다. 1500만 달러는 재정난에 시달리는 제인스빌 시정부가, 200만 달러는 벌로이트 시정부가 제공할 지원금이었다. 여기에 제인스빌 공장 주차장의 선술집을 매입해 GM 노동자 자녀를 위한 어린이집을 설치하려는 업체들을 포함해 사기업들이 제공하는 인센티브도 추가되었다. 이 패키지에 2억 1300만 달러에 상당하는 임금 삭감분은 포함되지 않았지만, 전미자동차노련 제95지역노조는 일자리를 되찾는 대신 조합원들의 임금 수준을 기꺼이 낮출 의사가 있었다.

이것은 위스콘신주 역사상 가장 규모가 큰 인센티브 패키지였다. 경쟁은 테네시주, 미시간주에 있는 공장들과 제인스빌 공장 세 곳으로 최종 압축된 상태였다. GM 중역들은 어느 공장이 신차 라인과 그에 딸린 일자리들을 가져갈 자격이 있는지 평가하면서 수십 가지 요인들을 고려하겠다고 말했다. 그러나 한 가지는 확실했다. 파산 법정에 선 회사에 돈보다 중요한 것은 없다. 그러나 제인스빌은 공장 문을 다시 열 기회를 잡지 못했다.

★

6월 26일 오전 7시, 주지사 도일은 전화 한 통을 받는다.[2] GM 북미 법인의 제조 부문 부사장 팀 리에게서 온 전화다. 17개월 전 제인스빌 공장에서 오바마의 희망 가득한 선거 유세가 펼쳐질 당시 리 부사장은 행사장 맨 앞줄, 주지사로부터 오른쪽으로 두 좌석 떨어진 자리에 앉아 있었다. 오바마가 이 공장이 앞으로 100년은 더 지속될 것이라고 단언했을 때 그는 행사장의 모든 이들과 함께 일어서 박수를 쳤다.

이날 아침, 리 부사장이 주지사에게 전한 뉴스는 암울했다. 제너럴 모터스가 소형 신차 라인을 미시간주 오리온 타운십에 배치하기로 결정했다는 소식이었다. 제인스빌에는 참담한 뉴스였다. 제인스빌 공장은 대공황 기간 동안 폐쇄된 적이 있으나 1년 뒤에 재가동되었다. 1986년의 위기 때는 픽업트럭이 조립라인에서 사라지고 중형 트럭이 이를 신속하게 대체했다. 사람들은 공장을 살리려는 과업이 지난날처럼 성공하지 못했다는 사실을 받아들이기 힘들어했다.

입찰 전쟁에서 패배한 뒤부터 주지사는 독이 바싹 오른 것처럼 보였다. 그는 제너럴 모터스가 처음부터 신차 라인을 오리온 공장에 주고 싶어 했다고 말했다. 그러면서 GM이 위스콘신의 제안을 미시간으로부터 더 많은 인센티브를 우려내기 위한 지렛대로 이용했다고 분통을 터뜨렸다.[3] 그는 "미시간이 우리와 필적할 만한 상대였다고 생각하지 않는다"라고 말했다. 입찰 전쟁에서 후보 지역들이 각각 꺼내들었던 패는 아직까지 공개되지 않았다. 그러나 주지사의 생각은 틀렸음이 밝혀졌다. 위스콘신주의 제안이 역사상 유례없는 것이기는 했으나 미시간주가 제시한 금액은 이보다 거의 다섯 배나 많았다.

미국 자동차 산업의 본거지이자 미국에서 가장 높은 15퍼센트의 실업률을 기록 중인 미시간[4]의 주지사는 제너럴 모터스의 신차 생산라인을 오리온 공장으로 유치하는 데 사활을 걸었다. 제너럴 모터스가 파산의 궁지에서 벗어나기 위해 가동을 중단하려는 공장들 10여 곳 가운데 절반이 미시간에 있었기 때문이다.[5] 디트로이트에서 40마일 떨어진 북쪽에 위치한 오리온 공장 역시 그중 하나였다. 입찰 전쟁에서 승리한 덕에 그들은 오리온 공장과 인근에서 자동차 부품을 찍어내는 판금 공장 일자리 1400여 개를 보전할 수 있게 되었다.

"신차 생산라인을 미시간에 유치하기 위해 할 수 있는 모든 일을 다하겠다."[6] 제너럴 모터스가 파산을 선언한 직후 미시간 주지사 제니퍼 그랜홈Jennifer Granholm이 이 회사 중역들에게 한 말이다. 그가 말한 "모든 일"에는 주도 랜싱에 있는 미시간주 경제개발공사 본부 안에 전략상황실을 두는 것도 포함되었다.[7] 그리고 겨우 몇 주 뒤, 깜짝 놀랄 만한 규모인 7억 7900만 달러에 상당하는 세금 감면 우대를 12년 동안 제너럴 모터스에 제공한다는 전략이 수립되었다. 또 1억 3500만 달러를 들여 직업교육기금을 조성하고, 오리온 타운십으로부터 상하수도 요금 공제를 확약받는 한편 회사들을 위한 구인지원자금으로부터 일정 기금을 출연받기로 했다. 총액 10억 달러가 넘는 공적 자금을 투입하기로 약속한 것이다. 미시간이 이제껏 기업에 제공했던 어떤 유인책보다 거대한 규모였다. 이 정도면 신차 라인을 따내기에 충분했다.

최근 신차 생산라인을 두고 미국에서 벌어진 여러 차례의 입찰 전쟁을 살펴보면, 기존 공장을 지키기 위해 천문학적 규모의 자금을 지원하기로 약속한 것은 미시간이 최초가 아니다. 제너럴 모터스가 1년 전, 준중형차인 쉐보레 크루즈를 오하이오주의 로즈타운 공장에서 생산하기로 결정했을 때 주정부는 GM에 2억 2000만 달러를 지원하겠다고 제시했다. 포드가 준중형차 모델인 포드 포커스를 생산하기 위해 7500만 달러를 들여 미시간주 웨인의 트럭 공장을 리모델링하기로 결정했을 때, 미시간 주정부는 포드에 3억 8700만 달러의 세금 공제 및 환급을 약속했다. 그리고 폭스바겐이 같은 해 테네시주 채터누가에 파사트 생산 공장을 짓기로 했을 때, 회사는 5억 5400만 달러에 달하는 감세 혜택을 주정부와 시정부로부터 확약받았다. 이들 모두 제인스빌 공장 재가동을 위해 위스콘신이 제너럴 모터스에 제안했던 지원 규모를 능가한다. 그러나 큰 이권과 판돈이 걸린 이번 입찰 전쟁에서 미시간이 배팅한 판돈의 규모는 역대 모든 기록을 갈아치우고도 남았다.

입찰 전쟁에서 패배한 위스콘신 주지사와 제인스빌 주민들은 승리에 비용이 뒤따른다는 사실을 배울 기회를 얻지 못했다. 그러나 시간이 흐름에 따라 승리의 대가가 미시간의 막대한 공공투자 규모를 능가한다는 사실이 드러났다. 오리온의 노동자들에게도 그것이 승리의 비용 치고는 터무니없이 비싸기는 매한가지였다. GM은 새로운 경차 모델에 '소닉'이라는 이름을 붙였다. 소닉은 미국 내에서 생산될 유일한 경차 모델이자 제너럴 모터스가 1980년대 이후 국내에서 생산한 사실상 첫 번째 경차였다. 원래 이 차종은 중국에서 생산하기로 했으나 GM은 취약한 경제 상황에서 소비자들에게 어필하기 위한 전략의 일환으로 이 결정을 재고했다.[8]

회사는 결국 값이 저렴한 소형차를 미국에서 생산하기로 했다. 물론 앞선 GM의 초소형차 아베오가 그랬던 것처럼 부품의 상당수는 한국에서 만들어질 예정이었다. 이 결정은 거대한 의문을 수반했다. 노조와 합의한 임금을 지급하면서 수익을 내는 것이 과연 가능할 것인가?

제너럴 모터스는 이런 의문이 제기될 것임을 예상했다. 그래서 그보다 몇 년 앞서 전미자동차노련을 설득해 전국 단위 임금협약에서 큰 폭의 양보를 얻어냈다. 그것은 회사에 이중의 임금 체계를 허용해 신규 채용된 노동자에게 시간당 임금을 14달러만 지급할 수 있게 하는 것이었다. 이는 표준 임금인 시간당 28달러의 절반이었다. 이 협약 덕에 GM에 고용된 노동자의 4분의 1 정도가 이처럼 낮은 임금을 적용받게 되었다. 이후 오리온 생산 공장이 라인 재배치를 위해 가동을 중단한 사이, 전미자동차노련 지역노조는 전국 단위에서 합의했던 것보다 회사에 훨씬 많은 양보를 약속했다.[9] GM이 경차 라인을 공장에서 다시 뺄지도 모른다는 우려 때문에 지역노조가 추가적인 임금 삭감에 동의한 것이다. 그래서 오리온 공장이 소닉을 생산하기 위해 가동을 재개했을 때, 신규 입사자뿐 아니라 공장에서 이미 일하던 이들을 포함해 다섯 명 가운데 두 명은 옆자리에서 일하는 동료들이 받는 돈의 2분의 1밖에 안 되는 임금을 받아야 했다. 당시 GM 북미 법인의 신임 사장은 이런 합의를 "매우 급진적"이라고 평가하면서, 그것이 "우리가 이곳에서 신차를 생산해도 정말 경쟁력이 있을지를 시험하게 될 것"이라고 말했다. 자동차노련 지역노조의 한 임원은 "(불리한 임금 조건을 받아들이는 것이) 공장이 문을 닫고, 여러분의 다음 달 급료는 어디서 받을지를 걱정하는 것보다 낫지 않으냐"라고 했다.

공장이 재가동되기를 기다리는 동안, 회사는 오리온 공장에서 입사 시기가 상대적으로 늦은 노동자들 수백 명에게 끔찍한 선택지를 주었다.[10] 더 나은 임금을 바란다면 그곳에서 250마일 떨어진 로즈타운 공장으로 옮기라는 것이었다.

만약 이 제안을 받아들이면 그들은 정규 임금인 시간당 28달러를 보장받을 수 있었다. 반면 오리온 공장에 남는다면 근속 연수에 따라 이전과 같은 평균임금을 받게 될지 아니면 절반으로 깎인 임금을 받게 될지 알 수 없었다. 오리온 공장의 많은 노동자들이 디트로이트에 있는 자동차노련 본부인 솔리더리티 하우스Solidarity House에 모여 피켓 시위를 벌였다.[11] 그들이 든 현수막에는 "경찰을 불러라, 나는 강도당했다"라는 문구가 쓰여 있었다. 다른 누군가는 제너럴 모터스가 아닌 자동차노련 지역노조를 전국노동관계위원회에 고소했다.[12] 지역노조가 구성원들의 의견 수렴 절차도 밟지 않고 일방적 양보안을 받아들였다는 이유였다. 위원회는 이 고소를 기각했다.[13] 2011년 8월 1일 오전 6시, 소닉 라인이 가동되기 시작했을 때 공장 노동자의 40퍼센트는 시간당 14달러의 임금을 받게 되었다.[14] 부품의 상당수는 한국에서 실려 왔고 엔진은 멕시코에서 만들어졌다. 그리고 또 다른 혁신 조치가 있었다. 일부 하청업체들이 오리온 공장 안으로 들어와 부품을 생산하기 시작한 것이다. 이 업체에 고용된 노동자들의 평균임금은 시간당 10달러였다. 모든 것이 승리의 대가였다.

★

승리를 위해 치른 값비싼 대가는 시간이 흐를수록 잊는다. 기사회생의 유서 깊은 전통을 자랑하는 제인스빌에서 지역 대표단이 공장 살리기에 실패했다는 우울한 소식이 날아든 초여름, 제인스빌 주민들의 마음은 어지러웠다.

폴 라이언은 위스콘신주 민주당 소속 연방의원 세 명과 공동성명을

냈다.[15] 그중에는 상원의원 러스 파인골드Russ Feingold도 있었다. 그는 제인스빌에서 자랐고, 그의 할아버지는 1923년에 제인스빌에서 출고된 첫 번째 쉐보레 트럭의 구매자였다.

"모두의 노고와 투지와 협력 덕분에 제인스빌 공장이 여기까지 올 수 있었으며 다른 공장들과 경쟁할 수 있었다."

폴과 민주당 의원들의 성명은 이어졌다.

"우리는 록 카운티의 노동자들을 돕는 데 전력을 기울일 것이다. 그리고 우리가 할 수 있는 모든 일을 다하기 위해 주지사를 비롯한 다른 이들과 함께할 것이다."

그들의 성명은 연합전선을 꾸려 격렬하고 가망 없는 싸움을 지속해온 이들에게서 나올 법한 전형적 성명이었다. 그런데 성명이 나오고 채 하루가 지나기도 전, 이들 사이에 존재하던 이데올로기적 불협화음이 표면 위로 떠올랐다. 당장은 작은 균열이지만, 시간이 흐르면서 크고 깊어질 것이 분명했다. 그 균열은 제인스빌이 직면한 핵심적인 질문으로까지 번졌다. 앞으로 어떤 일이 벌어질 것인가?

폴은 제너럴 모터스가 돌아오기만 기다리는 것은 의미 없는 일이라고 생각했다.[16] 그는 강을 따라 늘어선 GM 공장의 거대한 시설 부지를 제인스빌이 인수한 뒤 다른 용도로 쓸 방법을 찾아야 한다고 말했다. 폴은 "우리는 계속 전진해야 한다"고 강조했다.

그러면서 폴은 지역 재계 지도자들의 생각을 찬찬히 살폈다. 폴의 견해는 포워드 제인스빌 그리고 록 카운티 5.0이 목표로 정한 지역경제회생기금 100만 달러를 지난 수개월 동안 조용히 모아온 메리 윌머의 생각과 일치했다. 록 카운티 5.0은 아직 지역사회에 온전히 모습을 드러내지 않고 있었다.

그러나 일자리를 잃은 노동자들은 이런 관점을 받아들이기 힘들었다. "계속 나아가자"는 말은 그들에게 모욕처럼 들렸다. 그 말은 제인스빌의 과거에 대한 배반이자, 의기소침했던 그들 사이에서 이제 막 움트기 시작한 한줄기 희망의 싹을 잔인하게 짓밟는 것처럼 느껴졌다. 그들은 공장의 시설물이 여전히 철거되지 않았다는 데 실낱같은 희망을 걸었다. 제인스빌이 아닌 오리온에 경차 라인을 배치하기로 결정하면서 놀고 있는 제인스빌 공장을 영구 폐쇄할 수도 있었지만, 제너럴 모터스는 그렇게 하지 않았다. 회사는 공장 시설을 "대기standby" 상태로 남겨두었다. 그것은 GM의 사업이 회복되어 생산 시설이 다시 필요해지면 언제든지 공장 가동을 재개할 수 있음을 의미했다. 제인스빌 노동자들은 대기 중이라는 어중간한 상태에서 희망의 부스러기를 발견했던 것이다.

노동조합 활동가의 갈등

8월 24일이 빠르게 다가오고 있다. 그날은 대학 강의가 시작되는 첫날이다. 마이크 본은 더 이상 미룰 수 없다고 생각한다. 아버지에게 마지막으로 무엇인가를 숨겼던 때가 언제인지 까마득하다. 이번처럼 아버지가 모르는 큰 비밀을 가져본 적은 없었다고 해도 과언이 아니다. 그러나 아버지에게 비밀을 털어놓는 상황을 떠올릴 때마다, 위스콘신의 이 뜨거운 여름날 아버지 얼굴에 스칠지도 모를 실망의 그림자를 마이크는 외면할 수 없었다. 줄곧 든든한 후원자였던 아버지가 등을 돌릴지도 모를 일이다. 그래서 마이크는 미룰 수 없는 최후의 순간이 닥칠 때까지 며칠을 기다리고 또 기다렸다.

지금까지 걸어온 길과 반대편으로 가려고 한다는 사실을 아버지에게 털어놓기란 매우 어려운 일이다. 자신까지 3대에 걸쳐 노동조합 활동을 해온 집안 내력도 마이크를 망설이게 했다. 그는 집안의 전통을 잘 안다. 그것은 자신의 전통이기도 했다. 이 전통은 과거 뉴 디깅스New Diggings, 스윈들러스 리지Swindler's Ridge, 매케이브 마인McCabe Mine 등으로 불리던 위스콘신 남서부의 납 광산으로 거슬러 올라간다.[1] 마이크의 증조부도 그곳에서 사망했다. 할아버지 톰은 광산노조 설립을 시도하다가 "당신의 쉐보레를 타고 미국을 둘러보라"라는 GM 광고를 본 뒤 제너럴 모터스 공장에서 일하기 위해 제인스빌로 왔다.

1950년대에 할아버지의 임금은 시간당 1달러에서 2달러로 올랐다. 줄곧 노동조합 활동가가 되기를 원했던 할아버지는 근무가 끝난 뒤 밀턴 거리에 있는 주유소에서 자동차노련 활동가들을 만나 임금과 근로조건에 대해 진지한 대화를 나누었다. 할아버지는 그들의 신임을 얻었고 GM 노동자 1000명을 대표하는 지역노조의 집행위원으로 선출되었다. 몇 년 뒤, 할아버지는 현재 자동차노련 제95지역노조 사무실이 있는 월터 P. 로이터Walter P. Reuther (제너럴 모터스 출신의 미국의 노동운동 지도자_옮긴이) 기념관 설립을 거들었다.

마이크의 아버지 데이브는 제인스빌에서 자랐다. 1967년에 용접공으로 제인스빌 공장에 입사했을 때 아버지는 아직 10대였다. 임금 인상과 연금 문제로 파업이 벌어졌을 때는 조립라인에서 일한 지 겨우 3년밖에 되지 않은 신참이었다. 당시 할아버지 톰은 같은 공장에 근무하면서 노조 교섭위원으로 활동했다. 할아버지와 아버지는 회사에 맞서 11주를 함께 투쟁했다. 아버지는 마이크가 리어에 입사하고 2년이 지난 뒤 제

95지역노조 부위원장이 되었다. 아버지와 아들이 같은 지역노조 조합원으로 활동하게 된 것이다. 데이브는 아직도 노동조합을 무척 사랑한다. 그래서 공장이 문을 닫고 자유시간 때 노조 활동을 하러 사무실에 나오는 노동자들이 없어지자 데이브는 옛 동지 마이크 마크스와 함께 노조 활동에서 은퇴하려던 계획을 접었다. 과거 노조 부위원장과 위원장으로 일했던 경험을 되살려 노동조합 활동을 돕기로 한 것이다. 이번에는 자원봉사자 신분이라는 점만이 과거와 달랐다.

마이크의 집안은 3대가 연이어 제95지역노조에서 일했다. 이런 집안은 제인스빌에 둘뿐이다. 마이크는 노조에서 11년을 일하며 일상적인 임금 갈등과 보상 휴가 및 가족-의료휴가법을 둘러싸고 벌어진 분규를 해결하는 데 기여했다. 한동안 그는 자동차노련 본부의 한 위원회에 소속되어 다른 부품 공급 업체들이 제기한 불만 사항을 점검하는 업무를 담당하기도 했다. 노동조합에 대한 그의 자긍심은 아버지와 할아버지 세대만큼이나 깊었다. 그러나 아내 바브에 이어 그도 일자리를 잃었다. 아버지는 벌써 5년 전 은퇴한 상태였고, 할아버지는 1년 전에 세상을 떠나고 없었다.

더 이상 대변해야 할 노동자가 남지 않았을 때 노조 활동가가 할 수 있는 일은 무엇일까? 마이크는 디트로이트의 자동차노련 본부에 자신이 그곳에서 할 수 있는 일이 있느냐고 물었다. 그 어떤 실효성 있는 답변도 오지 않았다. 그리고 제인스빌을 떠나게 될 가능성에 대해 생각하면 할수록, 그 상황을 상상하는 것도 점점 고통스러워졌다. 마이크로서는 바브와 함께 정성 들여 가꾼 텃밭과 정원이 딸린 널찍한 마당을, 가족과 오랜 친구들을 포기해야 하는 이유를 찾기 어려웠다. 오로지 노동조합 일을 계속하기 위해서?

그러나 노조 활동에 대한 마이크의 애착은 여전히 강했다. 몇 달 동안 '유니언잡 닷컴' 사이트에 접속해 위스콘신, 미네소타, 일리노이에 있는 노조들이 올린 구인 목록을 샅샅이 훑은 것도 이 때문이었다. 문제는 그가 사랑하는, 노동자를 대변하는 일을 이어갈 만한 자리가 좀체 눈에 띄지 않았다는 점이다. 사람을 필요로 하는 곳이라고는 노조의 조직 부문밖에 없었다. 마이크는 앞서 자동차노련의 조직 부문에 몸담은 적이 있다. 그 경험으로 자신이 낯선 집의 현관문을 노크하는 데는 소질이 없다는 점을 깨달았다. 당시 그가 찾아간 이들의 상당수는 마이크가 찾아온 이유를 눈치챈 순간부터 적대감을 노골적으로 드러냈다. 개목줄을 풀어놓거나 심지어 총을 꺼내 위협하는 사람들을 만났다는 이들도 있었다. 그는 한 달 가운데 3주를 길거리에서 보내야 하는 삶을 상상할 수 없었다. 그것은 자신을 위한 삶이 아니었다.

마이크 스스로도 놀랐던, 자신에 대한 이 발견은 점진적으로 이루어졌다. 그러나 말한 대로였다. 노조 활동에 대한 애착은 깊었지만, 노조에서 지속적으로 하고 싶은 일은 제한적이었다. 집안의 어떤 내력도 그가 직면한 선택지들 앞에서 큰 도움이 되지 않았다. 현실 속에서 그와 바브는 실직자였다. 두 사람이 직장에서 얻던 수입은 깡그리 사라졌다. 더욱이 그에게는 해결책이 없었다. 마이크가 무엇을 할지 고민하는 동안 바브는 그를 놀라게 했다. 그녀는 위기를 기회로 전환시키며 학업에 몰두했다.

참조할 만한 선례 하나 없이 직면한 현실을 헤쳐나가기 위해 애쓸 때, 마이크의 머릿속에서 그럴듯한 생각 하나가 꿈틀댔다. 그 생각은 처음에는 희미했지만 점차 굳은 신념으로 자라났다. 그것은 그간의 노조 활동 경험이 인사관리 업무를 하는 데 유용한 자산이 될 수 있으리라는 생각이었다. 때마침 이와 관련된 업무 수요를 예상한 블랙호크 기술전문대학이 인사관리 전공 프로그램을 개설했다. 마이크의 눈에도 대학의 선택은 적절해 보였다. 또한 그에게도 좋은 기회였다. 대학에 진학하면 마이크가 리어에서 일할 때 따낸 연방무역조정법상의 학비 지원금을 받으며 학위를 딸 수 있고, 자신에게 적합해 보이는 새로운 분야로 취직할 가능성이 커지는 것은 물론 정든 집과 이웃이 있는 제인스빌을 떠나지 않아도 됐다. 그러니 등록을 마다할 이유가 없었다.

그러나 이 프로그램을 수료한 뒤 얻을 수 있는 일자리들은 노조와 관련이 없다. 오히려 그것은 관리직이 되려는 사람에게 필요한 과정이었다. 이런 생각을 하며 앉아 있자니, 관리직이 된다는 것에 대한 거부감도 점차 약해졌다. 지금까지의 삶을 반추하면서 자신은 결코 악한 사람이 아니라고 마이크는 생각했다. 그러나 아버지는 어떻게 생각할까? 8월 초의 어느 날 오후, 피할 수 없는 순간이 찾아왔다. 새어머니 주디가 가족 모두를 아버지의 예순한 번째 생일에 초대한 것이다. 마이크가 예상한 대로 그와 아버지는 담배를 피우기 위해 모기장이 쳐진 베란다로 향한다. 마이크의 손에는 직접 만 수제 담배가, 아버지 손에는 말보로가 들려 있다. 마이크는 말을 꺼내기 전에 담배를 한 대 피워 문다. 그들이 잠시 자리를 비운 새 안에서는 파티가 한창이다. 마이크가 아버지를 바라보며 말했다.

"뭘 할지 결정했어요."

일단 쉬운 이야기부터 꺼냈다. 20일 뒤 학교에 들어가 공부를 시작하기로 했고, 블랙호크 기술전문대학에 때마침 새 프로그램이 개설되었으며, 대학에 가면 정부가 주는 학비 지원금을 받을 수 있다는 사실 말이다. 그리고 일말의 불안감은 여전히 남았지만 지난 몇 달 새 마음속에 자라난 미래에 대한 작은 낙관과 함께 실직의 고통도 점차 누그러졌다고 설명한다. 이제 어려운 이야기를 할 차례다. 마이크는 인사관리 업무도 노동자를 교육하는 한 방법임을 어떻게 이해하게 되었는지 그리고 지금까지는 노동조합 편에서 그 일을 했지만 앞으로는 회사 편에서 그일을 할 생각이며 이럴 경우 무엇이 달라지고 그것을 자신은 어떻게 판단하는지 조심스럽게 이야기한다.

대화를 하는 내내 마이크는 아버지의 표정을 주의 깊게 살핀다. 아버지의 얼굴에 스쳐가는 저 감정은 슬픔일까? 물론 그랬다. 그러나 주름 잡힌 아버지의 긴 얼굴이 내면의 감정을 무심코 드러냈을지언정 그의 입에서만큼은 마이크가 가장 듣기 두려워한 그 말은 나오지 않았다. 마이크가 어둠의 편으로 전향하고 있다는 말. 대신 이 늙은 노동운동가는 아들이자 동지였던 젊은 활동가에게 이렇게 말한다. 삶을 진전시킬 기회를 찾아낸 네가 자랑스럽다고. 그러고 나서 아버지는 집안의 마지막 세대 노조 활동가인 마이크를 품에 감싸 안는다.

아버지의 품에서 최선을 다하라는 격려의 말을 들으며 마이크는 자신의 죄책감도 곧 사라질 것임을 예감한다. 대학에 가는 것은 두려운 일이었지만 마이크는 앞으로 벌어질 일들을 기꺼이 받아들일 작정이다. 그리고 노동자를 향한 자신의 열정과 가족사에서 노동조합이 차지하는 각별한 위치는 그 어떤 것으로도 대체될 수 없다는 사실을 깨닫는다.

한편으로 리어 공장 통로를 돌아다니며 자신이 대변했던 조합원들에게 작별 인사와 함께 건넸던 조언들은 마이크 자신에게 필요한 것이기도 했다. 각자가 자기만의 계획을 세워야 한다는 그 조언 말이다. 그는 몇 년 전, 공장 설비 일부가 다른 곳으로 옮겨갈 당시 현장을 떠나게 된 노동자들에게도 같은 말을 했었다. 그때 그 말을 이제는 마이크가 받아들일 차례다. 여전히 아버지의 품에 안긴 채 마이크는 자신이 했던 그 말을 다시 한번 되뇐다. 현실을 직시하자. 세월이 흘러도 변하지 않으면, 당신은 뒤처질 것이다.

블랙호크

 실직자를 재교육한다는 것은 많은 사람들이 공유하는 원대한 아이디어다. 실제로 이것은 폴 라이언 같은 공화당원이나 버락 오바마 같은 민주당원이 모두 동의하는 경제 분야의 유일한 안일지도 모른다. 이 아이디어는 미합중국 건국 시기로 거슬러 올라가는 불멸의 신화에 근거한다. 미국이라는 나라는 모든 국민에게 자신을 재발명할 기회를 제공하는 기회의 땅이라는 신화다.

 미국의 직업훈련이 해고 노동자들을 안정된 고용 상태로 복귀시키는데 실제로 효과적이었는지는 분명하지 않다. 그러나 일자리 창출을 위해 정부가 적극적으로 투자해야 한다는 주장에는 정치적 합의가 이루어지지 않는 반면에 일터에서 쫓겨난 노동자들이 재교육을 받으러 학교에 가는 것을 정부가 지원해야 한다는 데는 매우 폭넓은 공감대가 형성되어 있다. 이것은 밥 버러먼스가 운영하는 록 카운티 취업센터가 연방직업교육기금에서 나오는 수백만 달러의 보조금을 유치하려고 총력을 기울이는 이유이기도 하다.

연방기금이 들어오는 이런 통로들은 소규모 지역사회, 정확하게는 이제 막 수천 개의 일자리가 사라져버린 중소 도시들에 특히 소중하다. 그 돈은 여러 통로를 거쳐 들어온다. 밥은 기금 신청 서류를 만드는 숙련된 기술을 십분 발휘해 일자리 상실로 타격을 입은 지역들에 지급되는 180만 달러 상당의 국가에너지보조금을 타냈다. 이와 별개로 록 카운티는 백악관에서 임기의 첫 여름을 맞은 오바마 대통령이 연방의회를 압박해 통과시킨 경기부양법 덕분에 110만 달러 상당의 지원금을 받고 있었다. 이 두 기금 모두 지원액의 80퍼센트를 직업교육에 투입하기를 요구했으며, 그 총액은 230만 달러였다. 게다가 록 카운티는 미 노동부의 인력투자법에 따라 조성된 기금에서 100만 달러를 추가로 받고 있었다. 이 법은 복직 가능성이 낮은 해고 노동자들의 재교육을 촉진하기 위해 만들어졌다. 또 취업센터가 운영하는 돈은 아니었지만, 무역조정법에 따라 90만 달러 이상의 교육 보조금이 학비와 교재 구입비, 통학비 명목으로 해고 노동자들에게 지급되었다. 이 보조금은 대외무역에서 피해를 입은 업종의 노동자들에게 지급되는 것으로, 마이크 본이 리어 노동조합에 있을 때 조합원들을 위해 따내려고 싸웠던 그 돈이다.

취업센터 상담원들은 제인스빌의 실직 노동자들을 만날 때마다 재교육에 드는 비용은 급료를 받지 못하는 사람들도 충분히 감당할 수 있는 정도라고 설득한다. 이것은 실업수당을 청구한 실직자들이 또 다른 도움을 받을 수 있는지 알아보려고 센터를 방문하는 순간부터 주문처럼 반복하는 말이다. 그러나 제인스빌 주변에서는 사라진 일자리를 대신할 새 일자리를 당장 만들어내기가 쉽지 않고, 이런 상황에서는 새로운 기술을 배우며 전직 기회를 찾는 것이 현명한 선택일 수 있다는 점을 사람들이 충분히 이해하기까지는 짧게는 몇 개월, 길게는 1년 이상이 걸렸다.

블랙호크 기술전문대학의 가을 학기가 시작된 8월의 마지막 월요일, 실직 후 새 일자리를 찾지 못하고 달리 갈 곳도 없었던 제인스빌 노동자들이 학교로 몰려왔다. 이들이 타고 온 차들은 드넓은 학교 주차장을 빼곡히 채우고도 모자라 학교 잔디밭과 옥수수밭을 따라 이어진 사우스 카운티 로드의 갓길까지 점령할 만큼 그 수가 어마어마했다.

바브 본과 크리스티 바이어가 블랙호크에 입학한 1년 전만 해도 대학에 진학해서 출구를 찾으려는 실직자는 많지 않았다. 이날, 바브의 남편 마이크가 첫 수업을 들으려고 학교에 왔다. 그는 개강 첫날 학교로 몰려든 수많은 인파에 놀라는 중이었다. 북새통을 이룬 그곳에 GM 노동자 출신인 맷 워팻도 있었다. 그는 동료 감리위원들을 설득해 GM 공장 존치를 위한 록 카운티의 기여금을 네 배나 올리게 설득한 마브 워팻의 아들이다. 제러드 휘태커도 있었다. 한동안 불청객처럼 아침 식탁을 지켜 쌍둥이 딸들을 놀라게 한 GM의 그 실직 노동자다. 블랙호크에서 이들의 행로는 곧 갈릴 처지였지만 이날만큼은 세 사람 모두 불안하고 주눅 들어 있었다.

'블랙호크'라는 이름은 북아메리카 원주민인 소크족의 전사에게서 따왔다.[1] 그는 1830년에 백인 정착민들과 벌인 '블랙호크 전쟁'을 이끌었으나 패배했다. 이 학교는 100년의 역사를 지닌 위스콘신주 소재 공과대학 네트워크에 소속되어 있었다. 20세기 초 산업 호황기에 농촌 소년들을 공장 노동자로 전환시킬 목적으로 설립된 이 학교들은 1911년에 미국에서는 처음으로 주정부가 지원하는 직업학교 네트워크가 되었다.[2] 이 2년제 학교들은 일반적인 커뮤니티 칼리지와 비슷하지만 오로지 직업을 구하는 데 유용한 기술들을 중점적으로 교육한다는 차이점이 있었다. 교과과정에는 용접공, 컴퓨터 전문가, 의학연구실 기술직이나 바브와 크리스티가 바라는 형사사법기관 공무원을 양성하기 위한 프로그램들이 있었다. 블랙호크는 네트워크에 소속된 16개 학교 가운데 규모가 가장 작았다. 그러나 개강일인 8월 24일 아침, 캠퍼스에는 설립 이래 가장 가파르게 증가한 신입생들의 물결이 쇄도했다. 1년 전에 견줘 무려 54퍼센트가 늘어난 규모였다.

가파른 신입생 증가에 대처하는 일은 샤론 케네디의 몫이다. 샤론은 교육 담당 부학장이라는 위엄 넘치는 직책을 가지고 있었다. 이는 그가 블랙호크의 수석 교육 책임자이자, 대학 전체에서 두 번째로 서열이 높은 고위직 사람이라는 것을 의미했다. 샤론은 법학 관련 학위를 가진 냉철한 60대 여성으로 짧은 금발머리에 웃는 모습이 시원시원했다. 숙련된 대학 관리자인 샤론이 블랙호크에 부임한 지 얼마 되지 않아 제너럴 모터스가 자동차 공장을 곧 폐쇄할 것이라는 소문이 도시 전체에 퍼졌다.

지난 몇 달간, 샤론은 가을 학기 등록자 수가 꾸준히 늘어나는 것을 놀라움과 불안 속에서 지켜봤다. 그녀가 공장 생활에 익숙한 노동자를 모범적인 학생으로 바꿔놓기가 쉽지 않으리라는 사실을 예감한 것은 학생들이 몰고 온 차들로 주차장이 넘쳐나고, 강의실을 찾지 못해 헤매는 이들이 속출한 개강일보다 훨씬 전이었다. 샤론은 나이 든 실직 학생들을 찬밥 취급하는 다른 2년제 대학들과 달리 블랙호크와 제인스빌에서는 지역의 실직 노동자들을 최우선으로 배려해야 한다는 사실을 알았다. 봄 학기가 시작된 지 얼마 지나지 않아 샤론과 대학 관계자들은 실직자들에게 최대한 빨리 재취업의 기회를 열어줄 것으로 기대되는 현장 프로그램들을 개설하기로 했다. 시끌벅적한 가을 학기 개강을 몇 주 앞두고 학교는 무려 88개의 새로운 수업들을 추가했다. 샤론은 또 지역의 다른 인사들과 팀을 이루어 위스콘신주 민주당 소속 연방 상원의원 허브 콜Herb Kohl 과 접촉했다. 이들은 연방 예산에 특정 용도로 책정한 예산 항목을 연방정부가 즉시 집행하도록 압박하라고 콜을 설득했고 결국 그 일을 성사시켰다. 그 예산은 2년에 걸쳐 매해 100만 달러씩 집행하도록 되어 있었는데, 그 돈이면 아직 대학 생활에 완전히 적응하지 못한 자동차 공장 실직 노동자들을 만족스러운 학생들, 궁극적으로는 다른 직종의 노동자로 전환시키기 위해 필요한 교육 과정을 운영하기에 충분했다. 이 돈은 겨울이 되어야 쓸 수 있었지만 샤론은 돈이 온다는 사실만으로도 안심이 되었다.

마이크 본의 목표는 인사관리 분야에서 준학사 학위를 따는 것이다. 이 과정은 대학 당국이 일자리 수요가 충분하리라 예상하고 개설한 신규 프로그램 가운데 하나였다. 대부분의 신입생들과 달리 마이크는 뚜렷한 진로 계획을 가지고서 공부를 시작했다. 그는 인사관리 업무가 이제까지 해온 노동조합 활동의 논리적 연장선에 있다고 판단했다. 하지만 첫 수업인 심리학 강의에 들어간 날 아침에 걱정이 밀려들었다. '내가 정말 공부를 할 수 있을까? 연구 보고서는 어떻게 쓰지? 컴퓨터 문서 작성 프로그램을 내가 사용할 수 있을까?' 그를 불안하게 만드는 의문들은 또 있다. '나와 아내가 모두 학교를 다니면 주택 대출금은 어떻게 갚지? 학업을 마치면 아내도 나도 새 일자리를 찾을 수 있을까?'

이런 문제들로 고민하기는 맷 워팻도 마찬가지다. 맷은 이날 교정을 메운 대부분의 신입생들과 마찬가지 이유로 전공을 선택했다. 열정이나 호기심 때문이 아니라 순전히 벌이가 좋은 새 직장을 찾는 데 도움이 될 것 같아서 지금 전공을 고른 것이다.

맷은 부지런했다. 지난여름, 생산라인에서 마지막 근무를 마치고 사물함을 정리하기 몇 주 전 일찌감치 취업센터를 찾았다. 당시 그는 아버지 마브처럼 공장이 언젠가 문을 다시 열 것이라고 확신했다. 그가 취업센터에 간 것은 순전히 '만일의 경우'에 대비하는 차원이었다. 맷은 거기서 직업적성검사라고 불리는 테스트를 치렀다. 그의 학습 스타일(시각 의존적인지 언어 의존적인지)과 수리 능력(수치 정보를 얼마나 신속히 파악하는지), 사회성(그룹 작업을 선호하는지 개인 작업을 선호하는지)을 측정하기 위한 검사였다. 테스트를 마친 맷은 '직업 적합성 패스포트'라는 것을 받았는데 거기에는 그가 데이터베이스 개발자, 발 질환 치료사, 간호사에 고른 적합도를 보인다고 쓰여 있었다. 이 직업들은 그의 적성에 맞는 50개의 직업 리스트 가운데 최상위에 있었고, 원예가와 소프트웨어 기술자 역시 그리 멀지 않은 자리에 있었다. 취업센터의 사회복지사는 맷에게 적합한 교육 프로그램을 열거해놓은 목록 옆에 "현재로서는 미정"이라고 손 글씨로 적어놓았다.

그는 정말 무엇을 할지 결정을 내리지 못했다. 맷은 공장이 문을 닫더라도 한동안은 GM에서 받던 급료의 72퍼센트를 실업수당과 노동조합이 주는 실업급여보조금으로 보전받을 수 있었다. 또 그에게는 지붕 공사 팀을 이끄는 친구가 있어서 GM에 다닐 때도 시간이 날 때면 공사를 돕고 가욋돈을 벌었다. 그래서 직장을 그만두면 이 일을 더 자주하고 돈을 두둑하게 벌면 되겠다고 기대했다. 하지만 맷의 친구는 물론 다른 지붕 공사 팀을 이끄는 사촌도 최근 들어 일감을 많이 따내지 못해 고전하고 있었다. 경기가 나빠지면서 지붕 공사에 돈을 쓰는 사람들도 줄었기 때문이다. 맷이 거들 수 있는 지붕 공사는 한 달에 겨우 한두 건 정도였다.

그는 공장이 다시 문을 열 때까지 느긋하게 지내는 것이 낫겠다고 생각했다. 공장이 문을 닫고 첫 가을을 맞을 때까지 그는 하루를 정원 일로 소일했다. 10월이 되자 꿩 사냥이 시작되었다. 11월부터는 사슴 사냥철이었다. 맷은 차를 몰고 도시 서쪽의 공유지로 나가 사냥을 했다. 그는 야외에서 시간을 보내며 자연 속을 거닐기 좋아했다. 쿠퍼라는 이름의 초콜릿색 래브라도 리트리버에게 사냥 훈련을 시키는 것도 즐거웠다. 평화로웠다. 그러나 어느 순간 맷은 자동차 기름값으로 얼마가 드는지 걱정하는 자신을 발견했다. 매번 사냥을 갈 때마다 드는 10~15달러의 비용을 언제까지 감당할 수 있단 말인가.

사냥철이 끝나자 맷은 "현재로서는 미정"이었던 진로 적성을 어떻게 하면 확실히 결정할 수 있을지 고민하기 시작했다. 하지만 직업 적합성 패스포트가 자신에게 적합하다고 추천한 직업군에는 큰 흥미를 느끼지 못했다. 대신 구직 가능성이 확실하고 급여도 GM에서 받던 수준이 될 것 같은 직종을 찾았다. 상식적으로 판단할 때 양질의 일자리가 나올 곳은 얼라이언트 에너지가 유력했다. 그 회사에는 퇴직 시기가 가까운 나이 든 노동자들이 많았기 때문이다.

이 때문에 맷은 블랙호크가 개설한 전력 배송 교육 프로그램에서 전신주 타는 법을 익히는 것이 가장 좋겠다고 판단했다. 전기 다루는 일을 하게 될지도 모른다고 생각하니 약간 두렵기도 했다. 그러나 케이블 회사에서 일하게 된다고 해도 GM이 공장 가동을 재개하면 원래 일하던 곳으로 되돌아갈 가능성도 배제할 수 없었다. 물론 최악의 경우, 학위를 따기 위한 2년 과정이 아니라 1년짜리 기술 과정만 마치게 될지도 모를 일이었다. 어찌 되었든 이것은 만약의 경우를 위한 대안이었다.

그렇더라도 이 계획을 추진하기는 녹록지 않았다. 다른 많은 실직 노동자들 역시 얼라이언트에서 곧 좋은 일자리가 나올 것이라는 이야기를 들어서 알았다. 그래서 맷이 블랙호크 기술전문대학의 배전 프로그램에 등록하려고 했을 때는 정원이 이미 다 찬 상태였고 대기자 명단도 꽤 길었다.

맷은 이제 자신의 대안을 진지하게 고민하게 되었다. 만약의 경우에 대비해야 했기 때문이다. 가계의 은행 잔고가 다달이 떨어지는 것은 좋지 않은 신호였다. 근무 시간이 이전보다 반 이상 줄어든 아내 다시는 가게 진열대에 홀마크 카드를 채워 넣는 일을 하며 최저임금을 약간 상회하는 돈을 벌 뿐이었다. 세 딸 브리타니, 브룩, 브리아를 양육하는 데 들어가는 비용도 만만찮았다. 그는 밀워키의 한 공과대학에 개설된 전력 배송 교육 프로그램을 자세히 살폈다. 학교는 집에서 겨우 한 시간 반 거리였다. 블랙호크에서 뒤늦게 입학 허가를 받았을 때 맷은 밀워키에서 막 학업을 시작하려던 참이었다.

개강 첫날, 제러드 휘태커 역시 배전 작업을 배우기 시작했다. 그도 전공을 선택할 때 맷과 비슷한 계산을 했다. 건강보험 납입은 오래 전에 중단되었고, 공장이 재가동될 조짐은 없었다. 취업센터는 정부로부터 들어온 교육훈련비를 집행하는 데 여념이 없었다. 제러드는 얼마 지나지 않아 집에 틀어박혀 잠을 자거나 해고 기간을 마땅히 누려야 할 휴가처럼 보내는 것이 현실적인 전략이 아니라는 점을 명확히 깨닫기 시작했다.

맷과 마찬가지로 제러드도 1년 뒤면 마흔이다. 그가 마지막으로 학교를 다녀본 것은 꼭 20년 전이다. 당시 그는 고등학교 졸업 후 1년간 디젤 엔진 정비공이 되기 위해 블랙호크 기술전문대학을 다녔다. 그러나 학교를 마친 뒤에도 기대했던 일자리는 생기지 않았다. 제인스빌이 끔찍한 경기 침체를 겪으며 수천 명을 일자리에서 쫓아내기 전인데도 그랬다. 어쨌든 제러드는 기뻤다. 20년 만에 학업을 다시 시작한다는 것은 두려웠지만, 그 기약 없는 대기자 명단에서 빠져나온 것만 해도 감지덕지였다.

제러드와 맷은 같은 전공 소속이었지만 수업 일정이 달랐다. 입학한 지 얼마 되지 않아 맷은 학교생활에 적응했다. 그는 물 밖에 나온 물고기 처지였던 블랙호크의 많은 자동차 노동자들처럼 GM 공장에 다니던 때의 습관들을 캠퍼스로 고스란히 가져왔다. 학교에 일찍 나와 동료들과 한담을 나누고, 수업이 시작하면 일하러 갈 때 가져가던 것과 똑같은 보온병을 들고 강의실로 들어간다.

제러드의 출발 역시 산뜻하다. 그는 쾌적한 늦여름 오후에 강사 마이크 더블데이와 강의동 뒤편 야외로 나가는 것을 즐겼다. 마이크 역시 블랙호크 졸업생이다. 늘어난 학생들을 감당하기 위해 대학이 그를 강사로 채용하기 전까지 마이크는 솜씨 좋은 전선 보수 기술자로 일했다. 강사는 열여덟 명의 학생들을 몇 개 그룹으로 나눈 뒤 각각의 그룹에 직경 약 30센티미터, 깊이 약 183센티미터의 구덩이를 파도록 했다. 어려운 일이 아니었다.

며칠 뒤, 학생들이 파놓은 구덩이에 실습을 위한 전신주가 세워졌다. 학생들은 강사의 지시에 따라 차례로 전신주에 올라야 했다. 제러드는 152센티미터 가량을 올라갔다. 하지만 기력이 다해 다리에 힘이 풀리자 바닥으로 미끄러지기 시작했다. 이 과정에서 전신주의 거친 나무 표면에 밀착됐던 제러드의 가슴이 함께 쓸렸다.

바닥에 착지했을 때 그의 마음에는 두려움이 깃들었다. 피부도 쓰라렸다. 제러드는 생각했다. 이건 단지 연습용 전신주일 뿐이야. 그런데 높이 4미터짜리 진짜 전신주에서 발을 헛디뎌 떨어지기라도 했다면 어떻게 됐을까? 만약 그랬으면 아내 태미와 아이들에게 나의 존재가 어떤 도움이 될까?

게다가 이 무렵에 흉흉한 소문마저 돌기 시작했다. 학교를 졸업할 때쯤 자신들을 기다릴 것으로 예상했던 얼라이언트 에너지의 좋은 일자리들이 생각만큼 일찍 나지 않을 수 있다는 이야기였다. 들리는 바로는 나이 든 노동자들이 퇴직을 늦추면서 자리를 지키려 한다고 했다. 경제가 좋지 않은 상황에서 퇴직하면 회사로부터 받을 퇴직금이 형편없이 쪼그라들 수밖에 없는 현실적 이유 때문이었다. 만약 일자리를 끝내 얻을 수 없다면 어떻게 될까?

이런 두려움들 속에 제러드가 가을 학기의 첫 2주가 지나갔다.

수업을 앞두고

　서른일곱 번째 생일을 맞은 크리스티 바이어에게 바브 본이 선물을 건넸다. 블랙호크의 형사정책학 2년차 과정이 시작되고 한 달이 지난 뒤다. 선물은 나무로 만든 명패다. 은색을 칠한 원목 위에 "장미 한 송이가 정원이 될 수 있듯, 한 명의 친구는 세계의 전부가 될 수 있다"[1]는 문구가 옅은 녹색 글씨로 적혀 있다.

　바브는 어디에서인가 읽었던 이 인용구를 차고에서 찾아낸 나무판 위에 손으로 썼다. 그 문구는 안성맞춤으로 보였다. 그녀와 크리스티가 블랙호크에서 각자의 초조함을 감추려고 노력하며 13개월을 보내는 동안 둘은 떨어지면 죽고 못 사는 사이가 되었기 때문이다. 처음에는 그저 공장 노동자에서 학생이 된 처지를 공유했을 뿐이다. 그러면서 차츰 서로를 응원하게 되었고, 이제는 상대방을 독려하며 더욱 앞으로 나아가도록 용기를 불어넣는다. 그들은 학과의 나머지 동료들보다 자신들이 월등히 앞선다고 느꼈다.

바브는 이제껏 한번도 자신을 경쟁심과 성취욕이 강한 여자라고 생각해본 적이 없다. 리어에서 근무하기 전에 바브는 골프 가방을 만드는 회사에서 일했다. 그때 사장은 바브에게 관리직이 되어볼 생각이 없느냐고 물었다. 그녀는 거절했다. 그러나 바브는 이제 모든 과목에서 A학점을 받아야만 만족한다. 이런 변화가 어디서 시작되었는지 바브는 모른다. 그저 '여기'라고 밖에는 달리 지목할 길이 없다.

크리스티의 엄마 린다 해버먼은 결혼에 실패하고 나서 살 길을 찾기 위해 스물아홉 살 때 블랙호크에 입학했던 적이 있다. 그녀는 9월 22일인 크리스티의 생일을 맞기 전까지, 크리스티처럼 열심히 공부하는 사람을 본 적이 없다. 대부분의 제인스빌 주민들처럼 크리스티도 위스콘신이 연고지인 미식축구 팀 그린베이 패커스의 열성 팬이다. 풋볼 시즌을 맞아 거실 TV의 채널도 패커스의 게임에 맞춰져 있다.

엄마가 채널을 풋볼 중계로 맞출 것인지 물었을 때 크리스티 역시 책을 내려놓고 싶었을 것이다. 하지만 그녀는 "공부해야 해요. 월요일에 시험이 있거든요"라고 완곡히 거절한다. 크리스티의 공부에는 '타임아웃'이 없다. 그녀의 책은 패커스의 경기가 진행되는 내내 펼쳐져 있었다.

크리스티와 남편 밥은 장차 무엇을 할 것인지 뚜렷한 계획도 없이 리어에서 밀려났다. 이번 달이 실직 아홉 달째다. 그들은 크리스티의 어머니와 같은 집에 산다. 7년 전, 세 사람은 시가지 서쪽 파커고등학교로부터 몇 블록 떨어진 곳에서 노란색 랜치 하우스를 발견했다. 린다는 병원에서 비서로 일하다가 퇴직한 상태였다. 그녀는 연금을 집을 사는 데 쏟아부었고 다달이 주택 대출 원리금을 갚았다. 크리스티와 밥 부부는 그 밖의 모든 생활비를 부담했다. 크리스티는 엄마가 자신을 가장 가까운 친구로 여긴다는 사실을 안다. 그러나 엄마는 크리스티와 밥에게 따로 살 만한 곳을 마련해줘야 할 것 같다고 입버릇처럼 말했고, 크리스티는 그때마다 '우리가 원해서 여기에 사는 것'이라며 엄마를 힐난했다. 그렇게 시간이 흘렀다. 1년 전 어느 여름밤, 크리스티와 엄마는 거실에서 TV를 보고 있었다. 리어가 공장 문을 닫은 지 며칠 지나지 않은 시점이었고, 일자리를 잃은 크리스티는 무엇을 해야 할지 전혀 감을 잡지 못했다. TV 리모컨은 항상 크리스티 몫이었던 까닭에 채널은 그녀가 좋아하는 추리 쇼 프로그램에 자연스럽게 맞춰져 있었다. 그날 밤의 에피소드는 지문에 관한 것이었다. TV를 보면서 엄마는 크리스티가 항상 범죄 리얼리티 쇼에 큰 관심을 보인다는 사실을 떠올렸다.

"얘, 너도 저런 일을 해보는 것이 어때?"

엄마가 물었다.

"그래, 아무래도 그래야 할까 봐."

크리스티가 대꾸했다. 쇠뿔도 단김에 뽑는 성격답게 크리스티는 계획을 바로 실행에 옮겼다. 그의 선택은 블랙호크에서 형사정책학을 공부하는 것이었다. 그곳에서 바브를 만났다. 나중에 안 일이지만 바브 역시 추리 쇼의 열렬한 시청자였다.

이즈음 크리스티는 학교에서 집에 돌아오면 곧바로 거실 소파에 앉아 책을 편 뒤 저녁 식사 시간을 빼고는 잠자리에 들 때까지 줄곧 공부만 했다. 이런 생활이 월요일부터 금요일까지 이어졌다. 크리스티와 바브는 일주일에 닷새를 강의실에서 함께 보내는 사이였지만 전화 통화를 거의 하루도 거르지 않았다. 바브가 크리스티에게 전화를 할 때도 있었고, 크리스티가 바브에게 전화를 걸기도 했다. 그들의 대화는 일상과 학교 과제에 관한 것이었다. 그리고 그날 강의에서 둘 중 누구라도 완전히 이해하지 못한 부분이 있으면 이해가 될 때까지 토론했다. 두 사람의 대화에서는 누가 더 뛰어난 성적을 거두었는지를 두고 은근한 경쟁 의식이 흘렀다. 둘 다 전 과목에서 A를 받고 있었는데도 말이다.

크리스티의 엄마는 딸을 관찰하면서 크리스티가 말할 때 목소리가 크지 않다는 사실을 알게 되었다. 크리스티는 혼자 힘으로 보여줘야 했다. 서른일곱이라는 나이는 새로운 도전을 하기에 그리 늦지 않았다는 사실을.

하나의 계획과 고통의 신호들

메리 윌머와 다이앤 헨드릭스는 그동안 비밀에 부쳤던 활동을 공개할 준비가 되었다.

지난 몇 개월 동안 이들은 제인스빌과 벌로이트의 미래와 관련된 자신들의 파격적인 전망을 구체화하기 위해 경제개발 프로모터들로 작은 그룹을 결성한 뒤 그곳에서 함께 일했다. 메리가 다른 여자의 집 욕실에서 안도감에 가슴을 쓸어내렸던 그날의 모임 이후, 두 사람은 업계 지도자들 몇 사람을 그보다 더 사적인 모임들에도 초청했다. 여전히 이들은 자신들의 작업이 외부로 알려지지 않게 조심한다. 아직 때가 무르익지 않았다고 생각하기 때문이다.

마침내 그들이 적절하다고 판단한 시기가 왔다. 할로윈 주간이 시작되기 직전이다. 록 카운티 5.0은 아직 100만 달러라는 모금 목표치를 달성하지 못했다. 모금은 진행 중이고 지금까지 40만 달러가 모였다. 꽤 괜찮은 실적이다. 그리고 프로젝트는 이제 5.0이라는 이름에 걸맞는 다섯 개의 확실한 5개년 계획이 마련되었다. 지역의 기존 업체가 사업을 유지하고 확장하도록 설득하고, 새로운 사업체를 끌어들이고, 소상공인과 창업자에게 특별한 도움을 제공하고, 상업 용도로 쓰일 부동산을 마련하고, 고용주들이 채용하고 싶어 할 인력을 양성하겠다는 것이 그들의 계획이다. 이것은 기업인 관점에서 나온 록 카운티의 희망적 비전으로, 제인스빌이 다져온 자동차 산업 도시로서의 정체성을 뛰어넘는 것이다.

카운티 전체를 포괄하는 이 원대한 프로젝트를 공개하기에 앞서, 메리와 다이앤은 〈제인스빌 가제트〉와 〈벌로이트 데일리 뉴스〉의 뿌리 깊은 경쟁 관계와 카운티 주민 누구도 상대방 도시에서 발행되는 신문을 읽지 않는다는 현실을 감안해야 했다. 그래서 이들은 두 도시의 유력 신문기자들을 ABC 서플라이의 벌로이트 본사로 초청했다.

이튿날인 10월 29일, 록 카운티 5.0의 출범을 알리는 기사가 두 신문의 1면에 나란히 실렸다.[1] "이것은 록 카운티의 문화를 바꿀 것이다. 앞으로도 계속해서." 지면에는 메리의 발언이 인용되었다. 다이앤은 "아마도 제너럴 모터스 공장의 폐업이 우리 지역사회를 하나로 뭉치게 하는 촉매제가 된 것 같다"면서 "그러나 이것은 GM 공장이 문을 닫아서가 아니라 록 카운티가 절실히 필요로 했기 때문에 가능해졌다"라고 말했다.

곧장 지지가 뒤따랐다. 이튿날, 〈벌로이트 데일리 뉴스〉의 사설은 록 카운티 5.0이 "주민과 지방정부, 민간 업계의 강력한 지지를 받을 만한 멋진 아이디어"라며 "지금의 어려운 시기는 긍정적 태도와 계획 없이는 헤쳐나갈 수 없다. 우리 모두가 이렇게 하나가 된 것을 보니 안심이 된다"라고 호평했다.[2]

이것은 메리의 승리였다. 그렇지만 은행이 파악한 지역 사정은 여전히 좋지 않았다. 메리로서는 주민들 일부가 생계에 어려움을 겪고 있음을 보여주는 분명한 지표들을 가볍게 넘길 수 없었다. 이런 고통의 신호들이 갑자기 나타난 것이 아니다. GM 공장에서 교대근무 조 하나가 사라지고 리어와 다른 부품 업체들이 잇따라 쓰러지기 시작한 첫 6개월 동안에는 도심 일대의 개인 파산이 조금씩 증가하는 추세였다면, 이제는 주민들이 겪는 재정적 붕괴의 신호들이 위스콘신주 서부지구 파산법원에 쌓여갔다.[3] 아직 금융위기가 본격화하지 않았고 제인스빌의 어느 누구도 GM 공장이 문을 닫을 거라고 생각조차 못했던 2007년 하반기부터 2년 동안, 파산 신청을 한 제인스빌 주민 수는 거의 두 배가 늘었다.

집 주인이 더 이상 주택담보 대출금을 감당할 수 없게 되어 현관 앞 잔디밭에 "팝니다" 간판을 세워놓은 집들이 여기저기 늘어났다. 가족 중 누군가 실직을 한 집들 가운데 거의 3분의 1이 최소 한 번 이상 대출금이나 집세를 내지 못했고, 6분의 1은 주거비를 아끼려고 친척이나 친구 집으로 이사를 갔다. 출구를 찾지 못한 이들의 상황은 더 암울했다.[4] 한 해 동안 록 카운티에서는 담보권 행사(압류) 신청이 약 1200건에 달했는데, 이는 2년 전보다 50퍼센트나 증가한 수치다. 이 가운데 절반가량은 무자비한 압류로 이어질 가능성이 높았다. 금융위기를 촉발한 주택 압류 사태는 금융위기 이후 전국에 걸쳐 대규모로 확산되는 중이었다. 금융위기는 위험도가 높은 서브프라임 모기지 대출 때문에 초래되었는데, 그 결과 주택 가격이 폭락하면서 위기의 폭과 강도가 더욱 가중되었다. 집값이 대출 원리금을 감당할 수 없는 수준으로 떨어지자 빚을 내 집을 산 이들은 깊은 수렁에 빠져들었다. 록 카운티 법원 로비에서는 매주 수요일 오전 10시, 치안담당관실 직원이 집 주인들이 소유권을 포기한 압류 주택의 경매를 시작했다.

이런 주택 압류 사태를 보며 메리는 가슴이 철렁 내려앉았다. 그녀는 일자리를 잃은 사람들이 집마저 잃는 일이 미국에서 일어나서는 안 된다고 생각했다. 이는 메리에게 또 다른 아이디어를 주었다. 지역의 모든 은행장과 신용금고 대표들을 사무실로 초청해 그들이 현실을 어떻게 보는지, 앞으로 무엇을 해야 하는지 의견을 나눠보기로 한 것이다. 매우 힘든 대화였다. 각자의 전망과 의견을 종합해보니 상황은 메리와 은행장들이 생각했던 것보다 훨씬 심각했다. 긴 대화로 이들은 하나의 합의에 도달했다. 어려움에 처한 가구를 돕기 위해 유나이티드 웨이와 힘을 합쳐 금융기관이 할 수 있는 모든 일을 해보자는 것이었다. 성심껏 부채 상담을 해주고, 사람들이 주택 원리금 상환액을 감당할 수 있는 일자리를 찾을 때까지 최소 1년간 유예 기간을 둬 주택 압류를 최대한 막아보기로 했다. 메리는 모든 짐을 고객에게 전가하지 않고 은행들이 조금씩 피해를 감수하는 것이야말로 경제 위기에 대처하는 인간적 대응책이라고 생각했다.

그러나 〈제인스빌 가제트〉에 실리는 압류 주택 목록은 꾸준히 늘어났다. 가난했던 어린 시절의 푸드 스탬프를 기억하는 메리로서는 두고보기 힘든 일이었다. 그러나 일부 주민들은 다양한 이유로 집을 빼앗기고 있었다. 담보권이 고객의 어떤 사정도 봐주지 않는 국영회사들로 넘어갔거나, 새 일자리를 구했지만 봉급이 대출금을 상환할 정도로 충분하지 못한 경우였다. 게다가 록 카운티의 실업률은 가을이 오도록 12퍼센트 언저리를 오르내리고 있었다.[5] 여전히 많은 사람들이 일자리를 찾지 못했다는 방증이었다.

홀리데이 푸드 드라이브

제인스빌이 잘나가던 시절에도 가난한 집은 있었다. 제너럴 모터스 직원들은 때로 회사에서 받는 두툼한 월급봉투와 후한 연금 때문에 주민들의 질시를 받기도 했다. 그러나 자동차 공장은 지역의 가난한 이들을 돕는 자선단체이기도 했다. 제인스빌 공장의 노조와 경영진은 한결같이 자신들의 기부 문화를 자랑스러워했다. 국가 복지 체계의 틈새를 메우는 자생적 비영리단체들의 활동을 제인스빌 공장이 돕고 있었던 것이다. 시간은 어느새 크리스마스를 향해 간다. 마지막 타호가 조립라인을 떠난 지 1년이 다 되어간다는 이야기다. 그동안 크리스마스 시즌은 제너럴 모터스 사람들의 너그러움이 가장 극적으로 표출되는 시기였다. 크리스마스 푸드 드라이브 행사 때문이었다. 그러나 올해는 함께했던 노동자들이 떠나고 없다. 제인스빌 일대에 복지 체계의 틈새가 점점 넓어지는 상황에서 해마다 열린 크리스마스 푸드 드라이브는 이제 어떻게 되는 것일까?

제인스빌 주민 누구도 이 문제를 마브만큼 깊이 고민하지 않았다. 푸드 드라이브는 마브의 자식이나 마찬가지였고, 지난 25년간 그의 가장 큰 즐거움이었다. 그는 GM 노조의 근로자 지원 프로그램 대표로서, 공장 간호사로 일하는 친구와 함께 식료품을 기부받고 그것을 가장 필요로 하는 가족에게 나눠주는 일을 주도적으로 했다. 물론 푸드 드라이브가 공장 차원의 큰 행사로 자리 잡은 계기는 마브가 마련한 것이 아니다. 이 행사는 1980년대 초, 마브의 간호사 친구가 야간 근무를 하다 받은 한 통의 전화에서 시작되었다. 불이 나서 집이 전소되어버린 한 가족이 어려움을 호소하는 전화였다. 크리스마스 이틀 전, 그 가족은 도움이 시급한 절망적 상황에 놓여 있었다.

당시 근로자 지원 프로그램 사무실은 도움을 청하는 전화를 걸기가 공장보다 용이한 곳이었다. 기부 문화의 전통이 살아 있고, 쉐보레 카발리어를 만드는 생산라인 노동자들과 함께 꼭두새벽까지 불을 밝히는 곳이었기 때문이다. 크리스마스도 다가오는데 우리가 이 불쌍한 가족을 도울 방법이 없을까? 간호사 친구가 마브에게 물었다. 그날 밤, 두 사람은 생산라인으로 내려가 야간 근무 조가 일을 마칠 무렵까지 3000달러를 모았다.

이듬해에는 일곱 가족에게 크리스마스 식료품과 선물을 전달했다. 또 그다음 해에는 열다섯 가족을 지원했다. 규모는 계속 커졌다. 마브는 교육청과 카운티 보건과로부터 크리스마스에 식료품을 필요로 하는 이들의 명단을 전달받았다. 형편이 어려운 가족들은 스스로 의사를 밝혀 지원 대상자 목록에 이름을 올릴 수도 있었다. 시간이 흐르면서 지원 대상은 375가구로 늘었다. 한때는 지원받는 대상이 400가구에 이른 적도 있다.

마브는 이 일을 함께할 노동자들을 매년 신중하게 엄선했다. 차대 라인과 차체 수리 공장 등에 소속된 친절하고 신망받는 노동자들이었다. 그리고 12월 첫 주가 되면 엄선된 노동자들이 조립라인을 돌아다니며 동료들에게 기부를 부탁했다. 그들은 5만 달러를 쉽게 모금했다. 이렇게 모은 돈은 식료품을 구입할 시기가 될 때까지 블랙호크 신용협동조합에 맡겼다. 식료품 체인 우드먼스 마켓에서 질 좋은 식료품을 확보할 수 있었다. 이 체인점은 제인스빌 공장이 처음 트랙터를 생산하던 1919년부터 제인스빌에서 영업해왔다. 고속도로와 인접한 공장에서 완두콩과 옥수수, 혼합 야채류와 감자를 가공하는 세네카 푸드는 많은 양의 야채 통조림을 제공했다.

단지 음식뿐만이 아니었다. 식료품을 전달받을 가족들 리스트를 만들고, 이들을 다시 자녀 수 및 연령, 성별에 따라 분류하고 나면 마브와 함께 할리 데이비슨을 타는 공장 동료들이 아이들에게 선물로 줄 장난감을 모았다. 다른 GM 직원들은 구세군의 자선냄비 모금 활동에 참여하기도 했다.

이 행사의 절정은 크리스마스 직전 토요일이었다. 이날이 되면 수백 명의 자원봉사자들이 새벽 4시 30분부터 공장 하역장에 모여 선물을 포장했다. 노조원이든 관리자든 구분 없이 자녀들과 함께 작업에 나섰다. 폭찹은 첫 번째 열, 닭고기는 두 번째 열, 땅콩버터는 세 번째 열에 차곡차곡 쌓였고 그밖의 다른 물품들이 작업대에 차례로 배열되었다. 그러고 나면 우드먼에서 기증받은 식료품 봉투를 펼쳐 일련번호를 매겼다.

음식물이 정렬되고 봉투마다 번호표가 붙고 나면, 마브는 아이들을 즐겁게 하기 위해 건장한 몸에 산타 분장을 한 채 하역장 한가운데 서서 매년 그가 즐겨 하는 연설을 했다.

"노조도 회사도 함께해줘서 감사합니다. 오늘 배달에 나서는 모든 이의 안전을 주님께서 지켜주실 겁니다."

마브의 걸걸한 목소리가 이어졌다.

"자, 갑시다!"

물품을 봉투에 담는 일이 30분 안에 마무리되면 배달부들이 각자 맡은 지역으로 출발했다. 자동차 조립라인이 가장 아름답게 빛나는 순간이었다. 마브의 눈에는 그렇게 보였다.

1년 전 푸드 드라이브 행사 때도 그랬다. 당시 GM 사람들은 350가구에 식료품 봉투를 여섯 개씩 나눠줄 수 있는 돈을 모았다.[1] 마지막 타호가 조립라인을 떠나기 사흘 전 아침, 푸드 드라이브에서 제공될 물품들이 하역장 테이블에 쌓였다. 물품을 분류하고 포장하던 노동자들 일부는 직전 여름 제인스빌에서 해고된 뒤 수백 마일 떨어진 GM 공장으로 옮겨간 이들이었다. 하지만 이날의 행사를 잊지 않고 먼 길을 달려오는 수고를 감내했다. 일부 노동자들은 공장이 문을 닫으면 정작 자기 가족의 식료품을 살 여유가 있을지 우려될 만큼 형편이 좋지 않았다.

자동차 공장이 문을 닫기 직전에 있었던 그날 행사를 보며, 마브는 사반세기 동안 푸드 드라이브를 지속시킨 관용의 정신이 어느 때보다 중요해진 시기임을 깨달았다. 그는 〈제인스빌 가제트〉 기자에게 공장이 문 닫은 뒤에도 푸드 드라이브는 지속되어야 한다고 말했다.[2] 그는 필요하다면 공장 주차장에서라도 푸드 드라이브 행사를 조직할 생각이었다. "밖으로 나가 사람들에게 도움이 필요하다고 말해보세요. 그들은 기꺼이 도와줄 겁니다. 푸드 드라이브는 멋진 행사였어요. 이것마저 사라져서는 안 됩니다. 우리는 이미 많은 것을 잃지 않았나요?"

다시 찾아온 12월. 침묵에 휩싸인 공장 밖에서 마브가 한 해 전에 했던 말은 이미 현실이 되었다. 그것은 제인스빌의 가장 큰 푸드 팬트리Food pantry(무료 음식물 제공 서비스_옮긴이)인 에코ECHO에서 가장 극적으로 드러났다. 에코는 'Everyone Cooperating to Help Others 타인을 돕기 위해 협력하는 모든 사람들'의 약자로, 1960년대 말에 제인스빌 교회 연합회가 만든 단체다. 그 에코 본부에 무료 식료품을 구하려는 주민들의 문의가 쇄도했던 것이다. 이들 중 상당수는 평생 가난을 겪어보기는커녕 자신이 누군가에게 도움을 청하게 되리라고는 상상조차 해본 적이 없는 사람들이었다. 에코는 올해 140만 파운드의 식료품을 무료로 공급했는데 이는 2년 전의 두 배, 3년 전의 여섯 배에 해당하는 규모였다.[3] 빵과 고기와 통조림을 받으려고 수치심을 억누르며 이른 아침부터 건물 앞에 줄을 선 사람들 사이에는 한 해 전까지 에코의 기부자였던 이들도 있었다.

마브가 듣기로는 1960년대 중반 연방정부의 '빈곤과의 전쟁' 와중에 탄생한 빈곤 퇴치 비영리단체 '커뮤니티 액션'에도 도움을 바라는 사람들이 밀려들고 있었다. 이들이 바라는 것은 커뮤니티 액션 직원들이 지난 수십 년간 요청받았던 것과는 다른 차원의 도움이었다. 직원들을 찾아오는 이들의 상당수는 '신빈곤층'이었다. 이들은 구빈곤층과 달리 푸드셰어Food Share(위스콘신주에서 푸드 스탬프를 일컫는 이름_옮긴이)나 배저케어BadgerCare(메디케이드의 다른 이름_옮긴이) 또는 정부가 가난한 사람들을 상대로 시행하는 어떤 도움에도 큰 관심을 보이지 않았다.

신빈곤층의 상당수는 신용카드 한도를 초과하고, 퇴직연금을 깨고, 때로는 살던 집에서 나와 친척 집에 얹혀 살면서 막대한 심리적 압박을 받았다. 이들의 압박감은 매우 특별한 종류의 도움을 필요로 했다. 이 도움을 얻기 위해 그들은 자존심을 억누르고 커뮤니티 액션에 전화를 걸어 조언을 구했다. 어떻게 하면 새 일자리를 찾을 수 있느냐는 절박한 물음이었다. 그러나 일자리를 찾기란 기부 음식을 얻기 위한 전화번호를 찾는 것보다 쉽지 않았다.

마브는 에코와 커뮤니티 액션이 활동을 시작할 무렵부터 제인스빌에 살았다. 크리스마스가 다가오는 가운데 도움의 손길이 필요한 사람들이 갈수록 늘어나는 것을 보며 마브는 푸드 드라이브를 지속시킬 방법을 여러 각도로 고민하기 시작했다. 그러나 그는 냉엄한 현실에 맞닥뜨렸다. 공장 조립라인에 서서 기꺼이 지갑을 열 노동자들 없이, 음식을 분류하고 포장하고 배달하기 위해 새벽 4시 30분까지 하역장에 나올 노동자들 없이 어떻게 푸드 드라이브가 가능하겠는가? 여전히 GM이 떠나버린 것을 괴로워하는 사람들, 가난한 이웃들에게 줄 식료품을 마련하기 위해 쾌척할 돈이 없는 사람들만으로 어떻게 그것이 가능하겠는가? 그는 인정하고 싶지 않다. 그렇게 되어서는 안 된다.

그래서 마브는 크리스마스를 앞두고 다시 만난 〈제인스빌 가제트〉 기자에게 이렇게 말한다. 푸드 드라이브의 중단은 지역사회와 자신의 가슴에 거대한 구멍을 남길 것이라고.[4]

Part 3

따뜻한, 그러나 위태로운 희망
#2010

파커 펜의 마지막 날들

2010년이 시작되고 여드레째 되던 날, 제인스빌에 남은 파커 펜의 마지막 흔적이 짐차에 실려 멕시코로 옮겨지기 시작한다. 이튿날인 금요일은 린다 코번이 마지막으로 출근하는 날이다. 린다가 개인적 목표를 달성한 지 꼭 석 달 만에 퇴사를 맞은 것이다. 지난 가을에 동료 한 명이 퇴직한 뒤 린다는 공장에서 일하는 153명 가운데 근속 기간이 가장 긴 노동자가 되었다. 최고참 노동자가 되기까지 린다는 꼬박 44년 세월을 공장에서 일했다.

린다와 파커의 인연은 1966년에 시작되었다. 여느 해처럼 그해도 봄이 오자 파커 펜 회사의 인사 담당자들이 제인스빌에 하나뿐이었던 고등학교에 찾아와 졸업반 학생들을 신입 직원으로 뽑아갔다. 파커의 인사 담당자들은 졸업을 앞둔 학생 누구든 원하기만 하면 손재주와 속도를 측정하는 테스트를 치르게 했다. 테스트에 응한 대다수는 여학생들이었다. 당시 제인스빌 소년들은 운 좋게 제너럴 모터스 공장에서 취업 제안을 받으면 이리저리 잴 것 없이 입사 지원서를 들고 제인스빌 공장을 찾았다. 마찬가지로 소녀들은 파커 펜의 선택을 받으면 깨끗하고 친숙한 애로파크 공장에 취업하는 것이 상식이었다. 애로파크 공장은 펜에 들어갈 부품을 만들고 조립하는 공정에서 정밀 작업 능력을 요구했고, 이런 특성상 여성들이 일하기에 적합했다.

린다는 테스트를 치렀다. 판자 안에 작은 핀들을 끼워 넣는 테스트였다. 린다는 600명이 넘는 졸업반 학생 가운데 파커 펜 인사 담당자의 눈을 사로잡을 만큼 손재주가 뛰어난 20여 명 가운데 하나였다. 린다는 1966년 8월 1일부터 공장 일을 시작했다. 44년이나 지난 일이지만 린다는 주변 사람들이 어디서 일하는지 물으면 파커 펜 회사에 다닌다고 자랑스럽게 이야기하던, 짙은 금발 단발머리의 18세 말라깽이 소녀 시절을 생생하게 기억한다. 그 시절에는 그렇게 말할 수 있다는 것 자체가 영광이었다. 제인스빌 일대에서는 유명한 파커 만년필은 물론 산뜻한 볼펜 한 자루까지도 특별한 의미가 담긴 선물로 통했다. 선물을 준 사람이 그것을 만들었거나, 그것을 만든 사람과 함께 일하거나, 최소한 파커 펜에서 일하는 누군가를 안다는 것을 뜻했기 때문이다. 마지막 근무일인 1월 15일이 다가오고 있지만 린다는 조만간 파커 펜이라는 이름이 제인스빌 역사에 단편으로만 남게 되리라는 사실을 쉽사리 받아들이기 어렵다. 이는 린다뿐 아니라 다른 제인스빌 주민들도 마찬가지다.

파커 펜 회사는 전형적인 아메리칸 드림의 인생행로를 걸어온 조지 새포드 파커George Safford Parker가 설립했다. 그는 남북전쟁이 한창이던 때 제인스빌에서 서쪽으로 약 109킬로미터 떨어진 위스콘신주 셸스버그에서 태어났다.[1] 그의 부계는 1632년 잉글랜드 도버에서 신대륙의 코네티컷으로 건너온 한 이주민 부부로 거슬러 올라간다.

파커는 아이오와주의 한 농가에서 자랐으며 어릴 때부터 세상 구경을 갈망했다. 그가 성인이 될 무렵, 출세욕과 방랑벽을 가진 젊은 남자들에게는 철도 전신기사 자리가 인기였다. 파커가 밸런타인 전신학교에 낼 학비 55달러를 들고 제인스빌에 도착했을 때, 그는 키만 멀대처럼 큰 열아홉 살 청년이었다.[2] 밸런타인이라는 이름의 두 형제가 운영하던 이 학교는 당시 미국에서는 철도 회사들과 계약을 맺고 기사들을 양성한 유일한 전신학교였다.[3] 파커는 우수한 학생이었다. 졸업 후 그는 시카고와 밀워키, 세인트폴의 철도 회사에 동시에 채용되었다.[4] 파커는 무척 기뻤다. 자신의 일이 서부 횡단 열차를 타는 것이 아니라 사우스다코타의 후미진 역사에서 시간을 보내는 것이라는 사실을 깨닫기 전까지는.

몇 달 뒤, 전신학교 운영자인 리처드 밸런타인이 학교로 돌아와 학생들을 가르칠 생각이 있는지 파커에게 물었다.[5] 그가 이 기회를 놓칠 리 없었다. 제인스빌로 돌아온 파커는 그보다 겨우 몇 살 어린 학생들을 가르쳤다. 동시에 펜을 만드는 오하이오의 한 회사에서 외판원으로 일하며 전신 부호를 옮겨 적을 때 쓰는 만년필을 학생들에게 팔았다. 일종의 부업이었다. 하지만 그가 팔던 존 홀랜드사의 만년필은 잉크가 자주 샜기 때문에 파커는 펜을 수리하거나 개조하는 일에 몰두할 때가 많았고, 이것이 그의 장기가 되었다.[6] 그는 1888년에 자신의 이름을 단 파커 펜 회사를 설립했다. 그는 "더 좋은 펜을 만드는 것은 언제나 가능하다"라고 말했다.[7] 겨우 스물다섯 살 때의 일이다. 이듬해 그는 자신이 만든 첫 번째 펜의 특허를 출원했다.[8] 그로부터 5년 뒤, 파커는 회사에 국제적 명성을 안길 또 다른 필기구 특허를 취득했다. '럭키 커브'라는 이름을 가진 만년필이었다.

1900년까지 파커사는 연방정부에 펜을 공급하는 몇 개의 대형 계약을 체결했다. 시내 중심가에 마련한 4층짜리 공장과 영업 사무소는 철골 구조의 멋들어진 건물이 코트가에 신축될 때까지 유지되었다. 사업 규모가 커지면서 파커가 노동자들에게 베푸는 온정과 너그러움도 함께 커졌다. 파커 펜 회사는 노동자들의 충성심을 높이고 사회적 동요를 예방하는 동시대 복지 자본주의의 이념에 충실했다. 파커는 종업원들이 파티를 할 수 있는 클럽하우스를 지었고, 강변 절벽 위에 있는 자신의 여름 별장 마당에서 캠프를 열었다.[9] 회사 경영진을 위한 파크우드 주택 단지도 있었다.[10]

1920년대까지 그는 파커 펜 콘서트 밴드를 후원했다. 밴드 뮤지션들이 요청하면 필요한 악기를 사주었고, 이들을 공연장으로 실어 나르기 위한 전용 차도 구비했다. 생산직과 사무직 채용을 책임지는 인사 부서에는 신규 채용 전에 밴드에 충원이 필요한 파트가 어디인지 밴드 감독에게 확인하도록 했고, 밴드의 결원을 메울 수 있는 지원자들을 채용

과정에서 우대했다.[11]

파커는 수출 시장을 개척하기 위해 여러 나라를 돌아다니며 세계 여행을 꿈꾸던 어린 시절의 열망을 충족시켰다. 첫 번째 수출 시장은 네덜란드로 1903년에 계약을 맺었다. 파커가 사망한 뒤 애로파크 공장이 1953년 파커 드라이브에 들어섰을 때 건물 바깥에는 파커 펜이 판매되는 88개 나라의 국기가 걸렸다.[12] 파커는 자신이 경험한 남태평양과 중국 양쯔강 여행에 대한 책을 쓰기도 했다. 상아 수집이 취미여서 많은 상아 컬렉션을 집으로 가져왔다. 파커는 그것을 친구들에게 즐겨 보여주었는데, 그 친구들 중에는 당대의 저명한 건축가 프랭크 로이드 라이트Frank Lloyd Wright도 있었다.

20세기 역사의 중요한 순간에도 파커 펜이 등장했다. 1차 세계대전 기간에 미국 전쟁성은 파커사와 군용 '트렌치 펜' 공급 계약을 맺었다.[13] 그것은 물을 넣으면 마른 알갱이들이 액체 잉크로 변하는 군인들이 야전 활동을 할 때 적합하도록 개량 펜이었다. 2차 세계대전 말이었던 1945년 5월, 유럽 전선의 전쟁을 종결지은 독일의 항복 문서 조인식에는 연합군 최고사령관이었던 드와이트 D. 아이젠하워Dwight D. Eisenhower 장군이 가지고 있던 파커 51 만년필 한 쌍이 필기구로 쓰였다.[14] 아이젠하워는 카메라 기자들 앞에서 파커 만년필 두 자루로 승리의 브이를 만들어 보이기도 했다. 1964년, 뉴욕에서 열린 세계 박람회에서 파커 펜은 사상 최대 규모의 편지쓰기 국제 프로그램을 후원했다.[15] 그때 파커 펜 부스에서는 단 몇 초 만에 나이와 관심사가 비슷한 외국의 펜팔 친구와 서로 맺어주는 초창기 '전기 컴퓨터'가 특별 가동되었다. 제인스빌과 세계 도처에서 온 '펜넷츠'라는 이름의 유니폼 입은 여성들이 박람회 참관자들에게 펜과 우편엽서, 문구류를 나눠주었다.

린다가 파커 펜에 취직하고 2년이 지난 뒤, 설립자의 손자인 조지 S. 파커 2세 George S. Parker II 는 회사의 이사회 의장 겸 최고경영자가 되었다.[16] 그는 파커 펜을 직접 경영한 파커가의 마지막 인물로, 고급 펜 시장이 위축되면서 찾아온 장기간의 쇠락기에 회사를 이끌다가 1986년에 회사를 영국 투자자 그룹에 매각했다.[17] 이들은 영국 해협과 접한 뉴헤이븐의 한 영국 회사와 연계되어 있었는데, 뉴헤이븐은 2차 세계대전 직후 잠깐 동안 파커 펜 공장이 있던 곳이기도 했다. 물론 제인스빌에서도 '파커 펜 홀딩스 유한회사'라는 이름 아래 펜이 계속 생산되었다. 그러다가 1993년에 질레트사가 파커 펜 홀딩스를 사들였고,[18] 6년 뒤 이를 뉴얼 러버메이드, 정확하게는 이 회사의 샌포드 비즈니스 투 비즈니스라는 사무용품 자회사에 되팔았다.[19] 이 자회사는 홍보용 펜을 주문 제작했는데, 린다를 포함해 마지막까지 남은 노동자 153명은 파커가 아니라 샌포드에 소속되어 일했다.[20] 이들은 더 이상 펜을 만들지 않았다. 대신 해외에서 제작된 펜의 껍데기에 제약회사나 다른 기업의 로고를 새겨 넣는 일을 했다.

★

브리티시 파커 펜과 질레트를 거쳐 뉴얼 러버메이드의 샌포드 비즈니스 투 비즈니스까지 파커 펜은 여러 이름을 거쳤다. 그러는 동안 노동자들이 지역에 뿌리내린 가족 경영 기업과 맺었던 관계, 기업주 일가가 노동자들이 사는 지역사회와 맺었던 관계들 역시 사라져버렸다.

린다가 처음 파커 펜에 채용되었을 때 애로파크 공장은 가족적 분위기가 확연했다. 소녀들은 엄마를 따라 파커 펜에 입사했다. 이것은 소년들이 아버지를 따라 GM 생산 공장에 들어가는 것과 같았다. 작업량은 계절에 따라 기복이 심했다. 졸업 때나 크리스마스가 가까워오면 선물로 쓰일 펜의 수요가 늘어 일거리가 많아졌고, 펜 수요가 줄어들 때면 임시 휴직을 하는 경우도 있었다. 파커는 임신한 종업원들에게는 휴직을 보장했고, 출산 후 아이가 한 살이 되면 복직시켰다. 스무 살에 결혼해 5년 뒤에 이혼한 린다는 아이가 없었고, 이 때문에 중간에 휴직하는 일 없이 계속 회사를 다닐 수 있었다.

매주 금요일 늦은 오후, 린다와 동료들이 일을 마치고 주말을 집에서 보내기 위해 공장을 나설 시간이 다가오면 확성기에서 노래 한 곡이 흘러나왔다.[21]

"선한 주님께서 축복하고 지켜주시리. 당신이 가까이에 있든 멀리에 있든……."

린다는 이 노래를 들을 때마다 회사가 종업원들을 세심하게 챙긴다는 느낌을 받았다. 노래가 나오기 전이라도 금요일은 특별했다. 노동자들은 평소보다 신경 써서 옷을 차려입었고, 몇몇 부서에서는 직원들에게 1달러씩 돈을 거둬 일주일치 급여의 끝자리 수를 맞춘 사람에게 몰아주는 이벤트를 벌이기도 했다.

종업원의 생일에는 어김없이 케이크가 나왔고, 크리스마스 때는 뷔페가 차려졌다. 파커 펜의 종업원이라면 자신이 좋아하는 요리의 조리법이 담긴 책 두 권을 만들어 가지고 있었다. 매일 커피 카트를 끌고 작업 라인을 순회하는 여성이 도착하면 쉬는 시간이 시작됐다. 카트에는 신선한 하드롤과 조각 치즈가 담겨 있었고, 계절에 따라 구운 사과나 도넛이 함께 나왔다. 또 회사는 종업원들의 운동을 독려하기 위해 걷기 상을 만들었는데, 목표 거리를 달성할 때 주는 작은 발바닥 모양의 선물을 받기 위해 종업원들은 점심시간마다 운동장을 걸었다.

아이가 아프면 엄마가 집에 함께 있어야 한다는 사실을 관리자들은 이해했다. 1년에 한 번 열리는 가족의 날 행사 때는 남편과 아이들이 공장을 견학한 뒤 자터 볼펜이나 1982년에 출시된 벡터 롤러볼을 한 자루씩 가져갈 수 있었다. 여름이면 카운티에 있는 공원들을 옮겨 다니며 피크닉을 열었다. 피크닉은 이따금씩 트레져먼스 파크에서 열렸다. 그곳에서 직원과 가족들은 무료로 모형 증기기관차를 타고, 인근 농장에서 가져온 싱싱한 사탕옥수수를 소 여물통에 담아 기관차 엔진에서 나오는 증기로 익혀 먹기도 했다. 제인스빌 노동절 퍼레이드에서는 공들여 만든 파커 펜의 무대 차량이 주민들 앞에 선보였다.[22] 1994년에 애로파크 공장에서 만든 무대 차량에는 육각 철망으로 만든 원통형 프레임에 푸른색 크레이프 종이를 쑤셔 넣어 꾸민 자터 펜 모양의 거대한 조형물이 실렸다. 파커사의 가장 성공적인 필기구였던 자터 펜의 출시 40주년을 기념하기 위한 것이었다.

린다는 여러 해 동안 파커 펜 볼링 리그에 참여했다. 여름에는 회사 골프 리그를 뛰었다. 파커에서 하는 일 중에는 노동자들로 구성된 기부 위원회와 함께하는 자선 활동도 있었다. 회사는 제인스빌에서 활동하는 많은 사회서비스기관들 가운데 어디에 기부금을 낼 것인지 결정하기 위해 매년 노동자들을 선발해 기부위원회를 구성했는데, 기부금 5000달러(가끔은 1만 달러)는 회사가 좋은 일에 쓰기 위해 할당한 연간 예산이었다. 이 과정에서 관리자들은 노동자들이 각자 맡은 역할을 할 수 있도록 독려했다. 린다는 휴먼 소사이어티를 위해 기금을 모았다.

린다가 처음 배치된 곳은 펜촉을 만드는 부서였다. 펜촉은 마모에 견디고 종이에 닿는 감촉이 부드럽도록 순금으로 제작되었다. 몇 년 뒤 린다는 품질관리감독 부서로 옮겼고, 이후에는 재고관리 부서에 배치되었다. 린다는 이 부서에 간 지 얼마 되지 않아 재고관리가 천직이라고 느꼈다. 정리 정돈을 잘하는 성격과 맞을 뿐 아니라 근무 시간에 공장을 마음껏 돌아다닐 수도 있었기 때문이다. 이렇듯 파커 펜이 파커 집안의 소유였던 때는 다른 일을 하려고 회사를 그만둔 이가 거의 없었다.

회사가 질레트에 넘어가고 금요일 오후의 노래가 더 이상 확성기에서 흘러나오지 않게 되었을 때도 린다는 일을 그만두지 않았다. 자신이 그저 애로파크에서 일하는, 더 이상 특별하지 않은 650명의 노동자 가운데 한 명일 뿐이라고 느꼈다. 회사가 질레트에 매각된 뒤에도 린다는 재고관리 업무를 계속했다. 1999년 1월 19일, 질레트 본사 직원이 공장으로 와서 애로파크 공장을 폐쇄하기로 했다는 방침을 전달했다. 그는 공장이 폐쇄될 때까지 앞으로도 몇 달은 더 일할 수 있다는 말을 전하고는, 모든 직원들에게 남은 시간 동안 쉬다가 내일 아침 출근하라고 했다.

제인스빌 공장에서 마지막으로 펜을 만든 날은 그해 메모리얼 데이 직전 금요일이었다. 그전에 린다의 몇몇 동료들은 펜에 들어가는 작은 부품을 전부 모은 뒤 그것을 정확한 조립 순서에 따라 나무판자에 붙였다. 제인스빌에서 생산하지 않게 된 펜들을 영국 뉴헤이븐 공장 노동자들이 조립할 수 있도록 친절한 설명과 예시를 곁들여 보내기로 한 것이다. 애로파크 공장이 문을 닫기 전, 린다와 재고관리 부서의 동료들은 남은 펜들을 상자에 담은 뒤 캘리포니아의 펜 공장, 뉴욕의 로열 백화점 그리고 다른 원거리 배송지로 발송했다. 재고관리 부서의 어린 노동자 대표가 펜의 일부를 자선단체에 기증하거나 제인스빌의 어린 학생들에게 나눠줄 수는 없는지 관리자들에게 물었다. 제인스빌 사람이라면 누구든 이 멋진 파커 펜을 원하기 때문이다. 하지만 회사는 그 제안을 받아들이지 않았고, 공장에는 예쁘장한 은색 펜 재고만이 조금 남게 되었다. 그 펜들 역시 제인스빌 바깥으로 옮겨질 운명이었다. 린다의 동료 하나가 감독관 사무실로 찾아가 재고관리부 여자들은 펜 생산이 끝난 뒤에도 공장에 남아 선적 업무를 계속하고 있으니, 은색 펜 한 자루쯤은 받을 자격이 충분하지 않으냐고 따져 물었다. 결국 마지막 근무일에 린다와 동료들은 그 펜을 한 자루씩 손에 넣게 되었다.

당시 쉰한 살의 싱글이었던 린다는 일자리가 필요했다. 그러나 제인스빌이 아닌 다른 곳에서 일하는 것을 린다는 한번도 생각해보지 않았다. 그래서 뉴얼 러버메이드의 자회사인 샌포드 비즈니스 투 비즈니스 경영진이 애로파크보다 북쪽에 있는 작은 작업 공간으로 옮겨 다른 공장에서 생산된 펜에 로고 새기는 일을 할 직원 65명이 필요하다고 했을 때 린다는 기꺼이 손을 들었다. 심사를 거쳐 65명의 노동자가 선발되었다. 고등학교를 졸업하고 파커 펜에 신입사원으로 뽑혔을 때처럼 린다는 회사의 선택을 받은 것이 영광스러웠다.

그 후 11년이 흘렀다. 65명이던 현장 노동자는 153명으로 늘었다. 린다는 재고관리 업무를 계속했고 마침내 재고관리부 최선임이 되었다. 재고관리와 감독 업무를 병행하게 된 것이다. 파커 펜 시절을 기억하는 노동자들 사이에 은근한 동지애가 다시 형성되었다. 시간당 18달러에 가까워진 린다의 봉급은 공장에서 매우 높은 축에 속했다. 모든 것이 괜찮았다. 지난 8월 19일, 제인스빌에 있는 샌포드의 최고위급 인사가 아무런 예고 없이 작업 현장에 불쑥 나타났을 때까지는 말이다. 그는 모두가 자신을 볼 수 있게 나무 상자를 뒤집어 위에 올라선 뒤 본사가 제인스빌 공장을 폐쇄하기로 결정했다고 통보했다. 질레트가 11년 전 그랬던 것처럼, 모든 현장 노동자들에게는 이날 하루 남은 시간 동안 집에 돌아가 쉬라는 지시가 하달되었다.

이날의 통보는 일리노이에 있는 뉴얼 러버메이드 본사가 한 달 전 영국 뉴헤이븐의 펜 공장을 닫기로 결정한 뒤 내려진 후속 조치였다. 이날, 본사 홍보부 임원이 배포한 보도자료에 따르면 제인스빌 공장의 폐쇄는 설비 과잉을 해소하기 위한 자구책이었다.[23] 같은 종류의 로고 인쇄 작업을 하는 멕시코 공장이 제인스빌의 모든 업무를 인계받을 계획이라고 했다. 보도자료는 "이번 결정은 시장 변화로 가속화된 구조적 위기에 대응하기 위한 차원일 뿐이며, 지난 수년 간 매우 가치 높은 작업을 해온 제인스빌 공장 직원들에게는 아무런 책임이 없다"라고 밝혔다.

그러나 린다에게 그것은 구조적인 문제가 아니었다. 개인적인 문제였다. 인생의 반세기를 공장에 쏟아부은 린다는 곧 있으면 예순둘이다.

만약 당장 회사를 그만둔다면 회사에서 주는 퇴직금에 더해 사회보장 연금도 받을 수 있다. 그래서 린다는 과거 애로파크 공장이 해체되던 때처럼 회사에 남아 일을 더할 수도 있지만, 이번에는 그러지 않기로 했다. 더 젊은 누군가가 회사를 몇 개월이라도 더 다닐 수 있게 하기 위한 배려였다. 린다가 회사를 떠나는 것은 은퇴가 아니라 해고로 처리될 예정이다. 새로운 회계연도가 이미 시작된 탓이다. 그리고 그 때문에 린다는 파커 펜에서 44년을 일하고도 은퇴 축하 케이크를 받지 못한다. 친근하고 가족 같은 분위기였던 파커 펜 시절의 공장에서 수많은 생일 케이크와 크리스마스 뷔페 식사를 받아본 린다였으니, 처음에는 이런 상황이 가슴 아플 수밖에 없었다. 그러나 이 축하받지 못하는 이별도 이제는 덤덤하기만 하다. 린다는 일부 동료들이 앞으로 몇 달 동안 회사에 남아 하게 될 일을 빼앗고 싶지 않다. 그래서 떠나기로 했다.

만약 회사의 제안대로 멕시코로 건너가 그곳 노동자들을 가르칠 생각이 있다면 린다도 다른 동료들처럼 더 오래 회사를 다닐 수 있다. 린다는 지난 몇 년간 직무교육을 담당해왔고, 자신이 그 일에 재주가 있다는 사실을 안다. 만약 제인스빌에 남아 누군가를 가르쳐달라는 제안을 받는다면 린다는 당연히 수락할 것이다. 그런데 일을 계속하려면 멕시코에 가서 누군가를 가르쳐야 한다. 다른 곳도 아닌 멕시코에서. 44년이나 일을 해온 린다로서는 받아들일 엄두가 나지 않는 제안이었다.

집시가 된다는 것

'그냥 가보자, 가보는 거야.'

맷 위팻은 스스로에게 속삭인다. 그는 차고에 주차된 시에라 픽업트럭 안에 앉아 있다. 얼마 떨어지지 않은 세탁실 출입문 너머로 아내 다시와 딸들의 모습이 보인다. 마치 액자 속 그림처럼 느껴지는 장면이다. 떠나는 맷을 향해 아내와 딸들이 손 키스를 보내며 눈물을 흘린다.

딸들이 출입문에서 몸을 돌린다. 아내는 두 번 다시 남편을 보지 못할 것처럼 작별을 고한 뒤 세탁실 문을 닫는다. 혼자다. 눈물이 나오려는 걸 간신히 참는다. 가족들에게는 모든 것이 잘될 거라고 애써 안심시켰지만, 그 말이 얼마나 설득력이 있었을지 자신이 없다. 솔직히 말하면 맷 역시 자신의 미래가 잘 풀릴 거라고 확신하지 못한다. 차 키를 돌려 시동을 건다. 낡은 트럭이 평소처럼 공회전을 시작한다. 맷은 변속기 레버를 만지작거리기만 할 뿐 쉽사리 후진 기어도 넣지 못한다. 그 이유를 맷도 안다.

모든 것이 버겁다. 그것은 올바르게 처신하는 것만으로는 부족하다는 것을 알아채버린 50대의 정점에 선 한 사내를 내리누르는 삶의 무게다. 그의 아버지와 장인과 삼촌들 그리고 월과 일 단위까지 헤아리며 근속 연수 30년을 채우기만을 기다리던 앞선 세대의 남자들처럼 플랜 A만 가지고 사는 것으로는 충분하지 않다. 그래서 맷은 자동차 공장이 곧 가동을 재개할 거라는 아버지 마브의 단언을 뒤로 하고 만일의 경우를 대비해 전신주 타는 법을 익히며 플랜 B를 준비했다. 그러나 이 역시 전망이 그리 밝아 보이지 않기는 마찬가지다.

3월 7일 일요일 오후. 맷이 배전 기술을 배우기 위해 다른 해고자들과 함께 블랙호크 기술전문대학에 첫발을 내딛은 지 7개월이 지났다. 맷은 매일 밤 저녁 식사를 마치면 일종의 의식을 치르듯 12학년 브리타니, 9학년 브룩, 7학년 브리아와 함께 식탁에 앉아 교과서를 펼쳤다. 처음에는 어색하고 곤혹스러웠지만 이내 익숙해졌다. 네 사람은 각자 숙제를 했고, 맷은 가끔 어려운 수학 문제가 나오면 브리타니에게 도움을 청했다. 맷은 그러면서 자신이 딸들에게 좋은 본보기를 만드는 중이라고 느꼈다. 이런 모습이야말로 악조건 속에서도 열심히 일하고 최선을 다하는 삶이라고 맷은 생각했다.

그의 전임 강사인 마이크 더블데이는 제인스빌에서 24킬로미터쯤 떨어진 소도시 클린턴 출신이었다. 옥수수와 대두를 키우던 농가에서 자란 그는 아버지가 다친 뒤 농사일을 물려받았으나, 농사꾼 생활을 오래 하지는 않았다. 그는 블랙호크에 입학해 지금 자신이 가르치는 것과 같은 프로그램을 수강했다. 이후 제인스빌에서 북서쪽으로 약 32킬로미터 떨어진 에번즈빌에서 전선을 가설하고 수리하는 일자리를 구했다. 견습생으로 출발해 15년을 숙련 가설공으로 일한 뒤 대학에서 자기처럼 가설공이 되고 싶어 하는 이들을 가르칠 강사를 구한다는 소식을 들었다. 삶에 변화를 주고 싶었던 마이크에게는 솔깃한 이야기였다. 맷이 입학했을 때 마이크는 대학에서 가르치기 시작한 지 겨우 1년밖에 되지 않은 신참 강사였다. 그러나 학기가 시작된 지 몇 주도 되지 않아 그는 이미 학생들 가운데 누가 성공할 것인지, 누가 중도에 포기할 것인지, 누가 이도저도 아닌 중간인지 본능적으로 알았다. 마이크가 볼 때 맷은 성공에 필요한 요소들을 갖췄다. 대부분의 학생들처럼 맷 역시 전기이론에 활용되는 대수 공식을 이해하기 힘들어했다. 맷은 같은 수업을 듣는 GM 공장 해고자 다섯 명과 함께 정답을 찾을 때까지 머리를 맞댔는데, 이들 중에는 수학에 특별한 재능을 가진 사람도 있었다. 맷은 바르고 솔직하며, 뛰어나지는 않지만 질문하기를 두려워하지 않고, 자신이 어떤 개념을 먼저 이해하면 그것을 어려워하는 동료들이 문제를 해결하도록 기꺼이 돕는 성실한 학생이라는 인상을 마이크에게 남겼다. 학교를 다니기 전 부업 삼아 지붕 공사를 거들었던 맷의 경험도 유용한 배경지식으로 쓰였다. 마이크는 그가 어디를 가든 좋은 가설공으로 성공할 수 있을 것이라고 확신했다.

그러나 마이크가 미처 알아채지 못한 것도 있다. 학과 동료들과 전기

이론을 붙들고 씨름하는 그 순간에도 맷에게는 근심거리가 가득했다. 맷은 모든 일에 계획적인 사람이다. 그런 사람은 여간해서는 주택담보대출 할부금을 연체하지 않는다. 그러나 상황이 그렇게 되고 말았다. 그와 다시는 제너럴 모터스에서 시급 28달러는 벌어야 구할 수 있는 집에 살았다. GM 공장을 다니던 다른 많은 이들처럼 한 달에 270달러를 캠핑카에 쏟아붓고, 신차가 나오면 웃돈을 주고 갈아타고, 딸들과 여행을 가기 위해 퇴직연금을 미리 꺼내 쓰기도 했다. 문제는 맷이 실업수당 외에 자동차노련에서 나오는 실업보조금을 추가로 받고 연방정부로부터 등록금과 교재 구입비, 통학용 유류비, 심지어 작업용 의류 구입비까지 지원받고 있었지만 그것을 모두 합해도 GM에서 받던 시급에 미치지 못한다는 사실이었다. 게다가 그와 다시에게는 충격을 흡수할 완충장치가 많지 않았다. 노조가 주는 실업보조금은 이제 반 토막 날 상황이었고, GM이 제공하던 건강보험도 종료 시한이 다가오고 있었다.

'5월까지만 버텨보자.'

맷은 혼잣말로 속삭였다. 그때쯤이면 배전 기술 자격증을 딸 수 있고, 그렇게 되면 마이크가 블랙호크 강사가 되기 전에 했던 일을 자기도 할 수 있을 것이다. 그러나 안 좋은 소문은 날이 갈수록 확산되었다. 평균 나이가 55세인 지역 전력회사 얼라이언트 에너지의 가설공들이 예상과 달리 퇴직 시기를 늦추려고 한다는 것이었다. 그렇게 되면 블랙호크의 배전 과정 수강생들은 졸업을 한 뒤에도 일자리를 구하지 못할 가능성이 컸다. 그래서 함께 전신주 타는 법을 배우던 GM의 해고자 한 사람이 인디애나주 GM 공장에 자리가 날 것이라고 귀띔했을 때, 맷은 관심을 가지고 지켜봐야겠다고 생각했다.

제인스빌 공장에서 일했던 수백 명의 GM 노동자들이 지난겨울을 거치며 멀리 떨어진 GM 공장으로 일자리를 찾아 떠났다.[1] 회사와 자동차 노련이 맺은 계약에 따라 GM 해고자들에게는 다른 지역 GM 공장에 일자리가 생길 경우 우선적으로 취업할 권리가 있었다. 그래서 200명에 가까운 제인스빌 출신 노동자들이 캔자스시티 GM 공장에서 일하고 있었다. 제인스빌 사람들은 농담 삼아 캔자스시티가 '제인스빌 웨스트'가 됐다고 말하곤 했다. 거의 140명이 옮겨간 텍사스 알링턴은 '제인스빌 사우스'였다. 그곳에서는 과거 제인스빌 공장에서 만들던 타호를 생산했다. 55명은 '제인스빌 이스트'인 인디애나의 포트웨인 공장으로 떠났다.[2] 이곳에서는 쉐보레 실버라도 트럭을 생산했는데, 공장 측은 뜨거운 시장 반응에 힘입어 세 번째 교대근무 조를 새로 투입하고도 맷을 포함한 67명의 제인스빌 해고자에게 추가로 취업 제안을 했다.

GM 집시들. 제인스빌을 떠나 다른 지역 공장에서 일하는 GM 노동자들을 이르는 말이다. 약 1600킬로미터나 떨어진 알링턴 공장에서 일하는 이들조차 대개는 가족을 떠나 혼자 생활하면서 능력이 닿는 한 악착같이 제인스빌 집을 다녀갔다. 맷은 집시만은 되지 않겠다고 굳게 다짐해왔다. 그것은 안 될 일이다.

아내 다시 역시 제인스빌을 떠나고 싶지 않았다. 부부는 이 문제로 오랫동안 열띤 대화를 나눈 끝에 가족들을 남겨두고 맷 혼자 제인스빌을 떠날 수는 없다는 데 의견을 모았다. 다시는 어머니가 돌아가신 뒤 아버지만 남은 친정집을 주기적으로 왕래하며 GM에서 나오는 아버지의 연금에서 각종 공과금을 납부하고 수표책을 결산해왔다. 딸들은 학교 스포츠 팀 활동에 열심이었다. 맷은 결국 학교를 다니며 부엌 식탁에서 숙제를 하는 생활을 시작했다. 가족 모두가 제인스빌에 함께 살려면 맷이 다른 직업을 구해야 했고, 이를 위해서는 새로운 직업교육을 받아야만 했다.

하지만 이것은 주택담보대출 할부금이 연체되지 않고 실업수당도 깎이기 전, 그리고 네 시간 반 거리에 있는 포트웨인 GM 공장에 일자리가 생기기 전의 일이었다. 포트웨인은 캔자스시티나 알링턴보다 가까웠다. 전신주 타는 법을 익히던 맷과 제인스빌 해고자들은 어느 날 수업이 끝난 뒤 마이크에게 단도직입적으로 물었다. 교과과정을 모두 마치고 졸업하면 정말로 가설공 일자리를 얻을 수 있느냐는 물음이었다.

마이크는 배전 분야 일자리의 장점을 나열하며 이야기를 시작했다. 그러나 말을 하면 할수록, 이미 많은 것을 잃어버린 이 사내들에게 좀 더 솔직해져야 한다고 느꼈다. 마이크는 지난해 블랙호크 졸업생 가운데 구직에 성공한 졸업생이 많지 않다는 사실을 인정해야 했다. 구직 전망은 여전히 좋지 않다는 것, 전기·수도·가스 등 공익사업 분야에 일자리가 있는 것은 맞지만 위스콘신주 남부에는 노동력 수요가 많지 않다는 것도 인정했다. 그는 일자리를 얻으려면 다코타나 텍사스 또는 남서부의 어딘가로 가야 할 것이라고 덧붙였다. 마이크의 솔직한 답변들 가운데 유독 이 한마디가 맷의 마음을 뒤흔들었다.

"내가 여러분이고 GM에서 월급을 받을 기회가 생긴다면, 뒤도 돌아보지 않고 달려갈 겁니다."

172

그제야 맷은 자신이 거부했던 선택지가 그에게 남은 유일한 선택지라는 사실을 깨달았다. 사실 그것은 '선택지'라고 부를 수조차 없었다. 모든 것은 결국 '포트웨인으로 갈 것이냐, 제인스빌에 남아 파산을 감수할 것이냐' 하는 문제로 귀착했다. 책임감을 가진 사람이라면 파산 신청 따위는 해서는 안 된다는 것도 맷의 확고한 신념이었다. 그의 마음이 이런 혼돈 속을 갈팡질팡할 때, 한 가지 이상했던 점은 그 누구에게도 이 좋지 않은 상황과 관련해 책임을 묻기 어려웠다는 것이다. 그들과 처지가 다르지 않은 불쌍한 마이크는 결코 책임을 물을 대상이 아니었다. 맷이 한번도 가져보지 못한 구직 기회를 만들기 위해 본분을 다해 예산을 지출하는 정부도, 파산 신청을 한 상황에서도 맷이 받을 수당을 위해 거액을 지출하는 GM도 아니었다. 다시도 확실히 아니었다. 그녀는 일주일에 이틀을 홀마크에 출근해서 카드를 진열하는 것보다 좋은 일거리를 찾으려고 최선을 다했다. 맷 자신도 아니었다. 좋은 기회를 놓친 것은 아닌지, 미궁에서 빠져나갈 출구를 지나쳐버린 것은 아닌지 진지하게 돌아볼 때마다 맷은 그런 적이 없다는 결론에 도달했다. 학위 취득에 필요한 수강 기간을 겨우 9주 남기고 맷은 학교를 그만두었다.

이제 한번도 가본 적 없는 도시의, 한번도 구경한 적 없는 GM 공장에서 일을 시작하기까지 24시간이 채 안 남았다. 이것저것 따질 상황이 아니었다. 맷과 식구들은 일요일 점심식사를 막 마쳤다. 그리고 맷은 환하고 따뜻한 부엌에 서서 앞으로의 일들이 그리 나쁘지 않을 것이라고 이야기한다.

"(떠나 있는 날은) 겨우 5일이야. 월요일부터 금요일까지."

가족들을 하나하나 껴안으며 맷이 말한다.

"누가 알아? 시급 28달러를 주는 괜찮은 일자리가 생각보다 일찍 제인스빌에 생길지."

맷은 시에라 픽업트럭 안에 앉아 변속기 위에 손을 올려놓는다. 이제 차고를 빠져나가 위스콘신주의 경계를 향해 남쪽으로 차를 운전할 시간이다. 가다 보면 일리노이주가 나오고 벨비디어 크라이슬러 공장을 지날 것이다. 계속 동쪽으로 차를 몰아 인디애나로 들어가면 길은 포트웨인까지 죽 이어진다. 그곳에서 맷은 2주 전 블랙호크의 배전 과목 수강을 때려치운 제인스빌 출신 복직자의 집 소파에서 잠을 청할 것이다. 맷은 아직 포트웨인에 거처를 마련하지 못했다.

떠날 시간이 되었다. 하지만 5분을 더 그대로 머문다. 허공을 응시하며 골똘히 생각에 잠긴 새 10분이 지났다. 차고 안에는 픽업트럭이 공회전하는 소리만 요란하다. 맷은 자신이 지금의 브리아보다 더 어렸던 오래 전의 그 순간을 여전히 기억한다. 당시 아버지는 근로자 지원 프로그램 대표가 되기 전이었고, 술 마시는 데 돈을 탕진해 살림살이가 어려웠다. 그때 맷은 아버지의 녹슨 캐딜락에 앉아 시내를 돌아다니며, 새 차에 대한 자부심이 유난한 이 제인스빌에서 유일한 난파선에 탄 사람이 바로 자신일 것이라고 생각했다. 어느 날, 차에 타고 있던 맷은 길가의 친구를 발견하고는 급히 신발 끈을 묶는 척하며 허리를 숙여 몸을 숨겼다. 낡은 캐딜락이 너무 부끄러웠던 것이다.

너무도 명확했다. 아이들만큼은 돈 때문에 부끄러움을 겪게 해서는 안 된다. 맷은 평소 공언해온 그런 사람이 되려고 한다. 어려운 일이 닥치면 다른 가족들보다 먼저 그 일을 처리하는 사람, 일을 하겠다고 말했으면 그 약속을 끝까지 지키는 사람, 가족을 지키려면 자신이 떠날 수밖에 없다는 사실을 이해하는 사람 말이다. 맷이 운전대를 쥐고 변속기어를 후진 구간으로 옮긴다. 차고 밖으로 후진한 차가 마침내 도로로 연결되는 진입로에 내려섰다.

GM보다 가족이 중요하다

남부 위스콘신에 봄이 다시 찾아왔을 때, 제러드 휘태커는 제너럴 모터스의 특별퇴직 제안을 좋은 기회라도 되는 것처럼 받아들였다. 현금 4000달러와 건강보험 6개월 추가 제공이 대단한 보상은 아니지만 제러드에게는 당장 그것이 필요했다.

특별퇴직 서류에 서명함으로써 제러드는 당장 수중에 떨어질 얼마 안되는 퇴직 보상금과 제너럴 모터스 공장에서 언젠가 다시 일자리를 얻게 될 가능성을 맞바꿨다. 일시해고를 당해 쉬는 GM 직원에서 GM 퇴직자로 신분을 전환한 것이다. 물론 밖에서 보면 큰 차이가 없을지도 모른다. 그러나 GM 공장에서 30년을 보낸 뒤 편안하게 연금 생활을 하는 아버지와 장인을 둔 제러드가 특별퇴직 서류에 서명한다는 것은 자신의 미래가 됐을지도 모를 아버지 세대의 안락함을 스스로 포기하는 것이나 마찬가지였다.

이런 결정을 내리기가 쉬웠던 것은 아니다. 제러드와 태미는 세 아이들이 없을 때면 어떤 선택을 내려야 할지 이야기를 나누었다. 무엇을 선택하든 좋지 않기는 마찬가지였고, 당장 필요한 것은 현금과 건강보험이었다. 제러드는 갑자기 할 일이 사라진 이 기이한 상황을 오랜만에 얻은 휴가 정도로 여겼던 초반 해고자 생활이 먼 옛날처럼 느껴졌다. 그러나 그들 앞에 놓인 나쁜 선택지들 가운데 적어도 특별퇴직 하나는 제러드의 인생관과 일치한다는 장점이 있었다. 제러드의 인생관이란 "가족이 제너럴 모터스보다 소중하다"는 것이다.

가족이 제너럴 모터스보다 소중하다는 것은 간결하지만 확고한 주문 같은 것이었다. 물론 사랑하는 사람들에 대한 제러드의 감정은 과묵한 성격 탓에 쉽게 드러나지 않았다. 하지만 제러드가 직설적으로 표현하지 않더라도 제러드의 쌍둥이 딸 알리사와 케이지아는 "가족이 내 전부야"라는 아빠의 말뜻을 잘 알아들었다.[1] 딸들은 1986년 12월 22일 밤의 아픈 기억을 여전히 극복하지 못하는 아빠의 상황을 충분히 이해했다. 당시 풋빌에 살던 제러드는 지금의 쌍둥이 딸들보다 겨우 한 살 많은 열여섯이었다. 제러드의 부모는 그때 크리스마스 쇼핑을 하러 외출한 상태여서 늦은 밤 집을 찾아온 경찰에게 문을 열어줄 사람은 제러드뿐이었다. 경찰은 제러드의 형 마이클이 자동차 충돌 사고로 막 사망했음을 알렸다. 제인스빌 서쪽의 교외 지역을 달리던 형의 차가 브레이크 고장을 일으켜 교차로의 멈춤 표지판을 지나친 뒤 다른 차와 충돌했다.

차에 함께 탔던 형의 여자 친구도 숨졌다. 그때 형은 스무 살이었다. 이 사고로 제러드의 부모는 두 자식 가운데 하나를 잃었고, 제러드는 매년 크리스마스가 가까워질 때마다 침울함에 휩싸였다.

제러드에게는 가족이 최우선이었기 때문에 제인스빌 공장 2년차 근무 시절을 힘들게 보냈다. 도장부서에서 공장 생활을 시작한 제러드는 그때 두 번째 교대근무 조로 옮기게 되었는데, 근무시간이 오후 4시 30분부터 이튿날 새벽 2시 30분까지였다. 그는 가족들과 저녁 시간을 함께 보내지 못하는 것이 싫었다. 당시는 노아가 태어나기 전이었는데, 주말이 아니면 가족과 함께 시간을 보내기가 어려웠다. 그래서 제러드는 1년 뒤에 몸이 더 힘든 중형 트럭 라인으로 부서를 옮겼다. 당시 중형 트럭 라인은 근무 조가 하나뿐이었다. 제러드는 첫 번째 교대 조와 함께 근무를 시작했다. 부서를 옮긴 뒤 그는 오후 3시 48분에 퇴근 카드를 찍고 집으로 돌아올 수 있었다. 몇 년 뒤에 중형 트럭 라인이 제인스빌에서 미시간의 플린트 공장으로 옮겼지만 그때는 제러드의 근속 연수가 어느 정도 쌓여 타호 생산라인으로 재배치된 뒤에도 첫 번째 교대 조에서 일할 수 있었다.

요즘 제러드는 절친한 동료 케빈이 살아가는 방식을 이해할 수 없다. 케빈은 회사가 제안한 페어팩스 공장으로의 전출을 받아들였다. 이 공장은 제인스빌에서 약 804킬로미터 떨어진 캔자스시티에 있다. 사랑하는 가족이 있었기에 케빈은 주말마다 편도 7시간 30분이 걸리는 먼 거리를 운전해 제인스빌 집과 페어팩스 공장을 오갔다. 게다가 페어팩스 공장이 초과근무를 시행한 뒤에는 한 달에 한 번씩만 주말에 잠깐 집에 올 수 있다. 제러드 생각에 그건 살아도 사는 게 아니다.

제러드도 친구 캐빈이나 맷 워팻, 수백 명의 다른 제인스빌 노동자들처럼 다른 공장으로 전출을 갈 기회가 있었다. 하지만 제러드에게 그건 고려할 가치도 없는 일이었다. 무엇보다 태미와 아이들이 제인스빌을 떠나고 싶어 하지 않았다. 가족들이 함께하지 않으면 제러드도 갈 수 없다. 그렇잖아도 어머니 루실은 하나뿐인 아들과 손주들이 너무 멀리 산다고 생각했다. 아버지 랜디는 쉰 번째 생일을 맞기 하루 전에 제인스빌 공장에서 퇴직했는데, 얼마 되지 않아 북쪽으로 약 480킬로미터 떨어진 스푸너로 이사했다. 곳곳에 예쁜 호수들이 있는 작은 도시였다. 만약 태미와 아이들이 제인스빌을 떠나기를 원한다 해도 제러드는 그럴 수 없었다. 부모를 두고 자기 가족들만 이사를 갈 수는 없었다. 딸들을 사랑하는 할머니에게서 더 멀어지게 만들 수는 없었기 때문이다. 그에게는 가족이 전부였다.

그래서 제러드는 지난 늦여름 배전 수업을 하다 실습용 목재 전신주에서 미끄러지는 사고를 당했을 무렵 취직 제안이 들어오자 선뜻 받아들였다. 제러드가 구직 활동을 시작한 뒤 처음 받은 제안이었다. 당시만 해도 제인스빌과 주변에서는 좀처럼 일자리가 나오지 않고 있었다. 제러드는 전신주에서 미끄러져 가슴에 찰과상을 입는 아찔한 사고를 겪은 뒤 스스로에게 말했다.

"젠장, 이 나이에 학교는 무슨……. 아무래도 일을 해야겠어."

그는 새 일자리를 구하는 것만으로 모든 어려움이 풀리지 않는다는 사실을 알았다. 제러드의 새 직장은 고엑스GOEX라는 현지 업체였다. 이 회사는 플라스틱 시트와 롤을 만들었다. 새 직장이 자동차가 아니라 플라스틱을 만드는 회사라는 것은 제러드에게 아무 상관이 없었다. 문제는 근무가 열두 시간 맞교대로 이루어진다는 것이었다. 일은 새벽 6시에 시작해 저녁 6시에 끝났고 격주로 주말 근무도 해야 했다. 그는 집에서 수백 킬로미터 떨어진 GM 공장 근처가 아니라 가족과 함께 제인스빌에 살았지만, 방과 후나 주말에 열리는 아이들 행사에는 갈 수가 없었다. 가족 일정을 챙기는 데 방해가 되는 이 일을 하면서 제러드는 시간당 12.48달러를 벌었다. GM에서 받던 시간당 28달러의 절반에도 못 미치는 액수였다.

제러드가 새 직장에서 받는 급료가 너무 적었던 탓에, 생계를 꾸릴 만한 충분한 생활비를 마련하기 위해 동분서주하는 것은 가족 모두의 프로젝트가 되었다. 그동안 세 아이를 키우면서 태미는 파트타임 재택근무를 해왔다. 홈 엔트리 서비스라는 회사에 소속되어 노트북 컴퓨터로 데이터를 입력하는 일이었다. 하지만 취업 규칙상 하루에 여섯 시간 넘게 일할 수가 없었고, 그보다 훨씬 적게 일할 때도 자주 있었다. 급여는 일한 시간이 아니라 작업 분량에 따라 나왔는데 시간급으로 환산하면 평균 10달러 정도밖에 안 됐다. 문제는 일의 양이 일주일 단위로 들쑥날쑥해 정확한 수입을 예측하기가 어려웠다는 점이다. 그래서 태미는 두 딸이 졸업한 초등학교에서 자원봉사를 하며 가까스로 교장과 안면을 튼 끝에 파트타임 보조 교사 자리를 구했다.

열다섯 살이 되어 파커고등학교에 진학한 쌍둥이 딸 알리사와 케이지아도 자기 몫을 벌어 살림살이에 보태기 시작했다. 위스콘신주는 아이들이 열네 살이 되면 주중에는 세 시간, 주말에는 여덟 시간까지 일하는 것을 허용했다.[2] 일은 알리사가 먼저 시작했다. 시내 북쪽에 있는 텍사스로드하우스에서 음식을 나르며 시급 2.33달러와 팁을 벌었다. 케이지아는 버터버거와 냉동 커스터드로 유명한 햄버거 체인점 컬버스에서 최저임금을 받으며 출납원으로 일했다. 컬버스 매장은 집에서 걸어가도 될 만큼 가까웠기 때문에 알리사도 그곳으로 일터를 옮겼다. 자매가 같은 장소에서 일하니 편한 점도 있었다.

알리사와 케이지아는 제인스빌 10대들의 필수품인 휴대전화와 중고차를 사려고 돈을 모았는데, 제러드와 태미는 딸들에게 아무런 금전적 도움도 줄 수 없었다. 어느 날, 딸들은 자기들이 있다는 사실을 의식하지 못한 채 부모들이 나누는 대화를 주의 깊게 들었다. 그리고 얼마 후, 쌍둥이는 버터버거와 냉동 커스터드를 나르며 받는 급료 일부를 생활비에 보태라며 내놓기 시작했다. 그토록 기다리던 휴대전화를 손에 넣을 날이 늦춰지는 것을 감수하면서 말이다.

제러드가 플라스틱 공장에서 받는 급료와 태미가 데이터 입력과 파트타임 보조교사 일로 버는 수입으로는 과거 제러드 집안이 누려온 중산층 생활을 다섯 식구가 영위하기에 충분하지 않았다. 제러드가 GM에서 해고당했을 때, 그와 태미의 수중에는 5000달러의 잔고가 있었다. 그러나 1년 반 남짓 동안 주택담보대출 할부금과 각종 공과금을 내느라 조금씩 꺼내 쓰다 보니 잔고가 바닥 나버렸다. 할 수 있는 한 최대로 씀씀이를 줄이는 수밖에 없었다. 태미는 일주일치 식료품을 사던 200달러로 한 달치 식료품을 샀다. 파스타를 늘리고 고기를 줄이면 어렵지 않았다. 외식도 하지 않기로 했다. 주말 오후가 되면 식구들 모두 차에 올라 딱히 정한 곳도 없이 시골길을 달리던 즐거움도 포기했다. 교외 드라이브를 하느라 기름값을 낭비한다는 것은 더 이상 있어서는 안 되는 일이었다. 알리사와 케이지아가 받던 고등학교 댄스 교습도 아이들이 수강료를 따로 마련하지 않는 한 계속하기 어려웠다.

태미와 제러드는 가계 씀씀이를 대폭 줄인 집이 자기들 말고도 제인스빌에 많다는 사실을 어렵잖게 알 수 있었다. 시내 곳곳에는 "팝니다" 표지판이 중산층 생활의 전리품과도 같았던 보트, 캠핑카를 비롯한 '어른용 장난감들' 위에 나붙었다. 집들도 매물로 쏟아져 나왔다. 태미와 제러드는 뒤뜰에 수영장이 딸려 주변 집들보다 값비싼 랜치 하우스를 판 뒤 좀 더 작은 집에 세를 얻어 들어가야 하는 것 아닌지 고민하기 시작했다. 그들이 지금 사는 집은 2004년에 14만 달러를 주고 마련한 것이었다. 이후 두 번째로 은행 대출을 받아 지하실을 개조하고 쌍둥이 자매와 막내 노아를 위해 아래층에 침실을 만들었다. 제러드가 GM에서 받던 기본 급료에 시급의 1.5배를 쳐주던 초과근무 수당을 거의 매주 10시간치씩 받아 주머니가 두둑하던 시절이었다.

제러드의 집은 16만 달러의 대출금을 안고 있었다. GM이 제인스빌 공장에 회생 불능 판정을 내리기 한 달 전인 2008년 5월, 집의 감정 가격이 16만 1000달러로 나왔을 때만 해도 괜찮았다. 그러나 그게 끝이었다. 제러드 부부가 가장 최근에 들었던 감정가는 13만 7000달러였다. 그것도 누군가가 집을 사려고 나설 때나 부를 수 있는 가격일 뿐 지금 같은 시기에 제인스빌에서 집을 사려는 사람이 있을 리 없었다. 태미와 제러드가 집 문제로 대화를 나눌 때마다 그들은 항상 같은 결론에 도달했다. 부동산 시장이 얼어붙은 시기에 시세가 대출금 총액 아래로 떨어진 집을 파는 것은 정신 나간 짓이었다.

집을 팔 수는 없다고 해도, 최소한 시내 곳곳에서 이루어지는 살림살이 매각 대열에는 합류할 수 있었다. 제러드와 태미는 이미 스노모빌과 4륜 오토바이를 내다 팔았다. 태미는 이제껏 아끼던 할리 데이비슨 오토바이도 창고 세일에 내놓을 참이다. 그러나 아무리 많은 현금이 필요하다 해도 차마 팔 수 없는 물건도 있다. 태미는 거실 모퉁이에 놓인, 오크 원목 재질에 유리 선반이 달린 골동품 찬장은 팔지 않을 작정이다. 이 골동품은 태미가 결혼하기 전부터 가지고 싶어 한 것이었고, 제러드가 결혼 직후 태미를 위해 산 신혼살림이었다. 그때 제러드는 스물두 살, 태미는 겨우 열여덟 살이었다.

그러나 현금을 마련하려면 골동품이든 아니든 뭔가를 팔아야 했다. 이즈음 회사의 특별퇴직 신청 공고가 괜찮은 제안으로 보이기 시작했다. 그것은 제너럴 모터스를 위해서도 좋은 거래였다. 지난 5년간, 재무 상태를 개선하기 위해 회사가 사용한 수단은 노동자들을 구슬려 공장을 떠나게 하는 것이었다. 이렇게 하면 GM은 노동자들의 퇴직수당과 연금으로 지출해야 하는 돈을 아낄 수 있었다.

제인스빌 공장을 불안한 상태로나마 연명하게 해준 대규모 감원 이후 몇 달이 지난 2006년 3월, GM은 11만 3000명의 직원들에게 특별퇴직을 제안했다.[3] 제인스빌 공장 직원 900명을 포함해 미국 전역에서 3만 5000명에 육박하는 노동자들이 그 제안을 받아들였다.[4] 2008년 2월, 오바마가 선거 캠페인 연설을 하려고 제인스빌 공장을 찾기 하루 전, GM은 남은 7만 4000명의 파트타임 노동자들에게 "특별 감원 프로그램"을 제안했다.[5] 약 1만 9000명이 특별퇴직 제안을 받아들였다. 제러드가 그때 특별퇴직을 수용했더라면 퇴직수당 수령 권리를 잃는 대신 14만 달러를 현금으로 받았을 것이다. 이 액수면 지금 제러드가 특별퇴직으로 받게 되는 보상금보다 13만 6000달러가 많다. 결과적으로 제러드가 좀 더 일찍 특별퇴직 제안을 받아들였더라면 좋았겠지만, 그때 공장이 문을 닫을 거라고 누가 예상했겠는가?

특별퇴직으로 받을 현금이 형편을 크게 바꾸지는 못할 것은 확실했다. 몇 천 달러 정도의 돈은 자동차노련의 계약에 따라 어찌 되었든 금년 후반까지 제러드가 받게 될 실업보조금과 비슷한 규모였다. 게다가 특별퇴직을 받아들인다는 것은 앞으로 제너럴 모터스로부터 연금을 수령할 자격이 완전히 사라진다는 뜻이었다. 설사 퇴직연금을 받게 되더라도 그것은 앞으로 몇 년 뒤의 일이다. 반면 특별퇴직 제안을 받아들인 것은 당장의 필요 때문이었다. 가장 결정적인 이유는 건강보험이었다. 특별퇴직을 받아들이면 6개월 동안은 고엑스를 통해 새로운 직장건강보험에 가입할 필요가 없었다. 이것이 그가 가진 모든 나쁜 선택지들 가운데 특별퇴직이 그나마 최선으로 보였던 이유다.

나중에 밝혀진 것처럼 제러드가 해고자에서 퇴직자로 신분을 전환한 것은 그와 가족을 위해서도 좋은 일이었다. 구제금융과 파산 보호 신청의 대가로 500억 달러의 정부 융자금을 받았을 제너럴 모터스는 여전히 인력 감축을 시도 중이다. GM은 5월이 되면 남은 해고자들에게 제인스빌에서 여덟 시간 거리에 있는 오하이오의 로즈타운 공장으로 옮길 또한 번의 기회를 줄 것이다.[6] 이 전출 기회는 맷 위팻이 포트웨인 공장으로 옮길 때나, 다른 제인스빌 동료 수백 명이 알링턴 공장으로, 제러드의 절친한 친구가 캔자스시티 공장으로 전출할 때와는 성격이 다르다. 노조와 회사가 맺은 계약에 따라 해고 노동자들이 세 번의 전출 기회를 거부했을 때 회사는 강제 전출을 요구할 수 있다. 로즈타운 공장으로 가는 것을 거부한 해고자들은 이제 제인스빌 공장에 복직할 수 있을지도 모른다는 실낱같은 가능성을 제외하고는 제너럴 모터스로부터 아무것도 받지 못하는 처지가 된다.

그래서 로즈타운 전출 제안이 내려왔을 때, 특별퇴직에 따른 현금 보상은 많지 않고 건강보험 추가 보장 기간도 짧지만 제러드는 마지막 기회를 움켜쥔 것이 현명한 선택이었다고 생각했다.

영광의 학사모

벌로이트의 대공연장인 드림센터에서 블랙호크 기술전문대학의 졸업식이 열린다. 검정색 학사모에 가운을 걸친 졸업생들 사이에 바브 본이 앉아 있다. 바브에게는 이 상황이 꿈만 같다. 목에는 '파이Phi 세타Theta 카파Kappa'라는 라틴어 문구가 적힌 장식 띠를 둘렀는데, 감청색과 금색 실로 꼬아 만든 술이 허리 아래까지 늘어져 있다. 블랙호크 같은 2년제 대학의 우등생 단체는 지혜·열망·순수라는 덕목의 그리스어 머리글자에서 단체의 이름을 따온다. 조금 뒤 준학사 학위를 받는 바브는 뼈를 깎는 노력과 전 과목 A라는 빼어난 성적 덕분에 이 우등생 단체에 가입할 자격을 얻었다. 열여섯 살 때 학교를 중퇴한 뒤 줄곧 뒤를 따라다니던 수치심을 마침내 떨치게 된 것이다. 하지만 바브는 이 모든 일이 여전히 실감 나지 않는다.

바브의 자리는 친구 크리스티 옆이 아니다. 268명의 졸업생들이 받을 금테 두른 검은색 상자 안에는 5월 15일이라는 날짜가 적힌 학위증이 들었다.[1] 졸업생들은 행사 프로그램에 따라 이름이 시작하는 알파벳 순서로 자리를 배정받았다. 그래서 크리스티는 자신에게 맞는 졸업 장식을 두른 채 형사행정학 학위 취득자가 앉는 대열의 앞쪽에 자리를 잡았고, 바브는 뒤쪽에 앉았다. 블랙호크 학장이 "형사행정학"을 호명하자 그들은 일제히 일어나 곡면 무대의 오른쪽으로 이어지는 계단을 향해 움직인다. 마지막에는 크리스티가 바브를 서서히 앞섰지만 두 사람은 스스로 이룬 성취에 큰 자부심을 느꼈다. 크리스티는 소년법 과목에서 유일하게 A 마이너스를 받은 것을 용납할 수 없다. 그 과목만 아니었으면 크리스티 역시 전 과목 A라는 완벽한 성적표를 받았을 것이다.

자랑스러운 졸업 예복을 입고 연단을 오르는 바브와 크리스티는 리어의 작업 현장을 떠난 지 2년이 채 안 되었지만, 2010학년도 블랙호크 졸업생 가운데 주목받는 인물이 되었다. 올해 졸업생들 중에는 금융 위기 직후 일자리를 잃고 학교에 들어온 1차 해고자들이 포함되어 있었다. 이들은 1년 뒤에 바브의 남편 마이크를 포함해 GM 공장과 다른 공장에서 해고된 노동자들이 캠퍼스로 몰려들기도 전에 학교의 모습을 바꾸고 있었다. 바브와 크리스티가 1학년 봄 학기를 맞았을 때, 옥수수밭으로 둘러싸인 작은 캠퍼스에는 한 해 전보다 20퍼센트(850명)가 늘어난 학생이 등록한 상태였는데, 대부분 공장 일을 막 그만둔 이들이었다.

이날 아침 졸업식 축사자로 아메리칸 드림을 성취한 여성이 낙점된 것은 당연한 일이었다. 티파니 베벌리 맬럿이라는 이름의 여성은 젤리 공장 야간 근무자로 시작해 네트워크 판매 회사의 중역으로 성공한 입지전적 인물이었는데, 이 과정에서 화장품 판매로 수백만 달러를 벌었다. 그녀는 청중의 성취동기를 자극하는 인기 많은 연설자였다. 주름 잡힌 옷깃을 단 우아한 크림색 정장 차림으로 드림센터 무대에 오른 그녀는 금융위기가 자신들의 공장 일을 빼앗아갈 것이라고는 전혀 예상하지 못했던 해고자 출신 졸업생들을 향해 연설을 시작한다.[2]

"지역경제의 침체로 견디기 힘든 상황들이 펼쳐지고 있습니다. 사람들은 여기에 다양하게 반응합니다. 많은 이들이 불평했고, 많은 이들이 눈물을 흘렸고, 많은 이들이 포기했습니다. 어떤 이들은 모든 일이 과거처럼 돌아가기만 기다렸습니다. 그러나 정말 소중한 몇몇 사람들은 자기 자신과 이 지역을 위해 새로운 미래를 만들기로 결심했습니다. 경제적 어려움을 경제적 기회로 활용하기로 마음먹은 것입니다. 바로 여러분들이 그랬습니다."

아메리칸 드림의 화신인 이 연설자의 화법은 직설적이었다. 하지만 그녀가 이 축사에서 빠뜨린 이야기가 있다. 블랙호크에 들어온 많은 공장 노동자들이 학업을 중도에 포기했다는 사실이다. 바브와 크리스티가 입학한 2008년 가을에 블랙호크에 입학한 해고 노동자들 가운데 교과과정을 마치지 못하고 떠난 이들은 절반에 가까웠다. 바브와 크리스티처럼 준학사 학위를 목표로 블랙호크에 입학한 300여 명 가운데 3분의 1이 조금 넘는 이들만 학업을 계속하며 몇 년 더 학교에 있을 예정이다. 바브, 크리스티와 함께 형사행정학 과정을 시작한 서른한 명의 해고자들

중 겨우 절반 정도가 이날 졸업했거나 다음 해 졸업 예정이었다.

2년제 대학에서 이런 결과는 흔한 일이다. 실제로 2008년에 닥친 경제위기 직후 블랙호크에 입학한 해고 노동자들의 학업 이수 비율은 다른 일반 학생들보다 높았다. 이날 드림센터 축사에서 나오지 않은 이야기 가운데 핵심적인 부분은 구직에 대한 열정 때문에 취업센터가 권장한 재교육을 받더라도 항상 성공하는 것은 아니라는 사실이었다.

새 일자리를 찾는 실직자들에게 재교육을 받도록 독려하는 일에는 정파적 차이가 없었다. 하원 재정위원장을 맡은 폴 라이언과 오바마 대통령도 이 문제에 관해서는 의견이 일치했다. 그러나 블랙호크 사람들은 교육 현장의 적나라한 진실을 안다. 해고된 공장 노동자들을 재교육하는 것은 생각처럼 쉽지 않다. 심지어 재교육을 위해 악착같이 노력해온 블랙호크처럼 작은 대학조차도 그랬다.

블랙호크의 교육 담당 부학장인 샤론 케네디는 직업 재교육의 중요성을 깊이 인식했다. 그녀는 자동차 공장이 문을 닫는다는 사실이 공표되기 몇 달 전에 블랙호크에 부임했다. 그녀는 신실한 사람이었다. 샤론은 부족한 시간을 쪼개 학교로 돌아오는 중서부 자동차 공장 노동자들에 관한 책을 탐독했다. 얼마 전, 그녀는 주도인 매디슨으로 차를 몰고 갔다.[3] 그곳에서 샤론은 위스콘신주 고용 문제에 관심이 많은 의원들을 만나서 어찌할 바를 모르고 혼란스러워하는 해고자 출신 학생들을 돕기 위해 헌신적으로 일하는 대학 직원들의 감동적인 이야기를 전했다. 심지어 대규모 실업의 여파로 입학생들이 대거 몰려들기 한 해 전, 그러니까 바브와 크리스티가 입학하던 해부터 학생 규모는 "정상 업무를 수행할 만한 수준을 크게 넘어섰다"고 말했다.

블랙호크가 교과과정에 교과목 88개를 새로 편성한 것도 이 때문이었다. 이 과정에서 마이크 더블데이 같은 강사를 추가로 채용했고, 학자금 융자 업무 담당자들을 다른 학교에서 임시로 지원받았다. 한편으로 강의실이 부족해지자 평일 저녁과 토요일에도 강의를 편성한 뒤 학생들에게 이 인기 없는 시간대의 수업을 듣게 하려고 "공부하기 좋은 시간은 밤이다 Nighttime Is the Right Time"라는 캠페인도 펼쳤다. 학생들을 위한 심리 상담원을 채용했고, 교수들과 행정 직원들의 스트레스를 줄이기 위한 프로그램도 개설했다. 그러나 샤론은 이 정도로 만족하지 않았다. 2008년 가을 학기가 시작되기 직전, 샤론과 교직원들은 오랫동안 학업과 거리를 두었던 해고 노동자들이 학교에서 소외감을 느끼지 않도록 노력을 기울였다. 가족들을 위한 행사를 열어 아이들이 즐길 수 있는 게임 프로그램을 진행하고, 입학 예정자들에게 학과장 및 강사들과 둘러앉아 햄버거와 핫도그를 먹으며 대화할 기회도 제공했다. 이날 행사에서 교직원들은 컴퓨터를 가지고 와 원한다면 누구나 현장에서 수강신청을 하게 했는데, 너무 적은 인원이 신청을 해 모두가 깜짝 놀랐다. 훗날 샤론은 이날의 경험이 "우리가 그 뒤로 겪을 문제들의 전조임을 깨달았어야 했다"고 의원들에게 말했다.

학교에 입학한 해고 노동자들이 샤론과 블랙호크의 강사들을 가장 놀라게 한 것은 많은 이들이 컴퓨터 다루는 법, 심지어 전원 켜는 법조차 모른다는 것이었다. 샤론은 "우리는 해고자 출신 학생들 대부분이 컴퓨터를 전혀 다룰 줄 모른다는 사실을 그때까지도 전혀 인식하지 못했다. 그들도 요즘 세상에서 학생이 되려면 이런 데 능숙해야 한다는 것을 전혀 몰랐다"라고 말했다. 그들은 컴퓨터 교육을 위한 신입생 캠프와 대학 공부법을 가르치는 예비교육 과정을 서둘러 개설했다. 그래도 몇몇 학생들은 강사들이 손으로 쓴 수업 과제물을 받지 않는다는 사실을 알고는 학교를 그만두었다.

그러니 제러드 휘태커가 입학한 지 2주 만에 학교를 떠난 것은 유별난 결정이 아니었다. 맷 워팻이 제너럴 모터스에 재취업하기 위해 졸업을 불과 9주 남겨두고 블랙호크를 그만두었을 때도 학교에 남은 동급생들은 이미 얼마 없었다. 따라서 이렇게 선선하고 청명한 늦은 아침에 학사모와 졸업 가운을 입은 학생들, '파이 세타 카파' 장식 띠를 걸치지 않은 학생들도 자신이 드림센터의 무대를 가로질러 걷고 있다는 사실은 충분히 자랑스러울 만했다.

예복을 벗은 바브와 크리스티가 올리버 가든에서 졸업 축하 점심을 함께하기 위해 각자의 남편과 시어머니, 엄마와 함께 졸업식장을 나설 때, 그들은 다른 졸업생들보다 더 큰 자부심을 가질 만했다. 학교를 최고 성적으로 졸업했을 뿐 아니라 곧 있으면 남들이 부러워하는 좋은 곳에 취업할 예정이었기 때문이다.

지난 12월에 그들이 블랙호크에서 세 번째 학기를 마칠 때쯤, 두 사람 모두 록 카운티 민선 치안담당관실에 있는 네 곳의 빈자리에 지원서를 냈다. 지역에는 여전히 일자리가 필요한 이들이 넘쳐났던 까닭에 지원자가 많았다. 약 1000명의 지원서가 접수되었다고 했다. 치안담당관실은 이 가운데 400명을 선별해 시험을 치르도록 했는데, 바브와 크리스티도 그 안에 포함되어 있었다.

두 사람이 가기로 한 일자리는 말단 교정직인 카운티 교도소 교도관 자리다. 시급은 16.47달러로, 리어에서 일할 때보다 6달러 정도 적다. 하지만 이 정도면 요즘 제인스빌에서 나오는 대부분의 일자리들보다는 낫다. 게다가 교도관은 위스콘신주 소속 공무원이기 때문에 보장 수준이 높은 건강보험과 넉넉한 휴가가 주어진다. 무엇보다 바브와 크리스티가 학교를 다니며 진입 목표로 삼았던 형사 사법 영역에 속한 일자리이기도 했다. 블랙호크에서 두 사람을 지도했던 케빈 퍼셀은 카운티 치안담당관실에서 걸려온, 그들의 평판을 묻는 전화를 받고 두 사람의 성적뿐 아니라 뛰어난 현장 실무 활동에 깊은 인상을 받았다고 말했다. 크리스티는 빌로이트 보호관찰소에서, 바브는 연방 교도소에서 막 출소한 성범죄 전과자들이 주로 모인 사회복귀훈련시설에서 인턴을 했다.

"당신에게 사람 보는 눈이 있다면, 이들을 채용하지 않고는 못 배길 겁니다."

케빈은 채용 담당자에게 말했다. 크리스티는 이제 엿새 뒤면 교도소로 첫 출근을 한다. 누구보다 어머니 린다가 가족 중 한 명이 다시 봉급을 받게 되었다는 사실에 흥분을 감추지 못했다.

"와우!"

크리스티가 취직 소식을 알렸을 때 린다가 한 첫 번째 반응이었다.

"이제 집을 잃을 걱정은 하지 않아도 되겠구나."

카키색 제복에 치안담당관실 배지를 단 크리스티는 침체된 경제 상황에서 어떻게 하면 일자리를 구할 수 있을까 전전긍긍하는 제인스빌 실직자들에게 좋은 역할 모델이 되었다. "크리스티 바이어는 역경을 승리로 바꿔냈다"라는 문구가 밥 버러먼스가 제인스빌 실직자들의 재취업을 돕기 위해 조직한 코드의 6월 1일자 소식지 1면에 등장했다.[4] 이 기사에서 형사정책학 강사 케빈은 자신이 지난 10년간 블랙호크에서 가르쳤던 학생들 가운데 크리스티가 가장 뛰어났다고 말했다.

"크리스티에게는 성공을 향한 믿기지 않는 추진력과 배움을 향한 진실된 욕망이 있다. 크리스티는 동료 학생들뿐 아니라 강사인 내게도 큰 영감을 주는 학생이었다. 그녀는 장애물을 리셋reset 했다!"

2개월 안에 바브에게도 교도소의 취업 제의가 올 것이다. 크리스티는 〈제인스빌 가제트〉에 또 다시 등장할 것이다.[5] 기자가 일요일 근무를 마치고 교도소를 나오는 크리스티를 만나 인터뷰한 것이다.

"매일 제복을 입으면서 제 일을 점점 자랑스럽게 여기게 돼요. 제가 원하던 일을 하면서 공동체의 안전에 기여하고 있으니까요."

옛 케이마트 자리에 있는 취업센터 직원들은 여전히 일자리를 찾느라 분투하는 의뢰인들에게 한줄기 빛이 될 좋은 뉴스거리에 목말라 있다. 그들에게 크리스티와 바브의 성공 스토리는 언제든 재기의 기회를 얻을 수 있는 곳이 미국이라는 믿음이 여전히 제인스빌에 살아 있음을 입증할 호재였다. 그 뉴스들은 바브와 크리스티에게 커다란 자부심을 안길 것이다. 그러나 그들 중 누구도 앞으로의 행로가 기대처럼 펼쳐지지 않으리라는 사실은 꿈에도 상상하지 못했다.

제인스빌에 온 백악관

6월 11일 금요일. 시곗바늘이 오전 9시 30분을 향해 간다. 록 카운티 취업센터의 밥 버러먼스는 센터의 널찍한 로비에서 에드워드 B. 몽고메리Edward B. Montgomery가 도착하기를 기다린다. 몽고메리는 경제학자이자 더 중요하게는 '자동차 산업 지역과 자동차 노동자를 위한 백악관 자문위원회'의 사무총장이다. 밥은 그를 제인스빌로 부르기 위해 1년 넘게 노력했다. 그런 만큼 몽고메리의 방문은 밥에게 큰 성취다. 여기까지 오는 과정은 결코 순탄치 않았다.

제인스빌에서 워싱턴까지는 약 1287킬로미터이다. 이 거리는 밥에게 종종 멀게 느껴진다. 지역경제가 좌초한 상황에서 사람들에게 일자리를 찾아주는 것은 단순한 일이 아니다. 밥은 자신이 미로처럼 복잡한 정부

조직 안에서 최소한 티끌보다는 큰 존재가 되기를 원한다. 취업센터로 들어오는 연방정부 지원금을 사용하는 것과 관련해 정부에는 너무 많은 규정들이 있었다. 그러나 밥은 끈질겼다. 그는 수도 워싱턴에서 언제 나타날지 모를 도움의 기회들을 조심스레 기다렸다. 오바마 대통령이 취임 2개월 때 했던 고무적인 연설에 큰 관심을 기울인 것도 이 때문이다.[1] 대통령은 한 해 전, 큰 타격을 입은 미국 자동차 산업 실직자 40만 명을 위해 모든 노력을 다하겠다고 했다.

연설의 많은 부분은 제너럴 모터스와 크라이슬러에 대한 추가 자금 지원이 불가피하다는 것을 설득하는 데 할애되었다. 두 회사는 이미 연방정부의 긴급 융자로 수십억 달러를 지원받았다. 그는 자동차 산업이 "미국 정신의 상징"이자 "수백만 국민들의 꿈을 떠받치는 미국 경제의 기둥"이며 따라서 이 회사들은 연방정부의 지원과 신속한 구조조정의 기회를 한 번 더 받을 자격이 있다고 역설했다. 또 대통령은 GM 역시 릭 왜거너가 최고경영자 자리에서 즉각 물러남으로써 변화의 의지를 보여줄 것이라고 말했다[2](릭 왜거너는 백악관에 떠밀려 최고경영자 자리에서 물러나면서도 2300만 달러로 추산되는 퇴직 수당과 연금을 챙겼다[3]).

밥은 수십억 달러의 추가 지원금이나 최고경영자 축출보다 연설 말미에 나온 오바마 대통령의 약속에 더 끌렸다. 대통령은 "자동차 산업에 종사하거나 자동차 산업에 의존하는 수많은 지역에 사는 모든 이들"을 겨냥했다. 그러면서 "미국 자동차 산업을 휩쓴 불황으로 타격을 입은 지역사회"에 토네이도나 허리케인으로 폐허가 된 지역에 쏟았던 것만큼 깊은 관심을 기울일 것이라고 약속했다. 그런 배려와 관심은 '자동차 산업 지역과 자동차 노동자를 위한 백악관 자문위원회' 그리고 지역과 주민의 회생을 돕기 위해 노동 사무소를 신설하는 것으로 구체화되었다.[4] 두 조직을 이끌 적임자로 대통령은 에드워드 몽고메리를 낙점했다. 그는 정부와 학계를 오가며 성공적인 이력을 쌓은 인물로, 클린턴 행정부 시절 노동부 차관을 지냈고 최근까지 메릴랜드대학 학장으로 재직했다. 학계와 정부 활동을 하며 보여준 그의 감수성은 피츠버그에서 보낸 유년기에 형성되었는데, 당시 그곳에서는 지역경제를 지탱하던 제강 공장들의 폐업이 잇따랐다.

밥은 몽고메리가 백악관에서 하려는 일이 무엇인지 분명치 않다고 생각했다. 자동차 산업과 함께 무너진 지역사회를 재건하는 일은 망한 회사들에 수십억 달러를 쏟아붓는 것보다 간단하지 않다. 그가 맡은 역할에는 자동차 산업 지역의 재건을 위한 새로운 계획을 수립하고 연방정부 조직들 사이에 존재하는 관료주의적 장벽을 제거하는 일이 포함되었다. 이와 함께 몽고메리는 전국을 순회하는 '경청의 시간'을 계획했다.

밥은 어떻게든 그를 록 카운티로 데려와야 한다는 사실을 직감했다. 관료주의 혁파는 밥이 가장 흥미를 느끼는 주제이기도 했다. 그는 제인스빌의 경제가 바닥까지 침체되었고 상황을 개선하는 데 어려움을 겪는다는 사실을 백악관의 이 신참자에게 한시라도 빨리 보여주고 싶었다.

밥은 삶의 터전을 박탈당한 노동자들을 돕기 위해 조직한 코드에 이 아이디어를 제안했다. 코드는 제인스빌에서 면면히 이어진 '선한 행정'의 전통 위에 존재하는 연합조직이었다. 코드 구성원들은 밥의 아이디어가 촌각을 다투는 중요 사안임을 알아차렸다. 밥은 몽고메리의 방문을 성사시키기 위해 폴 라이언의 참모를 비롯한 연방의회의 제인스빌 대표들에게 도움을 청하는 편지를 썼다. 밥은 몽고메리가 자동차 산업 지역 문제를 담당하는 대통령의 참모인 만큼 그와 논의해야 할 내용이 적지 않을 것이라고 생각했다. 따라서 하루 일정을 온전히 제인스빌에 할애했으면 하는 것이 밥의 바람이었다. 방문 시기는 여름이 끝나기 전이면 좋을 것 같았다. 제인스빌처럼 어려움을 겪는 자동차 산업 지역을 도우려는 정부의 뜻이 분명하다면 시간을 지체할 이유가 없었다.

★

몽고메리가 제인스빌에 온 것은 취임 후 1년간 스물여섯 곳의 다른 자동차 산업 도시들을 둘러보고 난 뒤였다.[5] 밥은 하루 종일 이야기를 나누기 바랐지만 몽고메리가 제인스빌에 머무는 시간은 세 시간 반으로 최종 확정되었다.

그래도 밥은 가느다란 세로 줄무늬 정장 차림의 몽고메리가 여덟 곳의 정부 조직에서 파견 나온 공무원 열세 명을 대동하고 취업센터로 들어오는 순간 감격했다. 그는 몽고메리의 방문에 아낌없는 감사를 보낸 뒤 그들을 사람들로 북적거리는 옛 케이마트 건물의 작은 방들로 안내했다. 그곳에서는 취업센터 직원들이 평소처럼 일하고 있었다. 밥은 한 달 평균 방문자가 1만 5000명이나 되는 취업센터가 도움을 필요한 이들을 위해 얼마나 분주하게 돌아가는지 보여주고 싶었다.

센터를 둘러보고 로비에서 짧게 기자회견을 한 밥은 몽고메리와 수행단을 두 블록 떨어진 자동차노련 제95지역노조 강당에서 열린 토론회로 안내했다. 그곳에는 록 카운티 5.0 대표인 메리 윌머를 포함해 그럴 싸한 직함을 가진 지역사회의 유력 인사 100여 명이 기다리고 있었다.[6] 밥은 연방의회의 지역 대표단에도 이날 행사에 참석해달라는 초청장을 보냈지만, 리버럴 성향의 매디슨 출신 민주당 의원 한 사람만 직접 나와 있었다. 폴 라이언은 제인스빌 공장 재가동을 위한 노력이 실패하고, 자동차 산업 긴급 구제를 위한 연방의회 투표가 마무리된 뒤부터 이 사안에서 관심이 멀어진 상태였다. 대신 그는 연방정부의 재정 지출을 맹공격하고 국가 채무를 집요하게 물고 늘어지는 등 재정 정책과 관련한 우파의 대변자로 맹활약했다. 몽고메리가 제인스빌을 방문한 이날 아침에도 그는 한 라디오 토크쇼 일정 때문에 워싱턴에 있었다.[7] '티파티 애국자들의 목소리'를 자처하는 인사가 진행하는 그 토크쇼는 보수 색채가 강했다.

몽고메리는 위스콘신주 노동장관, 매디슨 출신 민주당 의원과 함께 작은 테이블에 둘러앉았다.[8] 그들이 등지고 앉은 벽면에는 커다란 흑백 사진이 걸렸는데, 그 유명했던 1936~1937년 연좌 파업 때 GM 노동자들이 벌인 야간 시위 장면이었다. 사진은 파업이 폭력 사태로 번지는 것을 막기 위한 현명한 계획을 제인스빌 공장 노동자들이 추인한 뒤 촬영한 것으로, 조립라인 바깥으로 쏟아져 나와 환호성을 지르는 남성 노동자들의 모습을 담았다.

경청 투어라는 행사 목적에 맞게 몽고메리는 생계에 필요한 일자리를 찾지 못한 해고 노동자들의 이야기를 들었다.[9] 그는 주의회 의원들과 노조 간부들, 경제개발 전문가들의 말도 경청했는데 그들은 급증하는 압류 및 파산 신청 건수와 공적부조 대상자 현황, 새 집을 짓는 사람이 거의 없어 곤두박질하는 건축 허가 건수와 함께 제너럴 모터스로부터 연간 모금액의 40퍼센트를 채웠으나 지금은 그렇지 못한 유나이티드 웨이 록 카운티 북부 지부의 위기에 대해 설명했다.

몽고메리는 경제 상황을 개선하기 위한 열한 가지 아이디어가 담긴 프레젠테이션을 주의 깊게 들었다. 그것은 취업센터와 블랙호크 기술전문대학 지역의 각급 학교들과 다양한 지역사회 조직들이 시작하고 싶어 하는 사업들로 연방정부가 충분한 자금을 대고 그것을 자유롭게 사용할 수 있는 권한을 줘야 실현 가능한 것들이었다. 이 아이디어를 실행에 옮기려면 연방정부가 이미 시로 이관한 직업교육과 실업급여 예산 말고도 3년에 걸쳐 약 4000만 달러에 달하는 지원금이 더 필요했다.

가장 야심 찬 아이디어는 '워커스포유Workers4U'라는 이름을 가지고 있었다. 그것은 1200만 달러짜리 프로젝트로, 제인스빌 해고 노동자들을 위한 일자리 500개를 만들기 위해 그들을 고용하고 훈련시킬 의향이 있는 회사들에 첫 달 급료를 보조하는, 1960년대 연방정부의 인력개발 전략의 반복이었다. 여전히 지역의 일부 사업주들은 노동자들을 해고하고 있었지만, 밥은 사업을 확장할 태세가 된 업주들도 있을지 모른다고 생각했다. 기술 혁신이 이루어지는 제조업 분야나 의료 서비스, 식품 가공 분야가 그런 경우였다. 실제로 이 아이디어에 담긴 구상은 오바마 대통령이 그로부터 16개월 뒤 제안한 미국 일자리 법안의 일부 조항들로 구체화된다.[10] 그러나 몽고메리가 방문한 이날까지도 연방정부의 직업교육 프로그램과 실업급여 제도는 이런 종류의 현장 연수에 자금을 쓰는 것을 허용하지 않았다.

프레젠테이션을 마무리하며 밥은 제인스빌의 과거로부터 내려온 '할 수 있다'는 생활 방식에 대해 말하기 시작했다.[11]

"이 방에 있는 사람들 누구도 무엇인가를 시도해보기도 전에 좌절하거나 지레 포기했던 사람들이 결코 아닙니다."

밥의 말투는 더 어둡고 날카로워졌다.

"시련을 겪으며 우리는 때로 위축되었습니다. 고립되거나 소외되었다고 느낄 때도 있었고, 정부의 이런저런 규제들 때문에 낙담하거나 각종 규정과 요식 절차들 때문에 아무것도 하지 못했던 적도 있습니다."

몽고메리를 앞에 두고 밥은 계속 발언을 이어갔다.

"우리가 정말 부탁하고 싶은 것은 이것입니다. 지역 문제에 대한 최선의 해법은 지역사회의 창의성과 독창성에서 나온다는 사실을 인정해달라는 겁니다."

어느덧 오후가 되었다. 얼마 뒤면 몽고메리와 수행원들은 커노샤를 향해 동쪽으로 길을 재촉할 것이다. 커노샤 역시 곧 시련을 겪을 예정인 자동차 산업 도시였다. 그곳에 자리한 크라이슬러의 엔진 생산 공장이 가을이면 문을 닫을 예정이었기 때문이다. 몽고메리는 떠나기 전에 어떤 지원금도 약속하지 않았다. 그러나 정부의 일 처리를 재촉하면서 연방정부가 제인스빌의 제안들을 검토하도록 즉각적인 도움을 주겠다고 했다. 이 자리에서 그는 "파트너십"이라는 말을 자주 썼다. 그 말은 희망과 실용주의를 담은 메시지였고, 자신이 경청 투어를 다녀온 곤궁한 자동차 산업 도시들에 주었던 메시지이기도 했다. 그는 지역사회가 언젠가 재건되겠지만, 그 과정은 벽돌을 한 장 한 장 쌓아올리듯 점진적이고 단계적으로 이루어질 것이라고 말했다.

'벽돌 한 장 한 장'이라는 은유는 몽고메리가 이 일을 할 때 자주 쓰는 표현이다. 그러나 공교롭게도 그는 제인스빌이 벽돌을 한 장 한 장 쌓아올리는 것을 돕는 일에는 함께하지 않을 작정이었다. 그가 제인스빌에 오기 하루 전, 백악관에서 서쪽으로 약 3.2킬로미터 떨어진 조지타운대학은 차기 공공정책대학장으로 몽고메리가 내정된 사실을 발표했다.[12]

나중에 밝혀진 일이지만, 제인스빌과 커노샤는 몽고메리가 오바마 행정부를 떠나기 2주 전, 마지막으로 찾은 곳이었다.

★

몽고메리가 제인스빌을 방문하고 떠난 지 사흘째 되던 날, 오바마 대통령은 정부가 몽고메리의 후임자를 서둘러 찾을 것이라고 말했다.[13] 그러나 오하이오주 영스타운 시장이 몽고메리의 후임으로 결정된 것은 해를 넘기고 난 뒤였다.[14] 그가 임명장을 받을 때까지 몽고메리가 이끌던 백악관 위원회는 해산 상태였다. 게다가 대통령은 자동차 산업 도시와 노동자들을 돕는 조직을 총괄할 새로운 책임자의 보고 라인에서도 빠지게 되었다. 이 조직의 소속이 노동부로 바뀌었기 때문이다.

몽고메리가 맡았던 직책이 공석으로 방치된 한 해 동안 연방회계감사원은 자동차 산업과 관련한 백악관 자문위원회와 노동 사무소를 향해 신랄한 비판을 쏟아낸다. 감사원 보고서는 이 조직들이 의견 청취 기구로서는 유용했지만, 타격을 입은 자동차 산업 도시들이 그 뒤 추가적인

지원을 받았는지에 대해서는 누구도 점검하지 않았다고 결론짓는다.[15]

밥은 어떻게 되었을까? 몽고메리의 방문을 성사시키기 위해 너무도 분투했던 그는 얼마 지나지 않아 분통을 터뜨릴 수밖에 없었다. 몽고메리에게는 경청 투어를 했던 도시들이 정부로부터 어느 정도의 지원을 받게 할 목표가 있었다. 하지만 관료주의의 낡은 관행을 잘라내겠다며 제인스빌에 온 그에게는 '가위'가 없었다. 몽고메리가 직을 사임하고 정부를 떠날 무렵, 노동부에서 일하는 젊은 직원 하나에게 록 카운티와의 연락을 담당하라는 역할이 주어진다. 밥은 이 직원에게 몽고메리가 자동차노련 강당에서 듣고 간 정부 보조금과 관련한 열한 가지 제안을 정리해서 보낸다. 밥은 그 담당자에게 각각의 제안을 추진하기에 어떤 정부 조직이 가장 적합한지 조언을 구한다. 밥은 그가 지역에 더 많은 연방정부 보조금이 지원될 수 있도록 그 제안들을 적절한 곳으로 인도하는 전달자이자 지지자가 되어주기를 기대한 것이다. 그러나 그 어떤 조언도 돌아오지 않은 상태로 1년쯤 지난 뒤 그 노동부 담당자와의 연락은 완전히 끊어졌다.

2010년 노동절 축제

9월의 첫 일요일, 화창한 날씨 속에 맞은 노동절 주말 오후다. 휴일의 시내는 한산하다. 항상 그랬듯이 이튿날이면 오후 1시에 시작되는 퍼레이드를 보기 위해 사람들이 길을 가득 메울 것이다. 그러나 오늘은 자동차노련 제95지역노조 본부가 있는 도심 남쪽의 월터 P. 루터 기념홀 주변이 들썩인다. 이곳은 마이크 본의 할아버지가 설립 작업을 거든 노동조합회관으로, 백악관의 자동차 산업 담당관이 3개월 전에 방문했던 곳이다. 1971년부터 이 자리를 지켜온 건물은 20세기 중반 약 25년에 걸쳐 '자동차 노동자들의 대통령'이었던 미국의 가장 영향력 있는 노동운동 지도자에게서 이름을 따왔다. 건물은 엷은 황색의 납작한 모양으로 넓은 잔디밭이 주위를 둘러싸고 있다. 이번 주말이면 이곳에 노동절 축제를 위한 텐트와 무대가 설치되고 비어 가든도 들어설 예정이다.

제인스빌은 언제나 노동절 행사를 성대하게 치러왔다. 지역사회가 오랜 기간 자부심을 가져온 뛰어난 근로 실적과 모범적인 노사 관계를 자축하기 위해 노동절 행사를 사흘에 걸친 지역 축제로 확대한 것이다. 노동절 축제는 자동차노련뿐 아니라, 도시의 몇몇 노동조합과 기업인 들로부터 후원을 받는다. 그러나 축제를 위한 행사장은 항상 자동차노련이 입주한 건물 뜰이다. 라이브 음악, 청소년들을 위한 진흙 배구장, 광대 공연, 인공 암벽 등반, 애완동물 쇼를 비롯해 자동차를 85년 동안 생산해온 지역답게 자동차 쇼도 열린다.

올해는 행사에 새롭게 추가된 순서가 있다. 그것은 늦은 오후, 브레이크 댄스 무대와 '리틀 비토와 어뢰들'이라는 밴드의 공연 중간에 등장했다.[1] 수백 명의 남녀가 노동절 축제 무대를 둘러싸고 슬로건이 적힌 오렌지색 표지판을 들었다. "당장 일자리를"이라는 문구가 선명하다.[2]

일자리는 정치 현안이 되고 있다. 지난여름 동안 제인스빌의 실업률은 11퍼센트 안팎을 오르내렸고, 이 수치는 주민들의 분노에 기름을 부었다. 구호를 외치는 이들은 직장에서 쫓겨난 노동자들이다. 마브 위팻도 함께 있다. 마브는 퇴직하고 GM의 연금을 받기 시작한 지 2년이 다 되어가지만, 노동자들과 꾸준히 연대하면서 실직자들 사이에 끼어 구호를 외치고 연설을 듣는다.

이 집회는 다음 달 워싱턴의 링컨 기념관 계단에서 시작해 내셔널 몰 방면으로 진행되는 '함께 일하는 하나의 나라One Nation Working Together'라는 이름의 대규모 집회를 앞두고 벌이는 예행연습이다. 중서부 지역 기계산업노조는 이번 예행연습에 대한 아이디어를 제안한 뒤 위스콘신 미국노동총연맹-산업별조합회의AFL-CIO, 록 카운티 노동위원회와 함께 노동자들의 단결된 힘을 보여주는 이번 집회를 조직했다.[3] 그러나 그 힘이라고 해봐야 실상은 위스콘신주 노동자의 7분의 1, 미국 노동자의 8분의 1 정도만 노조로 조직된 상황 속에서 발휘되는 힘에 불과했다. 기계산업노조는 이번 집회 장소로 제인스빌을 선택했다. 이곳이 더 많은 일자리가 필요한 대표적인 지역으로 떠올랐기 때문이다.

마브는 민주당 소속 지역 정치인들이 노동조합 간부들과 번갈아 무대에 올라 연설하는 것을 들었다. 밀워키 시장 톰 배럿Tom Barrett은 자기 차례가 왔을 때 체크무늬 버튼다운 셔츠 위에 겹쳐 입은, 기계산업노조의 로고가 찍힌 검정색 티셔츠를 끌어당겼다.[4] 배럿은 주지사 당선을 위해 뛰고 있다. 자동차 공장을 살리려고 노력했던 위스콘신 주지사 짐 도일은 3선을 포기한 상태였다. 무대 위에 선 배럿은 "튼튼한 허리와 성능 좋은 자명종"만 있으면 충분히 품위 있는 생활을 영위할 수 있던 시절은 지나갔다고 했다. 그러면서 자신이 당선되면 좋은 일자리를 유치하는 것을 첫 번째 목표로 삼겠다고 약속했다.

오바마 대통령의 마음도 마찬가지였을 것이다. 자동차 공장에서 연설을 한 뒤 그는 제인스빌을 다시 찾지 않았다. 하지만 제인스빌에서 북동쪽으로 약 120킬로미터 떨어진 밀워키 호수 주변에서 열린 다른 노동절 축제에서 연설하기 위해 위스콘신을 방문했다. 대통령은 소맷부리를 걷은 차림으로 무대에 올랐다.[5] 그는 노동운동에 극진한 찬사를 보내며 일자리 창출을 위해 500억 달러를 들여 도로, 철도, 활주로를 재정비하겠다는 야심 찬 계획을 발표했다. 20세기 내내 노동조합이 싸워서 쟁취한 개선된 노동조건을 하나하나 나열할 때, 연설은 거의 고함에 가까워졌고 대통령의 두 팔은 아래위로 빠르게 움직였다. 그가 사례를 하나씩 언급할 때마다 청중들의 박수가 쏟아졌다.

"노동조합의 노력이 없었다면 중산층에 안정된 삶을 가져다준 모든 개혁 조처들은 일어나지 못했습니다."[6]

오바마는 이때부터 자신이 의도한 정치적 메시지를 전면화했다. 어려웠던 시절, 그가 이끈 행정부는 언제나 노동자들 편이었다는 메시지였다. 그 근거로 오바마는 자동차 노동자들을 언급했다.

"지금 그 산업은 돌아오고 있습니다. 우리는 미국 노동자들에게 이야기했습니다. 산업이 다시 살아나고 있다고 말입니다."

하지만 자동차 산업의 어떤 일자리도 제인스빌에는 돌아오지 않았다. 대통령이 연설을 하는 동안 제인스빌의 노동절 퍼레이드는 밀워키가를 따라 행진하다 중심가 쪽으로 방향을 틀었다. 선거가 있는 해답게 후보로 나설 정치인들도 대열에 끼어 부지런히 거리를 누볐다.[7] 자신의 트레이드 마크인 진한 황록색 폴로셔츠를 입고 아내와 아이들과 함께 나온 폴 라이언은 지역 정치인들 중에서 가장 유명한 인물이다. 그는 고향 제인스빌의 연방 하원의원으로 일곱 번째 당선을 위해 뛰고 있었다.

짙은 머리칼의 또 다른 공화당 정치인도 눈에 띄었다. 폴 라이언만큼 유명하지는 않았으나 스콧 워커 Scott Walker의 네이비블루 폴로셔츠는 그를 뒤따르는 지지자가 든 캠페인 표지판과 잘 어울렸다. 그는 8일 앞으로 다가온 공화당 주지사 경선에서 승리하기 위해 분투하고 있었다. 오바마 노선을 혐오하는 데서 나타나는 폴 라이언의 보수주의가 고향 제인스빌에서는 특유의 친화력 있는 처신 덕에 잘 드러나지 않았다면, 스콧 워커는 말 그대로 선동가였다.

워커의 선거 캠프는 이날 발표한 성명에서 신랄한 수사를 동원해 오바마 대통령의 밀워키 연설을 조롱했다.[8] "오바마의 생색내기 돈질로 움직이는 8억 1000만 달러짜리 쓸모없는 기차 (······) 대통령은 입을 열 때마다 우리 돈 500억 달러를 '일자리 창출'에 사용하지만, 우리 눈에 보이는 것은 높아지는 실업률뿐인 것 같다."

워커는 밀워키 카운티장 County Executive이었지만, 자란 곳은 제인스빌 동쪽과 접한 델러밴이라는 소도시였다. 그는 〈제인스빌 가제트〉 기자와의 이날 인터뷰에서 10대였을 때 친구들과 함께 제인스빌 몰을 돌아다니며 셰키스 피자를 자주 사 먹었다고 했다.[9] 이 피자집은 밀턴 거리에서 조금 떨어진 곳에서 35년 동안 영업을 했으나 2008년 2월, 오바마가 제인스빌 공장에서 선거운동 연설을 하기 사흘 전에 문을 닫았다.

워커는 아직 주지사 경선에서 승리가 확정된 상태는 아니었다. 그러나 〈제인스빌 가제트〉 기자와 만났을 때 그는 벌써 자신에게 위스콘신의 재정 적자를 해결할 대책이 있다고 자신만만해했다. 그 대책이란 현재 주정부에 공석으로 남은 자리를 없애고, 운 좋게 연금을 받는 민간 부문 노동자들이 종종 그러는 것처럼 공공 부문 종사자들에게도 미래에 받을 연금을 위해 일정한 부담금을 내도록 요구하는 것이었다.

점점 달아오르는 정치적 열기 속에서 또 다른 정치인이 퍼레이드 행렬에 섞여 걷고 있었다. 흰색 폴로셔츠 차림에 회색 머리칼 위로 카키색 야구 모자를 눌러 쓴 남자였다.[10] 그 뒤로 두 명의 남자가 대형 선거운동 표지판을 들고 따라 걸었다. 이들의 슬로건에서는 어떤 격정도 찾기 힘들었다. "팀 컬런, 우리를 위한 맞춤 처방.Tim Cullen, Effective for us."

팀은 30여 년 전에 주 상원의원에 당선되었다가 24년 전에 자리를 내려놓았다. 그는 그 자리를 다시 탈환할 기회를 노린다. 자동차 공장을 재가동시키기 위해 그가 이끌던 지역 대표단은 큰돈을 제시한 미시간 주를 이기지 못했다. 그러나 그 경험은 팀의 신념을 새로이 일깨웠다. 지역 연정의 가능성과 관련된 신념이었다. 그는 정치적 우파와 좌파, 공공 부문과 민간 부문 모두가 같은 목표를 위해 노력하는 연립정부를 구상했다. 팀은 만약 자신이 주 상원으로 복귀한다면 오랜 경륜과 온건한 목소리로 초당파적 신뢰를 구축해 지역에 일자리를 창출하는 데 도움이 되겠다고 이야기했다. 이 노동절에, 팀은 다시 한번 희망에 차 있다.

프로젝트 16:49

도시의 어두운 곳에서는 10대 수백 명이 연쇄적인 가계 파산의 희생자가 되고 있다. 이 아이들의 부모는 오랫동안 버거킹, 타겟, 개스 마트의 일자리를 두고 경쟁하던 하층 노동자들이다. 이제 그들은 직장을 잃은 자동차 노동자들과 경쟁한다. 예전에 자동차 노동자들은 이런 직업을 낮잡아 봤지만 이제는 눈에 띄는 일자리는 무조건 움켜쥐고 보겠다는 태세로 달려들었다. 중산층 가계의 지위가 이처럼 낮아짐에 따라 노동계급 가족들은 빈곤층으로 전락하는 중이었다. 빈곤을 향한 이 같은 연쇄적 하락을 견디지 못해 알코올이나 약물에 빠져드는 부모들도 있었다. 일부는 자녀들을 방치한 채 일자리를 찾아 도시를 떠났고, 또 다른 일부는 임대료를 감당하지 못해 떠돌았다. 점점 많은 10대들이 잠자리를 찾아 부모와 함께 또는 또래들과 어울려 친구 집이나 친척 집 소파를 전전했다. 그도 아니면 차 안의 구석진 곳이나 거리에서 밤을 보냈다.

제인스빌에 집 없는 아이들이 있다는 사실을 주민들은 인정하고 싶지 않아 했다. 그들이 가진 지역 이미지와 너무도 상충했기 때문에 대부분의 주민들은 이런 불행한 문제가 존재하지 않는다고 치부하고 싶었던 것이다.

그러나 제인스빌에는 역경이 닥치면 능동적으로 대응하는 시민적 전통이 살아 있었다. 제인스빌과 벌로이트의 뜻이 맞는 몇몇 시민들은 '홈리스 교육 행동 팀'을 만들고, '프로젝트 16:49'라는 일을 시작했다. 이 이름은 벌로이트에서 왔다. 그곳에서 16시간 49분은 학교가 파했다가 이튿날 아침 다시 시작할 때까지 걸리는 시간이었다. 중요한 것은 16시간 49분이라는 이 시간이 숙제를 하고, 저녁을 먹고, 잠을 잘 안정적인 장소가 없는 아이들에게는 매우 길게 느껴진다는 사실이었다. '16:49'는 다큐멘터리 영상물의 이름이기도 했다. 이제 막 완성된 이 작품은 지역의 한 의욕 넘치는 영화 제작자가 만든 것으로 단순한 예술 작품에 그치지 않는, 하나의 주장이었다.

다큐멘터리는 집 없는 아이들이 엄연히 존재한다는 사실을 부인하는 주민들에게 일침을 가하려는 의도로 제작되었다. 그리고 9월 중순의 목요일 저녁에 시사회가 열렸다. 상영 한 시간 전, 시사회가 열릴 유-록의 빈 강의실에 프로젝트 16:49를 만든 주역 가운데 하나인 사회복지사 앤 포벡이 서 있다. 제인스빌 교육청의 홈리스 학생 연락 담당자이기도 한 앤은 어떻게든 살아보려고 애쓰는 아이들이 학교를 중퇴하거나 홈리스가 되지 않도록 돕는 일을 했다.

앤은 예기치 못한 일 앞에서도 차분함을 유지하면서 문제를 능숙하게 다룰 줄 안다. 이것은 앤의 삶과 일에서 필수적인 덕목이다. 집에 중학교에 다니는 아들 말고도 여덟 살 먹은 네 쌍둥이가 있기 때문이다. 이런 상황에서도 앤은 크고 작은 위기를 겪는 자식과도 같은 홈리스 10대들을 도우며 밤낮없이 일한다. 아이들이 겪는 위기는 학교에 갈 버스표를 분실하는 등의 사소한 일부터 한동안 머무르던 친척 집에서 쫓겨나는 것 같은 큰 사건까지 다양했다.

앤의 남편은 집에서 소설을 쓰고 비디오 게임을 만드는 프리랜서였다. 그 덕분에 앤은 미친 듯이 일할 수 있었다. 사회복지사와 작가를 부모로 둔 덕에 사랑이 넘치는 안정적 생활을 누리는 앤의 아이들만큼 운이 좋지 않은 아이들을 도우려고 언제라도 뛰어나갈 수 있었던 것이다.

앤은 가능한 한 많은 아이들을 돕기 위해 최선을 다하지만 눈앞에 펼쳐지는 현실은 점점 나빠진다. 제인스빌의 학교에 다니는 홈리스 아이들은 올해에만 400명이 넘는다.[1] GM 공장이 문을 닫기 전보다 훨씬 많다. 가장 힘든 경우는, 점잖은 행정 용어로 말하자면 "동행자 없는 청소년"이라고 불리는, 어떻게든 스스로 살아보려고 애쓰는 아이들이다. 앤은 공황에 빠진 교사들로부터 전화를 받을 때마다 오싹하다. 교사들은 홀로 사는 한 아이가 잠시 머물 만한 곳을 아는지를 묻는다. 앤은 그런 곳이 어디에 있을지 알 수 없다. 성인들을 위한 제인스빌의 홈리스 쉼터는 정원이 다 찼고, 설사 빈자리가 있더라도 부모가 없는 10대들은 받지 않기 때문이다. 록 카운티의 위탁 가정에서도 15세가 넘는 10대들을 맡으려는 집은 없었다. 홈리스 교육 행동팀이 10대들을 위한 두 곳의 긴급보호시설을 개설하는 것을 사업 목표로 삼은 것도 이 때문이다. 하나는 여자아이들, 또 하나는 남자아이들을 위한 시설이다.

이 팀의 목표는 두 쉼터를 1년 안에 여는 것이다. 프로젝트 16:49가 '제인스빌 정신'을 험난한 시험대에 올린 셈이다. 앤은 다른 사회복지사와 함께 아이들을 위한 홈리스 쉼터를 만드는 데 쓸 보조금이 있는지 샅샅이 뒤졌지만 이런 목적의 정부 보조금은 존재하지 않았다.

그들은 쉼터 설립에 필요한 70만 달러와 1년 동안의 운영자금 21만 달러를 모아야 한다는 결론에 이르렀다. 이들은 사회복지사이지 기부금을 모으는 사람들이 아니다. 그러나 돈이 절실히 필요하다. 10대 홈리스의 존재를 부정하는 제인스빌 주민들과 아직까지 일자리를 보존하며 잘사는 주민들을 정말로 불편하게 만들어, 자선 행동에 나서지 않고는 견딜 수 없게 만들어야 했다. 그래서 이 다큐멘터리를 만든 것이다. 이것은 시사회가 시작되기 한 시간 전, 앤이 평정심을 잃고 영화가 상영될 빈 강의실을 서성이는 이유이기도 했다. 앤의 신경이 극도로 곤두섰다. 얼마나 많은 사람이 시사회에 올지, 영화를 보고 어떤 반응을 보일지 그 무엇도 확신할 수 없다.

시사회가 시작될 무렵 앤은 깜짝 놀랐다. 100개의 객석이 꽉 찼던 것이다. 자리를 찾지 못한 사람들은 복도에 앉았다. 일부는 객석 뒤편 통로까지 벽을 등지고 빼곡히 섰다. 줄잡아 200명은 넘어 보이는 사람들이 강의실을 가득 메웠다.

객석의 맨 앞줄에는 다른 관객들보다 어린 세 사람이 앉아 있다. 카일라 브라운, 코리 윈터스, 그리고 브랜든 루시언으로 록 카운티의 10대 홈리스이자 다큐멘터리의 주인공들이다.[2]

불이 꺼지고 영화가 시작되자 화면에 카일라가 등장했다. 카일라는 학교의 시멘트 벽을 등지고 서서 열여덟 살 생일 때 엄마에게 버림받은 이야기를 털어놓는다. 10대 시절의 대부분을 잠자리를 찾아 떠돌며 보냈다는 코리가 카메라를 응시하며 말한다.

"혼자서도 잘 살 수 있다고 생각하세요? 그건 당신이 인간이 아니라 이상한 사람이라 그런 거라고요."

브랜든은 자신들을 돌봐주던 새엄마를 실직한 아버지가 때리는 것을 목격한 뒤 집을 나와 혼자서 근근히 버티고 있다고 했다.

앤도 영화에 등장했다. 앤은 교사들의 전화를 받을 때마다 긴급한 상황에 놓인 아이들을 받아줄 곳이 어디에도 없다고 이야기해야 하는 답답함을 토로했다. 앤은 임시변통의 "안전한 집들"을 만들려는 계획에 대해 설명한다. 이어 벌로이트의 사회복지사 로빈 스튜트가 이야기한다.

"이 아이들이 긴급할 때 쓸 쉼터가 없다면, 아이들을 영영 잃어버릴 것 같다는 걱정을 멈출 수 없을 거예요."

영화가 거의 끝나갈 즈음 브랜든이 마지막으로 한 번 더 등장한다. 브랜든은 곧 고등학교를 마칠 자신이 자랑스럽다는 엄마에게, 졸업식에 오지도 않을 거면서 그런 이야기는 하지 말라고 쏘아붙였던 최근의 일을 털어 놓는다.

34분 39초의 러닝타임 뒤 《16:49》가 끝났다. 관객 모두가 기립해 격한 박수를 보낸다. 불이 들어온다. 앤은 박수를 치며 선 많은 관객들 뺨에 눈물이 맺힌 것을 본다. 일부는 여전히 눈물을 흘리고 있다. 관객 가운데 한 여성이 손을 들고 질문 하나를 하고 싶다고 말한다.[3] 그러나 말을 꺼내자마자 감정에 북받친 듯 다시 흐느끼기 시작한다. 그녀의 질문은 "왜?"라는 첫마디에서 더 이상 나아가지 못한다.

문제 해결하기

한 해 중에 낮이 가장 짧은 동지가 가까워 온다. 블랙호크 기술전문 대학의 우등 졸업생이자 록 카운티 교도소의 교정 공무원으로 일하는 바브 번도 침대에서 몸을 일으키기가 힘들어지기 시작했다. 아침마다 바브는 낯선 두려움을 느낀다. 칫솔질하기가 두렵고, 아침 먹기가 두렵고, 카키색 제복을 입기가 두렵고, 차를 몰고 밀턴 거리를 따라 내려가 교도소로 향하는 14번 도로로 우회전하기가 두렵다.

낯설고 당혹스러운 두려움이다. 바브는 살아오면서 지금 하는 일보다 거칠었던 많은 일들을 잘 헤쳐 나왔다. 세 아이를 키우는 싱글맘으로 직장 두 곳을 다녔고, 리어에서 해고되는 일도 겪었다. 마음 깊은 곳에서 바브는 지금이 어떤 상황인지 이해한다. 그러나 바브가 블랙호크에서 받은 A학점 일색의 우수한 성적표는 이 상황에 아무런 가르침도 주지 못한다. 인생의 2년을 공부에 투자해 얻은 직업, 시급 16.47달러에 주정부가 지급하는 연금이 나오는 그 자리를 얻기 위해 당신만큼 필사적이던 400명의 경쟁자를 물리치고 겨우 얻은 그 일이 당신을 우울함으로 끌어당긴다면 어떻게 하겠는가?

7월 말, 친구 크리스티보다 두 달 늦게 교도소 일을 시작했을 때 바브는 정말이지 마음이 놓였다. 마이크가 블랙호크의 노무관리 과정을 절반 가까이 남겨둔 상황에서 드디어 한 사람의 월급이 다시 들어오기 시작한 것이다. 마이크의 의붓어머니 주디는 바브 가족이 식료품비를 아낄 수 있게 꾸준히 음식을 가져왔다. 지난해에 주디는 가족끼리 서로 다른 사람에게 줄 크리스마스 선물을 살 필요가 없다고 말하기도 했다. 이제 그런 생활을 벗어나 정상적인 일상을 회복할 것 같았다.

바브는 서로 다른 시간대에 시작하는 순환 근무 스케줄을 큰 어려움 없이 해낼 수 있었다. 가을에 그녀는 6주 동안의 형사 행정 아카데미를 무사히 마쳤다. 그곳에서 후추 스프레이 사용법과 범죄자 제압술 등을 교육받았다. 범죄자 역할을 맡은 동료가 다리를 붙잡은 동안 마룻바닥을 기어 나가기도 했다. 교육 기간 중 어떤 날은 문득 이런 의문에 맞닥뜨리기도 했다. "이게 정말 내가 원했던 일일까?" 그러나 교육 과정 일부가 거칠기는 했어도 아카데미는 어디까지나 학교였다. 아카데미 수업의 일부는 블랙호크에서 열리기도 했다. 바브는 학교에서 처신하는 법을 잘 알았다. 그녀는 형사 행정 아카데미 과정을 무사히 마치고, 정식 교정 공무원이 되었음을 인정하는 주정부의 증명서를 받았다.

바브의 공포 증상은 교도소로 돌아가자마자 시작되었다. 블랙호크에서는 재소자와 싸우는 일은 마지막까지도 피해야 한다고 가르쳤다. 그녀는 성향이 제각각인 몇몇 교도관들을 어떻게 대해야 할지 몰랐다. 그러나 그것보다 더 견디기 어려운 일이 있었다. 근무시간이면 마치 자신이 죄를 짓고 교도소에 갇힌 것 같은 느낌을 떨치기 어려웠던 것이다.

크리스티는 바브가 가끔 집에 있을 때 운다는 사실을 안다. 크리스티는 바브가 교도소 근무를 감당할 만큼 충분히 강인한지, 다시 말해 재소자들의 조롱과 욕설을 견딜 만큼 충분히 억센지 의구심이 든다. 바브는 교도소가 지금까지와는 다른 세계일 뿐이며 시간이 지나면 괜찮아질 거라는 크리스티의 말을 믿고 싶다. 그러나 "이게 내가 원하던 일일까?"라는 내면의 목소리가 점점 커진다. 아침마다 겪는 두려움도 나날이 심해졌다. 마이크는 블랙호크를 다니며 A학점을 따느라 분주했지만 바브의 상황을 알아차렸다. 그는 바브가 풀 죽은 모습을 보고 싶지 않다고 했다. 그리고 어느 날, 마이크는 바브가 깜짝 놀랄 이야기를 꺼냈다. 남편이 그런 생각을 했으리라고 바브로서는 상상조차 못 한 이야기를 아주 큰 소리로 말한 것이다.

"그만 둬버려."

그들이 지금 사는 랜치 하우스와 멋진 정원을 잃게 되더라도 마이크는 "더 싼 곳으로 이사할 수 있다"고 바브를 안심시킬 것이다. 어찌 되었든 우울해하며 살아서는 안 된다.

"우리 힘으로 해결할 수 있을 거야."

마이크가 말한다. 바브는 마이크보다 일곱 살이 많다. 그녀는 이제 우울함에 더해 두려움을 느낀다. 어떻게 주급 16.47달러를 포기한단 말인가? 이 정도 돈을 주는 직업을 다시 찾을 가능성은 거의 없다는 것을 바브는 안다. 5월에 블랙호크를 졸업하고 6월에 교도소 근무를 시작한 이후에도 바브의 내면에 꿈틀대던 공부에 대한 열망은 사그라들지 않았다. 그 열망은 바브에게 계속 나아가라고, 학사 학위를 딸 때까지 꾸준히 공부하라고 독려한다. 물론 바브가 어퍼아이오와대학에 진학해 취득해볼까 고민한 학위는 형사행정학이다. 그러나 바브는 교도소 근무를 시작한 이래 매일 스스로에 대해 중요한 무엇을 깨닫는 중이다. 곤경에 처하기 전에 도움을 필요로 하는 사람을 돕는 것이 차라리 적성에 맞다고 말이다. 그녀가 원하는 학위는 사회복지학이었던 것이다.

그렇다고 꿈이 월급 통장을 대신할 수는 없는 노릇이다. 심리가 극도로 불안한 상황에서 바브는 마이크의 생각이 옳은지 확신할 수 없다. 크리스마스가 가까운 어느 날, 바브는 자신의 삶을 완전히 새로운 방식으로 바라본다. 전혀 행복을 느끼지 못하면서도 15년 동안 리어에서 일했던 것은 돈이 좋았기 때문이라고 말이다. 그러나 같은 일을 다시 시작하기에 바브는 지금 너무 똑똑하고 지나치게 많이 교육받았는지도 모른다. 그러면서 삶에서 무엇이 고장 났는지 깨닫고, 그것을 고치는 것이야말로 진정한 강인함일지도 모른다고 바브는 생각한다.

두렵기는 하지만 바브는 10대 시절에 노동자의 삶을 시작한 이래 어느 직장에서도 해보지 않은 일을 감행한다. 아무것도 눈에 보이지 않고, 그다음에 어떤 일이 일어날지 아무런 실마리도 없지만 바브는 직장을 떠나기로 결심한다. 그러고는 몸에 찼던 치안담당관실 배지를 반납한다.

희망봉투

    토요일의 이른 아침이다. 크리스마스까지는 일주일이 남았다. 태미 휘태커는 랜치 하우스 현관문을 노크하는 소리를 듣는다. 이 집은 주변보다 시세가 높다. 태미와 남편 제러드는 아직은 집을 팔 때가 아니라고 판단했다. 태미가 노크 소리에 대답하고 문을 열자 한번도 본 적 없는 낯선 남녀가 계단 위에 서 있다.

    "식료품을 좀 가져왔어요."

    남자가 태미에게 말한다. 남자와 그의 부인이 태미의 집 차고 진입로 오른쪽에 세워진 어두운 색 SUV—물론 제너럴 모터스의 차였다—로 돌아갔을 때 태미의 놀라움은 더 커진다. 그들은 식료품으로 가득한 종이봉투를 꺼내기 시작했다. 그러고서 태미에게 이것을 어디에 둘지 묻고, 차고 앞을 가로질러 현관 앞 통로에 옮겨 놓았다. 봉투가 많았기 때문에 차와 현관 앞을 오가는 움직임이 몇 차례 더 이어진다. 봉투는 모두 열두 개다.

태미는 너무 놀란 나머지 짧은 감사 인사만 건넨 뒤 현관문을 닫는다. 알리사와 케이지아가 무슨 일이 벌어진 것인지 살펴려고 위층으로 올라왔다. 태미에게는 찬장과 냉장고를 채울 이 기부품들이 어디서 왔는지 추측할 단서가 없지만 쌍둥이들은 잘 안다. 파커고등학교와 다른 학교들에서 '희망봉투'라고 불리는 기부 행사를 진행한다는 이야기를 이미 들었던 것이다.

희망봉투는 마브 워팻이 지난해까지 25년 동안 이끌었던 홀리데이 푸드 드라이브를 대신해 시작된 작은 운동이었다. 워팻은 자동차 공장이 문을 닫으면서 푸드 드라이브를 더 이상 이어갈 수 없는 상황에 직면했다. 그때 제인스빌의 학교들이 푸드 드라이브의 빈자리를 메워보려고 나섰다.

새롭게 시작된 푸드 드라이브는 제인스빌 공장의 하역장 대신 시내 동쪽에 있는 물류 센터에서 진행되었다. 새벽 4시 30분에 시작하던 포장 작업은 오전 6시로 바뀌었다. 경제적 어려움을 겪는 가정에 크리스마스를 전후해 충분한 음식을 제공하자는 취지는 온전히 그대로였다. 게다가 이제는 제인스빌 일대의 학교들이 모금 행사를 열었다. 추수감사절을 앞두고 파커고등학교에서 열린 행사에서는 교장을 학교 식당의 벽돌 기둥에 결박할 수 있는 은박 테이프를 교사와 학생들에게 판매했다. 이렇게 해서 모은 돈이 269달러였다.

록 카운티 5.0 일을 잠시 쉬고 있는 메리 월머도 자원봉사자로 참가했다. 토요일 아침, 그녀는 식료품 봉투를 열다섯 살 난 아들 코너와 함께 배달했다. 마지막으로 배달한 집에서 그들을 맞은 남자에게는 아이들이 여럿 있었는데, 그 아이들 역시 봉투를 배달하는 모임 소속이었다. 남자는 메리와 코너에게 연신 고마워했다.

"저희한테 고마워하실 필요 없어요."

메리가 남자에게 말했다.

"이 일을 할 수 있다는 건 당신이 생각하는 것보다 저희에게 더 큰 의미가 있어요."

그러나 남자는 이런 선물을 받으리라고는 상상조차 못했기 때문에 감사하는 것이 당연하고, 그래서 정말 고맙다고 말한다. 대화를 나누는 동안 메리의 눈길이 집 안의 남자아이 하나에게 가 머무른다. 아이의 뺨 위로 눈물이 흐른다. 메리는 아들 코너의 눈에도 순간 눈물이 고이는 것을 보았다. 눈 깜짝할 사이에 메리는 어린 시절 아버지가 암으로 쓰러지고 나서 몇 달, 돌아가신 뒤 몇 달의 암울했던 시간 속으로 돌아갔다. 예기치 못한 사건이 자신을 언제 "다른 쪽 사람"으로 만들어버릴지 사람들은 결코 알지 못한다는 사실을 메리는 거듭 떠올린다.

★

태미에게는 남편이 더 이상 돈을 많이 벌지 못한다는 사실과, 자신이 생존하려고 안간힘을 쓰는 집안의 사람, 그러니까 '다른 쪽 사람'이 되었다고 생각하는 것은 별개였다. 음식이 가득 담긴 봉투가 현관 앞에 배달된 것을 발견한 지금, 이제 자신의 처지가 극적으로 변했다는 사실은 더 이상 부인할 수 없다. 태미는 기독교인이다. 그녀는 교회에 정기적으로 나갔고, 기독교인에게 요구되는 행동 규범을 충실히 지켰다. 교회 소속으로 아이티에 선교 여행을 간 적도 있다. 자선 역시 마찬가지다. 이제까지 자선이란 타인을 위해 베푸는 행동이었다. 그 자신이 이번처럼 새해까지 먹을 만큼 충분한 음식을 든 낯선 부부의 모습으로 집 앞에 찾아온 적은 없었다. 태미에게 자선이 '받는 것'이었던 적은 단 한 번도 없었던 것이다. 물론 연방정부가 아이들의 학교 급식비를 대신 지불하게 되고, 아이들의 선생님에게 태미 처지에서 감당할 수 없는 야외 학습 비용을 내지 않게 해달라고 능숙하게 요구하게 되고, 태미의 시어머니가 하나뿐인 아들과 손주들을 보기 위해 찾아올 때면 항상 태미의 부엌을 채울 음식들을 잔뜩 사 오는 것이 어느새 일상이 되기는 했다. 그러나 낯선 사람들로부터 빵, 우유, 닭고기, 크래커, 옥수수 통조림, 사과 소스 따위의 먹을 것이 가득한 열두 개의 봉투를 받은 것은 이전까지와는 명백한 다른 차원의 자선이었다.

하지만 태미는 이 식료품 봉투들을 받고 나면 당황스럽기보다 행복해질 것이라고 생각한다. 지난여름, 제러드는 급료가 낮고 근무시간도 별로인 고엑스 일을 시작한 지 몇 달 만에 그만두고 다른 일자리를 찾았다. 벌로이트에서 장난감과 퍼즐을 만드는 패치 프로덕스라는 회사의 창고 관리 업무였다. 제러드가 이곳에서 받는 시급은 12달러로 고엑스에서 받던 것보다 48센트가 적었다. 그러나 이곳의 모든 것을 제러드는 더 좋아했다. 돈이 전부였다면 제러드는 근무지를 옮겨서라도 제너럴 모터스에 붙어 있었을 것이다. 이런 그에게 패치는 '다닐 수 있을 만한' 회사였다. 다만 한 가지 안 좋은 점이 있었다. 직장건강보험이 없다는 것이다. 이것은 그가 GM의 특별퇴직을 받아들인 뒤 받게 된 6개월의 건강보험 추가 보장 기간에는 문제가 안 되었다. 그러나 새해가 시작되자 그것은 무시할 수 없는 큰일이 되었다.

태미는 누가 자기 가족의 이름을 제인스빌 학교의 푸드 드라이브 리스트에 올렸는지 모른다. 그러나 12월 아침에 집으로 배달된 열두 개의 희망봉투를 바라보면서, 누군가 집으로 음식을 들고 오는 것은 언제든 환영할 일이라고 생각한다.

Part 4

요동치는 제인스빌

#2011

낙관주의의 대사

해가 바뀌고 처음 맞이한 화요일, 메리 윌머는 기분이 상쾌하다. 그녀가 2011년 새해를 맞아 제인스빌의 분위기가 쇄신되기를 바라며 쓴 칼럼이 이날 아침 〈제인스빌 가제트〉 오피니언 면에 실렸다.[1] 칼럼은 록 카운티 5.0이 지역경제를 회생시키기 위해 한 노력들을 상기시켰는데, 주된 내용은 구체적인 회생 전략보다 사람들의 마음가짐에 관한 것이었다.

"우리 지역에 자부심을 가져야 한다. 그리고 우리 모두 '낙관주의의 대사'가 될 필요가 있다."

모든 제인스빌 사람들이 낙관주의의 전파자가 되어야 한다는 주문은 록 카운티 5.0이 출범한 지 몇 주 지나지 않았을 때 메리가 떠올린 아이디어였다. 당시 그녀의 걱정은 여기저기서 '우리는 결딴나고 있다'는, 제인스빌의 '할 수 있다' 정신과 어긋나는 부정적인 이야기가 들린다는 것이었다. 그녀는 낙관주의의 대사가 되자는 이야기를 록 카운티 5.0의 리더십 팀에 이야기했다. 메리는 팀원들에게 록 카운티는 경제 상황이 점차 나아지는 중인 멋진 곳이라는 확신을 사람들에게 심어줘야 하고, 이런 낙관주의를 널리 확산시켜야 한다고 말했다. 메리 스스로 낙관주의의 확산을 바라며 누구보다 열심히 노력했다. 식당에서 만난 처음 보는 사람들에게 제인스빌이 얼마나 살기 좋고 일하기 좋은 곳인지 말을 거는 메리의 모습에 첼시와 코너는 몹시 당혹스러워했다. 메리는 이런 신념을 가지고 사는 것이 자신의 임무이며, 그렇게 함으로써 신념이 전파되고 점차 많은 사람들이 낙관주의자가 될 것이라고 믿었다. 그러니 신문에 낙관주의의 대사가 되자는 신념을 전파한 것은 메리에게 자연스러운 일이었다.

메리가 기쁜 것은 단지 신문에 실린 칼럼 때문만은 아니다. 메리는 다이앤 헨드릭스에게 받은 초청장 덕분에 지난밤 매디슨 다운타운에서 열린 주지사 취임 축하 무도회에 갔다가 밤늦게 제인스빌로 돌아왔다. 메리가 제인스빌에서 그러는 것처럼, 주지사 역시 위스콘신의 분위기 쇄신에 나서려 했다. 록 카운티 5.0의 공동대표인 벌로이트의 억만장자 다이앤은 공화당의 핵심 후원자였다. 그는 공화당과 대의를 공유하며 많은 공화당 정치인들을 지원했다. 그러니 그녀가 주지사 취임 축하 무도회의 초청장을 받은 것은 놀라운 일이 아니었다. 무도회는 매디슨의 "꿈의 컨벤션 센터"를 표방하는 모노나 테라스에서 열렸다.[2] 이곳은 설계자 프랭크 로이드 라이트가 그렸던 대로 호수 위로 부드러운 곡선을 그리며 돌출된 드라마틱한 공간이었다. 메리는 위스콘신주를 이끌 새 '퍼스트 커플'이 최근에 받은 댄스 레슨의 결과물을 뽐내는 것을 즐겁게 지켜봤다.[3] 그들은 프랭크 시내트라가 불렀던 〈앞으로 좋은 일이 생길 거야The Best Is Yet to Come〉에 맞춰 춤을 추기 시작했다.

무도회는 스콧 케빈 워커가 위스콘신주 45대 주지사로 취임 선서를 마치고 몇 시간 뒤에 열렸다. 주 의사당 원형 건물의 북쪽 갤러리에는 이날 취임식을 축하하는 화려한 장식 천이 내걸렸다.[4] 후임자와 악수하며 떠나는 민주당 출신 주지사 짐 도일을 위시해 네 명의 전임 주지사가 자리에 함께했다. 워커의 고향 델러밴에서 온 보이스카우트 대원들이 국기에 대한 맹세를 선창하는 가운데 브라스 밴드가 응원가 〈온 위스콘신On Wisconsin〉을 연주했다. 그리고 미국에서 가장 선동적인 사회경제적 보수주의자의 취임식 치고는 특이하게, 그린베이에서 온 노트르담 아카데미 스윙 재즈 합창단이 취임 선서에 앞서 1960년대 저항 문화 집단이 특히 좋아했던 록 오페라 〈헤어Hair〉의 메들리를 불렀다. 이 오페라는 워커가 4개월 된 아기였을 때 브로드웨이에서 초연했다.

민간 부문에 25만 개의 일자리를 창출하겠다는 워커의 선거 공약은 이날의 취임사에서 가장 중요한 부분이었다.[5] 신참 주지사는 "나의 정책 우선순위는 간단하다. 일자리, 일자리, 더 많은 일자리다"라고 말했다. 주지사 뒤편에는 위스콘신주 헌법의 1848년 판본을 담은 유리 상자가 놓였는데, 그 옆에서 제인스빌의 연방 하원의원 폴 라이언이 앉아 청중들과 함께 박수를 쳤다.[6]

워커는 선동가다. 그는 선거운동 때 주정부의 조세, 재정 지출, 규제 정책을 맹비난했다. 무도회에 앞서 진행된 취임식 연설에서는 자신이 "한 정당의 주지사가 아니라 위대한 주 위스콘신의 모든 주민을 위한 주지사"라고 했다. 그러나 해질녘이 되자 위스콘신 주민 모두가 주지사를 지지하는 것은 아니라는 사실이 명백해졌다. 턱시도 차림의 워커가 반짝이는 회갈색 이브닝드레스를 입은 아내 토넷과 함께 미끄러지듯 춤출 때, 몇 블록 떨어진 유서 깊은 마제스틱 극장에서는 350명의 진보주의자들이 주지사 취임 무도회에 대항하는 '곳간을 털어라Rock the Pantry' 라는 이름의 파티를 열었다.[7] 대부분 매디슨 거주자인 이 진보주의자들은 파티 이름에 주지사를 비꼬는 의미를 담았는데, 50달러짜리 무도회 티켓을 팔아 거둔 수익금을 선거 비용과 위스콘신주 공화당의 운영자금으로 쓰려는 워커의 계획을 부각하고자 하는 의도였다.[8] 전임 주지사 도일은 두 번의 취임 축하 무도회에서 나온 수익을 위스콘신 청소년 모임에 기부했다. 워커가 공화당의 금고를 채우는 중이라는 사실을 강조하기 위해 행사 주최자들은 티켓 판매 수익금을 기아 구호 단체인 세컨드 하베스트의 푸드 팬트리와 피딩 아메리카 위스콘신 지부에 기부했다.[9]

취임식 날 밤, 주지사에게 쏟아진 조롱은 1년 동안 표출될 분노의 시작이었다. 얼마 안 가 주도 매디슨에서 분노가 커지기 시작했다. 매디슨뿐만이 아니었다. 분노는 정중함이 트레이드 마크였던 제인스빌에서도 분출되었다. 시간이 흐르면서 데리 월럿은 분노에 휩싸인 일부 주민들로부터 공격받았다. 데리를 향한 분노는 학교 교사들을 포함한 공공 부문 종사자들에 대해 주지사 워커가 부추긴 것이었다. 폴 라이언은 다른 형태의 분노로부터 공격받았다. 그것은 점거 운동이라고 불린 대규모

사회운동의 일부로, 경제적 불평등과 이해관계에 굴복한 정치인들을 맹렬히 비판하는 운동이었다. 주지사 취임식 이튿날 아침, 자신의 칼럼이 지역 신문에 게재되었을 때 메리 역시 머잖아 분노한 사람들로부터 자신이 공격받으리라는 사실을 깨닫지 못했다.

메리를 향한 분노는 그녀가 기초적인 사실을 간과했기 때문에 일어났다. 여전히 외식할 여유가 있는 사람들, 햄튼 인이나 홀리데이 인 익스프레스에 묵는 여행자들을 상대로 지역의 좋은 점을 홍보하는 것과, 〈제인스빌 가제트〉를 읽는 독자들을 상대로 '지역경제가 살아나려면 모두가 낙관주의자가 되어야 한다'고 말하는 것은 서로 다른 차원의 일이었던 것이다. 자동차 공장이 문 닫은 지 2년이 지났지만 지역의 실업률이 여전히 11.2퍼센트에 머무르는 상황에서 연초부터 독자에게 '낙관주의자가 되자'고 말하는 것은 더더욱 같은 일일 수 없었다.

메리는 자신을 향한 분노에 둔감했다. 그녀는 〈제인스빌 가제트〉 온라인 기사에 달린 독자의 반응을 무시했다. 그러나 첼시와 코너는 달랐다. 아이들은 엄마에게 그 반응들을 전했다.

"엄마 글이 정확히 여덟 명한테 엄청나게 까였어요."

아이들에게서 이 사실을 전해들은 메리는 씁쓸했다. 지역의 상황을 개선하려는 노력과 선의가 일면식도 없는 이들에게 걷어차인 느낌이다. 메리에게는 가혹하고 고통스러운 일이었다. 그러나 분노하는 댓글이 늘어날수록 결심이 더욱 강해지는 것을 메리는 느낀다. 낙관주의에 대한 이 모든 냉소는 그녀의 결심을 굳건하게 만들 뿐이다. 메리는 자신이 역할 모델이라는 사실을 안다. 아이들이 엄마를 바라본다. 은행 직원들도 그녀를 주시한다. 메리의 생각에는 지금이야말로 리더십을 보여줄 절호의 기회다.

방구석의 비겁자들. 메리는 낙관주의를 비웃는 댓글을 달거나 은행으로 항의 전화를 하면서 이름을 밝히지 않는 사람들을 이렇게 부르기로 한다.

"난 낙관주의의 대사야. 그들이 날 괴롭히게 내버려두지 않겠어."

메리가 다짐하듯 말한다.

★

워커가 주지사에 취임한 지 2주하고 하루가 지났다. 메리는 다이앤의 회사인 ABC 서플라이의 출입문 바로 안쪽에서 다이앤과 함께 새 주지사를 기다린다. 주지사는 이날 아침 위스콘신주 경계 지역을 방문하는 일정을 시작한다.[10] 목적은 "위스콘신에 오신 것을 환영합니다"라고 적힌 도로 표지판 아래에 새로운 직사각형 명판을 매단 뒤 사진을 찍으려는 것이다. 새 명판에는 "사업 기회가 열린"이라는 슬로건이 적혔다. 이 것은 세율을 낮추고, 규제를 풀고, 나아가 자신을 포함한 공화당의 몇몇 정치인들이 "일자리 창출자들"이라 불러온 것들을 위해 우호적 분위기를 조성하겠다는 의도를 담고 있었다.

새로운 표지판 옆에서 사진을 찍을 첫 번째 기회가 록 카운티에 마련될 예정이다. 벌로이트에 있는 90번 고속도로 휴게소가 그 장소로 낙찰되었다. 이곳은 제인스빌에서 10마일 남쪽으로 떨어져 있다. 촬영 행사 직전에 주지사는 메리와 다이앤 등 록 카운티 5.0의 리더들과 만나는 것으로 일정을 시작한다.[11] 주지사가 드디어 ABC 서플라이의 자동 유리문을 지나 성큼성큼 들어온다.[12] 다이앤이 양팔을 벌려 그를 맞자 워커도 몸을 기울여 포옹을 한 뒤 메리와 악수를 나눈다. 위층으로 올라가는 엘리베이터를 타기 전에 다이앤이 다른 사람들 앞에서 공개적으로 언급하기 곤란한 몇 가지 관심사에 관해 잠깐 대화할 수 있는지 묻는다.

"물론이고 말고요."

주지사가 대답한다. 다이앤이 주지사의 눈을 응시하며 말한다.[13]

"우리가 완전한 레드 스테이트red state (공화당을 지지하는 주_옮긴이)가 될 수 있을까요? 어떻게 하면 노조들을 고분고분하게 만들 수 있을까요? 당신을 돕기 위해 우리가 뭘 하면 좋을까요?"

"좋은 질문입니다."[14]

워커가 대답한다.

"자, 일단 2주 안에 예산수정법안으로 시작할 겁니다. 첫 단계로 모든 공공 부문 노조들의 단체교섭 문제를 다룰 거예요. 일단 그들을 분리시킨 다음 무찔러야 하니까요."

"목표를 제대로 잡았군요."[15]

다이앤이 말하는 것을 메리는 지켜본다. 회의실에 들어선 그들은 더 이상 노조에 관해 언급하지 않는다. 록 카운티 5.0의 리더들은 일리노이와 맞닿은 주 경계에서 매디슨까지 이어지는 고속도로 구간을 확장하는 것이 지역경제를 활성화하는 최고의 방법이 될 것이라고 뜻을 모았다.[16] 빠듯한 예산 때문에 재원을 마련하기가 쉽지는 않겠지만, 이 아이디어를 지지한다는 대답을 워커에게서 들었을 때 그들은 열광했다.

워커는 침례교 목사인 아버지를 거론하며, 자신과 록 카운티 5.0이 성가대 앞에서 설교하는 꼴(다 아는 것을 이야기한다는 뜻_옮긴이)이라고 말한다. 자신의 목표인 감세와 규제 완화는 제너럴 모터스의 공장폐쇄로 사라진 일자리를 다시 끌어오기 위해 다이앤과 메리 등이 생각하는 것과 전적으로 같은 전략이라는 것이다.

"당신이 우리가 해야 할 일을 너무 편하게 만들어주었어요."[17]

메리가 주지사에게 말한다. 워커는 이날 하루 벌로이트에서 시작해 '사업 기회가 열린' 표지판 옆에서 사진 찍는 일정을 디키빌과 허드슨, 그리고 수피리어에서 이어갈 예정이다.[18] 이 표지판들이 부착될 위스콘신주 경계 지역 스물세 곳 가운데 첫날 방문지로 낙점된 곳들이다.

메리는 블랙베리 핸드폰으로 페이스북에 올릴 글을 작성한다.

"워커 주지사와 함께한 멋진 아침. 그를 주지사로 맞은 건 정말 행운이다."[19]

교도관과 완전히 다른 일

메리 윌머가 매디슨에서 열린 주지사의 화려한 취임 축하 무도회에 참석하고 돌아온 다음 주, 바브 본은 차를 타고 블랙호크 기술전문대학으로 간다. 교도소 일을 그만둔 바브는 현재 실직 상태이며, 앞으로 어떤 일이 일어날지 조마조마하다. 블랙호크 캠퍼스를 방문한 건 지난가을에 형사행정 아카데미 때 한 지구력 시험 이후 처음이다. 그녀는 대학의 널찍한 복도를 따라 난 낯선 사무실 안으로 걸어 들어간다.

이곳은 어퍼아이오와대학의 사무실이다. 이 대학은 제인스빌에서 약 약 320킬로미터 서쪽으로 떨어진 아이오와주 파예트빌에 본부가 있으며 원거리 교육에 특화된 곳이다. 바브는 이 대학에 편입해 학사 학위를 딸 때까지 공부를 계속하기로 마음먹었다. 지난봄, 우수한 성적으로 블랙호크 기술전문대학을 졸업한 뒤 친구 크리스티도 학사 학위를 딸 때까지 공부를 계속하고 싶다고 이야기해왔다. 학업을 이어가는 방법으로 크리스티가 말한 것이 어퍼아이오와대학 편입이었다. 바브는 말이나 해보자는 생각으로 이곳에 왔다. 바브는 크리스티가 교도소에서 받는 급여에 얼마나 만족하는지 안다. 크리스티는 그 돈으로 옷을 사고 집을 뜯어고칠 궁리를 했다. 바브는 크리스티와 함께하지 않는 학교생활이 어색하기는 했지만 혼자 헤쳐나가야 한다고 생각했다. 사회복지학 과정은 그녀가 알기로 매우 힘들다. 일부 과정은 온라인으로 진행되는데 한 학기가 8주로 짧고, 학기 중에는 방학이 전혀 없다. 바브는 그래도 공부에 대한 자신의 재능을 믿는다. 이제 쉰 살 생일에서 몇 주가 지났다. 실수는 형사정책을 전공으로 삼은 것으로 족하다. 다시는 잘못된 선택을 하지 않으리라 바브는 다짐한다.

그러나 그녀는 시급 16.47달러짜리 일자리를 걷어차 버렸다. 여전히 남편 마이크가 블랙호크에서 인사관리를 공부하는 상황이었는데도 말이다. 그리고 막 학자금 대출까지 받았다. 그녀는 학업을 이어가는 동안 가계의 어려움을 해결해줄 일자리를 찾기 위해 컴퓨터 앞에서 시간을 보냈다. 이번 주에 그녀는 얇아진 구인 목록을 샅샅이 뒤지다가 새로운 공고를 발견했다. '크리에이티브 커뮤니티 리빙 서비스'라는 것으로, 발달 장애를 겪는 이들에게 도움을 주는 위스콘신의 회사였다. 바브가 지원한 일자리는 '상주 코디네이터/지역사회 보호'라는 직함을 가지고 있었다.

놀랍게도 바브는 일자리를 구했다. 행동 장애 이력이 있는 고객을 일대일로 응대하는 일이었는데, 형사행정 분야에 종사했던 이력을 활용할 수 있었다. 고객은 지금까지 지내던 보호시설 생활에 익숙하다. 그녀의 첫 임무는 고객이 생활하던 보호시설로 가서 그가 그룹 홈으로 옮기는 것을 돕는 일이었다. 그룹 홈은 바브의 고객이 나이 들어 가지게 된 첫 번째 집이다. 바브는 그곳에서 자신의 고객이 가능한 한 독립적으로 생활할 수 있도록 도와주면서 자극하고, 가르치고, 동기를 부여하고, 달래는 법을 배웠다. 바브에게는 이 일이 교도관 업무와 정반대처럼 보였다. 그러나 바브의 연약하면서도 완고한 고객이 자활을 위해 분투하며 바브의 심금을 울리기까지는 긴 시간이 걸리지 않았다.

물론 어느 것도 쉽지 않다. 일은 풀타임이다. 게다가 밤에는 사회복지학사 학위를 따기 위한 8주짜리 속성 코스를 쉴 틈 없이 받는다. 그래도 괜찮다. 바브는 일이 힘들 것이라는 사실을 알았다. 물론 기대하기는 했다. 블랙호크에서 준학사 학위를 받으면 부부가 수집하는 골동품으로 장식된 집 안의 모든 것이 정돈된 상황으로, 화초가 가득한 그 공간으로 돌아갈 수 있으리라고 말이다. 그녀는 과거에 했던 것처럼 먼지를 털고 진공청소기로 구석구석을 청소할 수 있을 것이라고 생각했다. 하지만 그것은 조급한 기대였다.

어려움은 하나 더 있다. 그녀가 맡은 일자리의 급여가 시급 10.3달러밖에 되지 않았던 것이다. 치안담당관실에서 일할 때 받던 것보다 40퍼센트 적었고, 리어에서 받던 것의 절반이 채 안 되는 수준이었다.

이것이 민주주의다

제인스빌 교사들은 2월 25일 금요일에 하루를 쉰다. 데리 왈럿은 파커고등학교 과학교사인 파트너 롭 이스트먼, 세 살 난 아들 에이버리와 함께 매디슨으로 향한다. 차를 운전하는 내내 데리는 흥분을 억누르기 힘들다. 그들이 가장 좋아하는 레스토랑인 퀘이커 스테이크에서 이른 점심을 해결한 뒤 목적지인 캐피털 광장에 도착했을 때는 한낮이었다. 광장은 매디슨 다운타운이 자리 잡은 두 개의 호수 사이 고지대에 있다. 에이버리는 롭의 어깨에 무등을 타고 앉았다. 덕분에 남들보다 높이 솟은 에이버리의 작은 금발 머리가 MSNBC 뉴스의 카메라에 잡혔다. 이 장면은 데리가 집으로 돌아와 볼 TV 뉴스에 방영될 예정이었다.

신임 주지사 스콧 워커에 반대하는 항의 시위가 이날로 11일째를 맞았다. 하루 뒤 토요일에는 눈 폭풍이 몰아친다는 예보가 있었지만 10만 명에 가까운 사람들이 위스콘신 역사상 가장 큰 규모로 열릴 집회에 나올 예정이었다.[1] 이날도 위스콘신 주 전역에서 온 수천 명의 시위대가 광장을 메웠다. 롭과 에이버리와 데리가 광장에 가까이 갔을 때 빽빽히 들어찬 시위대의 구호 소리가 우렁차게 들렸다. 광장 앞에 선 데리는 전율했다. 북소리에 맞춰 울려 퍼지는 구호 가운데 특히 하나가 데리를 유쾌하게 만들었다. "이것이 민주주의다."

흑인 민권운동과 베트남전쟁 반대 집회에 대해 배웠던 어린 시절부터 데리는 궁금한 점이 있었다. 아직도 미국인들은 자신이 믿는 가치와 신념을 지키기 위해 단결해 싸울 심장과 영혼을 가졌을까? 수정헌법 1조가 보장한 권리를 사용하기 위해 이토록 많은 사람들이 모인 것은 데리의 32년 인생을 통틀어 처음 보는 장면이었다. 백파이프와 드럼 연주자가 이끄는 엄숙한 분위기의 소방관 무리는 "노동자를 위한 소방관들"이라고 적힌 붉고 흰 표지판을 들었다. 쉬는 날인 많은 경찰관들도 "노동자를 위한 경찰"이라는 표지판을 들고 나왔다. 건설 노동자, 간호사, 교사와 대학생, 숙련 노동자와 박사 학위 소지자들이 2월 한낮의 흐릿한 태양 아래 모여 수천 명의 목소리로 힘껏 외쳤다. "법안을 폐기하라, 법안을 폐기하라!Kill the Bill, Kill the Bill!"

★

문제가 된 법안은 워커가 주지사 임기를 시작한 첫 달에 야심 차게 내놓은 것이다. 그는 이 법안을 "예산수리법안"이라고 불렀다. 과거에 그것은 주 예산에 땜질 수준의 조정을 하는 입법안을 뜻했다. 그러나 이번에는 아니었다. 워커는 위스콘신주가 금융위기 탓에 벌어진 적자 상태에서 벗어나려면 이 법안이 반드시 필요하다고 주장하면서 주정부 조직의 규모를 줄이고 개조하기 바랐다. 나중에 밝혀졌지만 워커는 위스콘신 공공 부문 노조가 가진 단체교섭권을 산산조각낼 계획이었다. 이것은 그가 록 카운티 5.0 리더들과 만났던 날 아침, 다이앤과 메리에게 힌트를 준 계획이기도 했다. 워커는 이 계획을 주지사 선거운동 기간에는 단 한번도 입 밖으로 꺼내지 않았다.

법안은 위스콘신의 역사에 역행하는 것이었다. 1900년 선거에서 로버트 M. 라폴레트Robert M. La Follette를 주지사로 선출하면서 위스콘신주는 20세기 초 진보운동의 중심이 되었다.

라폴레트는 도시화·산업화가 진척되고 특정 이익 집단의 사회적 지배력이 커지는 상황에서 시민들을 위한 개혁을 추구했다. 이 때문에 "싸우는 밥"이라고 불렸다. 이런 진보주의 전통 덕분에 위스콘신은 노동권 면에서는 미국 내에서 선도적 지위에 올랐다. 제인스빌 자동차 공장이 쉐보레를 생산하기 12년 전인 1911년, 위스콘신은 미 전역을 통틀어 처음으로 산업재해보상법을 만들었다.[2] 제인스빌 공장이 대공황의 여파로 가동을 중단했던 1932년에는 실업수당 제도를 처음으로 도입했다.[3] 연방의회가 사회보장법을 제정해 비슷한 제도가 미 전역으로 확산되기 3년 전의 일이었다. 매디슨의 주정부 공무원들 일부가 노동조합을 만든 것도 1932년이었다.[4] 이 노동조합은 몇 년 안에 미국 주정부 및 지방자치단체 공무원들의 주요 노동 조직으로 성장한다. 그리고 1959년, 위스콘

신은 공공 부문 노동자들의 단체교섭권을 보장한 첫 번째 주가 되었다.[5]

캐피털 광장에 모인 시민들이 강도 높은 분노를 오랜 시간 동안 표출하게 된 것은 워커의 예산수리법안이 갑작스러웠던 데다 노동자의 힘을 약화시키려는 의도가 노골적이었기 때문이다.

★

아이들에게 미국 역사를 가르치는 데리는 위스콘신에서 자랐고 위스콘신이 어떤 노동운동의 전통을 가졌는지도 확실히 안다. 데리는 스스로를 주어진 상황의 양면을 동시에 보는 중도적 성향이라고 여긴다. 그러나 이번에 데리의 이해관계는 시위대의 주장과 일치했다. 예산수리법안이 통과되면 주정부와 지방자치단체 공무원, 공립학교 교사들은 노동 조건과 관련한 교섭 권한을 박탈당하고 임금 인상 요구도 제한당할 처지였다. 주지사가 원하는 대로 매달 퇴직연금의 일정액을 부담하고 건강보험을 위해 더 많은 기여금을 내야 한다면 데리와 롭은 경제적 손실을 입게 된다. 이런 식으로 수입이 감소한다면 아이를 하나 더 가지려던 계획을 다시 생각해야만 한다.

그러나 데리는 항의 시위에 참여하려고 매디슨에 온 것은 아니다. 데리는 역사 교사 자격으로 이곳을 찾았다. 매디슨의 시위는 전국적인 뉴스였다. 데리는 이날의 시위가 위스콘신 역사는 물론 미국 노동운동의 역사에서 매우 중요한 순간이 되리라고 직감했다. 역사의 한 단락을 직접 볼 기회를 어떻게 놓치겠는가? 역사가 만들어지는 이 놀라운 광경을 바라보며 데리와 롭, 롭의 어깨에 앉은 아들 에이버리는 군중을 헤치며 화강암 돔이 얹어진 의사당 건물까지 나아간다. 에이버리는 태어나서 주 의사당을 한번도 본 적이 없다. 그들은 의사당의 육중한 문을 열고 안으로 들어간다.

★

의사당의 로툰다홀에는 약간 좋지 않은 냄새가 나기는 하지만 잘 정돈된 24시간 캠핑장이 들어섰다는 사실을 데리는 TV 뉴스에서 들었다. 평소라면 의회 회기 중에도 무덤처럼 조용했을 이 공간은 지금 위스콘신대학 대학원 학생조합이 공간 배치와 관리를 책임진다.[6] 위스콘신대학 캠퍼스는 의사당과 1.6킬로미터 정도의 거리다. 대학원생들은 로툰다홀과 네 곳의 별관을 철야 농성에 필요한 각기 다른 용도의 공간으로 배정했다. 에어 매트리스와 침낭이 가득한 수면 구역에는 아이를 데려온 가족을 위한 공간과, 키스를 나누는 대학생 커플들을 위한 공간이 따로 마련되었다. 아이들 놀이 구역, 응급처치실, 휴대전화 충전 장소, 비폭력 시민불복종운동을 위한 강의실, 매디슨답게 요가를 할 수 있는 공간도 있었다.

음식을 모아 나누는 곳도 있다. 이곳은 며칠 동안 이안스 피자에서 무료로 배달된 피자들이 넘쳐났다. 이 피자집은 의사당에서 한 블록 위의 스테이트가에 있었는데, 미 전역은 물론 해외 20여 개국에 사는 시위 지지자들로부터 주문이 쇄도했다.[7] 이들은 시위대가 배를 곯지 않게 피자 값을 치른 뒤 의사당으로 배달해달라고 요청했다. '원거리 연대 투쟁'의 일환이었다. 피자를 담았던 상자 뒷면은 시위용 팻말로 재활용되었는데, 의사당의 석회암 벽을 따라 줄지어 세워진 거대한 표지판을 흉내 낸 것이었다.

지정된 수면 공간이 있었는데도 데리가 마주친 사람들은 심각한 수면 부족에 시달리는 것처럼 보였다. 각종 밴드와 불빛이 난무하는 파티, '영원한 연대'라는 공연과 꼭두새벽까지 이어지던 오래된 운동가요 소리 때문이었다. 어쨌든 데리는 많은 사람들이 대의를 위해 싸우는 광경을 보는 것은, 그들이 어느 편에 속했든 멋진 일이라고 생각했다.

★

의도한 것은 아니었지만 데리와 롭과 에이버리가 시위 현장에 도착한 날은 매우 중요한 순간이었다. 데리가 의사당 안에서 벌어지는 멋진 광경들을 보며 즐거워하는 사이 피자로 배를 채운 사람들은 단호해져 있었다. 새벽 1시, 위스콘신 하원의 공화당 의원들은 워커의 예산 법안을 두고 벌이던 60시간의 끝장 토론을 갑자기 끝냈다.[8]

하원의 공화당 지도부는 토론을 종료하자는 어떤 제안도 없이 주지사가 제출한 법안을 투표에 붙이겠다고 선언했다. 필리버스터filibuster 발언이 예정된 열다섯 명의 민주당 의원들이 차례가 돌아오기를 기다리던 상황이었다. 투표에 걸린 시간은 10분이었다.[9] 대부분의 민주당 의원들이 돌아가는 상황을 채 파악하기도 전에 법안은 통과되었다. 몸을 제대로 가누지 못하는 공화당 의원들이 열을 지어 하원 회의장을 빠져나 갔다.[10] 의회 경호 경찰들이 민주당 의원들로부터 그들을 보호했다. 민주당 의원들이 입은 주황색 티셔츠에는 "일하는 가정을 위해 싸운다"는 문구가 휘갈겨져 있었다. 평상시 의원들 사이에서 좀체 들을 수 없었던 "부끄러운 줄 알아!", "이 비겁한 양반들아!" 같은 감정 섞인 발언들이 민주당 쪽에서 쏟아져 나왔다.

이날 오후 시위대의 분위기가 험악해진 것은 의회가 주지사의 법안을 날치기했기 때문만은 아니었다. 의회 경호 경찰은 시위대가 건물 내부에 설치한 숙식 시설을 이틀 뒤인 일요일 오후 4시까지 철거하라고 통보했다.[11] 그러나 시위대는 떠날 생각이 없었다. 공화당 하원의원들의 법안 날치기는 드라마를 주 상원으로 이동시켰다. 상원의 민주당 의원들은 은밀한 움직임을 이미 실행에 옮긴 뒤였다. 그들은 이미 위스콘신을 떠나고 없었다.

★

매디슨의 캐피털광장에서 항의 시위가 시작되고 이틀 뒤인 2월 17일 아침, 집에 있던 팀 컬런은 전혀 예상하지 못했던 슬픈 전화를 받았다. 주 상원의원과 주 대법원 판사를 지낸 오랜 친구이자 조언자였던 이가 전날 밤에 유명을 달리했다는 전화였다. 친구가 암 말기라는 사실을 알게 된 뒤 팀은 그가 죽으면 유가족 대변인이 되어주겠다고 약속했었다. 팀은 그 약속을 지키기 위해 급히 매디슨으로 가 부고장을 돌리고 기자들과 만나야 했다.

열정을 쏟았던 제인스빌 공장 재가동 계획이 무산된 뒤 팀은 주 상원의원 선거에 출마해 당선되었다. 24년 간 떠났던 의회로 3개월 전에 복귀한 그는 올해 66세다. 아침 8시 30분, 컬런은 매디슨으로 떠날 준비를 마쳤다. 그때 다시 전화가 울렸다. 주 상원의 야당 원내대표인 마크 밀러Mark Miller 였다. 그는 상원의 민주당 간부회의에서 방금 결정된 내용을 알렸다.

주지사가 발의한 예산수정법안 투표가 오늘로 예정되었기 때문에 상원의 민주당 의원들은 위스콘신을 빠져나가 일리노이주로 가기로 했다는 내용이었다. 의사일정을 앞두고 주를 탈출하는 드라마틱한 행동은 전례 없는 것이었다. 위스콘신주 의회 법은 재정과 관련된 법률 제정에는 상원의원 스무 명의 정족수를 채워야 한다는 규정이 있다. 그런데 상원의 다수당인 공화당은 소속 의원이 열아홉 명으로 정족수에서 한 명이 부족했다. 법안을 통과시키려면 최소한 한 명의 민주당 의원이 회의에 참석해야 했는데, 열네 명의 민주당 상원의원들이 위스콘신주 바깥에 머무른다면 주지사가 낸 법안은 표결 자체가 불가능했다.

팀은 밀러에게 최악의 타이밍이라고 말했다. 그는 친구에게 한 약속을 지켜야 했다. 그래서 시위대가 모인 의사당으로 달려가 부고문을 작성했고, 법안 표결을 위한 상원 회의가 소집되기 직전에 가까스로 의사당을 몰래 빠져나왔다. 팀이 짐을 꾸리려고 집에 왔을 때, 밀러는 다시 한번 팀에게 전화를 해 일리노이로 가는 90번 고속도로는 타지 말라고 했다. 팀이 위스콘신을 빠져나가는 것을 막으려고 주지사가 경찰을 배치했을 가능성이 컸기 때문이다.

샛길을 이용해 위스콘신을 빠져나온 팀은 일리노이 록퍼드의 한 호텔에서 동료 의원들과 합류했다. 비록 주를 빠져나왔지만 그에게는 풀기 힘든 딜레마가 있었다. 팀은 노동자들의 친구인 동시에 정치에는 타협이 필수라고 믿는 사람이었다. 표결을 피하려고 주를 벗어나 일리노이로 온 것은 정치적 타협과는 거리가 먼 행동이었다. 그리고 불참했던 아침 간부 회의 내용을 동료 의원들로부터 전해 듣고 또 다른 문제점을 즉시 간파했다.

"다시 위스콘신으로 복귀할 전략도 이야기했소?"

이 문제는 전혀 논의되지 않은 것으로 드러났다.

그렇게 일리노이에서의 3주가 시작되었다. 팀은 3주 동안 동료들과 함께 일리노이 북부의 여러 호텔을 전전했다. 그는 자신의 신념대로 정치적 위기를 끝내고 싶었다. 그래서 부지런히 협상으로 문제를 해결할 가능성은 없는지 모색했다. 타협을 원하지 않기는 민주당도 공화당도 마찬가지였지만 말이다. 팀과 또 한 명의 민주당 의원이 상원의 공화당 원내 대표와 협상을 하기 위해 위스콘신으로 조용히 돌아갔을 때, 민주당 의원들은 일리노이주 거니의 라퀸타에서 묵고 있었다.[12] 팀과 동료 의원은 위스콘신주 경찰로부터 의사당으로 강제 압송하지 않겠다는 확약을 받고, 커노셔 외곽 30분 거리에 있는 맥도널드로 갔다. 그러나 협상에 진전은 없었다.

다음 일요일은 항의 시위 13일차이자, 데리와 롭과 에이버리가 매디슨에 온 지 이틀이 지난 뒤였다. 팀과 두 명의 민주당 상원의원은 오후 9시에 맥도널드를 다시 찾았다.[13] 이번에는 주지사의 비서실장을 만나는 자리였다. 팀의 눈에 어느 정도 타협할 가능성이 보였다. 항의 시위 20일차인 3월 6일, 공화당 상원의원들이 의회 경위들에게 민주당 의원들을 복귀시키기 위해 필요하다면 경찰력을 사용할 수 있는 권한을 부여한 직후였다.[14] 워커 지사의 비서실장은 팀과 다른 민주당 의원을 만나려고 주 경계선 바로 아래에 있는 일리노이주 사우스벌로이트로 내려갔다. 이 날 협상은 잠정적 타협안을 도출하는 데 성공했다. 완전한 합의는 아니었지만 주지사의 법안이 노동조합에 미치는 효과를 약화시키는 몇 가지 장치들을 담고 있었다. 팀은 타협안이 충분하지는 않지만 민주당 상원의원들이 매디슨으로 명예롭게 복귀할 길을 열어줄 것으로 기대했다. 그러나 다른 의원들은 관심이 없었다.

워커 주지사와 참모들은 점점 짜증을 냈다. 타협을 위한 대화는 막혔다. 항의 시위가 23일째를 맞았다. 공화당 상원의원들은 입법적 꼼수를 짜냈다.[15] 의사정족수를 스무 명 아래(열일곱 명)로 낮추기 위해 법안에서 재정 관련 부분을 덜어내기로 계획한 것이다. 이날 저녁, 민주당 상원의원 전원이 불참한 가운데 위스콘신주 상원은 공공 부문 노조에 심대한 타격을 주는 법안 일부를 통과시켰다. 의회는 변경된 법안을 이튿날 승인했다. 그리고 위스콘신 역사상 가장 크고 가장 오랫동안 지속되었던 시위가 25일째를 맞은 날, 워커 주지사는 만면에 미소를 머금은 채 법안을 공포했다.[16]

★

제인스빌에 사는 많은 사람들에게 매디슨은 '똘기' 섞인 행동주의가 지배하는 곳이었다. 그러니 요가하는 시위대나 집회 현장에서 들리는 드럼 소리는 제인스빌 사람들에게 놀라운 일이 아니었다. 다른 때 같았으면 매디슨에서 펼쳐지는 뜨거운 정치적 이슈가 제인스빌 사람들이 가진, 역경 속에서 발휘되는 온건한 평화의 전통에 대한 자부심을 위협하지 못했을 것이다. 그러나 겨울이 봄에 자리를 내주듯 들끓는 분노는 매디슨과 제인스빌을 연결하는 고속도로를 타고 흘러내렸고 결국 제인스빌의 고유한 특징이었던 온건한 항의의 전통이 뒤흔들렸다.

주 상원의원 투표가 있던 날 밤, 데리가 속한 교사 노조인 제인스빌 교육협회는 회원들에게 이튿날에 검정색 옷을 입으라고 했다. 머잖아 교사 노조는 위스콘신에서 특별 선거를 요구하는 단체들 가운데 하나가 되었다. 이 선거는 새 주지사를 공직에서 쫓아내기 위한 소환 투표였다. 팀 컬런은 항상 그랬듯이 평화를 위해 노력했다. 일리노이로 탈출했던 민주당 상원의원들이 패잔병 신세로 돌아온 뒤 그는 의원들이 주 경계 밖으로 도피하는 전술을 되풀이할 수 없게 주 헌법을 고치자고 제안했다. 그런 와중에도 팀은 3월 중순에 록 카운티 법원 주차장에서 열린 집회에 참석했다. 그 자리에 모인 노조원과 지지자들은 주지사를 비난했다. 팀은 부자들의 이익에 봉사하는 공화당에 반대한다는 뜻을 분명히 했다.

이런 일들이 벌어지는 동안 폴 라이언은 어디 있었을까? 민주당 상원의원들이 일리노이로 탈출한 날, 폴은 워싱턴에서 MSNBC와 인터뷰를 했다.[17] 워싱턴에서 그는 연방정부의 재정 지출을 옥죄기 위한 구상에 골몰했다. 예산 삭감을 위한 폴의 노력은 그와 주지사가 이데올로기적 동맹관계에 있다는 사실을 뜻했다. 폴은 우뚝 솟은 미 의회 의사당의 대리석 기둥을 등지고 서 인터뷰를 하며 자신과 워커 주지사는 좋은 친구이며 시위 사태가 발생한 뒤 이메일을 주고받기까지 했다고 말했다. 폴은 시위대를 노골적으로 무시했다. 그는 공공 부문 노조원들의 주장에 전혀 공감하지 않는다고 했다. 그러면서 공공 부문 노동자들은 지나치게 후한 연금을 받으니 주지사의 계획대로 연금이 삭감되더라도 대부분의 위스콘신 노동자들보다 형편이 나을 것이라고 말했다. 주지사에 대해서는 이렇게 말했다.

"알다시피 그는 폭동으로 시련을 겪고 있습니다. 요즘 매디슨을 보면 카이로 거리를 고스란히 옮겨놓은 것 같아요."

매디슨에서 벌어지는 주지사 반대 운동을 이집트에서 벌어진 대규모 시위에 빗댄 것이다. 이집트 시위는 '아랍의 봄'이라 불리는 연쇄적 민주화 운동의 일부였고, 폴 라이언이 이렇게 말하기 며칠 전 30년간 이집트를 통치한 대통령을 몰아내는 데 성공했다.

공공 부문 노동자들이 정당한 몫 이상을 받는다는 폴의 주장은 주지사 임기가 시작되고 첫 해가 끝나기 전까지 민간 부문 조직 노동자들을 자기편으로 만들겠다는 워커 주지사의 정치적 셈법 한가운데 있는 구상이기도 했다. 공무원들이 너무 많은 보수를 받고, 납세자들이 내는 세금으로 편하게 산다는 이 주장은 일부 제인스빌 주민들에게 호응을 얻었다. 너무 많은 사람들이 너무 많은 것을 잃어버린 이 도시에서 어떤 사람들은 교사를 포함한 공공 부문 노동자들을 살진 고양이 같은 존재로 간주하기 시작했다.

제인스빌은 오랫동안 노동조합의 영향력이 지속된 소도시였다. 그러나 자동차 공장과 부품 업체들의 폐업 여파로 수많은 자동차 노조원들이 일자리를 잃으면서 지형이 변하고 있었다. 이제 록 카운티에서 노조원 자격을 유지한 사람은 과거의 절반에 불과했다. 또한 노조가 미국 경제에 도움을 주는지 피해를 주는지를 두고 카운티의 여론은 두 갈래로 나누어졌다.

공공 부문 노동자들에게 보이는 반감이 커지는 시기는 절묘했다.[18] 주 정부가 예산을 삭감하고 지방세 수입이 전반적으로 하락하면서 제인스빌의 학교들은 사상 처음으로 교사들을 일시해고했다. 그러나 교사들에 대한 적대적 반감은 사라지지 않았다. 제인스빌 주민들 다수가 변변찮은 일자리를 가졌거나 실직 상태인 데 비해 교사들은 어쨌든 일자리를 유지하고 여유로운 여름휴가와 연금 혜택을 누렸다. 비록 데리와 롭을 포함한 교사들 모두가 조만간 연금을 위해 더 많은 부담을 져야 했지만 말이다.

적대감은 가장 일상적인 공간에서 표출되었다. 제인스빌 교육협회 의장을 맡은 교사 데이브 파는 어느 날 새벽, 24시간 영업을 하는 월마트에서 그런 상황에 직면했다. 데이브와 가족들은 주말을 맞아 차로 세 시간 거리에 있는 라크로스의 할아버지 집에 가기 위해 새벽부터 길을 나섰고, 아이가 미리 주문한 이어폰을 찾기 위해 가는 길에 월마트에 들렀다. 시간은 새벽 4시였고 나머지 가족들은 차에서 데이브를 기다렸다. 매장 안은 한산했다. 계산대 앞에 서서 차례를 기다릴 때, 앞에 있던 남자가 그에게 소리를 지르기 시작했다. 그 남자는 아마 〈제인스빌 가제트〉에 가끔 얼굴을 비추는 데이브를 알아보았던 것 같다.

"내가 그랬지? 당신은 응분의 대가를 치르게 될 거라고 말이야."

남자는 계속 고함을 쳤다.

"나는 알고 있었어. 당신이 언젠가 대가를 치르게 될 거라는 걸."

새벽이라 계산대가 한 군데만 열려 있었기 때문에 데이브는 남자를 피할 방법이 없었다. 계산원이 조용히 해달라고 말했지만 그는 계속 소리를 질렀다. 결국 관리인이 와서 그를 매장 밖으로 데리고 나갔다.

데리와 파커고등학교에 함께 일하는 교사 줄리 보턴은 31년 동안 경제 교사로 있으면서 집안 형편이 어려운 학생들에게 도움이 되는 산학 협력 프로그램을 후원했다. 그녀는 매디슨에서 벌어지는 항의 시위에 한번도 나간 적이 없다. 그런데도 식료품점에서 만난 몇몇 지인들은 그녀에게 다가와 매디슨 시위에 참석한 "그 선생 것들"에 대해 불만을 쏟아냈다. 줄리는 교사들이 남들보다 혜택을 받는다는 이야기를 듣는 데 진저리가 났다. 그녀는 이런 이야기를 별도 연금을 받는 GM 퇴직자 몇몇을 비롯한 지인들에게서 듣는다. 줄리는 이런 헐뜯기가 싫었다. 그래서 사람들과 마주치지 않으려고 매장이 한가한 밤에 음식을 사러 가기 시작했다.

어느 날 밤, 데리는 엄마 주디에게서 온 전화를 받았다. 매우 화가 난 목소리였다. 주디는 데리가 어린 시절을 보낸, 제인스빌에서 30분 정도 거리에 있는 포트 앳킨슨에 살았다. 어느 날, 주디가 진료를 받으러 주치의가 있는 제인스빌의 병원을 찾았을 때 의사는 데리와 여동생 데빈이 어떻게 지내는지 물었다. 주디는 데리가 학교에서 아이들을 가르친다고 했다. 그러자 의사는 마음에 들지 않는다는 듯한 표정을 지었다. 주디가 왜 그러느냐고 묻자 의사는 좋은 이야기는 아닐 테니 차라리 말을 하지 않는 것이 낫겠다면서 서둘러 진찰을 끝냈다. 병원 문을 나서도 주디의 불쾌함은 가시지 않았다. 의사와 데리는 거의 모르는 사이다. 수화기로 엄마의 화난 목소리가 전해졌다.

"자기가 뭔데 남의 직업을 가지고 이러쿵저러쿵하는 거야?"

엄마가 이런 소리 없는 적대감에 시달렸다는 사실을 안 데리의 마음에 서글픔이 밀려들었다.

제인스빌의 시간

근무시간이 끝나고 포트웨인 자동차 공장을 급히 나와 인디애나의 밤 공기 속으로 들어가기 직전, 맷 워팻은 테라코타 타일로 마감된 로비의 출퇴근 기록계 앞에서 잠시 멈춘다. 언제 일을 마치고 퇴근했는지를 회사가 알 수 있도록 맷은 배지를 판독기에 미끄러뜨린다. 운 좋게 시간외 근무라도 하는 날이 아니라면 맷은 매일 밤 10시 45분을 넘기자마자 공장 밖으로 나온다.

동부 인디애나의 겨울이 봄기운에 녹아 사라지고 있다. 맷이 가족으로부터 거의 480킬로미터나 떨어진 포트웨인 공장에서 출근부를 찍은 지도 1년이 다 되어간다. 1년이면 주택담보대출금 상환 문제를 해결했거나 제인스빌에 남은 가족을 중산층으로 복귀시켰을 만큼 충분히 긴 시간이다. 그 시간은 광활한 주차장을 지난 맷이 이곳에서 모는 14년 된 차에 올라 시동을 걸면, 빛나는 디지털시계의 붉은 불빛이 제인스빌의 현재 시각은 밤 9시 45분임을 알려주는 것이 더 이상 어색하지 않을 만큼 충분히 길었다.

탁상시계와 손목시계를 제인스빌이 속한 미국 중부 시간대에 맞추는 것은 맷의 내면에서 자라난 한 가지 충동에서 비롯되었다. 그것은 매일 밤마다 공장 주차장을 나와 좌회전을 할 때, 지금 집으로 가는 것이 아니라 아파트로 돌아가는 것이라고 혼잣말을 하게 만드는 그 충동이다. 그는 의식적으로 "아파트"라고 생각한다. 맷은 마음속으로 비록 포트웨인에 일주일에 4박 5일을 머물지만 집이라고 부를 곳은 오직 하나뿐이며, 그것은 킵이라는 남자와 함께 쓰는 윌로우스 오브 코번트리에 있는 임대 주택은 절대 아니라고 생각한다. 킵은 제인스빌에서 일하고 싶어 하는 또 다른 GM 집시다.

맷이 아파트 단지로 운전해 들어갈 때면 "윌로우스 오브 코번트리. 집에 오신 것을 환영합니다"라고 쓰인 표지판과 마주친다. 이것은 거의 조롱이다. 아파트에는 침실 두 개와 욕실 두 개, 크리스마스 때나 겨우 한 번 써본 벽난로가 있다. 시설은 괜찮은 편이다. 지난 크리스마스 때 맷은 킵이 진즉부터 버리려고 했던 오래된 가짜 나무에 장식을 한 뒤 음악을 좀 틀고 벽난로에 불을 피우면 가족들과 떨어져 보내는 첫 번째 크리스마스를 조금은 덜 우울하게 보낼 수 있지 않을까 생각했다. 어려운 상황에서 최선을 다해 짜낸 아이디어였다.

아파트 문을 열고 안으로 들어가면 맞은편 벽 상단에 뿔이 나뭇가지처럼 멋지게 뻗어나간 박제된 사슴 머리가 가장 먼저 눈에 띈다. 북부로 사냥 여행을 떠났을 때 힐즈버러에 있는 할아버지의 농장 근처에서 맷이 사냥한 사슴이다. 아파트 벽에 그것을 걸어둔 것은 잘한 일이다. 다시는 그 커다란 머리가 가족과 함께 사는 집에 걸리기를 바라지 않았다. 하지만 이곳에서는 문을 열 때마다 눈에 띄는 사슴 머리가 제인스빌의 집에 온 것처럼 맷의 가슴을 철렁이게 한다. 욕실에는 곱게 접힌 그린베이 패커스의 수건들이 있다. 수건은 짙은 초록색으로, 킵이 쓰는 침대에 가지런히 펼쳐진 패커스 담요와 같은 색이다. 맷의 방에는 1인용 침대 겸용 소파와 가족들 사진으로 빽빽한 나무 찬장이 있다.

혼자 살기에는 지나치게 큰 이 아파트에서 맷과 킵은 월세 704달러를 나눠 내며 함께 산다. 맷은 자신의 운이 나쁘다고 생각한다. 포트웨인 공장은 맷을 시급 28달러에 고용해, 최소 3년을 머무를 경우 3만 달러의 전근 보너스를 지급하기로 했지만 제인스빌에 살며 회사를 다닐 때보다 형편이 빠듯하다. 매달 내는 월세에, 그나마 이곳에서 구할 수 있는 가장 값싼 차였던 1997년형 검정색 새턴을 넘겨받은 비용, 금요일 밤에 근무가 끝난 뒤 제인스빌로 차를 몰고 갔다가 월요일 근무시간 전에 포트웨인으로 돌아오는 데 드는 기름값(다른 제인스빌 출신 전근자들과 함께 카풀을 하며 편도 비용을 20달러로 줄이기는 했지만)을 부담해야 했기 때문이다.

월세가 더 싼 집을 구할 수도 있었다. 그러나 맷은 아내와 함께 쓰던 침대에서 벗어나 여러 밤을 홀로 지내면서 이미 충분히 힘들다고 느꼈다. 쓰레기장 같은 곳에서 자는 것은 상황을 더 나쁘게 만들 수 있었다.

게다가 윌로우스 오브 코번트리에는 GM 집시들이 많이 살았다. 맷은 제 인스빌에서 온 사람들과 같은 아파트 단지에서 생활하는 것이 좋았다.

맷은 포트웨인으로 몰려온 GM 집시들 가운데 규모가 큰 '부족'의 일 원이었다. 포트웨인 공장은 1986년에 제인스빌에서 만들던 픽업트럭 라인을 옮겨와 문을 연 이래 꾸준히 트럭을 생산했다. 그리고 2년 전에 GM이 파산보호 신청을 한 뒤, 회사는 미시간주 폰티악 공장의 가동을 중단하고 그곳에 있던 대형 픽업트럭 라인도 포트웨인으로 옮기기로 결정했다. 그래서 포트웨인 공장은 1년 전에 세 번째 교대근무 조를 추가로 편성했고, 트럭 라인을 24시간 가동하기 위해 맷과 비슷한 처지의 해고 노동자들 900명을 현장에 투입했다. 새로 생산라인에 투입된 이들은 12개 주에 산재했던 스물다섯 곳의 GM 공장에서 일하던 노동자들이다.[1] 일부는 가족과 함께 포트웨인으로 왔지만 많은 이들은 맷처럼 집시였다. 공장 매니저는 주말이면 두 시간 거리에 있는 데이턴의 집으로 돌아갔다. 인사부장은 주말이면 세 시간을 운전해 시카고의 집으로 갔다. 집시든 아니든 전근해서 온 많은 노동자들은 포트웨인에서 이미 일하고 있던 일부 노동자들보다 GM 입사일이 빨랐다. 근속 기간이 긴 만큼 상대적으로 좋은 근무시간과 더 나은 보직을 요구할 수 있었다.

맷은 트림 라인trim line에서 일하는 두 번째 교대근무 조의 팀 리더로, 도장 라인에서 트럭 차체가 빠져나오면 소규모 작업 조를 이끌고 일을 한다. 트림 라인에서 그들은 웨더스트립weatherstrip과 바닥 카펫 아래 깔리는 절연 매트, 좌석 벨트 브래킷, 선루프를 설치한다. 두 번째 교대 조는 맷이 생각할 때 최상의 근무 조다. 주간 근무가 월요일 오후에나 시작되기 때문이다. 그래서 맷은 일요일 밤에도 제인스빌의 집에서 잠을 청할 수 있었다.

다양한 주의 여러 공장에서 온 집시들은 함께 일했으나 저마다의 정치적·문화적 선호는 뚜렷하게 갈렸다. 이곳에 오기까지 맷은 자동차 노동자들 가운데 일부는 공화당원일 수도 있다는 것을 상상조차 못했다. 스포츠 팀에 보내는 지지도 매우 강했다. 현장에서 흔히 보이는 모자와 티셔츠로 누가 인디애나폴리스 콜츠를 응원하는지, 시카고 베어스와 뉴욕 제츠의 팬은 누구인지, 패커스를 응원하는 이는 누구인지 확실하게 드러났다. 맷은 패커스 모자를 즐겨 쓴다. 그러나 맷은 집과 떨어져 혼자 살면서 인생을 즐기는 보통 집시들과는 거리가 멀다. 그의 룸메이트 킵은 화요일 밤이면 누군가의 집에서 카드놀이를 즐기고 때로는 지역노조 회관에서 열리는 수요 게임의 밤에 간다. 맷은 포트웨인에서의 삶을 좀체 즐기지 못한다. 최대한 절약해 살면서 시리얼과 캠벨 수프, 라면을 너무 자주 먹는다.

맷은 죄책감도 쉽게 떨쳐내지 못한다. 다시 혼자서 집안일과 아이들 양육을 도맡고 있기 때문이다. 맷은 가족을 위해 요리도 못 하고, 식기 세척기에 그릇을 넣거나 딸들의 숙제를 도와줄 수도 없다. 병원 진료 시간에 맞춰 가족들을 데려갈 수도 없다. 그는 자신이 가족에게 쓸모없는 존재라고 느낀다. 그러나 아무리 맷이라고 해도 일상을 어떻게든 보내야 한다. 그래서 날씨가 괜찮을 때면 몇몇 집시들과 함께 늦은 아침쯤에 도널드 로스 골프 클럽으로 넘어간다. 윌로우스 오브 코벤트리 임대료에 골프장 사용료가 포함되어 있기 때문이다. 그리고 날씨가 뜨거워지면 오후 출근을 준비하기 전, 이따금씩 윌로우 오브 코번트리에 딸린 수영장에 앉아 시간을 보낸다. 기꺼이 분담하고 싶은 집안일로부터 수백 킬로미터나 떨어진 수영장에 앉아 있는 시간은 죄책감이 극대화되는 시간이다.

그는 다시가 자신의 무력감을 이해하며 수영장에서 시간을 보내는 데 분개하지 않는다는 것도 안다. 맷이 포트웨인 공장에서 오후와 밤 시간을 보내는 덕에 가족이 빚에 쪼들리지 않는다는 것을 다시도 안다. 그러나 죄책감은 가족을 그리워하는 마음과 함께 쉬 사라지지 않는다. 그와 다시는 서로 가까이 있다고 느낄 방법을 고안해냈다. 월요일 아침, 포트웨인으로 차를 몰아 돌아오기 직전에 맷은 가끔 "당신이 그리워"라고 적은 카드를 다시의 베개 맡에 놓아두곤 했다. 하지만 너무 자주 그러지는 않았다. 자칫 감정이 소진되거나, 카드를 기다리는 마음이 식을 수 있다고 생각했기 때문이다. 주중에는 스마트폰으로 함께 게임을 했다. 낱말 게임에서 다시는 거의 매번 맷을 이겼다. 맷은 아무렇지도 않았다. 승부가 아니라 그들이 연결되어 있다는 것이 중요했다. 그래서 가장 좋은 것은 예기치 못한 어떤 순간에 다시가 보낸 문자 메시지를 받는 것이다. "당신 차례야"라는 문자는 이상하리만치 맷을 흐뭇하게 한다.

매일 밤, 공장 주차장을 나와 아파트로 가는 고속도로를 따라 움직이는 동안 맷은 집에 전화를 건다. 제인스빌에 맞춰 포트웨인 시각보다 한 시간 일찍 설정해둔 맷의 시계는 밤 10시가 되기 직전이다. 이때쯤이면 제인스빌도 충분히 늦은 밤이다. 그가 딸들과 몇 분 넘게 이야기를 하면 아이들은 잠자리에 드는 시간이 그만큼 늦춰질 수밖에 없다.

자부심과 두려움

블랙호크 강의동을 걸어나와 쉐보레 픽업트럭을 향해 아스팔트 광장을 가로지르는 마이크 본의 가방은 가볍다. 5월 중순이다. 오늘 밤, 마이크의 가방에는 책이 없다. 학비를 대준 인력개발기관에 제출할 출석증명서와 마지막 시험을 앞두고 공부가 필요할 때를 대비해 가지고 다니던 노트 몇 장이 전부다. 마이크는 수업이나 시험이 있을 때면 항상 정해진 시간보다 30분 일찍 도착했다. 근무시간 30분 전에 일터에 도착하던 공장 시절 몸에 밴 습관이다. 흰색 픽업트럭으로 걸음을 옮기는 지금은 밤 9시가 가까운 시간이다. 마이크의 마지막 시험인 상법 시험이 막 끝났다.

마이크가 향수 어린 시선으로 텅 빈 리어의 현장을 일별하고 나온 지

오늘로 26개월째다. 마이크는 마지막까지 공장에 남아 순차적으로 해고되어 나가는 노조원들의 고통을 덜어주려고 최선을 다했다. 그러나 자신이 대변했던 옛 동료들과의 연락은 점점 뜸해졌다. 겨우 몇몇을 시내에서 우연히 마주칠 뿐이다. 물론 마이크가 공장에서 일하던 시절과 그때 만난 사람들을 생각하지 않는 것은 아니다. 그러나 이미 가버린 시절에 연연하는 것은 부질없는 일이다.

본 집안의 2세대 노동운동가인 마이크의 아버지 데이브는 여전히 노조 활동에 적극적이다. 제너럴 모터스에서 퇴사한 지 거의 10년이 다 되었지만, 그는 마이크가 인사관리를 공부하겠다는 충격적인 소식을 전할 때와 마찬가지로 여전히 전미자동차노련 제95지역노조의 부위원장으로 자원봉사를 한다. 지역노조의 규모는 크게 위축되었다. GM 공장과 함께 공급 업체들이 문을 닫으면서 노조에 가입한 단위 사업장이 16개사에서 5개사로 줄어들었다. 남은 노동자들은 과거 마이크와 데이브가 각각 리어와 GM에서 보장받았던 노조 활동에 필요한 유급 자유 시간을 회사에 요구할 수 없게 되었다. 이런 이유 때문에 지역노조에는 데이브 같은 퇴직자들이 상근 중이다.

아버지는 노조에 남은 이들을 이끄는 일을 돕고 있지만, 마이크는 앞으로 닥칠 일들에 집중하는 것이 최선이라는 사실을 깨달았다. 이 수요일 밤도 그렇다. 1년 전 바브가 그랬던 것처럼 일요일 드림 센터에서는 마이크의 졸업식이 열린다. 사흘 남은 졸업식을 앞두고 마이크는 자부심과 두려움을 동시에 품고서 트럭을 향해 걷는다. 그가 자부심을 가지는 것은 당연하다. 마이크는 성취감에 들떴다. 23개 코스를 모두 마친 마이크는 21개 코스에서 A를 받았다. 나머지 한 과목은 A 마이너스, 다른 한 과목은 B였다. 앞서 바브가 그랬던 것처럼 마이크 역시 금색 띠와 수술로 장식된 가운과 학사모를 입게 된다. 그러고서 〈제인스빌 가제트〉 기자에게 말할 것이다.[1] "내 나이 마흔셋에 마침내 학사모를 썼습니다. 내가 이루어낸 것이 자랑스러워요."

자부심과 동시에 두려움을 느끼는 이유는 진실의 순간이 코앞까지 다가온 느낌을 피할 수 없기 때문이다. 몇 분 전, 그는 시험 답안지를 제출하면서 생의 2년을 투자한 도박을 끝냈다. 취업센터가 전파한 '재교육 복음'을 믿어볼 만하다는 도박이었다. 확실히 그 복음은 광범위하게 확산되었다. 지난해, 그가 블랙호크에서 학업을 시작했을 때 록 카운티의 다른 실직 노동자 543명이 연방무역조정법상의 교육 보조금을 받았다.[2] 이 보조금은 리어의 생산라인이 순차적으로 폐쇄될 당시 마이크가 곧 일자리를 잃을 노조원들을 위해 협상 끝에 따낸 성과물이다. 미 전역에서 약 10만 명의 실직자에게 정부 예산 5억 7500만 달러가 교육 보조금으로 지원되었다. 그러나 지난해에 보조금을 받은 교육생의 거의 절반,[3] 이번 해에는 마이크와 함께 졸업하는 블랙호크 학생 3분의 1이 이른 시일 안에 일자리를 구하지 못할 처지다.

마이크는 2개월 전에 구직 활동을 시작했다. 그가 원서를 낸 곳은 스무 곳이 넘는다. 마이크는 자신감에 가득 차 있었다. 완벽에 가까운 졸업 성적, 직원 800명에 달하는 사업장에서 노조 대표자로 활동한 5년에 더해 마이크에게는 노동조합 편에서 10년 동안 인사 관련 업무를 해온 경력이 있었다. 자신이 성사시킨 협상과 성공적으로 처리한 고충 사항,

근로계약에 대한 높은 이해 수준, 크로노스 인력 관리 시스템을 능숙하게 조작하는 능력 덕분에 어디서든 채용 담당자들의 이목을 끌 것이라고 생각했다. 마이크는 노조 편에서 일하든 사용자 편에서 일하든 업무는 근본적으로 비슷할 테고, 회사들은 그가 이 일을 여러 해 동안 했다는 사실에 당연히 주목할 것이라고 짐작했다.

그러나 마이크의 지원서를 받은 회사들 중 어느 곳도 좋은 소식을 전하지 않았다. 구인을 거절하는 편지들만 날아왔다. 마이크는 당황했다. 회사들은 한결같이 4년제 대학 학사 학위가 있고 인력 관리 분야에서 3~5년의 근무 경력을 쌓은 사람을 찾는다고 했다. 마이크의 생각에 회사들은 이것저것 까다롭게 재고 있었다. 많은 사람들이 가뭄에 콩 나듯 나오는 인사관리 자리를 원했고, 어떤 자리가 되었든 일단 취업부터 하고 보려는 사람들도 넘쳤기 때문이다. 마이크는 졸업을 불과 사흘 앞둔 지금까지 어떤 회신도 받지 못했다는 사실에 초조해진다.

게다가 3월부터 이해할 수 없는 이유로 실업수당 지급이 중단되었다. 그래서 자신이 이룬 성취에 대한 자부심도 불안한 심리를 진정시키는 데 큰 도움이 되지 못했다. 실업수당은 그가 학교에 적을 둔 한 계속 나오기로 되어 있었다. 마이크는 자기보다 일찍 공장에서 쫓겨났고 학교도 더 오래 다닐 예정인데 여전히 실업수당을 받는 다른 해고 노동자들을 안다. 마이크는 누군가가 자신에게 부여한 "수급 기간 소진"이라는 분류가 실수라는 것을 설득하기 위해 부단히 노력했으나, 위스콘신 실업보험 담당 기관의 어느 누구도 공감하지 않았다. 그와 바브는 뒤늦게 얼마 안 되는 예금을 조금씩 소진하기 시작했다. 마이크가 받던 실업수당 없이, 바브가 발달장애인을 돕는 새 직장에서 버는 시급 10.3달러만으로 가계를 꾸리기는 어려웠기 때문이다.

따라서 마이크는 졸업하자마자 일자리를 구하는 것이 시급했다. 이런 긴급한 상황 때문에 2년이라는 짧지 않은 삶을 투자했던 인사관리직으로의 전직이 잘 풀리지 않을 경우에 대비해 비숙련 단순 직종에도 지원했고, 만약 일자리가 생긴다면 매일 어느 정도 거리까지 기꺼이 통근할 수 있을지도 진지하게 고민하기 시작했다. 매디슨은 너무 멀까? 일리노이 록퍼드는? 그곳보다 더 먼 지역은? 졸업을 사흘 앞둔 날, 마지막 시험을 막 끝내고 주차장에 세워둔 트럭을 향해 걸어가는 마이크에게 거대한 의문 하나가 밀려온다. "앞으로 어떻게 될까?"

자부심과 두려움이 혼재된 마이크의 심리는 정확하게는 2주 동안 더 지속될 예정이다. 2주 뒤 수요일, 그는 면접을 보러 제인스빌 소재의 채소 가공 회사 세네카 푸드를 찾아간다. 그곳 인사관리 부서에 말단 직원 자리가 공석이었던 것이다. 같은 주의 금요일, 마이크는 입사 전 건강진단을 받으러 다음 주 월요일에 회사로 나오라는 전화를 받는다. 목요일, 드디어 내일부터 일하러 나오라는 최종 통지가 도착한다. 6월 1일부로 마이크는 밤샘 근무 조에서 일해야 한다거나, 노조가 아닌 사용자 측에서 노동자를 다루고 근로계약 조항들을 해석해야 한다거나, 그와 바브가 리어에서 받던 것의 절반이 겨우 넘는 수입을 번다는 사실 등에 대해 더 이상 생각하지 않게 된다.

마이크는 자신이 맞이한 행운, 28개월의 무직 생활 끝에 새 일을 시작하게 된 그 행운에 끝없이 감사하게 될 것이다.

★

　여름이 오면 제인스빌 자동차 공장과 리어 등의 공급 업체들이 문을 닫기 시작한 지 3년이 된다. 재교육을 받기 원했던 사람들 대부분이 학업을 시작하기에 충분했던 시간이다. 그러나 블랙호크에 입학했던 해고 노동자들은 이번 여름이 되면 학교로 오지 않았던 해고자 동료들보다 나쁜 처지가 될 상황이다. 납득하기 어려울지 모르겠지만, 블랙호크에 입학한 해고자들의 취업률은 다른 해고자들보다 낮았다. 제인스빌과 주변 도시에서 약 2000명의 해고자들이 블랙호크에 입학해 공부했다. 그중 매 계절마다 일정 급료 이상을 받는 안정된 일자리를 구한 이는 세 명 중 한 명꼴에 불과했다. 반면 학교에 입학하지 않은 해고 노동자 가운데 안정된 일자리를 얻은 경우는 약 절반 정도였다.

　게다가 블랙호크에 진학했던 이들의 수입이 많지도 않았다. 금융위기 전 이들의 임금은 지역의 다른 노동자들과 비슷한 수준이었다. 이번 여름, 재교육을 받지 않고 새 직장을 구한 이들은 과거보다 평균적으로 약 8퍼센트 적은 수입을 올렸다. 그러나 블랙호크에 입학했던 이들이 받는 급료는 과거에 견줘 평균적으로 3분의 1이 적었다. 가장 놀라운 사실은 급료 하락폭이 가장 큰 해고자 그룹이 바로 마이크처럼 졸업할 때까지 블랙호크에서 꾸준히 공부한 이들이라는 점이다. 이들은 금융위기 전에는 상대적으로 고임금 노동자였던 경우가 많았다. 따라서 그들의 급료 감소 폭은 특히 가팔라 예전의 절반 수준으로 떨어졌다.

　'직업 재교육'이라는 복음의 도움 속에 연방정부 자금이 유입되는 통로 역할을 했던 취업센터의 밥 버러먼스는 블랙호크에 진학한 해고자 가운데 일부만 좋은 급료를 받는 일자리를 구했다는 사실에 주목했다. 심지어 모두가 새 직장을 구한 것도 아니었다. 이것은 밥이 기대했던 결과가 아니었다. 이것은 그가 풀어야 할 미스터리였다.

학교에 진학하지 않은 해고자들 일부가 동료 해고자들이 학교를 다니는 기간에 나온 약간의 일자리를 낚아챈 것일까? 리어에서 18년을 일했던 마이크 같은 사람들이 지금 새로운 분야의 밑바닥에서부터 시작하는 것은 아무리 그래도 문제 아닌가? 만약 시간이 흘러 그들이 직업 사다리의 윗부분으로 올라가면 급료도 함께 올라갈까?

이유가 무엇이든, 밥은 연방정부와 취업센터 소속 사회복지사들이 전파해온 재교육 복음이 적어도 아직은 사실로 판명되지 않은 가정에 기반한다는 사실을 차츰 깨닫는다. 이 가정은 이번 금융위기가 과거에 겪었던 경기 불황과 유사할 것이며, 사라진 일자리들도 과거에 그랬던 것처럼 머잖아 다시 생길 것이라고 기대한다. 그러나 이 가정은 실현되지 않았다. 그래서 밥은 의도는 좋았으나 잘못된 기대를 했던 취업센터가 요즘 들어 자신이 '이중의 불운이 겹친 곳'이라고 부르는 곳으로 사람들을 보냈다는 사실을 깨달았다. 그들은 일자리를 잃었다. 그들은 새로운 기술을 습득하기 위해 학교로 갔으나, 여전히 직장을 구하지 못한다.

★

블랙호크의 교육 담당 부학장인 샤론 케네디는 밥이 요즘 들어 인식하는 이중의 불운을 물리치기 위해 열심히 노력했다. 샤론은 블랙호크의 교직원들에게 지역에 남은 회사의 경영진 및 인사 담당 책임자들과 일자리가 생길 가능성이 높은 곳이 어디인지에 대해 협의하도록 했다. 대학의 얼마 되지 않는 상담 직원들은 과중한 업무를 견뎌가며 실직자들을 유망 분야의 학습 과정으로 이끌기 위해 노력했다.

블랙호크의 가장 주목할 만한 성과는 소수의 해고 노동자 그룹에 특별한 추가 도움을 주기 위해 개설한 CATE^{Career and Technical Education}였다. 이 프로그램은 위스콘신의 민주당 소속 연방 상원의원인 허브 콜이 대학교육위원회로부터 겨우 받아낸 200만 달러로 샤론과 블랙호크 교직원들이 만든 특별 프로그램이다. CATE는 2010년 겨울에 학생 125명으로 시작했다. 블랙호크는 학교에 온 해고자들을 상대로 시험을 치르게 했는데, 이를 통해 몇몇은 대학 공부를 할 준비가 된 반면 다른 사람들은 중학교 수준의 읽고 쓰고 셈하는 능력만 갖췄다는 사실을 알아냈다. 두 그룹은 샤론과 밥, 대학과 취업센터 직원들이 일자리를 구하기에 가장 유망하다고 판단한 몇몇 분야에서만 프로그램들을 선택하는 것이 허용되었다. 수학 능력이 검증된 해고 노동자들은 컴퓨터 작업이나 임상 실험 기술 교육을 받을 수 있었다. 학업 준비가 안 된 학생들은 간호보조사나 용접공 또는 돈벌이가 되는 몇몇 직업들과 관련한 실무 교육을 받았다. 그들은 대학에서 매주 20시간 동안 개인 교사가 딸린 도우미 프로그램을 부족함 없이 제공받았다.

CATE는 비쌌다. 학생 1인당 8000달러에서 1만 달러가 들었다. 그러나 프로그램을 구성하기 위해 쏟아부은 관심과, 이 소규모 해고 노동자 집단을 상대로 벌인 열정적인 지도에도 결과는 신통치 않았다. 가장 뼈

266

아팠던 것은 샤론과 CATE를 만든 사람들이 가장 유망하다고 선택한 분야에서 공부한 해고 노동자들조차 다른 사람들에 견줘 구직 과정에서 별다른 이득을 누리지 못했다는 사실이다. 마이크가 졸업하고 난 이번 여름까지 약 절반 정도가 일자리를 구할 예정이었는데, 이는 블랙호크에 진학하지 않은 다른 해고자들과 같은 수준이었다.

★

마이크는 요즘 리어 출신으로 블랙호크에 진학했던 사람들을 우연히 마주치곤 한다. 그들 가운데 일부는 여전히 일자리를 찾는 중이고, 일부는 애초 계획했던 것과 거리가 먼 일에 종사한다. 컴퓨터 정보 기술을 공부했던 한 남자는 식료품을 포장하는 일을 했다. 그래서 세네카 푸드의 밤샘 근무 조에서 첫 업무를 시작할 준비가 된 6월 1일 오후 무렵, 마이크의 내면에 혼재하던 자부심과 두려움은 순수한 자부심으로 바뀌었다. 인생이 가장 좋은 시나리오대로 굴러왔다는 느낌이었다.

물론 마이크의 수입은 전보다 줄어들 것이다. 그러나 지금은 좋았던 시절이 갔다는 사실을 받아들이고, 바꿀 수 없는 것에 연연하지 말고, 현재 가진 것에 감사해야 할 때라고 마이크는 생각한다. 이 새로운 시기를 맞아 마이크는 이제껏 걸어온 인생을 돌이켜 본다. 그리고 자신은 노조에서 직책을 잃은 것이 아니라 새로운 일자리를 인사관리 분야에서 찾으려는 과감한 도박 끝에 결국 새 일자리를 찾았음을 깨닫는다. 그 일자리는 자신의 전공 분야이고, 제인스빌에 있다.

2011년 노동절 축제

노동절 행진은 매년 오후 1시에 시작된다. 밀워키가를 따라 출발한 대열은 남쪽으로 방향을 틀어 시내 중심가로 향한다. 9월 5일, 오후의 하늘은 그림엽서처럼 화창했으나 거리 분위기는 그렇지가 않다. 뉴 글래러스 소방서 소속 소방관들이 거리에서 사다리를 기어오르는 동안, 그 옆을 구식 쉐보레가 굴러가고, 퍼레이드 대열을 휘감은 분노가 거리를 따라 흘렀다. 그 분노는 지난겨울 임기를 시작한 지 몇 주도 안 되어 반노조 정책과 예산 삭감을 시도했던 스콧 워커 주지사에 대한 항의 시위로부터 곧장 이어져 내려왔다. 이것은 제인스빌의 유서 깊은 정중함, 역경에 맞서는 온화한 반응과 어긋나는 것이었다.

67년을 살아오는 동안 팀 컬런은 제인스빌의 이런 모습을 한번도 본

적이 없다. 법안 표결을 막으려고 일리노이로 피신했던 민주당 상원의원들이 얻은 것 하나 없이 매디슨으로 돌아온 뒤, 팀은 공화당과의 관계를 풀기 위해 노력했다. 그는 앞으로 의원들이 회기를 무산시키려고 주 경계를 벗어나는 것을 금지시키자는 자신의 제안이 평화를 위한 선한 의지의 표현이라고 생각했다. 그러나 공화당 의원들은 그 아이디어를 무시했고, 민주당 동료들은 그가 공화당에 농락당했다고 조롱했다. 매디슨에서 발행되는 《위스콘신 스테이트 저널The Wisconsin State Journal》과 〈제인스빌 가제트〉는 화해를 위한 팀의 노력을 서로의 지역구를 교환 방문함으로써 관계 개선을 시도하려는 두 명의 공화당 상원의원과 함께 기록했다.[1] 7월에 《위스콘신 스테이트 저널》은 "그것은 모두 위스콘신에서 초당적 노력이 아직 살아 있다는 사실을 세상 사람들에게 보여주려는 계획의 일환"이라고 보도했다. 팀은 관용적이고 초당파적인 정신을 매디슨에 다시 불러일으키려고 진지하게 노력하는 가운데 자신이 혼자라고 느꼈다.

팀은 자신이 동료들과 조화롭게 지내지 못한다고 느낀다. 시원한 산들바람이 부는 이날 오후, 그는 고향에서 벌어지는 행진에 섞여 밀워키가를 따라 걷는다. 그러다 거리 한쪽, 인파로 붐비는 인도를 바라본다. 스무 명 남짓한 군중이 그가 지나가는 것을 보고 응원의 함성을 보낸다. 이번에는 반대쪽 군중들을 바라본다. 한 남자가 손가락을 세워 보이며 욕설을 퍼붓는다.

노동절 퍼레이드의 한가운데서 손가락 욕설을? 그것도 이 멋지고, 역경에 굴하지 않는 제인스빌의 밀워키가에서? 팀은 믿을 수 없다. 그는 남자가 자신이 일리노이로 도망쳤던 것에 불만이 있어서인지, 아니면 그가 지나치게 온건하다고 적대감을 드러내는 것인지 알 수 없다. 어느 쪽이든, 그 몇 초의 순간이 오늘날 위스콘신 정치의 부적절한 모든 것을 압축해 보여준다고 팀은 생각한다. 제인스빌의 정중함을 파괴하는 모든 것 말이다.

그러나 팀은 이날 퍼레이드 대열을 휘감았던 최악의 분노와 정면으로 맞닥뜨리지는 않았다. 최악의 분노는 그 시각 폴 라이언과 함께 행진 대열을 따라 이동하고 있었다. 분노는 폴이 가족과 함께 행진에 돌입하기 전부터 그를 향해 쏟아졌다. 지퍼 달린 트레이닝복 차림의 헝클어진 갈색 곱슬머리 청년이 폴을 도발했다.[2] 토드 스토너라는 이 젊은이는 스물다섯 살의 노조 조직 활동가이자 뉴욕 월가 점거 시위의 초기 참가자였다. 이 운동은 세계 인구의 1퍼센트를 차지하는 부자들과, 부의 집중이 야기하는 비극을 맹렬히 비난했다.

시작은 정중했다.

"라이언 의원님."

스토너가 폴에게 다가서며 손을 내민다. 폴은 스토너와 가볍게 악수한 뒤 손을 쌍둥이 유모차의 손잡이로 옮겼다. 유모차에는 폴의 세 아이 가운데 가장 어린 여섯 살짜리 금발머리 샘이 탔다.

"미안합니다."

상대를 알아보지 못한 것을 사과한 뒤, 폴은 자신에게 다가온 이 줄무늬 그린베이 패커스 폴로셔츠에 카키색 옷을 입은 위스콘신 유권자가 누구인지 구석구석 살핀다. 폴의 휴대전화는 지금으로부터 3년도 더 지난 어느 날 밤, 공장이 문을 닫을지도 모른다는 예고 전화를 받았을 때처럼 그의 벨트에 고정되어 있다.

"만나서 반갑습니다. 죄송합니다. 우리는 여기서 막 시작하려던 참입니다."

폴 옆에는 금발을 하나로 묶은 부인 재나가 다른 두 아이인 리자, 찰리와 함께 서 있다. 그들 주변에는 앞면에 흰색 글씨로 "라이언"이라 쓰고 뒷면에는 같은 글자를 그보다 큰 흰색 글씨로 쓴 켈리 그린 티셔츠 차림의 지지자들이 둘러싸고 있다.

"의원님한테 정말 묻고 싶어요."

스토너는 멈추지 않는다.

"지금은 곤란해요. 이제 곧 행진을 시작해야 하니까요."

폴이 난색을 표하며 크림색 명함을 스토너에게 건넨다. 어린 샘이 유모차에 앉아 성조기를 흔든다.

"부탁할게요. 제 사이트를 방문해주세요."

폴이 자리를 피하려 하자 스토너가 갑자기 인내심에 한계를 드러내며 그의 말을 끊는다.

"벌써 읽어봤어요."

"그럼 우리가 무엇을 해야 하는지에 대한 제 생각을 잘 알겠군요."

폴이 대꾸한다. 하지만 스토너는 그 내용이 맘에 들지 않았다고 재차 도발한다. 폴은 "그 문제에 대한 우리의 뜻이 같지 않다는 거네요. 그렇죠?"라며 상황을 마무리하려 한다.

"잘 가요. 당신이 잘되기 바랍니다. 나 역시 일자리를 유치하고 싶어요. 우리는 그 문제에 대해 서로 다른 의견을 가졌고요. 그런 거죠?"

그러자 스토너의 목소리가 크고 날카로워진다.

"일자리를 얻기 위해 나는 뭘 해야 하죠? 제가 중국 사람들 정도의 돈을 받고 일해야 하나요? 시급 1달러를 받고서?"

재나는 어색한 미소를 띤 채 유모차에 손을 얹고 있다. 여덟 살 난 찰리가 지켜보고 있다. 재나는 젊은 친구에게 몸을 돌려 그에게 행운을 빌어준다. 폴 역시 그의 행운을 빌며 묻는다.

"사탕 좀 줄까요?"

폴의 아이들은 퍼레이드 참가자들에게 건넬 사탕을 가지고 있었다.

"됐습니다."

스토너가 황당하다는 듯이 답한다.

"패커 배저 경기 일정은 어때요?"

"됐다니까요."

스토너가 규제 완화가 얼마나 위험한지에 대한 이야기를 꺼내려고 하자 폴은 입술을 굳게 다물고 얼굴을 돌린다. 재나는 여전히 미소를 머금고 있다. 그때 켈리 그린 라이언 티셔츠를 입은 사내가 끼어든다.

"어이, 그만 좀 하지."

그가 훼방꾼 젊은이에게 쏘아붙인다.

"자네나 우리나 즐기려고 여기 온 거잖아."

스토너는 록 카운티의 지난달 실업률이 여전히 9퍼센트를 상회한다는 사실, 제너럴 모터스 공장을 포함한 공장들이 문 닫기 전보다 취업자 수가 9000명이나 줄었다는 수치는 굳이 거론하지 않는다.[3] 그는 그

272

저 이렇게 응수했다.

"실업자가 넘쳐나는 상황에서 축제라니……. 참 슬픈 노동절이군요."

마침내 폴과 켈리 그린 셔츠를 입은 수행단이 퍼레이드 노선을 따라 행진을 시작한다. 그가 1.6킬로미터 남짓한 행진 경로의 최종 목적지 부근, 중심가의 사열대를 지날 때까지도 그의 노동절은 조금도 나아지지 않는다. 그는 손을 흔들며 연신 소리친다.

"여러분, 행복한 노동절입니다!"

도로변에 접이식 의자를 펼쳐놓고 앉은 관객들 너머로 곱슬머리 스토너의 모습이 보인다. 그는 동료들과 함께다. 그들 중 몇몇은 '위스콘신 잡스 나우! Wisconsin Jobs Now! 지금 위스콘신에 일자리를!' 활동가들이다. 이 단체는 지난봄에 있었던 주지사 반대 시위 직후에 만들어졌고, 스토너는 이 단체의 조직자로 활동한다. 이 조직의 활동은 스토너가 소속된 서비스 노조국제연맹Service Employees International Union, SEIU의 지원을 받는다. '위스콘신 잡스 나우!'는 이날 퍼레이드 차량을 운행했다. 평상형으로 꾸민 그들의 차는 "좋은 일자리를 찾는 실직 노동자 연합"이라는 문구를 측면에 건 스테이션왜건이 끌고 있다. 차에는 폴의 지역구에서 온 해고자들과 저임금 노동자들 몇몇이 탔다.

분노의 대상이 퍼레이드 행진로의 끝에 도달할 무렵 스토너와 그의 친구들이 소리친다.

"폴 라이언. 그는 최악이다. 그의 안중에는 기업의 이익뿐이다."

"중산층에 대한 공격을 멈춰라!"

스토너가 소리친다. 그는 "라이언은 일하는 사람들을 무시한다"라고 쓴 흰색 현수막의 한쪽 끝을 잡고 있다.

"일자리는 어디 있나? 일자리는 어디 있나?"

폴이 그의 푸른색 쉐보레 서버번의 운전석 문을 열자 시위대가 소리 친다. 그의 고향 제인스빌에서는 더 이상 이 서버번을 생산하지 않는다. 황록색 티셔츠를 입은 지지자들과 부지런히 포옹을 하던 재나가 아이 들은 데리고 서둘러 차 안쪽으로 몸을 숨긴다. 폴이 서둘러 운전해 분 노의 현장을 벗어난다. 한낮의 태양 아래 푸른색과 흰색이 섞인 간판들 몇 개가 눈에 띈다. "아메리칸 드림을 살려내라."

★

며칠 뒤, 제인스빌에 다시 한번 불운이 찾아왔다. 이번에도 디트로이 트발 불운이었다. 금요일 밤에 제너럴 모터스와 전미자동차노련은 4년짜 리 새 단체교섭에서 잠정적인 합의에 도달했다. 이번 교섭은 조지 W. 부 시 대통령과 오바마 대통령이 자동차 산업에 대한 연방정부의 자금 대 출에 합의하고 GM이 그에 상응하는 회생 전략으로 파산신청과 구조조 정에 돌입한 이래 처음 이루어진 단체교섭이었다. 의제 중에는 상대적으 로 덜 중요한 것이기는 했어도, '생산대기' 상태에 있는 GM 공장 두 곳 을 어떻게 처리할 것인가에 관한 문제도 포함되어 있었다. 제인스빌 공 장과 테네시주 내슈빌 남쪽에 있는 스프링힐 공장이다. 스프링힐 공장 은 1989년에 쉐보레 새턴스를 만들기 위해 문을 열었고, 2년 전에 가동 이 중단될 때까지 SUV를 생산했다.

제인스빌 사람들에게 이것은 부차적인 문제가 아니었다. 취업센터의 밥 버러먼스는 자동차 공장이 다시 문을 열기 바라는 주민들의 열망을 알았다. 공장이 다시 돌면 주변에 다른 일자리들이 생겨나는 파급 효과가 상당하기 때문이다. 그러나 밥은 현실주의자다. 주민들 대부분은 더 이상 이 불사조(제인스빌 공장을 말한다_옮긴이)에 의지하지 않는다고 믿고 싶다. 그러나 일부 주민들은 여전히 공장 재가동에 목을 맸다. 근로자 지원프로그램 대표로 25년을 일하고 3년 전에 퇴직한 마브 워팻 같은 사람들이 그랬다. 마브의 믿음은 여전히 뜨거웠다. 그는 제인스빌 공장이 재가동되는 것은 시간문제이며, 그렇게 되면 포트웨인과 제인스빌을 오가는 아들 맷의 고단한 생활도 곧 끝날 것이라고 믿었다.

금요일 밤, 노사가 스프링힐 공장 재가동에 잠정 합의했다는 이야기가 흘러나왔다. 제인스빌 공장은 지금처럼 가동 중단 상태가 이어질 것이라고 했다. 전미자동차노련 제95지역노조 부지부장인 데이브 본은 친구이자 같은 은퇴자로 지역노조 지부장을 맡은 마크스와 함께 디트로이트로 쫓아갔다. 그동안 지역노조는 노조 중앙 지도자들과 꾸준히 만나 제인스빌 공장이 다시 문을 열게 하거나, 그게 여의치 않다면 최소한 지금처럼 생산대기 상태를 유지해야 한다고 설득해왔다. 대기 상태로 남는 것이 아예 폐쇄되는 것보다는 나았기 때문이다. 이제 그들은 잠정 합의안에 대한 자동차노련 위원장의 설명을 듣는다. 합의안은 월말까지 조합원들의 비준을 받을 것이라고 했다. 제너럴 모터스는 이번 합의로 6400개의 일자리가 앞으로 4년간 미국에 생길 것이라고 밝혔다.[4] 이 과정에서 기업의 비용 부담은 1퍼센트만 늘어날 뿐이고, 종업원들에게는 상여금과 더 많은 성과급이 돌아갈 것이라고 말했다. 제너럴 모터스의 최고경영자 대니얼 애커슨Daniel Akerson은 이 합의가 "노조와 회사 모두를 승자로 만드는 것"이며 "GM이 새로워졌음을 보여주는 매우 뚜렷한 증거"라고 자화자찬했다.

제인스빌의 분위기는 어땠을까? 두말할 나위 없이 실망이 가득했다. 그러나 오래된 낙관주의, '할 수 있다'는 불굴의 정신이 다시 한번 꿈틀댔다. 데이브 본과 지역노조 집행부는 자동차노련이 제인스빌 공장에 항구적인 사형선고가 떨어지는 것을 막아준 것에 안도했다. 지역 독자들의 가슴에 남은 희망의 불씨를 지키려는 〈제인스빌 가제트〉의 노력도 눈물겨웠다. 〈제인스빌 가제트〉는 한 기사에서 스프링힐 공장이 다시 문을 연다면 그다음 차례는 대기 상태로 남은 제너럴 모터스의 유일한 공장인 제인스빌 아니겠냐고 추측했다.[5]

벽장을 발견하다

AP Advanced Placement 심리학(미국의 비영리 교육기관인 대학위원회가 고등학생들에게 제공하는 입문 수준의 심리학 과정으로, 여기서 받은 학점이 대학 입시에 그대로 반영된다_옮긴이)은 케이지아 휘태커의 7교시 수업이다. 수업이 끝나면 하루가 마무리된다. 오후 3시 20분, 7교시 수업이 끝나자 케이지아는 책과 노트 따위를 넣을 분홍색 망사 가방을 집어들기 위해 몸을 구부린다. 그러나 가방을 잡은 찰나에 난감하게도 눈물이 흘러내린다. 케이지아는 당황한다. 케이지아와 쌍둥이 자매 알리사는 아직 파커고등학교 3학년이다. 케이지아는 학교 토론 반의 모범적인 구성원이다. 2학년이던 지난해에 케이지아는 토론 반의 대표자로 나서 파커고등학교가 위스콘신주 본선에 진출하는 데 기여했다. 단정한 처신과 자기절제의 중요성을 누구보다 잘 아는 케이지아는 남들 앞에서 좀처럼 눈물을 보이는 일이 없다. 그리고 지금 이 순간, 울음소리가 나지 않는 것을 천만다행이라 여기면서 남들이 알아채기 전에 속히 울음을 그쳐야 한다고 생각한다.

케이지아는 속으로 자신을 호되게 꾸짖는다. '여기서 이러면 안 돼.' 되뇌고 또 되뇐다. '교실에서 눈물을 보이면 안 돼. 안 되고말고.' 그러나 흐르는 눈물을 주체할 수 없다. 고개를 들지 않는 수밖에 없다. 다른 아이들이 가방을 싸느라 너무 바쁘기를, 아이들의 머릿속에 무슨 생각이든 떠올라 축축하게 눈물로 젖은 얼굴을 알아차리지 못하기를 바랄 뿐이다. 갈색 머리칼을 늘어뜨려 보지만 얼굴 전체를 가릴 수는 없다. 다행히 교실에 있는 누구도 자기에게 관심을 보이지 않는 것 같다. 그러나 케이지아의 책상은 교실 앞쪽과 가깝고 벽을 등진 채 중앙을 바라보는 쪽에 있다. 달리 말하면 베너티 선생의 책상과 가깝다는 이야기다.

에이미 베너티는 파커고등학교에서 4년 동안 사회 과목을 가르쳤다. 데리 왈럿과도 가깝게 지낸다. 데리와 에이미의 교실은 같은 복도에 있다. 심리 장애에 대한 강의를 막 끝낸 에이미는 우연히 케이지아를 흘깃 쳐다보고서는 무슨 일이 있다는 것을 알아챘다. 그녀는 케이지아에게 수업이 끝난 뒤 잠깐 교실에 남을 수 있는지 묻는다.

에이미는 다른 아이들이 교실을 떠나기를 조용히 기다린다. 그러고서 케이지아의 옆 책상에 앉아 부드럽고 자애로운 목소리로 무슨 일이 생겼는지, 자신이 도울 일은 없는지 묻는다. 케이지아는 무엇을 이야기해야 할지 감이 잡히지 않는다. 지난 3년 동안 케이지아와 알리사는 집에서 벌어지는 일을 숨기는 데 전문가가 다 됐다. 굿윌Good Will(기부받은 중고 물품을 손질해 저렴하게 판매하는 대형 매장_옮긴이)에 진열된 옷더미를 헤집어 새것처럼 보이는 값비싼 브랜드 청바지를 찾아내는 데도 도가 트였고, 친구들과 함께 쇼핑을 가서 자신이 아무것도 사지 않는다는 사실을 눈치채지 못하게 행동하는 데도 능숙해졌다. 집에서 벌어지는 일은 친구들과 공유할 만한 이야깃거리가 아니었다.

물론 알리사의 남자 친구 저스틴은 알리사가 자기 집에 드나들기를 좋아하는 이유를 안다. 돈에 대해 이야기하지 않아도 되고, 함께 4륜 구동 오토바이를 탈 수도 있고, 보통 때와 달리 평범한 10대 아이의 기분에 젖을 수 있기 때문이다. 지난해에 위스콘신주 토론 대회 본선에 나갈 자격을 얻게 되었을 때, 케이지아는 토론 상대였던 선배 라이언에게 자신은 대회에 갈 수 없다고 말해야만 했다. 본선에 참가하려면 대회 장소인 리펀칼리지 인근에 여학생 셋과 남학생 둘이 각각 쓸 호텔 방을 잡아야 했는데, 케이지아는 자기 몫을 부담할 형편이 안 됐다. 라이언은 이 사실을 코치에게 말했고, 정확히 어떻게 했는지는 알 수 없지만 어쨌든 문제가 풀렸다. 케이지아는 약간의 비용만 지불하고서 대회에 출전했다. 본선이 열린 날, 대회장 주변에 눈보라가 심하게 몰아쳤다. 평소보다 가는 데 두 시간이나 더 걸렸고, 케이지아는 가는 내내 잔뜩 얼어붙었다. 하지만 케이지아는 본선 출전비를 대신 부담한 누군가에게 보답하기 위해 최선을 다했고, 좋은 결과 덕분에 팀에 확실한 도움을 줄 수 있었다.

이렇듯 쌍둥이들은 친구들에게 절대로 집안 사정을 털어놓지 않았다.

그러니 교사에게는 어땠겠는가? 케이지아로서는 아빠가 GM에서 해고되어 1년 동안 실직 상태로 지내다가 지금은 세 번째 직장에 다닌다고 말하기 어려운 노릇이었다. 게다가 아빠가 이번에 얻은 직장마저 잃어버릴까 봐 걱정하기 시작했다고 이야기하기는 더욱 어려웠다. 세 번째 직장을 구했을 때는 행운이라고 생각했다. 아빠가 세 번째로 얻은 일자리는 카운티 교도소 경비원이었다. 바브 본이 일했고, 크리스티 바이어가 아직도 일하는 그곳이다. 아빠가 구직 서류를 제출한 뒤 그곳에서 일자리를 얻기까지는 거의 1년이 걸렸다. 케이지아와 알리사가 베이비시터 아르바이트를 하며 가까워진 가족의 아빠가 치안담당관실 경사였다는 사실이 불리하게 작용하지는 않았던 것 같다. 제러드는 대부분 두 번째 근무 조로 일한다. 크리스티가 밤샘 근무를 하기 위해 출근하기 전이다. 제러드는 크리스티를 모른다. 제러드는 시급이 17달러 안팎인 그곳의 보수에 만족했다. GM의 급료에는 못 미쳤지만 패치 프러덕스 웨어하우스에서 받던 시급 12달러보다는 나았다. 물론 그곳이 지금 일하는 교도소처럼 건강보험 혜택을 제공했다면 제러드는 기꺼이 그곳에 남았을 것이다.

　그러나 얼마 안 가 제러드의 일에 문제가 생겼다. 케이지아는 아빠가 변했다는 사실을 알아차렸다. 아빠는 신경이 매우 예민해져 있었다. 일하러 나가기를 두려워하는 것 같았다. 상황은 여름이 지나며 악화되었다. 여름 동안 제러드는 집으로 가욋돈을 가져오기 위해 다른 교도관이 휴가를 간 사이 상황이 허락하는 대로 초과근무를 했다. 17달러에 이르는 시급은 예전 직장의 보수보다 나았지만 케이지아와 알리사는 엄마 아빠가 돈 문제로 오랫동안 대화하는 것을 자주 들었다. 물론 부모들은 아이들이 엿듣는다는 사실을 알아차리지 못했다. 노아는 유니폼 비용이 많이 들어가는 스포츠 활동에 점점 많은 시간을 쏟았다. 여기에 더해 교도소가 제공하는 건강보험은 자기부담률이 높았다. 따라서 케이지아가 심한 복부 통증 때문에 진료를 예약할 때면 과거보다 많은 돈이 들었다. 케이지아의 집안은 할아버지 대부터 GM이 영원할 것이라고 생각했다. 케이지아는 그 믿음이 무너지고 중산층에서 탈락해 하위 중산층이나 그보다 더 낮은 계층으로 떨어지는 것이 부모에게 가혹한 일이라는 것을 안다. 케이지아는 부모를 더 도와야 한다고 생각하지만 어떻게 해야 하는지 알 수가 없다.

학교에 오면 케이지아는 걱정을 멈추고 수업에 집중하려고 노력한다. 그러나 심리 장애에 관한 이날 수업에서 베너티 선생이 들려준 우울증과 불안 증세에 관한 이야기는 케이지아로 하여금 아빠의 변화를 떠올리게 만들었다. 그리고 이전에 겪어보지 못한 방식으로 이 생각 저 생각이 동시에 밀려들면서, 수업이 끝날 무렵이 되자 어떤 응어리 같은 것이 맺혀 목이 꽉 막힌 느낌이 들었다. 그러더니 급기야 웅성웅성한 교실에서 눈물이 흐르기 시작했다.

베너티 선생은 매우 훌륭한 상담가였다. 케이지아는 그런 선생님에게 무례하게 행동하고 싶지 않다. 하지만 사생활을 교실로 가져오는 것은 잘못하는 일 같다. 그래서 무슨 말로 이 자리를 무마할지 고민하며 잠시 뜸을 들인다. 케이지아는 집안의 어떤 문제도 말하고 싶지 않다. 그러나 무엇인가를 이야기해야 한다는 것도 안다.

"지금 우리 가족이 처한 상황이 아주 좋지는 않아요."

케이지아가 해야 할 말을 어렵사리 떠올렸다. 하지만 케이지아는 바로 평정심을 잃는다. 애써 흐느끼지 않으려 하지만 소리 없는 눈물이 속절 없이 흘러내린다.

"우리가 도울 수 있을 거야."

베너티 선생이 말한다.

"하지만 저는 도움을 받아본 적도 없고, 그럴 자격도 안 될 거예요."

케이지가 대답한다. 케이지아는 에코의 도움을 받으려고 노력에 노력을 거듭한 끝에 결국 엄마의 눈시울이 붉어졌던 것을 떠올린다. 당시 푸드 팬트리 직원은 엄마가 찾아갈 때마다 이야기했다. 케이지아네 가족은 월수입이 자격 상한을 몇 달러 초과했기 때문에 식료품 지원을 받을 수 없다고 말이다. 베너티는 케이지아에게 도움을 받기 위해 자격을 증명할 필요는 없다고 말한다.

가방을 챙기라는 선생님의 말에 케이지아가 가방을 집어든다. 베너티 선생은 서류 캐비닛 위쪽에서 열쇠 꾸러미를 꺼낸다. 교실을 나온 두 사람은 복도를 가로지르고 두 개의 문을 지나쳐 한 사무실 앞으로 간다. 케이지아는 한번도 눈여겨본 적이 없는 장소다. 베너티 선생이 문을 열자 믿기 힘든 장면이 케이지아의 눈앞에 펼쳐진다. 선반 위에 청바지와 신발, 학용품이 가득하고 캐비닛 안에는 음식과 비누와 치약이 꽉 차 있다. 파커의 벽장이었다. 케이지아를 놀라게 한 것은 이런 방이 있다는 사실만이 아니다. 베너티 선생님이 열어준 문 뒤에 이런 방이 존재한다는 것은 학교 안의 다른 아이들 역시 가정 형편이 썩 좋지 않다는 이야기였다.

수천 명이 일자리를 잃었고 일부는 여전히 실직 상태이며 일부는 아빠처럼 이 일 저 일 전전하면서도 늘 돈에 쪼들리는 이곳 제인스빌에서, 케이지아는 자기 집에서 일어나는 일들이 도시의 곳곳에서 똑같이 벌어질 것이라는 생각을 전혀 해보지 못했다. 그것은 가족이 겪는 어려움은 친구들과 상의할 만한 것이 아니라고 알리사와 이야기했던 것처럼 과거에 중산층이었던 다른 아이들 역시 같은 생각을 했다는 이야기였다.

"나 같은 애들이 많았던 거야."

케이지아는 갑자기 찾아온 이런 깨달음이 놀랍다. 에이미 베너티는 "나만 그런 것이 아니었어"라고 놀라는 아이들의 모습을 이전부터 봐왔다. 파커고등학교에 부임한 이래 그녀는 벽장의 도움을 받는 아이들이 열두어 명이던 첫 해부터 200명에 육박하는 지금까지 데리를 도와 벽장 일을 함께해 왔다.[1] 비록 데리만큼 많은 일을 하지는 않지만, 최근까지도 매년 20여 명의 아이들을 벽장으로 인도했다. 케이지아 이전에 겪었던 아이들에게서 에이미는 자기가 단순히 헌 청바지와 치약을 나눠주는 것이 아니라는 사실을 배웠다. 이런 생필품을 받으면 아이들은 자기 삶을 완전히 다른 면에서 이해하게 된다. 바로 궁핍함이다. 한 여자아이는 자기 가족은 도움 같은 건 필요 없다고 화를 내면서 울음을 터뜨렸다. 부모가 이혼한 남자아이 역시 처음에는 도움을 거부했다. 에이미는 아이에게 '네가 실질적인 가장이지만 학교에서 하루종일 공부와 운동을 해야 하니 일을 할 수는 없다. 그러니 넌 가족의 생계를 돕는 작은 일환으로 몇 가지 생필품을 집으로 가져갈 필요가 있다'고 말해주었다. 그제야 아이의 거부감과 경계심이 사라졌다.

그때의 경험을 계기로 에이미는 아이들이 벽장으로부터 도움을 받는 것에 거부감을 느끼지 않는 방법을 찾아야 한다고 생각했다. 에이미는 케이지아가 받은 충격을 일반적인 것으로 봤지만 케이지아의 생각은 다른 데 미쳤다. 아마 누군가는 아이들에게 도움을 베풀기 위해 큰 수고를 하고 있으리라는 생각이었다. 그 누군가는 케이지아뿐 아니라 케이지아의 가족 모두를 돕기 위해, 의사가 되어 누군가를 돕는 사람이 되고 싶다는 케이지아의 목표를 이룰 기회를 만들어주기 위해 이토록 큰 친절을 베풀고 일상을 할애하고 있었다. 케이지아는 이 전부를 생각하는 것이 지나치게 감성에 치우친 것처럼 느껴진다. 그래서 자초지종을 묻지 않고 이렇게 질문했다.

"그럼 이 물건들은 어디서 구하나요?"

기부와 지역주민들의 십시일반이라는 대답이 돌아왔다. 베너티 선생은 케이지아에게 필요한 것이 무엇이냐고 묻는다. 그러나 여전히 케이지아의 관심은 자신이 도움을 받아야 하기 전까지는 누구도 눈치채지 못하는 비밀스러운 장소가 학교 안에 있다는 놀라움에 머물러 있다. 그러고 나서 "필요한 물건들"이라는 데 생각이 미치자 이번에는 항상 남을 돕는 사람이 되어야 한다고 배워온 가르침이 마음에 걸린다. 케이지아와 알리사와 노아는 남에게 도움을 주고 자기 삶은 스스로 돌보는 사람이 되어야 한다고 귀에 못이 박히게 들어왔다. 케이지아는 너무 많은 도움을 받고 싶지 않다.

케이지아는 수아브 샴푸와 컨디셔너를 집어 든다. 컨디셔너를 쓰지 않으면 생활비를 절약할 수 있지만 조금 가져가도 괜찮을 것 같다. 다른 식구에게도 무엇인가를 주고 싶다. 케이지아는 노아가 쓸 만한 올드 스파이스 데오도런트를 챙긴다.

베너티 선생이 다른 것들은 필요하지 않으냐고 묻자 케이지아는 지금 챙긴 것만으로도 충분하다고 답한다. 베너티 선생이 문을 잠그기 전, 케이지아가 한번도 본 적 없는 잘 차려입은 아래 학년 남자아이가 휙 들어오더니 진열대를 살펴보다가 몇 가지 생필품을 챙겨 나간다.

케이지아는 학교를 나와 집까지 몇 블록을 걷는다. 그리고 벽장에 대해, 필요한 것이 있으면 주저 말고 부탁하라는 베너티 선생의 말에 대해 곰곰이 생각한다. 집에 도착했을 때 알리사는 일하러 나가고 없었다. 케이지아는 샴푸와 컨디셔너와 데오도런트를 식탁과 스토브 사이에 있는 부엌 조리대 위에 올려놓는다. 그리고 나서 오후 5시부터 9시까지 버터버거와 냉동 커스터드 서빙 아르바이트를 하기 위해 집을 나선다.

일을 마치고 집으로 돌아오자 알리사가 부엌에 놓인 물건들이 어디서 난 것인지 묻는다. 예상했던 대로다. 자기의 대답을 알리사가 좋아하지 않으리라는 것을 케이지아는 안다. 쌍둥이 자매는 필요한 것이 있으면 그것을 구하려고 더 열심히 일해야 한다고 배웠다. 아니면 그냥 없이 견디든지.

케이지아는 베너티 선생이 자기를 어떤 방으로 데려갔던 것과 오늘 알게 된 파커의 벽장에 대해 설명한다. 아마 알리사는 파커의 벽장이 필요한 상황이 닥쳐도 어지간해서는 도움받을 생각을 하지 않을 것이다.

밤샘 교대근무를 마치고

록 카운티 교도소의 밤샘 근무 조는 아침 7시에 일이 끝난다. 크리스티 바이어가 교도소를 나와 주차장에 도착하는 것은 해가 막 떠오를 무렵이다. 이곳에 처음 취직했을 때 크리스티는 주간, 저녁, 밤샘 근무 조를 순환했다. 취침 시간을 주기적으로 바꿔야 했지만 그다지 힘들지는 않았다. 크리스티는 밤샘 근무 조에서 일하는 것이 체질에 가장 잘 맞는다는 사실을 깨달았다. 무엇보다 조용해서 좋았다. 바브가 1년 전쯤 교도소 일을 갑자기 그만둔 뒤 크리스티는 외로웠다. 바브가 떠난 뒤 친해진 다른 두 명의 교도관들은 밤샘 근무 조였다. 그래서 이 근무 조에 자리가 났을 때 주저 없이 지원했다. 그렇게 해서 크리스티는 밤샘 교대 조에서 일하게 되었다. 그녀가 집에 도착하는 7시 30분쯤이면 해가 뜬다.

이때 집은 매우 조용하다. 남편 밥은 이미 일하러 나가고 집에 없다. 대신 막 침대에서 일어난 엄마가 크리스티를 기다린다. 크리스티는 잠자리에 들기 전에 담배 피우는 것을 좋아한다. 하지만 엄마 린다는 집 안에서 담배 피우는 것을 허락하지 않았다. 그래서 린다는 커피를 들고, 크리스티는 치안담당관실 카키색 제복 차림 그대로 뉴포트 헌드레즈 담배를 쥐고 넓찍한 뒤쪽 발코니로 나가 그날 하루 있었던 모든 일을 화제로 이야기를 나눈다.

크리스티는 엄마와 함께 보내는 이 시간이 즐겁다. 아침 공기가 차갑기는 해도 발코니 데크는 모녀가 앉아 대화를 나누기에 제격이었다. 나무 마루는 카페트로 덮였고, 천창이 뚫린 금속 처마는 바람은 막아주면서 아침 햇살은 넉넉히 받아들였다. 크리스티는 이 발코니에서 근무 중에 무슨 일이 있었는지 이야기하며 엄마를 즐겁게 한다. 재소자가 벌인 엉뚱한 사건, 병원으로 이송된 재소자 이야기, TV 시청 권한을 박탈하려는 교도관들에게 구구절절 변명을 늘어놓은 재소자 이야기를 시시콜콜 전해주는 식이다. 엄마는 크리스티가 전해주는 교도소 이야기를 좋아한다. 그곳에서는 공장에서와 달리 매일 밤 다른 사건들이 펼쳐지기 때문이다.

하지만 교도소 근무는 거칠다. 크리스티는 가끔 바브에게 전화해 교도소 근무가 썩 행복하지는 않다고 말한다. 그러나 크리스티는 교도관 일을 감당할 능력을 갖춘 자신을 자랑스러워했다. 린다도 하나뿐인 딸을 뿌듯하게 여긴다. 또 그 딸이 서른아홉 살의 나이에 많은 이들이 부러워하는 좋은 일자리를 찾았다는 것에 행복감을 느낀다.

생활은 대체로 안정되어 가는 것처럼 보인다. 남편 밥도 그랬다. 그는 크리스티보다 블랙호크 생활을 늦게 시작해, 냉난방기 설치 및 수리 과정을 마치고 5월에 졸업했다. 그러나 제인스빌에는 일자리가 별로 없었기 때문에 남편은 9월이 되어서야 실업자 생활을 청산했다. 남편의 동기들 역시 힘든 시간을 보냈다. 한 친구는 푼돈을 벌려고 콩을 심었고, 또 다른 친구는 가게 점원으로 일했다. 그래서 지난 8월에 밥이 매디슨의 주청사 건물 한 곳에 정비 기사로 취업이 확정되었을 때, 크리스티는 그에게 운이 따른다고 생각했다. 밥은 크리스티가 근무를 마치고 집에 돌아오기 전, 출근하기 위해 일찌감치 집을 나서야 했다.

크리스티와 린다에게는 커피와 담배를 곁들인 뒤뜰 대화에서 교도소 이야기와 함께 화제에 오르는 걱정거리 하나 있었다. 크리스티의 하나뿐인 아들 조쉬였다. 조쉬는 올해 스물두 살이다. 그는 GM과 협력 업체들이 문을 닫기 1년 전인 2007년에 파커고등학교를 졸업하고 주방위군에 입대했다. 그로부터 몇 달 뒤, 금융위기가 닥쳤다. 조쉬는 현재 이라크에 파병 나갔다.

늦은 밤, 우드먼스에서

케이지아 휘태커는 뒤꿈치를 들고 소파 쪽으로 살금살금 걷는다. 엄마 태미는 소파에 앉아 주말 밤이면 그렇듯이 가위를 들고 쿠폰 책자를 오린다.

"먹을 것 사러 가지 않을래요?"

케이지아가 최대한 정중하게 묻는다. 열여섯 살짜리 딸이 엄마를 우드 먼스로 데려가 함께 물건을 사고 그 값을 치르는 것이 대단히 큰일이 아 니라 세상에서 가장 평범한 일인 것처럼 느껴지도록 애쓰는 목소리다.

케이지아는 엄마에게 이렇게 물으면서 자신의 어린 시절이 훌쩍 지나 가고 있음을 느꼈다. 너무 빨리 철든 것이 아닌가 싶기도 하지만, 이런 상황은 케이지아도 알아채지 못하는 사이 아주 빨리 다가왔다.

케이지아가 아직 어린아이였다면 아빠 제러드가 교도소에서 오래 일할수록 점점 우울해 보인다는 사실을 알아채지 못했을 것이다. 아빠가 자신을 포복졸도하게 만드는 익살스러운 농담을 마지막으로 한 것이 언제였는지 기억나지 않는다. 아빠가 잠든 사이에 쿠폰 더미와 씨름하는 엄마는 언제부터인가 집에서 가장 걱정 많은 사람이 되었다. 주변에 아무도 없다고 생각할 때 엄마의 얼굴에 나타나는 스트레스에 지친 표정을 케이지아는 안다. 그것은 케이지아를 견딜 수 없게 만들었고, 엄마도 그것을 알았다. 그래서 두 사람 사이에는 태미의 얼굴에 그런 표정이 떠오를 때 케이지아는 보고도 못 본 체한다는 무언의 동의가 있었다.

한때는 놀라웠지만 지금은 오래된 뉴스가 되어버린 몇 가지 사실들을 케이지아는 애써 말하지 않으려 한다. 버터버거의 원조인 컬버스에서 첫 방과 후 아르바이트를 시작한 지 10개월이 지나고부터 케이지아의 계좌에는 부모들의 예금 잔고보다 많은 돈이 저축되어 있다는 사실, 그리고 엄마나 아빠가 케이지아나 알리사에게 매우 정중한 태도로 식료품이나 가솔린을 사기 위해 몇 달러쯤 빌릴 수 있는지 묻는 것은 이제 어쩌다 한 번 있는 일이 아니라는 사실 등이다. "너희 인생의 전반부는 우리가 책임졌으니, 인생의 후반부는 너희가 우리를 책임져야 한다"며 아빠가 농담 섞인 말을 건네는 것 역시 자식들에게 그런 부탁을 하면서 느끼는 괴로움을 숨기려는 것이라는 사실 역시 마찬가지다.

케이지아와 부모는 서로 농담을 나누었지만 냉혹한 사실들에 대해서는 이야기하지 않았다. 심지어 파커의 벽장을 알게 되고 더 이상 큰 문제를 홀로 감당해야 한다는 부담을 떨친 지금도, 케이지아는 친구들과 돈 문제에 관해서는 대화를 나누지 않는다. 할머니 루실과도 마찬가지다. 할머니는 페이스북에서나 실제 생활에서나 케이지아에게 가장 큰 응원을 보내는 사람이다. 할머니는 케이지아의 감정을 잘 이해한다. 매달 주택담보대출금 상환에 필요한 돈 약간을 엄마 아빠에게 남몰래 부쳐주는 것만 봐도 알 수 있다. 그러나 케이지아가 모든 일을 상의할 수 있는 사람은 알리사뿐이다. 8학년 때부터 둘은 집안 사정과 관련된 걱정을 함께 나누었다. 둘이 쓰는 아래층 침대에 머리를 맞대고 앉아 아빠가 아침 식탁에 앉은 것이 무슨 의미인지 알아내려고 애쓰던 시절부터 말이다.

돌이켜 보면 순진무구한 시절이었고 그들의 걱정 역시 천진했다. 아빠는 혼자 힘으로 가족을 부양할 수 있는 직업을 잃었고, 아빠가 찾는 괜찮은 일자리는 제인스빌에 존재하지 않았다. 케이지아와 알리사는 이 문제에 낙관적이고 실용적인 방식으로 접근하려 노력한다. 케이지아는 아르바이트를 하나 더 구할 작정이다. 시내 척추지압원에서 접수 담당자로 일할 생각이다. 그러나 자매의 마음은 이따금 심란하다. 부모님이 주택대출금을 갚을 수 없는 상황이 오면 어떻게 할 것인가? 대학 학비는 어떻게 감당할 것인가? 알리사는 엔지니어가 되려는 꿈을 이룰 수 있는가? 의사가 꿈인 케이지아는 어찌 될 것인가?

하지만 그것은 아직 미래의 일이다. 당장 해결해야 할 시급한 문제가 있다. 냉장고가 거의 비어가고, 부모의 현금은 바닥나고 있다. 지금 이 순간의 특별한 문제가 케이지아로 하여금 조용히 소파로 다가가 엄마에게 쇼핑을 하러 가겠냐고 물어보게 만든다. 한동안 생각은 했으나 오늘 밤이 오기 전까지는 입 밖으로 꺼내지 않았던 식료품 문제를 이야기해야 한다.

가위를 들고 쿠폰 책을 뒤적이던 엄마가 고개를 들어 케이지아를 본다. 엄마의 반응을 보니 적절한 톤을 잘 잡은 것 같다. 휴! 케이지아의 작은 계획은 성공적으로 진행되고 있다. 어쨌든 이건 미묘한 사안이다. 가족의 식료품비를 아직 고등학생인 케이지아가 부담하려는 계획 말이다.

알리사는 칸막이가 쳐진 거실에서 남자 친구 저스틴과 TV를 보고 있다.

"같이 가지 않을래?"

케이지아가 이렇게 묻는 것은 알리사가 자기도 힘을 보태야 한다는 압박감을 느끼지 않길 바라는 배려다. 알리사는 케이지아보다 지출해야 할 돈이 많았다. 통장에 충분한 돈이 모일 때까지 차량 구입을 미루는 케이지아와 달리 알리사는 출퇴근 용도로 이제 막 구입한 2005년식 쉐보레 임팔라의 할부금과 자동차 보험료 등 매달 부담해야 할 돈이 만만치 않았다. 그러나 알리사는 당연하다는 듯 같이 가겠다고 했다. 저스틴도 함께 일어섰다. 저스틴은 원래도 꼬치꼬치 따지는 성격이 아니었던 데다 알리사가 간다는 곳이면 항상 따라나섰다.

우드먼스로 가기 전에 케이지아와 태미는 유용한 쿠폰이 있는지 샅샅이 살폈다. 태미는 쇼핑 목록을 만든다. 그러고서 그들이 하는 이 일이 전적으로 두서없이 벌어지는 것은 아니라는 듯 일사불란하게 차에 오른다. 태미가 운전대를 잡고 케이지아는 조수석, 알리사와 저스틴은 뒷자석이다. 가장 먼저 들른 곳은 블랙호크 신용 협동조합의 현금 인출기다. 케이지아와 알리사가 차에서 내려 각자 100달러씩 뽑았다. 100달러는 계좌에서 하루에 인출할 수 있는 최대 금액이다. 그러고 나서 시내 북쪽의 24시간 식료품점인 우드먼스로 서둘러 출발한다. 그들이 도착할 무렵 시간은 자정을 향해 갔다. 매장의 널찍한 통로에는 사람들이 거의 없었다.

케이지아가 각자에게 역할을 나눠주었다. 저스틴은 쿠폰을 책임졌고, 알리사는 계산 담당, 케이지아는 엄마가 물건 담는 것을 도우면서 카트를 밀었다. 모처럼 닭고기를 산다. 그동안 파스타를 너무 많이 먹었다. 가공육도 챙긴다. 케이지아는 땅콩버터 젤리 샌드위치에 물렸다. 상표 없는 시리얼 대신 기분도 전환할 겸 코코아 퍼프와 캡틴 크런치도 산다. 그러고 나서 구미는 당기지만 꼭 필요한 것은 아니어서 케이지아가 자기 돈으로 계산할 때만 들르는 진열대로 간다. 초콜릿칩 쿠키용 반죽인 팝 타르츠가 있는 진열대다.

이날 모험의 성패를 가를 마지막 관문은 계산대다. 케이지아 일행은 이 상황에 딱 맞는 방법을 찾아야 했다. 엄마가 보통의 엄마들처럼 음식을 사지 않는다는 것을 들켜서는 안 된다. 그래서 소녀들은 아무 말도 하지 않은 채 줄을 서서 인출기에서 뽑은 빳빳한 20달러짜리 지폐들을 엄마에게 슬그머니 찔러준다. 엄마는 저스틴이 건네주는 쿠폰을 받는 것처럼 쉽게 그것들을 받는다.

집으로 돌아오는 길에 자동차 트렁크를 채운 음식들을 생각하니 케이지아는 무척 안심이 된다. 물론 늦은 밤이니 피곤하기는 하다. 그러나 아침에 먹을 코코아 퍼프를 생각하니 어린아이 때처럼 행복하다. 지금이 순간, 케이지아는 자신이 인생의 어느 때보다 성숙하다고 느낀다. 물론 자신과 알리사의 통장에 부모보다 많은 돈이 들었다는 사실을 어떻게 받아들여야 할지 혼란스러울 때가 있다. 케이지아는 일하는 시간에 따라 컬버스에서 2주에 한 번씩 150달러에서 200달러를 벌고, 그 가운데 100달러는 어떻게든 저축을 하려고 최선을 다한다. 그러나 케이지아는 자신과 알리사가 어렸을 때부터 남을 돕는 사람이 되라고 배웠다는 사실을 상기한다. 그들은 내셔널 아너 소사이어티National Honor Society가 펼치는 헌혈 캠페인에 기부를 하고, 파커고등학교의 생명을 위한 릴레이를 위해 기금을 모은다. 하물며 부모님이 도움을 필요로 하는데 돕지 않을 이유가 무엇이란 말인가?

집에 도착해서 엄마와 함께 식료품을 정리하는 동안 케이지아는 코코아 퍼프가 가져다주는 행복 외에 또 다른 무엇을 느낀다, 아빠가 잠들어 있다는 안도감이다. GM에서 해고된 아빠는 급여가 충분하지 않은 여러 일자리를 전전하면서도 가족을 부양해야 한다는 강박에 시달렸다. 아빠는 자신에게 너무 엄격하다. 어떻게든 더 나은 일자리를 찾으려고 인터넷에 접속해 부지런히 검색하는 자신의 노력을 인정하지 않는다. 아침에 일어나 딸들의 돈으로 치른 한밤의 쇼핑 덕분에 냉장고가 꽉 찼다는 사실을 안다면 아빠는 행복하지 않을 것이다.

Part 5

이것이 희망인가?
#2012

샤인

　메리 윌머는 제인스빌 시의회 회의실에 아들 코너와 나란히 앉았다. 2월의 두 번째 월요일 저녁 7시. 2012년의 세 번째 시의회 회기가 막 시작되려는 참이다. 메리는 자신이 사는 지방정부 활동을 감시하는 이곳에 자주 오지 않는다. 더구나 아이들을 데리고 오는 일은 거의 없다. 오늘 밤, 회의장은 사람들로 가득 찼다. 이례적인 일이다. 밀워키가를 지나 매년 노동절 퍼레이드가 펼쳐지는 잭슨가 시의회 건물에 오려고 다운타운을 운전하는 동안, 메리는 막내아들이자 크레이그고등학교 2학년인 코너에게 이날 밤 회의는 지역사회에 매우 큰 의미가 있고 그 자리에서 보고 듣는 것이 좋은 경험이 될 것이라고 말했다. 코너는 메리에게 긴장되지 않으냐고 물었다.

"무서워 죽을 지경이야."

메리는 순순히 인정했다. 메리가 긴장하는 까닭과 이곳에 온 이유는 '1번 안건' 때문이다. 그것은 시의회가 의제에 포함시킨 새로운 사업과 관련 있다. 그것은 2년에 걸쳐 900만 달러라는 큰 예산이 소요되는 안건으로, 메리를 포함한 록 카운티 5.0 회원들이 제인스빌의 회생에 핵심적이라고 여기는 사업이었다. 그 사업의 이름은 샤인SHINE이다.

핵심적인 사업 치고, 이것이 최고로 튼실한 사업은 아니다. 샤인 메디컬 테크놀로지는 매디슨에 있는 스타트업 회사로, 우라늄에서 진료용 방사선동위원소를 추출해내는 새로운 방법을 찾아냈다. 문제의 동위원소는 병원에서 심장 질환을 조기 발견하기 위한 부하 검사와 암이 폐로 전이되었는지를 탐지하기 위한 골수 검사, 그밖에 스물여덟 가지 다른 진단영상검사를 하는 데 필요했다. 몰리브덴-99라는 이 동위원소의 전 세계 공급량은 점차 줄어드는 상황인데, 샤인은 미 에너지부로부터 초기 투자금으로 2500만 달러의 대응교부금을 받은 네 곳의 회사들 가운데 하나다. 에너지부는 몰리브덴-99 공급량을 충분히 유지하기 위해 상업성을 높이는 제조 방법, 말 그대로 단기에 대량생산이 가능한 방법을 개발하려고 노력하는 중이다.

우연의 일치라고 하기에는 기묘하게도, 네 곳의 회사 가운데 노스스타North-Star라는 또 다른 회사가 장차 벌로이트에 공장을 설립할 계획을 세우고 있었는데 그곳의 주요 투자자는 바로 다이앤 헨드릭스였다. 과거였다면 우연히 겹친 이런 열망은 두 도시 간의 경쟁에 불을 당겼을 것이다. 그러나 정부가 두 회사 모두에게 사업을 장려하는 지금,[1] 두 스타트업이 짝을 이루어 사업을 진행하는 것은 록 카운티 5.0의 근본을 이루는 지역 협력의 정신에 비춰도 환영받을 일이었다. 잘하면 이 지역이 미국 내 진료용 방사선동위원소 생산의 중심지로 떠오를 수도 있었다. 비즈니스 얼라이언스의 의장 존 베커드John Beckord는 이 상황을 두고 "록 카운티라는 우리의 브랜드에 완전히 새로운 후광이 드리우고 있다"라고 표현했다. 지금 당장 샤인은 직원이 10여 명에 불과하고 투자금도 충분하지 않은 데다 제조 과정은 전례 없이 완전히 새로운 것이었으며 앞으로 넘어야 할 정부 쪽 장애물도 상당히 높았다. 그들은 연방 원자력규제위원회의 혹독하고 복합적인 평가를 통과해야 했다. 원자력규제위원회는 사업에 대한 연방 정부의 면허를 부여하기 전 샤인이 하려는 것이 안전하고 환경 측면에서 믿을 만한지 평가한다. 만약 이 면허를 받지 못하면 사업 자체를 접어야 한다.

이런 어려움들이 있었는데도 샤인은 제인스빌 업계와 정계·관계 지도자들이 볼 때 가장 확실히 눈에 띄는 존재였다. 샤인의 설립자이자 최고경영자인 그레그 피퍼Greg Piefer의 비전 때문이었다. 그는 서른다섯 살에 갈색 앞머리를 이마에 늘어뜨린 여유 넘치는 젊은이였다. 위스콘신대학에서 원자력공학으로 박사 학위를 받은 데서 드러나듯 지적인 능력도 갖췄다. 《비지니스 매디슨Business Madison》 저널은 매년 마흔 살 미만의 지역 기업인 가운데 40명을 선정해 명단을 게재하는데, 그레그는 2년 전 그때 "반짝이는 별"로 뽑혔다.[2] 혹시라도 샤인이 생산을 개시할 준비가 되면 공장이 들어설 지역을 물색하고 다니던 시절이었다.

메리가 볼 때 샤인은 흠잡을 데 없는 선택지다. 자동차 공장이 문을 닫고 3년이라는 세월이 흐르는 동안, 메리와 지역의 경제개발 관료들은 제인스빌의 침체된 경기를 회복하고 지역경제를 다각화할 새로운 사업을 물색했다. 폴 라이언도 마찬가지다. 워싱턴 연방의회에 있을 때와 지역구의 집으로 돌아왔을 때, 폴은 록 카운티의 경제개발 관리자 제임스 오터스타인이 작성한 접촉 대상 기업인의 이름과 소개문을 보고, 기업체를 지역에 유치하기 위한 전화를 수시로 걸었다. 그러면서 폴은 전화를 걸 만한 기업체가 그리 많지 않다는 사실을 깨달았다. 금융위기가 공식적으로 종료된 뒤 2년 반이 지났지만, 사업체를 이전하거나 규모를 확장할 회사들이 많지 않았던 것이다. "지금 이 상황에 말인가요? 저는 위험을 감수할 생각이 없습니다." 폴이 기업인들로부터 숱하게 들었던 대답이다.

폴은 피퍼와 네 차례 대화를 나누었다. 폴은 제인스빌의 공동체 정신과 지리적 이점, 적당한 생활비 등을 이야기하며 상대가 호감을 갖도록 이끌었다. 제인스빌에서 누릴 수 있는 질 좋은 삶의 모습은 폴이 CEO들을 설득할 때마다 꺼내는 소재였다. 심지어 그는 피퍼에게 저녁 식사를 함께하자는 제안도 했다. 피퍼는 그 제안을 거절했지만, 폴은 연방 의원이 자신을 만나기 위해 몸소 왔다는 사실에 피퍼가 적잖이 감동했음을 감지했다. 메리와 나머지 록 카운티 5.0의 구성원들 역시 피퍼에게 공을 들였고, 제인스빌의 경제개발 관리들은 피퍼 및 샤인 팀과 본질적 사안을 두고 협상을 벌였다. 주된 내용은 샤인이 제인스빌에 들어오는 대가로 얼마를 인센티브로 지불할 것인지였다.

결국 피퍼는 3주 전쯤 제인스빌을 "홈home"이라고 부르기 시작했고

"고용주이자 기업 시민으로서 지역사회의 일부가 되어" 매우 흥분된다고 밝혔다.[3] 장차 들어설 샤인 공장을 유치하기 위해 경쟁했던 다른 위스콘신 도시 두 곳을 제치고 제인스빌을 선택한 것이다.

폴과 록 카운티 5.0 구성원들이 제인스빌에 기업을 유치하기 위해 쏟았던 그동안의 노력이 수포로 돌아간 끝에 이끌어낸 샤인의 결정은 메리에게 형언할 수 없는 기쁨을 가져다주었다. 록 카운티 5.0의 철학은 한결같았다. 오래된 자동차 산업 도시에서 21세기 선진 제조업의 중심으로 제인스빌의 정체성을 업그레이드해야 한다는 것이다. 이것은 여전히 GM 공장이 소생하길 바라는 이들의 소망과 대조되었다. 위스콘신 주립대 매디슨 캠퍼스는 제인스빌에서 북서쪽으로 약 70킬로미터 떨어진 곳에 생명과학을 비롯한 첨단 기술 분야의 스타트업들이 빽빽하게 들어선 연구 단지를 운영했다. 메리와 록 카운티 5.0 구성원들은 이들의 혁신적 아이디어에서 탄생한 제조 업체 가운데 어느 것도 제인스빌로 오지 않은 것을 낭비라고 생각했다. 그들은 연구 단지를 돌며 개발자들과 만나 제인스빌이 산업 다각화를 얼마나 열망하는지, 특히 생명과학 분야의 회사들을 유치하는 데 얼마나 사활을 걸었는지 설명했다.

그리고 드디어 샤인이 매디슨에서 창업한 하이테크 벤처로는 처음으로 제인스빌을 선택한 것이다. 메리는 샤인이 제인스빌의 운명을 바꿀 것이라고 확신한다.

물론 샤인이 일자리를 많이 가져오지는 않을 것이다. 피퍼는 샤인에 필요한 직원은 125명이라고 말했다. 제인스빌에서 사라진 일자리 수에 견주면 새 발의 피에 불과했다. 게다가 그 일자리들은 아무리 일러야

3년 뒤에나 만들어질 예정이었고, 투자 유치와 연방정부의 평가가 원활하게 진행되지 않는다면 그보다 더 늦어질 수도 있었다. 또한 피퍼는 그 일자리 가운데 얼마나 많은 수가 풍부한 과학 지식을 갖춘 다른 지역 출신의 전문가들이 아닌, 제인스빌 주민들에게 돌아갈지 질문이 나올 때마다 답변을 회피했다. "그가 필요로 하는 것이 어떤 기술들입니까?" 취업센터의 밥 버러먼스는 의문을 제기했다. 그리고 샤인이 원자력 공학 분야의 석사·박사 학위 소지자들을 데려와야 한다면, 오랜 기간 쇳가루 날리는 블루칼라 지역이었던 이곳에 그런 사람들을 끌어올 수 있다고 자신하는 근거가 무엇인지도 궁금했다.

이런 문제가 있었지만 어쨌든 많은 사람들이 과거보다 훨씬 적은 임금을 받고 일했기 때문에 피퍼가 말한 5만~6만 달러의 연봉 수준은 도시 전체에 희망을 불어넣었다. 블랙호크 기술전문대학의 샤론 케네디는 이 희망이 어떻게 솟아났는지를 보며 당혹스러워한다. 샤인이 제인스빌을 선택했다고 보도한 〈제인스빌 가제트〉의 기사는 피퍼가 원자력 기술자를 훈련할 새로운 프로그램을 개설할 수 있는지를 토론하기 위해 조만간 블랙호크와 다른 기술전문대학 관리자들을 만날 계획이라고 했다.[4] 블랙호크의 교환대는 즉각 전화를 연결할 만반의 준비를 마쳤다. 하지만 지금까지 샤인에서는 일자리는커녕 직업훈련에 대한 어떤 언질도 없다. 샤론이 볼 때 제인스빌 사람들은 희망의 부스러기라면 그것이 무엇이든 필사적으로 붙든다.

문제는 또 있었다. 메리를 사로잡은 기쁨, 급여가 넉넉한 일자리(겨우 125개뿐이지만)가 생길 것이라는 매력적인 기대 덕분에 도시 전체로 확산된 희망은 정신이 번쩍 들게 하는 현실과 정면으로 충돌했다. 샤인을 제인스빌로 오게 하려면 많은 돈이 들었던 것이다. 정확히 얼마나 많은 비용이 들어가는지는 이제야 명확해졌다. 메리와 5.0의 다른 구성원들이 피퍼 및 그의 팀과 오랫동안 대화를 나누고 시 공무원들에게도 조언을 해왔지만, 샤인과의 공식 협상은 시 경제개발 국장이 전담했다. 그는 며칠 전에야 협상의 세부 내용을 공개했다.

자세한 내용은 충격적이었다. 샤인에 제공할 경제적 인센티브의 일부로 시정부는 10만 평이 넘는 대지를 제공할 계획이었다.[5] 토지 가치가 150만 달러에 이르는 이 땅은 시가지 남쪽, 공항 옆을 후보지로 잡고 있었다. 몰리브덴-99는 시간이 지날수록 품질이 저하되기 때문에 막 생산된 동위원소를 신속하게 공항으로 옮겨 미국 각지의 병원으로 운송하는 것이 필수적이었던 것이다. 문제의 땅은 메리와 제인스빌의 다른 경제개발 지도자들이 자랑스러워하는 약 27만 4000평의 부지 옆에 있었다. 이 부지는 상업 지구 용도로 조성된 것으로, 록 카운티 5.0이 컨설팅 업체에 용역비를 지불한 뒤 어느 회사든지 당장 그곳에 건물을 짓거나 사업장을 옮길 수 있다는 확인서까지 받았다. 이곳과 벌로이트에 있는 이보다 작은 부지 덕에 록 카운티는 공장이나 사무소 또는 물류센터 용도로 할당된 부지를 가진 유일한 주가 되었다.[6] 조성된 지 2년이 조금 지난 지금까지 이곳에 무엇인가를 지으려는 기업은 나타나지 않았지만, 이 부지는 어찌 되었든 록 카운티 5.0의 경제개발 마케팅 활동에서 큰 부분을 차지했다.

기업체들이 제인스빌에 큰 관심을 보내지 않는 상황은 샤인을 더욱더 큰 고객으로 만들었다. 그래서 시정부는 부지를 제공하는 것 외에도 전기, 가스, 상하수도 등 기반시설 망을 연장하는 데 드는 비용 혹은 몰리브덴-99 공장 부지 개발 비용 가운데 하나를 부담하겠고 제안했다. 샤인이 제인스빌로 옮길 경우 필요할 400만 달러의 민간 차관에 대한 보증도 서주겠다고 제안했다. 부지와 기반시설, 건설비에 주는 인센티브를 포함해 약 900만 달러에 이르는 이 돈은 장차 내야 할 재산세를 경감해주는 형식으로 샤인에 제공될 예정이었다.

이것은 전국적으로 유행하지만 많은 논란을 부른 재정 조달 방법이었다. 이 계획은 앞으로 몇 년간 샤인이 대출 원리금보다 많은 돈을 세금으로 상환할 것이며, 샤인을 지원하는 데 드는 예산이 제인스빌의 곤궁한 재정에 직접적인 부담을 주지 않는다는 계산에 기반했다. 그러나 이 인센티브가 얼마나 거대한지 객관적으로 바라볼 필요가 있다.[7] 샤인에 지원되는 돈 900만 달러를 2012년 제인스빌의 전체 예산이 4200만 달러라는 점과 비교해보면 한결 명확하다. 샤인에 주는 인센티브의 문제점은 지난여름 매디슨에서 워커 주지사가 팀 컬런과 모든 민주당 의원들의 반대를 무릅쓰고 지출 삭감안을 승인해달라고 의회를 재촉하면서 가시화되었다.[8] 지출 삭감의 결과 제인스빌에 들어오는 주정부 지원금은 전년도보다 10퍼센트 줄었다.

이날 밤 회의를 위해 제인스빌 경제개발국장은 솔직하고 자세한 메모를 준비했다.[9] 메모에는 샤인에 제공되는 인센티브 패키지의 세부 항목들이 나열되어 있었다. 경제개발국장은 메리와 포워드 제인스빌이 조언한 대로, 인센티브의 대부분은 샤인이 계획한 사업 이정표상의 특정 단계에 도달하기 전까지는 제공이 유예될 것이라고 설명했다. 이정표에는 원자력규제위원회의 공장 설립 허가뿐 아니라, 샤인의 입자가속기가 실제 작동하는지를 검증하는 절차가 포함될 것이라고 했다.

이 이정표는 일종의 재정적 완충장치, 재산을 불량 투자자에게 헐값에 팔아치우는 것을 방지하는 수단이 될 것이다. 그러나 경제개발국장은 40쪽짜리 메모에서 이번 투자에는 또 다른 위험 요인들이 존재한다고 시인했다. 그는 샤인은 물론 벌로이트와 협력하는 노스스타, 다시 말해 2500만 달러의 연방 보조금을 받은 두 곳의 동위원소 제조사 가운데 아무도 대규모 제조 공정이 운용될 수 있다고 입증하지 못했다고 메모했다. 이밖에도 제인스빌이 샤인과 협상을 거쳐 합의한 이정표는 투자금을 받기 전 샤인의 기술이 그러한 "생산 규모"에 도달하는 것을 보증하지 않는다고도 밝혔다. "시의 투자금을 위험에 빠뜨릴 수 있는 이 회사의 당면 위협에는 자본 조달 환경, 연방정부의 규제 절차, 다른 국가들과의 경쟁, 여타의 환경 문제를 관리할 플랜 준비가 포함된다."

달리 말하면, 샤인은 확신을 가지고 판돈을 걸 만한 대상이 아니었다.

사정이 이렇다면 샤인은 제인스빌의 경제를 회생시키고자 하는 프로젝트에서 핵심적인 존재가 되기에는 부족했다. 게다가 이것은 900만 달러 규모의 인센티브가 걸린 거래다. 이 거래가 이날 시의회가 다룰 의제의 첫 번째 안건이다. 메리는 시정부의 운명을 좌우할 결정적 순간을 보기 위해 아들과 나란히 시의회 회의실에 앉아 있다.

메리는 샤인에 투자하는 것을 그다지 고민하지 않고 쉽게 결정했다. 그래서 지역사회 일각에서 반발하는 것을 이해할 수 없었다. 그러나 이제는 더 이상 놀랍지 않다. 이날 저녁, 아들과 함께 다운타운을 지나오면서 메리는 시의회가 이번 투자의 타당성을 둘러싸고 둘로 갈라졌음을 알았다. 여론도 양분되었다. 시민 열 명이 차례로 시의회에서 발언하는 동안 프로젝트에 찬성한 사람은 오직 둘뿐이었다.[10] 이것은 메리를 낙담시키고 불안감을 키웠다. 두 명의 지지자들은 제인스빌을 이른바 국가적인 "생명공학의 심장부"로 만들려면 샤인에 기회를 줘야 한다고 말한다. 샤인을 유치하는 데 반대하는 나머지 시민들은 납세자들이 부담해야 할 재정 위험, 핵물질 저장과 처리 계획의 부재, 방사성 물질을 쓰는 공장에 대한 거부감 때문에 다른 기업들이 제인스빌에 입주하기를 꺼릴 가능성 등을 경고한다.

회의가 시작된 지 거의 한 시간이 되어갈 무렵, 피퍼가 회의장 뒤쪽에서 마이크 앞으로 자리를 옮긴다.[11] 그는 회의가 시작된 뒤 줄곧 그 자리에 있었다. 피퍼는 영리한 핵과학자일 뿐 아니라 상대방을 누그러뜨릴 줄 아는 경청가였다. 그는 시 공무원들이 샤인과 함께 도달한 합의에 의회와 시민들이 많은 의문을 갖는 것이 놀랍지 않다고 말한다. 그는 합의에 이르는 데 2년이 걸렸다면서, 공무원들이 무척 조심스러워했던 나머지 너무 많은 전문가들을 데려왔기 때문이라고 설명했다.

"제가 만약 제인스빌 시민이라면, 지금 그렇게 되기를 바라고 있습니다만, 우리 시 의회의 모습에 무척 자부심을 가질 것입니다."

그러면서 자신은 제인스빌이 함께 일할 만한 리더들이 있는 좋은 도시라는 사실을 열심히 전파하는 중이라고 말한다. 이 말은 무엇보다 메리 그리고 기업들을 유치하기 위해 열심히 노력한 이들을 기쁘게 하려는 계산에서 나온 말이다.

"샤인은 무척 기대가 큽니다. 제인스빌에서 우리의 미래를 펼칠 것이라고 기대합니다. 샤인은 정말 멋지고 훌륭한 회사입니다. 업계의 차세대 핵심 기업이라는 말이 적당할까요?"

친절하고 부드럽게 호소하는 와중에도 피퍼는 이 기회를 헛되게 흘려보내지 않을 만큼 충분히 냉정하다. 한 시의원이 묻는다. 시민들이 이 거래의 세세한 내용을 충분히 숙지하고 질문할 시간을 가지기 위해 표결을 2주 정도 미루면 어떻겠느냐는 질문이다. "예기치 않게 표결이 연기된다면" 피퍼는 조용한 어조로 답한다. "우리로서는 아마도 다른 후보지를 물색해야 할 겁니다."

제인스빌이 다른 지역에 샤인을 뺏길 수도 있다는 이야기였다.

시의원들이 피퍼와 샤인의 구성원들에게 준비한 질문을 던질 차례가 되었다. 그러나 시간은 벌써 밤 9시를 넘겼다. 회의가 시작한 지 두 시간이 넘은 것이다. 그들은 표결 준비를 했다. 표결에 앞서 찬성과 반대 의견을 대표하는 의원 두 명이 나와 각각 연설한다. 그들의 연설은 샤인의 유치 여부를 두고 진행된 토론의 뼈대를 보여준다. 조지 S. 파커가 첫 번째 만년필 특허를 얻었던 때도, 조지프 A. 크레이그가 제너럴 모터스 설립자를 설득해 자신이 운영하던 트랙터 공장을 인수하게 만들었던 때도, 유서 깊은 기업가 정신에 빛나는 이 도시를 이토록 난감하고 갈등이 팽배하는 상황으로 몰아넣지는 않았다.

첫 번째 연설은 러스 스티버가 한다.[12] 그는 시의회 의장이자 제인스빌 치안담당관이다. 러스는 메리가 자주 쓰는 바로 그 말, 샤인은 게임의

판도를 바꿀 존재라는 말로 연설을 시작한다.

"제인스빌은 거의 100년 동안 자동차를 생산해왔습니다. (……) 불행하게도 그 시절은 이제 끝났고, 물줄기는 말라버렸습니다. 저 공장이 언젠가는 문을 다시 열 것이라고 희망을 품는 사람도 있을지 모릅니다. 그러나 우리는 제인스빌이라는 도시의 정체성을 재정립해야 하는 현실 앞에 섰습니다. 샤인에 투자하는 것은 우리가 잡을 수 있는 하나의 기회이며, 이것은 다음 세기에 우리의 처지를 결정지을 수도 있습니다. (……) 때때로 우리는 결정을 앞두고 숙고할 때 담대해야 한다고 진심으로 확신합니다. 이해합니다. 제인스빌이 지금부터 쏟아부으려는 돈은 어쩌면 꽤 많은 액수입니다. 그러나 우리는 샤인 이후를 봐야 합니다. (……) 앞으로 만들어질 다른 기술 유형의 일자리들을 봐야 합니다. 우리는 앞으로 지역을 발전시킬 방도가 무엇인지를 고민해야 합니다."

유리 래쉬킨이 반대 의견을 펼친다. 유리는 시의회 구성원들 가운데 가장 파란만장한 삶을 산 사람이다. 그는 모스크바에서 태어나 10대 때 부모와 함께 이민을 와 8년 전 제인스빌에 정착했다. 그는 음악가이자 러시아어 통역사요, 라디오 진행자다. 유리는 이미 4년 전부터 시의회 구성원이었다.[13] 당시 유리와 그가 교제하던 우크라이나 여성을 청부 살해하려다 미수에 그친 혐의로 한 남자가 체포되었는데, 유리가 만나던 여자는 그 남자와 별거 중이던 아내였다. 남자는 결국 교도소에 수감되었다.

유리는 자신이 맡은 위원회의 업무를 진지하게 수행한다. 그는 샤인을 유치하기 위해 지불해야 할 비용이 터무니없이 비싸고, 지나치게 큰 도박이며, 시민들의 의사를 수렴할 기회를 너무 제약한다고 결론지었다. 유리가 한 연설의 핵심 단락은 긴 은유로 이루어졌다.[14]

"아마 우리는 강 하나를 건너려는 상황인 것 같습니다. 그 강은 정말로 우리가 건너야 할 강입니다. 우리는 경제를 살려야 하고, 우리에게는 감동적인 사람들과 함께하는 위대한 회사가 있습니다. 이 사람들은 다리를 건설하려고 합니다. 그들에게는 어마어마한 계획이 있습니다. 정말로 우리는 강을 건너야 하기 때문입니다. (……) 그러나 이 재료들은 여태껏 한번도 쓰인 적이 없습니다. 또한 그 어떤 다리도 이 재료들로 건설된 적이 없습니다."

의원들이 투표를 시작할 때는 회의가 시작된 지 2시간 21분이 지난 뒤였다.[15] 메리는 불안하다. 그러나 개표 결과 찬성 네 명, 기권 한 명이었다. 반대한 사람은 유리뿐이다.

메리는 자리에서 일어나 회의실 밖 복도로 나간다. 그곳에 모인 사람들은 이미 서로를 축하하느라 분주하다. 몇 분 뒤, 메리와 샤인 팀 그리고 지난 2년간 이 일을 성사시키기 위해 일했던 모든 이들이 시의회 건물에서 한 블록 건너 밀워키가에 있는 아이리시 펍 오라일리 앤 콘웨이스에 모일 예정이다. 그곳의 칸막이 쳐진 좌석들 사이에서는 폴 라이언의 선조와 제인스빌에 살았던 다른 아일랜드계 마피아의 모습을 담은 오래된 사진들이 전시 중이다.

이제 곧 메리는 안도감에 젖을 것이다. 만약 투표 결과가 샤인을 거부하는 쪽으로 나왔다면 메리는 방사선 동위원소 생산 공장의 유치 계획은 물론, 록 카운티 5.0의 비전마저 수포로 돌아갔다는 좌절감에 사로

잡혔을 것이다. 제너럴 모터스에서 몰리브덴-99까지 참으로 먼 길을 왔다고 생각하며 복도를 빠져나가던 메리는 축하 인사를 받고 있는 피퍼를 발견한다. 메리는 이 젊은 설립자에게 다가가 포옹한다.

제인스빌 집시들

중서부와 남부의 제너럴 모터스 공장에 흩어진 제인스빌 집시들은 이제 페이스북 그룹 '제인스빌 공장 출신 GM 전출자들Janesville Wisconsin GM Transfers'에서 서로의 안부와 각자의 집안에서 일어나는 소식을 주고받는다. 맷 워팻을 비롯해 535명의 제인스빌 출신 전출자들이 그룹에 가입했다.

2월 18일 게시 글_ 다들 새로 다니게 된 공장이 멍청이들로 가득하다고 생각하는 것 같구먼. 하지만 우리는 집에서도 감당해야 할 몫이 있다고. 그래도 그게 낫기는 해. 어쨌든 우리는 집에 있으니까 말이야.

2월 19일 게시 글 오늘 포트웨인에서 있었던 일인데, 알링턴에서 온 누군가에게 내가 이야기해주었어. 로드스타운에서 온 친구한테서 들었던 이야기인데, 그 친구는 웬츠빌에서 온 누군가에게 들었고, 그 웬츠빌 출신은 랜싱에서 온 누군가에게 들었고, 랜싱에서 왔다는 그 친구는 다른 사람한테서 디트로이트에 사는 영매 이야기를 들었는데, 그 영매가 엘비스와 접신했을 때 엘비스가 말하기를 '아주 높은 곳에 있는 좋은 소식통'한테서 들었는데, 해가 서쪽에서 뜨는 날 GM이 제인스빌 공장 문을 다시 연다고 그랬다고 말야. 물론 이조차도 뜬소문이겠지만.

자선의 행방

제인스빌의 여러 학교들을 오가며 홈리스 학생과 관련한 연락 업무를 담당하는 앤 포벡은 종종 도시 일대를 돌아다닌다. 그러나 앤의 근거지는 옅은 콘크리트 블록으로 벽을 쌓은 에디슨중학교 2층 골방이다. 이 방에는 포스터들이 벽지처럼 붙어 있다. 책상 뒤의 벽에는 "숭고한 꿈을 꾸라. 당신이 꿈꾸면, 꿈은 이루어진다"라는 문구가 적혔다. 옆면 벽에 적힌 문구는 "당신이 숙제할 곳이 어디인지 아십니까?"이다. 앤의 캐비닛에는 라임 그린색의 범퍼 스티커가 붙었다. "아동 빈곤을 끝장내자. 2020WI.org"라는 구호가 쓰인 스티커다. 록 카운티 YWCA 국장이 건 전화를 받았을 때 앤은 이 작은 사무실에 있었다. 시의회가 샤인을 위한 900만 달러의 인센티브 안건을 승인한 뒤 일주일이 지난 월요일 늦은 아침의 일이었다.

앤의 일과는 예측 불가능하다. 휴대전화 진동음이 어마어마한 문제 해결 능력을 갖춘 앤에게 새로운 도전 과제를 안긴다. 때로는 계단을 급히 내려가라고 요구한다. 그녀의 은신처를 가로질러 학교 본관을 지나 뒷문 밖으로 나가서, 살 곳 없는 10대가 연루된 비상사태를 처리하기 위해 프로젝트 16:49와 공공 노조의 범퍼 스티커가 붙은 10년 된 그녀의 마즈다 승용차에 오르라고 말이다. YWCA 국장인 앨리슨 하킨슨이 건 전화가 앤에게 다시 한번 시동을 걸게 한다. 이번에는 오래 운전하지 않아도 된다. YWCA는 에디슨중학교에서 몇 블록 거리다.

앤은 YWCA에 도착해 앨리슨으로부터 이 긴급 상황의 상세한 내용을 전해 듣는다. 한 여성이 이곳으로 번호판도 없는 차를 몰고 와 손주들인 10대 남매와 함께 내린 뒤 건물 안으로 들어와 직원에게 말했다는 것이다. "나, 이 애들 도저히 못 키우겠어"라고.

아이들의 엄마이자 이 여성의 딸은 어린 자녀 하나만 데리고 위스콘신을 떠났다고 했다. 코딱지만 한 침실 하나짜리 아파트에 살며 형편도 넉넉하지 않은 이 여성은 아이들과 함께 살아보려고 이틀 동안 노력했지만 그 이상은 힘들었다.

이 시점에서 앨리슨은 이전에 한번도 해본 적 없는 일을 했다. 사무실로 들어가 지갑을 가져온 뒤 지퍼를 열어 여자아이와 남자아이에게 각각 10달러씩 현금을 건넨 것이다. 그러고 나서 앤에게 전화를 걸어 이틀 만에 양육을 포기당한 10대 아이 두 명과 함께 있음을 알렸다.

아이들에게 현금을 준 것은 최선의 아이디어는 아니었다. 앨리슨도 돈을 건네면서 이것이 해결책이기는커녕 문제를 더 꼬이게 만들 수 있다는 것을 알았다. 그러나 이번에 그 일을 했다. 이 남매는 위스콘신을 떠나버린 엄마와 그들을 떼어내려는 할머니 때문에 트라우마를 겪은 유일한 아이들이 아니었다. 앨리슨 역시 정신적 외상을 입었다. 돌봐줄 친척이나 어떤 수단도 가지지 못한 집 없는 아이들과 얼굴을 직접 맞댄 것이 이번이 처음은 아니었다. 그러나 오늘은 타이밍이 최악이었다.

이 남매는 정확히 말하면 동반자 없는 홈리스 10대로, 프로젝트 16:49가 쉼터를 지어 돕고 싶어 하는 그런 아이들이었다. YWCA는 이 프로젝트에서 큰 역할을 했다. 11개월 전 YWCA 이사회가 이 프로젝트의 재무 대리인이자 모단체가 되기로 결정했던 것이다. 그러나 오늘 밤, 지금으로부터 몇 시간 뒤에 이사회는 재투표를 할 예정이다. 이번에는 YWCA가 프로젝트 16:49에 대한 책임을 포기해야 한다는 앨리슨의 권고에 따라 모인다.

앨리슨은 이런 결론에 이른 것이 몹시 싫었다. 앤에게 이 사실을 말해야 하는 사람이 자신이라는 것도 끔찍했다.

YWCA가 프로젝트에 참여하기로 결정한 시기는 다큐멘터리 《16:49》가 처음 선보이고 나서 반년이 지난 뒤였다. 시사회 이후 영화는 제인스빌을 돌며 상영회를 열었고, 기금 마련도 본격적으로 진행되었다. 모금을 위한 첫 번째 행사는 자선 콘서트였다. "안녕치 못해요—16:49"라는 이름의 콘서트였다. 토요일 밤에 펼쳐진 이 행사에는 다섯 밴드가 참여했는데, 너무 많은 관객이 몰려서 몇몇은 콘서트장 문 앞에서 발길을 돌려야 했다. 이 콘서트로 1만 달러가 넘는 기금을 모았다. 그 뒤 페이스

커뮤니티 교회의 청소년부 목사가 후원하는 팬케이크 아침 식사와 다운타운 술집 순례, 지역 건축업 협회의 멋진 기부 행사가 이어졌다. 이 행사에는 행사의 대의에 공감한 주민이 기부한 고풍스러운 빨간 쉐보레 핫 로드가 등장하기도 했다.

앤은 도시 전체에서 프로젝트 16:49에 대한 인식이 점차 확산되는 것이 반가웠다. 그러나 현재로는 쉼터를 지을 동력이 여전히 부족하다. 그러고는 2월 20일 아침을 맞았다. 거리로 막 내쳐질 처지에 놓인 남매를 위한 대책을 마련하기 위해 앤이 몇 분 안에 도착하면, 앨리슨은 앤에게 매우 나쁜 소식을 전해야 한다.

YWCA 이사회에 했던 앨리슨의 권고는 제너럴 모터스 공장이 문을 닫은 뒤 도시 전역에서 자선 활동과 관련해 펼쳐지는 상황들을 진지하게 고민한 끝에 나왔다. 관대함이라는 제인스빌의 전통은 지금 당장 이 도시가 발휘할 수 있는 역량의 한계와 곳곳에서 충돌했다. 지금의 제인스빌은 조지프 A. 크레이그가 YWCA에 고급 저택을 기부했던 그 제인스빌이 아니다.[1] 크레이그는 코트하우스 힐에 있는 한 건물을 매입했는데, 그곳은 크레이그에게 사업 기회를 제공한 A. P. 러브조이라는 인물이 한때 소유했던 곳이었다. 1953년에 여든여섯 살이 된 크레이그는 YWCA가 본부 건물로 사용할 수 있게 러브조이의 맨션을 그의 부인으로부터 사들였다. 크레이그는 맨션을 수리비를 부담했고, 몇 년 뒤에 추가로 비용을 지불했다. 그 건물은 그로부터 50년 뒤, YWCA의 덩치가 커져 지금의 위치로 옮길 때까지 YWCA 제인스빌 본부로 남아 있었다. 이것은 크레이그가 91년의 생애에 걸쳐 제인스빌을 위해 펼친 자선 활

316

동 중 하나일 뿐이었다. 그는 4-H 클럽을 지역적으로, 전국적으로 후원했다. 그리고 대공황 기간에는 곤궁한 처지에 놓였던 카운티 페어(위스콘신에서 가장 역사가 오래 된)가 사라지는 것을 막기 위해 행사가 열리는 장소 전체를 매입했다.

오늘날의 조지프 A. 크레이그는 어디에 있는가? 오늘날의 조지 S. 파커는 또 어디에 있는가?[2] 그는 파커 펜 밴드의 후원자를 넘어 또 한 명의 인정 많은 자선 거물이었다. 최신형 병상 침대를 머시 병원에 기증했고, 구세군 교회 신축에 기부했으며, 매달 성적이 우수한 고등학생들에게 상을 주고, 제인스빌 경찰서와 소방서에 선물을 보냈다. 제인스빌이 이렇게도 도움을 갈구하는 부유하고 인정 많은 그 기업인들은 다 어디로 갔단 말인가?

거물 자선가들은 사라지고 없다. 그들보다 급이 아래인 중견 자선가들도 마찬가지다. 수십 년 전, 파커 펜이 제인스빌에 있던 본사를 철수시킨 데 이어 이제는 GM 공장관리자와 노동자들도 제인스빌을 떠나버린 탓이다. 많은 비영리단체들처럼 YWCA 역시 GM에 다니던 이사진을 잃었다. 몇몇 좋은 취지의 모금 행사 등이 거의 매주 열리지만 과거에 견줘 형편없이 작아진 파이를 두고 비영리기구들이 치열하게 경쟁하고 있음을 앨리슨은 안다. 과거보다 동정심의 수준은 낮아졌고, 심지어이 도시의 어떤 곳에서는 열심히 찾으려고 노력한 사람들만이 일자리를 구할 수 있다고 공공연히 떠들기 시작했다. 그것이 말처럼 쉬운 일이기라도 한 듯이.

자선 활동과 관련해 제인스빌이 입은 타격 가운데, 유나이티드 웨이 노스 록 카운티 지부가 받은 것만큼 막대한 것은 아마도 없을 것이다. 자동차 공장이 문을 닫은 이듬해인 2009년, 유나이티드 웨이는 지역 단체들에 주던 보조금을 4분의 1이나 줄였다. 연간 기부 총액은 그로부터 2년 뒤에 더 줄었지만, 제인스빌 공장에서 생산된 마지막 타호가 가져다준 놀랄 만한 복권 수입 덕분에 유나이티드 웨이는 추가적인 기부금 삭감을 피할 수 있었다. 그 마지막 타호는 공장에 모인 정리해고 대상자들과 향수에 젖은 퇴직자들이 서로를 격려하고 얼싸안고 눈물을 흘리는 가운데 생산라인을 빠져나왔다. 올해 유나이티드 웨이의 기부 목표액 130만 달러는 10년 전에 견줘 100만 달러가 줄어든 규모다. 지금 유나이티드 웨이 노스 록 카운티 지부는 인근 지부와의 합병을 계획 중이다. 업무의 효율성을 높이기 위한 결정이지만, 아마 직원들 일부는 일자리를 잃을 것이다.

이런 '기부 공백'의 결과, YWCA는 가정폭력 피해 여성의 자활을 위한 주거 지원 프로그램에 투입될 1만 달러의 기금을 유나이티드 웨이로부터 받지 못했다. 그동안 저소득층 여성들에게 YWCA가 나눠주던 주유 카드의 기부금도 줄어들고 있다. 주유 카드는 구직 활동과 출퇴근에 필요한 기름값을 마련할 길이 없는 여성들에게 생명줄이나 다름없다. 그리고 이 모든 일이 YWCA가 과거 어느 때보다 많은 '1세대 빈곤'—현재는 가난하지만 과거 GM에서 일했던 부모 덕분에 풍족한 환경에서 성장한 젊은 여성들—을 목격하기 시작한 뒤 벌어지고 있다.

이 모든 문제들 때문에 요즘 앨리슨의 표정은 무거워 보인다. 이런 표정은 YWCA의 업무가 순조로웠을 때는 좀처럼 짓지 않았던 표정이다. 이미 벌인 일을 계속하기 위해서 최선을 다하는 게 나을까? 아니면 거주할 곳이 없는 10대들에게 살 곳을 제공하는 큰 사업인 프로젝트 16:49를 떠맡는 게 나은 선택일까? 앤이 머지않아 홈리스가 될 남매의 문제를 논의하기 위해 YWCA에 도착했을 때, 앨리슨은 사무실에 들어가 잠시 이야기를 나눌 수 있겠느냐고 앤에게 묻는다.

시간은 아직 한낮이다. 문이 닫히자마자 앨리슨이 격렬히 울음을 쏟아내는 바람에 앤은 깜짝 놀란다. 앨리슨은 울음을 쉽사리 멈추지 못한다. 그러면서 힘겹게 앤에게 하려던 말을 입 밖으로 꺼낸다. 이날 밤에 열리는 YWCA 이사회에서 프로젝트 16:49에 대한 지원 중단이 결정될 것이라는 이야기다.

앤의 첫 반응은 분노다. 화가 난다. 미친 듯이 분노가 치민다. 제인스빌의 홈리스 청소년들은 시간이 갈수록 늘고 있다. 그리고 그녀는 낮 시간, 때로는 밤 시간까지 할애해 이 남매들처럼 부모로부터 버림받은 아이들을 도우려고 충분하지 못한 해법들을 얼기설기 짜 맞추고 있다. 이런 상황에서 프로젝트 16:49는 지금까지 나온 어떤 것들보다 나은 해법이다. 그리고 앤은 지금 추진 중인 쉼터 두 곳이 4년 전 희미한 아이디어에 불과했던 때부터 열정을 쏟아부었다. 그리고 지금, 다큐멘터리 상영과 모금 행사가 생각보다 성황리에 진행되었는데도 프로젝트 16:49은 돌연 좌초할 위기에 처한 것이다.

앤 역시 울음을 터뜨린다. 앤의 눈에서 흘러내리는 것은 배신감이 빚어낸 통한의 눈물이다.

몇 분이 지나고 앤은 울음을 그친다. 앨리슨을 팔로 감싸고 꼭 안아준다. 두 사람이 정확히 같은 배에 탔다는 생각이 밀려들었기 때문이다. '다른 방법이 있을 거야.' 앤이 마음을 추스른다.

이후 앤과 16:49의 벌로이트 지역 파트너인 로빈 스튜트는 서둘러 프로젝트를 도울 다른 단체들과 접촉해보지만 모두 퇴짜를 맞게 된다. 이제 두 사람이 계획한 남녀 청소년 쉼터를 지으려면 오롯이 자기 힘으로 해내야 한다. 그러나 이들은 사회복지사들이다. 독자적인 비영리단체를 조직하는 방법을 그들은 모른다.

집시 아이들

키가 175센티미티인 브리아 워팻은 제인스빌 근교에 있는 밀턴고등학교 1학년 여자 농구 팀의 신참 선수다. 경기는 월요일과 금요일 밤에 열리는데 이 시간은 아빠 맷이 포트웨인에 있을 때다. 브리아는 출전 시간이 길다. 공을 가졌을 때나 코트 위를 드리블해 골대로 슛을 할 때 브리아의 마음은 당연히 경기에 집중된다. 그러나 득점을 하고 관중석으로 시선을 돌려 좌석에 혼자 앉아 박수를 치는 엄마를 볼 때면, 순간적으로 자기가 얼마나 아빠를 그리워하는지 깨닫는다.

밤 10시가 되기 직전에 아빠가 전화를 걸면 엄마는 그날 브리아가 코트에서 보여준 멋진 플레이를 상세히 전한다. 브리아의 차례가 되어 수화기를 건네받으면 아빠는 얼마나 브리아가 자랑스러운지 이야기한다.

하지만 아빠는 할 수 있는 말이 많지 않다. 게임을 보지 못했기 때문이다.

브리아는 지금보다 더 어렸을 때, 아빠가 제인스빌에서 두 번째 교대 조로 일하던 시절의 금요일 밤을 기억한다. 당시 브리아는 한 달에 한 번쯤 금요일 밤이면 엄마와 언니 브룩과 함께 타코벨이나 서브웨이에 들러 음식을 사거나, 저녁으로 아빠가 특별히 좋아하는 메뉴를 먹었다면 남은 음식을 싸서 공장으로 갔다. 그러면 저녁 식사 때가 된 아빠가 밖으로 나왔고, 가족들이 함께 주차장에 둘러앉아 아빠가 일하러 갈 시간이 될 때까지 이야기꽃을 피웠다. 금요일을 그렇게 보낼 수 있었던 건 2년 전인 7학년 때가 마지막이었다.

봄이 오는 중이다. 브리아는 조금 있으면 잔디 깎기와 잡초 뽑기를 다시 시작할 것이다. 아빠는 잔디 깎기를 비롯한 집안일에 더 많은 시간을 쏟고 싶어 하지만 브리아와 브룩은 주말이 아빠에게 온전히 휴식을 위한 시간이 되어야 한다고 생각한다. 게다가 아빠는 인디애나의 아파트도 관리해야 한다.

아빠는 혼자 떨어져 사는 자신의 일상 가운데 두 딸이 기분 좋아할 만한 일이라면 무엇이든 이야기하려고 한다. 만약 아빠가 여전히 집에서 출퇴근하며 두 번째 교대근무 조에서 일했다면, 딸들이 학교에서 돌아오거나 저녁을 먹기 위해 들어왔을 때 아빠는 집에 없었을 것이다. 게다가 아빠가 GM의 전출 제안을 받아들이지 않고 제인스빌에 남았다면, 그래서 급여가 충분하지 않은 직장에 취직해 다른 아이들의 부모처럼 주말에 부업을 해 돈을 벌어야 했다면, 아빠가 얼마나 많은 시간을 자기들과 보냈을지는 정말로 모를 일이다. 브리아는 이제 겨우 열네 살, 고등학교 1학년이지만 자기가 할 일은 그저 묵묵히 최선을 다하는 것뿐임을 안다. 그리고 실제로 그렇게 살고 있다. 지금까지 두 번, 브리아와 브룩은 아빠가 사는 모습을 보려고 포트웨인에 내려갔었다. 한 번은 엄마와 함께, 또 한 번은 자매들만 내려가서 일주일을 보냈다. 월요일 아침, 아빠의 오후 교대근무에 맞추기 위해 여유 있게 집을 나선 그들은 아빠가 운전하는 차를 타고 네 시간 반을 달려 인디애나로 갔다.

포트웨인에 머물렀던 일주일 동안 세 부녀는 아침마다 골프장에 가서 골프를 쳤다. 아빠 맷이 다른 GM 집시들과 시간을 때우던 그 골프장이다. 맷이 일하러 간 동안, 브리아와 브룩은 영화를 보거나 도서관에 가서 책을 읽었다. 자매는 맷이 금요일 근무를 마치면 함께 제인스빌 집으로 돌아올 예정이었다. 하지만 맷은 토요일과 일요일에 예정에 없던 시간 외 근무를 하게 되었다. 아빠는 운전면허를 딴 지 얼마 되지 않은 브룩이 브리아를 태우고 혼자 시카고의 그 복잡한 교통 체증을 뚫고 제인스빌까지 운전해 돌아가게 하고 싶지 않았다. 그래서 부녀는 일요일 늦은 밤에 맷의 시간 외 근무가 끝난 뒤 함께 제인스빌로 왔다. 그리고 맷은 두어 시간 눈을 붙인 뒤 월요일 아침 8시 15분 카풀 승용차를 타고 포트웨인으로 돌아갔다.

주말에 그들은 가능한 한 많은 시간을 함께 보낸다. 고등학교 2학년인 브룩은 이제 친구들과 주말 밤을 함께 보내는 일이 좀체 없다. 예전에는 친구 집에 모여 놀거나, 영화를 보러 가거나, 여름에는 야외에 모닥불을 피우고 놀고는 했다. 브룩의 친구들은 이제 숙제가 별로 없는 평일 하루 정도는 저녁 식사가 끝난 뒤에 시간을 낼 수 있을 것이라고 말하는 브룩에게 놀라지 않는다. 브룩은 아빠가 집에 있는 주말에는 밖에 나가는 것을 좋아하지 않는다.

브리아와 브룩은 주중에 〈유령 사냥꾼들〉 같은, 자기들이 가장 좋아하는 TV 쇼를 보지 않는다. 대신 그것을 녹화해서 일요일에 온 가족이 모여 함께 본다. 한 가지 더 좋은 일은, 그들이 좋아하는 또 다른 프로그램 〈빅풋을 찾아서〉가 일요일에 방영한다는 것이다. 그 프로그램이 시작하면 네 식구가 좁은 소파에 다닥다닥 붙어 앉아 함께 TV를 본다. 식구들에게 일요일은 가족의 날이다. 아빠가 먼 곳으로 일터를 옮기기 전에도 그랬다. 한 가지 달라진 점은 일요일 밤에 먹고 싶은 메뉴를 아빠가 고른다는 것이다. 혼자 지낼 때는 저녁 메뉴를 고를 수 없는 아빠를 배려한 것이다. 아빠가 좋아하는 일요일 저녁 메뉴는 파히타다.

월요일 아침이 되면 아빠는 다시 카풀 차를 타고 포트웨인으로 떠난다. 그리고 그날 밤 근무를 마친 아빠와 15분 동안 통화를 한다. 브룩이 수요일 밤까지 기다려 비로소 꺼내는 이야기가 있다. "아빠가 집에 올 때까지 두 밤 남았어요." 브룩은 아빠를 만날 날이 얼마 남지 않아 충분한 위로가 될 때까지 기다려 이 말을 한다. 이튿날에는 "이제 한 밤 남았어요"로 바뀐다. 그리고 하루가 지난 한밤중이 되면 브리아와 브룩이 자는 사이에 아빠는 집에 올 것이다. 아빠는 아이들 방으로 들어가 자신이 집에 왔음을 알리는 입맞춤으로 딸들을 깨울 것이다. 날이 밝으면 딸들은 아빠가 자기들을 깨웠다는 사실을 거의 기억하지 못할 것이다. 하지만 딸들은 집에 오는 즉시 자기들 방에 들러달라고 매번 아빠에게 부탁한다.

324

리콜

밀턴 거리의 폭은 평균 6차로다. 제인스빌 북쪽에서 14번 국도와 만나는 그곳은 이 지역에서 가장 혼잡한 교차로다. 케이마트와 여러 개의 패스트푸드 가게, 휴대전화 대리점 세 곳이 있다. 오늘 오후에 이 교차로는 제인스빌이 자랑스럽게 간직한 정중함의 미덕이 매디슨의 선동 정치 때문에 얼마나 훼손되었는지를 보여주었다. 그 선동 정치는 17개월 전 공공 부문 노조의 권리를 약화시키려는 워커 주지사의 법안과 함께 시작되었다.

오늘은 2012년 6월 5일. 스콧 워커가 미국 역사상 소환 선거로 공직에서 쫓겨나는 세 번째 주지사가 될 것인지 여부가 판가름되는 날이다. 매디슨 의회 광장에서 벌어진 대규모 시위는 워커를 주청사에서 쫓아내려는 반대파들의 운동과, 그를 지키려는 지지자들의 대항 운동으로 확대되었다. 주지사 소환 운동은 복수심에 충만하다. 역대 위스콘신에서 치러진 다른 선거들보다 두 배나 많은 캠페인 비용을 후원받았으며,[1] 뜨거운 열기만큼이나 전국적인 주목을 끌었다. 이날 밀턴 거리에서 14번 국도로 진입하는 운전자들은 워커 소환을 두고 대립하는 양쪽 세력이 각각 교차로의 반대편 모퉁이에서 흔드는 손 팻말에 호응과 야유를 함께 보냈다.

제인스빌에서 주지사는 고전하고 있었다. 과거에 비해 색깔이 약해졌다고는 하지만 제인스빌은 여전히 노조원들의 도시였다. 지난겨울, 워커 지사를 지지하는 제조업 협회가 위스콘신으로 들어오는 도로 곳곳에 "위스콘신에 일자리를 만드는 주지사 스콧 워커"라고 적힌 간판을 세우기 시작했다.[2] 간판에는 시민들이 그에게 격려 전화를 할 수 있게 사무실 전화번호가 함께 적혔다. 그런데 공교롭게도 첫 번째 간판이 들어선 곳이 가동을 멈춘 제너럴 모터스 공장 맞은편이었다. 간판은 즉시 놀림감이 되었고 얼마 안 가 철거되었다.

그러나 제인스빌 시민 중에도 주지사에게 열광하는 지지자가 있었다. "우리는 워커를 지지합니다"라고 쓴 팻말을 들고 교차로 남서쪽 모퉁이에 선 짧은 머리에 목소리가 허스키한 젊은이도 그중 하나였다. 그의 이름은 커크 헨리. 위스콘신대학 화이트워터 캠퍼스에서 경영학을 공부하는 학생으로, 자기가 가족 중에서 유일한 공화당원이라고 했다. 그가 표지판을 들고 서 있을 때, 밀턴 거리의 남쪽 방향 차로를 따라 운전하는 모든 차들이 우호적인 반응을 보인 것은 아니다. 그래도 커크는 기쁘다.

흰색 SUV에 탄 젊은 여성이 창문을 열고 "워커를 대통령으로"라고 호응해주었기 때문이다. 녹색 쉐보레 콜벳에 탄 남자는 경적을 세 번 울린 뒤 창문을 열어 "고마워, 친구. 우리는 오늘 위스콘신을 지키고 있는 거라고"라며 커크의 용기를 북돋운다.

커크 헨리가 교차로를 떠난 직후, 마이크의 아버지 데이브 본이 교차로의 북서쪽 모퉁이에 도착했다. 데이브는 한 손에 "오늘 투표합시다"라고 쓴 손 팻말을 쥐고, 다른 한 손을 교차로를 지나는 행인들을 향해 흔들기 시작한다. 지난 1년 간 마이크는 세네카 푸드를 다니며 관리자 편에서 인사관리 업무를 해왔다. GM 퇴직자인 데이브는 전미자동차노련 제95지역노조 부지부장으로 일하며 록 카운티의 민주당 지역위원장을 겸임한다. 지역노조 지부장이자 데이브의 오랜 친구인 마이크 마크스는 그 옆에서 "배럿"이라고 적은 간판을 들었다. 밀워키 시장인 톰 배럿은 지난달 워커 소환 투표를 앞두고 진행된 민주당 예비선거에서 승리했다. 그의 승리는 이번 소환 투표를 19개월 전 주지사 선거에 나섰던 양당 후보자들의 리턴매치로 전환시켰다. 배럿은 당시 워커에게 패했다. 소환 선거를 앞두고 워커를 지사직에서 쫓아내기 위해 투자를 많이 한 노조들에게 배럿은 최선의 대안이 아니었다. 그러나 배럿은 민주당의 주지사 후보가 되었다. 따라서 데이브와 마이크가 "오늘 투표합시다"와 "배럿"이라고 쓴 표지판을 들고 밀턴 거리의 북쪽 상행선 모퉁이에 선 것은 자연스러웠다.

정작 놀라운 일은 따로 있었다. 러시아워의 교차로 모퉁이에 캠페인 표지판을 들고 선 자동차노조 조합원은 나이 든 이 두 사람뿐이라는 사실이다. 소환 투표가 노조의 권리를 지키기 위해 시작된 것이고, 데이브가 여전히 즐겨 말하는 "작업화 끈을 조여 매고 거리에 나서는 것"이 노조의 오랜 활동 방식이었는데도 말이다. 지난 수십 년 간 선거를 치르면서 록 카운티의 공화당원들은 민주당원보다 많은 돈을 썼다.[3] 그 범위를 위스콘신주와 미 전역으로 확대해도 마찬가지였다. 이번 소환 선거를 앞두고도 워커의 지지자들은 5900만 달러에 달하는 후원금을 기부했다. 이는 반反워커 세력이 모은 캠페인 자금의 2.5배에 이르는 규모였다. 제인스빌에서는 그동안 공화당이 자금 동원력 면에서는 우위를 보였으나, 지역의 노조 세력과 공조해온 민주당원들은 표를 모을 조직력에서 공화당을 앞섰다.

　데이브와 마이크는 오늘 거리에 나온 이 '작업화 부대'의 두 명뿐인 잔류자였다. 쇠락한 자동차노련 지부를 이끄는 것도 이 두 명이었다. 이런 이유로 소환 투표 국면에서 반워커파 지상군은 외부에서 온 이들이 주력을 형성할 수밖에 없었다. 그들은 취업센터에서 길 건너 한 블록 떨어진 곳에 있는 센터 거리의 노동조합 회관에 머물렀다.　이들을 지휘하는 이는 AFL-CIO 전국 사무소가 6주 전 제인스빌로 파견한 한 여성이다. AFL-CIO는 자동차노련을 포함한 미국 내 66개 노동조합의 연합기구다. 운동의 지휘소 구실을 하는 노조 회관의 사무실 벽면에는 제인스빌 일대에 소재한 모든 노조 지부들의 이름과 소속 조합원 수를 적은 표가 부착되어 있다. 불과 10년 전에 진성 조합원 수가 7000명에 이르는 등 한때 지역에서 가장 강력했던 자동차노련 제95지역노조에는 438명의 진성 조합원과 4900명의 은퇴자가 소속되어 있다고 표는 기록한다.

노조 회관에서 조직되는 지상군 병력에는 제인스빌 바깥에서 증원된 이들이 적지 않았다. 일리노이와 더 먼 곳의 노조 지부들은 제인스빌과 위스콘신의 다른 지역으로 활동가들을 보내 지지 유세를 하고, 투표장으로 사람들을 실어 나르고, 표를 얻기 위해 필요한 다른 활동들을 펼친다

이 외부 지원병들이 민주당원들의 집을 찾아가 문을 두드릴 때, 주지사 소환을 두고 경쟁하는 세력들은 주변에서 쉽게 찾을 수 있었다. 조화와 협력이라는 가치에 자긍심을 느껴온 제인스빌에서도 대화가 아니라 집 앞뜰에 경쟁하듯 세워놓은 메시지 팻말로 자기 생각을 이웃에 알리고 있었다.

데이브의 가족들 역시 마찬가지다. 데이브의 부인 주디는 조카를 페이스북 친구 목록에서 삭제했다. 올해 예순인 주디 본은 퇴직한 교사였고, 데이브만큼이나 열성적인 민주당원이다. 페이스북 갈등은 주디가 워커에 대한 자신의 생각을 포스팅하면서 시작되었다. 주디가 올린 글들은 지금까지 다른 정치인에 대해 그녀가 가졌던 감정보다 훨씬 강한 확신을 담고 있었다. 주디는 주지사가 사악한 인물이라고 믿었다. 몇몇 친척들은 그 글을 달갑지 않게 읽었다. 이들 중에는 주디의 글을 읽고 질겁했다면서 그런 정치 공작성 글은 별도의 페이스북 페이지에 올려달라고 댓글을 단 조카도 있었다. 조카는 며칠 뒤에 열린 자신의 생일 파티에도 주디와 데이브를 초대하지 않았다. 그래도 주디는 조카를 친구 리스트에서 삭제하지 않았다. 하지만 조카는 넘지 말아야 할 선을 넘고 말았다. 페이스북에 "정신지체를 겪는 내 친구와 친척들, 노조 투덜이들

에게 신물이 난다"라는 글을 올린 것이다. 그걸로 끝이었다.

보통 때였으면 데이브가 투표 독려 표지판을 들고 밀턴 거리에 나가 있는 동안 주디는 민주당 소환 투표 본부에 있었을 것이다. 민주당은 밀워키가의 점포를 임대해 투표 본부로 사용했다. 자원봉사자들은 그곳에서 폰뱅킹 업무를 하고, 가가호호 방문 일정을 조직했다. 주디 역시 최근 몇 주 동안 그곳에 매일 나가 자원봉사를 했다. 하지만 주디의 건강이 문제였다. 며칠 전 양쪽 폐에 혈전이 생긴 주디는 결국 "스콧 워커를 소환하자"라는 문구가 적힌 회색 티셔츠 차림으로 구급차에 실려와 투표 당일인 이날까지 머시 병원 3층 병실의 침대에 누워 있다.

주디는 최대한 마음을 편하게 먹을 작정이다. 그러나 소환 투표 당일에도 병실에 처박혀 있어야 한다는 사실에 몹시 화가 난다. 주디는 병실을 주지사 소환을 위한 현장사무소로 활용하기로 했다. 링거 수액을 걸어두는 스탠드 옆 의자에는 주지사 소환을 요구하는 티셔츠가 걸렸다. 침대 맞은편 벽과, 담당 간호사 및 투약 시간을 적어두는 칠판 아래에는 배럿을 응원하는 팻말 두 개를 매달았다. 방문 맞은편 벽에도 "오늘 투표하자 ★ 소환을 관철하자 ★ 배럿"이라는 손 글씨를 걸었다. 주디는 복도를 지나가는 사람들이 살짝 눈길만 돌리면 그 문구를 볼 수 있도록 고집스럽게 문을 열어두었다.

밀턴 거리에서 선전 활동을 마친 데이브가 주디의 병실을 찾았다. 시간은 7시 15분을 향해 간다. 투표 마감 45분 전이다. 주디는 기쁘다. 이날에만 최소 네 명을 소환에 찬성하도록 이끌었기 때문이다. 주디는 병원에서 일하는 직원들을 만날 때마다 주지사를 비판하며 투표를 독려

했다. 주디가 이날 만났던 사람 중에는 간호사도 있었는데, 그녀의 남편은 현장에서 투표인 등록을 할 수 있다는 것을 몰라 투표를 포기할 뻔했다. 주디는 휴대전화에 저장된 모든 번호를 뒤져 주지사 소환에 찬성하지만 아직 투표는 하지 않았을 것 같은 이들에게 전화를 걸었다. 데이브가 도착하고 몇 분 뒤, 그날 낮 동안 그랬던 것처럼 휴대전화가 울리기 시작한다. 다른 현장에서 올라온 투표 보고다.

"오늘 몇 시에 투표했어?"

주디가 이 지각 보고자에게 묻는다.

"그 사람들이 투표하려고 줄을 섰었다고? 정말? 멋져, 멋져, 정말 멋지다."

주디가 전화를 끊고 데이브에게 말한다.

"선이 악을 이길 거야. 그렇지만 정말 긴 밤이 되겠지."

★

양쪽 진영은 전체 개표 결과를 보려면 긴 밤을 보내야 할 것이라고 예상했다. 재검표 가능성까지 고려하면 더욱 그랬다. 지난봄에 했던 여론조사 결과는 치열한 각축전을 예고했다. 몇 주 전 조사에서는 워커와 배럿이 1퍼센트 격차 안에서 접전을 벌였다.[4] 비록 가장 최근 조사에서는 워커가 몇 퍼센트 포인트 차로 앞서는 것으로 나오긴 했지만 말이다. 따라서 두 진영은 한결같이 손에 땀을 쥐게 하는 상황이 빚어질 것이라고 예상했다. 제인스빌에서 가장 활동적인 민주당원과 공화당원 들이 투표 결과를 함께 시청하기 위해 각자의 집결 장소로 모였다.

데이브와 마이크를 포함한 민주당원들은 밀워키가에서 조금 떨어진 곳에 있는 스티브 앤 홀리스 레스토랑에 모였다. 내부가 길고 폭이 좁은 구조의 레스토랑에는 천장에 TV가 달렸다. 공화당원들이 모인 곳은 스피크 이지 라운지 앤 레스토랑이었는데, 그곳의 테라스는 오늘처럼 멋진 봄밤에 특히 멋진 장소였다.

두 레스토랑은 제인스빌 경찰 본부와 남북전쟁 이후 줄곧 같은 장소를 지켜온 장로교회를 사이에 두고 두 블록 반 거리에 떨어져 있다. 이날의 모임은 제너럴 모터스가 공장폐쇄 방침을 발표한 뒤 견고하게 결속했던 제인스빌이 최근에 겪고 있는 정치적·사회적 균열을 보여주기에 충분하다. 제너럴 모터스가 제인스빌 공장 문을 닫을 것이라고 밝힌 날은 정확히 4년 하고도 이틀 전이었다.

투표가 마감되고 한 시간이 조금 지났을 때, 스티브 앤 할리스에서 프레드 요스가 TV를 보며 소리치기 시작했다. 프레드는 오늘 제인스빌의 가장 큰 투표소인 한 교회에 참관인으로 나가 있었다. 그는 지금 데이브와 마이크가 대화를 나누는 곳에서 몇 좌석 떨어진 카운터 의자에 앉아 있다.

"NBC 쟤들은 어떻게 벌써 저런 결과를 예상할 수 있지?"

방송이 워커의 승리를 예상한 것에 놀라 프레드가 외친다.

"나는 쟤들이 지금 무슨 뜻인지도 모르고 떠든다는 데 걸겠어."

몇 분 뒤 스피크 이지의 테라스에 있는 한 테이블에서 제이 밀크가 시가를 꺼낸다. 제이는 방송국 엔지니어이며 공화당 록 카운티 위원회 의장으로, 데이브의 맞수다. 밤 9시 30분이 되기 전, 주요 TV 방송들은 일제히 워커의 승리를 보도했다. 스콧 워커는 소환 투표로 쫓겨난 미국의 세 번째 주지사가 아니라, 소환 투표에 오르고도 살아남은 첫 번째 주지사가 되었다.

메리 윌머가 테라스로 들어왔을 때 제이는 활짝 웃고 있었다. 록 카운티 5.0은 지역경제 회생을 위한 초정파적 기구였지만, 메리와 함께 공동 의장을 맡은 다이앤 헨드릭스가 51만 달러를 워커의 선거운동본부에 기부했다는 것은 누구나 아는 사실이었다.[5] 이는 개인이 낸 정치후원금 중에서는 가장 큰 액수였다. 메리는 제이를 비롯해 주변 테이블에 앉은 다른 공화당원들과 손바닥을 마주치며 제이만큼이나 활짝 웃는다.

지역경제 재건을 위해 누구보다 열심히 노력한 메리는 워커의 승리가 이처럼 이른 시간에 확정된 것은 제인스빌에 최상의 뉴스라고 생각한다. 제이도 이에 동의한다. 그가 느긋한 어조로 입을 연다. 그가 한 말의 요지는 다음과 같았다. '기업 친화적인 주지사의 미래가 칼날 위에 놓이자 기업들은 위스콘신에 들어오는 것을 주저하게 되었다. 그러나 그 칼날의 시간은 오늘 밤에 끝났고, 우리의 주지사는 굳건히 자리를 지키게 되었다. 제인스빌 그리고 위스콘신의 모든 지역에 이제 일자리가 밀려들 것이다.'

같은 시각 스티브 앤 할리스의 분위기는 장례식을 방불케 한다. 사람들은 예정보다 일찍 자리를 뜬다. 카운터 끄트머리에 두 손을 바지 뒷주머니에 찔러넣은 데이브가 서 있다.

"어떻게 이런 일이……."

데이브가 조용히 뇌까린다.

"정말 믿을 수가 없어, 정말로."

"충격적이라고 말할 수밖에."

마이크가 탄식한다. 그가 TV 화면을 힐끗 쳐다보며 내뱉는다.

"멍청한 녀석 같으니라고."

밤 10시 30분이 가까워진다. 카운터 위에 걸린 TV에서 승리를 선언하러 나타난 워커의 모습이 보인다. 레스토랑에 남은 민주당원들 누구도 TV에 시선을 보내지 않는다. 밀워키 서쪽의 워키쇼 카운티 엑스포 센터에 마련된 무대 위에서는 주지사직을 유지하게 된 워커가 지지자들을 격려하기에 앞서 부인과 두 아들을 껴안으며 넘치는 축복을 내려준 신에게 감사했다.[6]

"유권자들은 신념을 가지고서 어려운 결정을 내리는 지도자를 정말로 원합니다."

워커가 말한다. 이제 그의 말은 슬그머니 회유하는 듯한 어조로 바뀐다.

"선거는 끝났습니다. 내일이면 우리는 더 이상 반대편에 있지 않을 겁니다. 내일, 우리는 위스콘신 사람으로 하나가 될 것이며, 힘을 모아 위스콘신을 전진시킬 것입니다."

데이브와 마이크는 자리를 지키게 된 워커와 제인스빌이 함께 가는 것에 비관적이다. 주 전체로 따지면 53퍼센트를 얻은 워커가 46퍼센트에 그친 배럿에게 압승을 거두었는지도 모른다.[7] 그러나 록 카운티에서는 아니었다. 록 카운티는 위스콘신의 72개 카운티 가운데 소환 찬성표가 많이 나온 열두 곳 가운데 하나였다.[8]

"이제 주지사도 우리가 자기를 싫어한다는 걸 알겠지."

마이크가 데이브에게 말한다. 워커는 주지사 선거운동 당시 본인이 당선된다면 첫 번째 임기 안에 일자리 25만 개를 위스콘신에 유치하겠다고 공언했다. 취임한 지 1년 반, 늘어난 일자리는 3만 개가 채 안 되었다.

마이크가 솔직히 털어놓는다. 제너럴 모터스가 공장 재가동을 고려하고 있다면, 워커는 과연 자신의 소환에 찬성표를 많이 던진 이곳을 적극적으로 도우려고 할까?

데이브는 말이 없다. 그는 홀의 뒤편으로 혼자 걸어가 흰 종이 접시에 핫도그롤을 하나 가져온 뒤 케첩을 엷게 바른다. 그러고는 금속으로 된 통을 연 뒤 집게로 브라트부어스트(돼지고기로 만든 구이용 소시지_옮긴이)를 꺼낸다. 이것은 며칠 뒤 워커가 공화당과 민주당 소속 주의원들을 공관으로 불러 화해의 의미로 대접할 음식이기도 하다.

데이브가 워커 앞으로 다시 걸어온다. 개표 결과에 망연자실한 이 베테랑 노조 활동가들 주변에는 개표가 시작할 때보다 훨씬 적은 사람들만 남았다.

"우린 전투에서 졌을 뿐이야."

애써 힘을 북돋우려는 듯 데이브가 말한다.

"전쟁에서 진 게 아니라고."

"우리는 최선을 다했어. 그렇지 않아?"

마이크가 묻는다.

"그래, 우린 할 만큼 했어."

데이브가 고개를 끄덕이며 말한다.

힘겨운 여름

블랙호크의 형사정책 과정에서는 교도관이 재소자에게 휘둘리면 안 된다는 점을 강조한다. 일부 재소자들은 인간적으로 취약한 교도관이 있으면 어떻게든 꼬투리를 잡아 이용하려 들기 때문이다. 2년 전, 취업 센터 뉴스레터에서 시련을 딛고 승리한 인물로 소개된 교도관 크리스티 바이어는 이번 여름 시련의 계절을 보내고 있다.

크리스티의 아들 조쉬는 이라크에서 돌아왔다. 주방위군에 입대한 지 5년 만에 다치거나 아픈 곳 없이 명예롭게 전역한 것이다. 그러나 지금 상황은 좋지 않다. 조쉬는 수시로 뒷마당으로 뛰쳐나가 나무들 뒤에 몸을 숨기고 칼을 휘둘렀다. 조쉬를 진정시키기 위해 경찰이 몇 차례 출동했으나 별 도움이 되지 않았다. 밤샘 근무 조에 속한 크리스티는 낮

시간에 자야 했지만 외상 후 스트레스 장애를 겪는 아들을 차에 태우고 매디슨의 재향군인병원으로 통원 치료를 다녔다. 남편 밥과의 관계도 좋지 않았다. 두 사람은 근무시간이 달라 자주 보지 못한다. 크리스티는 세 번째 교대근무 조에서, 남편은 첫 번째 근무 조에서 일을 했다. 주청사 건물의 설비 기술자로 일하는 남편은 이른 새벽에 출근했다. 최근 크리스티는 남편과 헤어지는 문제를 두고 이야기를 나누고 있다. 남편은 그들이 위기를 잘 헤쳐나갈 것이라고 말한다.

집행유예 준수 사항을 위반해 록 카운티 교도소에 수감 중인 한 재소자가 크리스티에게 관심을 보였고, 그녀는 선뜻 관심을 받아들였다. 교제는 7월에 시작되었다. 크리스티는 그에게 음식과 마리화나를 가져다주었고, 교도소 매점에서 간식거리와 세면도구를 살 수 있게 남자의 교도소 계좌로 돈을 부쳤다. 그들은 밀회를 이어갔다. 남자는 크리스티에게 차를 사달라고 요구하면서, 그렇게 하지 않으면 남편에게 이 관계를 폭로하겠다고 위협했다.

크리스티는 엄마에게도 이런 상황을 터놓지 않는다. 그러나 8월의 어느 날 아침, 밤샘 근무를 마치고 집에 돌아온 그녀는 엄마와 이야기를 나누기 위해 담배를 들고 뒤뜰 테라스에 앉는다.

"엄마한테 할 이야기가 있어."

크리스티가 말한다.

"어이쿠, 뭔데?"

엄마는 크리스티의 평소 목소리를 잘 안다. 그래서 크리스티가 하려는 말이 지난 밤에 교도소에서 있었던 또 하나의 별난 이야기는 아님을 직감한다. 또한 이것은 좋은 이야기도 아닐 것이다. 힘든 여름이었다. 손자 조쉬는 여전히 외상 후 스트레스 장애를 치료받는 중이고 딸 부부의 결혼생활도 흔들렸다. 린다는 마음을 단단히 먹으려고 한다.

"나 남자가 생겼어."

크리스티가 말한다. 린다는 이런 상황이 오리라고는 생각해본 적이 없다. 그녀가 가장 먼저 이렇게 물었다.

"크리스티, 설마 그 남자가 죄수는 아니겠지?"

"죄수 맞아."

엄마는 항상 크리스티 편이었다. 지금도 딸 편이 되어주고 싶다. 그러나 그럴 수가 없다. 린다가 말했다.

"빨리 정리하는 게 좋을 거야."

후보자

오전 9시 28분. USS 위스콘신함 갑판에 모습을 드러낸 폴 라이언이 환호성을 지르며 깃발을 흔드는 지지자들을 향해 계단을 걸어 내려온다.[1] 음악 소리가 점점 커진다. 이 장엄한 음악은 영화《에어 포스 원Air Force One》에 삽입된 것이다. 버지니아주 노퍽의 수변에 있는 이 퇴역 전함은 박물관으로 활용되고 있다. 8월 11일 토요일 아침, 화려한 깃발로 장식된 전함은 정치 행사의 무대 장치로 완벽하다. 폴이 군중들 사이를 걸어 무대 위로 오르며 손을 흔든다. 무대에 선 그가 손을 내밀어 밋 롬니Mitt Romney와 악수한다. 롬니는 2012년 미국 대선에 나설 공화당의 대통령 후보다.

짧은 포옹을 마친 두 사람은 연단을 돌며 환호하는 청중들과 눈을 맞췄다. 폴이 순간 어느 자리에 서는 것이 좋을지 몰라 주저한다. 롬니는 이날 행사에 오기 직전, 폴이 자신의 러닝메이트가 되어 공화당의 부통령 후보로 나설 것이라고 발표했다. 그러니 이 자리는 두 사람이 팀이 되어 처음으로 함께 선 무대다.

훤칠한 키에 잘생긴, 갈색 머리의 남자 두 명이 나란히 섰다. 롬니가 폴의 팔을 가볍게 어루만지더니 걸음을 옮겨 무대 뒤편으로 내려온다. 음악 소리가 멈췄다. 이제 무대 위에 홀로 남은 폴이 부통령 후보로서 공식적인 첫 연설을 시작할 참이다. 그는 여전히 활짝 웃고 있다. 잠깐이지만 분위기에 압도된 것처럼 보이기도 한다. 몸을 돌려 오른팔을 깃발 장식이 드리운 전함을 향해 뻗으며 입을 연다.

"와우, 안녕하세요. USS 위스콘신 앞에 계신 여러분, 들리나요?"

노력에 모인 군중들이 함성을 지른다.

다시 제인스빌로 시선을 옮겨보자. 버락 오바마가 제너럴 모터스 공장을 방문한 지 4년 반이 흘렀다. 오바마가 제인스빌에 온 것은 금융위기가 시작된 직후인 어느 겨울 아침이었다. 당시 그는 민주당 대선 후보 경선에 나선 상황이었다. 그때나 지금이나 급여 조건이 좋은 일자리들은 여전히 찾기 어렵다. 이는 제인스빌만의 문제가 아니다. 이 문제가 2012년 대선 정국을 지배하는 곳이라면 다 마찬가지다. 공화당은 백악관과 민주당 정부의 정책에도 경제 상황이 크게 나아지지 않는 것을 비난했다. 공화당은 이런 비난이 확산될수록 오바마가 재선하기 어려워질 것이라고 셈한다. 롬니는 폴을 공화당의 "지적인 지도자"라고 소개했다. 폴은 의회 재정위원장을 지낸 경력이 있다. 그에게는 연방정부 예산을 삭감해 적자 재정 편성을 억제하고 정부가 계획하는 주요 정책들을 좌초시키려는 '로드맵'이 있다. 지난 몇 달 동안 부통령 후보군으로 언급된 공화당의 여러 정치인들 가운데, 폴은 별 특징 없이 진행된 롬니의 선거운동에서 가장 선명하고 보수적인 선택이었다.

이 예상 밖의 선택으로 롬니는 폴의 지역구에 국민의 시선을 집중시켰다. "폴 라이언은 워싱턴에서 일한다. 그러나 그의 신념은 위스콘신주 제인스빌에 굳건하게 뿌리내렸다."[2] 폴이 USS 위스콘신함 갑판에 오르기 직전에 롬니가 한 말이다. "그는 미국의 무한한 미래를 낙관하는 다음 세대를 위해 우리가 짊어져야 할 깊은 책임감과, 미국인이 성취할 수 있는 모든 놀라운 일들에 대한 이해력을 겸비했다." 이 공화당 대선 후보는 제인스빌의 '할 수 있다' 정신을 요약해 서술하고 있었다.

폴은 이날의 유세 시나리오가 외부로 새어나가면 절대 안 된다는 롬니의 뜻에 따라 이곳 버지니아주 타이드워터로 비밀리에 불려 나오기 전까지 제인스빌에 머물렀다.[3] 그는 어제 추도식 한 군데에 다녀온 뒤, 코트하우스 힐에 있는 집으로 들어갔다가 곧바로 뒷문으로 빠져나왔다. 그러고는 어린 시절에 뛰놀던 작은 나무들 사이를 살금살금 걸어, 나무로 진지를 쌓고 놀던 장소를 지나, 자신이 자라난 집의 진입로로 갔다.

진입로에는 롬니 선거운동 캠프의 비서로 일하는 롬니의 열아홉 살된 아들이 운전하는 차가 시동을 켜고 그를 기다렸다. 차는 폴, 재나 그리고 아이들을 태우기 위해 전세 경비행기가 기다리는 시카고 교외의 공항으로 향할 예정이었다.

★

이 비밀스러운 출발 작전 이후 24시간이 채 되지 않아, 주요 방송국에서 나온 기자들이 중심가에 깔렸다. 폴 라이언이 전함의 램프를 걸어 내려오는 장면이 TV로 방송되자 제인스빌 주민들은 고무되었다. 이 모습은 주민들의 상처 입은 정치적 감정들에 위안이 되었다. 이것은 공장 폐쇄 이후 확대되기 시작해 두 달 전 주지사 소환 선거에서 정점을 이룬 지역사회의 균열의 틈을 좁혔다. 부통령 후보 티켓을 거머쥔 제인스빌의 아들이 누군들 자랑스럽지 않겠는가?

물론 그 자부심은 모두의 것이 아니었다. 취업센터의 밥 버러먼스는 폴이 백악관에 입성하는 것이 제인스빌의 미래에 도움이 될지 확신하지 못한다.

밥이 취업센터 대표로 일한 9년 동안 그는 여러 정치인들을 초청했다. 취업센터에 무엇이 필요하고, 다시 일어서려고 노력하는 사람들을 센터가 어떻게 돕는지 직접 보라는 취지였다. 그는 폴의 보좌진에게도 방문할 의사가 있는지 여러 차례 물었다. 하지만 아무 응답이 없었고 밥도 오래 전에 묻기를 단념했다.

그러나 중심가에 등장한 기자들과 노픽에서 연출된 극적인 장면들은 그런 회의주의를 소수의 생각으로 만들어버렸다. 폴이 재정 문제와 사회 문제에서 보이는 보수주의를 싫어하는 사람들조차 그가 부통령 후보로 지명된 것이 쇠락한 제인스빌의 기운을 다시 일으킬 것이라는 희망을 품었다. 매디슨 의회에서 마지막까지 온건주의 노선을 고수하는 상원의원 팀 컬런은 민간 부문, 특히 민간 자선 활동이 사회 문제들을 해결할 수 있다는 폴의 순진한 생각에 동의하지 않는다. 그러나 팀은 제인스빌을 돌며 "이곳에서 미합중국 부통령이 배출된다면 손해 볼 일은 아닐 것"이라고 이야기하기 시작했다. 팀은 폴이 주요 정당의 부통령 후보가 된 첫 번째 위스콘신 정치인이라는 사실을 강조했다. 팀은 한편으로 자신이 정치적 어려움을 자초했으며, 심지어 상원의 민주당 의원들 사이에서도 곤란한 지경에 처했다고 말하기 시작했다. 한 달 전쯤 그는 주 상원의 당 원내회의를 며칠 간 보이콧했다.⁴ 상원 민주당 지도부가 당파를 초월한 그의 타협주의에 대해 그 어떤 중요 상임위원장직도 주지 않는 방식으로 불이익을 줬기 때문이다. 팀은 당과 독립적으로 의정 활동을 해야 할지도 모르겠다고 생각했다.

물론, 폴의 눈부신 부상을 가장 기뻐하는 이들은 제인스빌을 기업하기 좋은 도시로 선전하면서 지역에 새 일자리를 유치하려고 부단히 노력한 이들이었다. 포워드 제인스빌의 대표로 메리 윌머와 긴밀히 협력해 온 존 베커드John Beckord 는 반색했다. 지난밤부터 폴에 관한 소문이 지역에 서서히 퍼져나가기 시작하고, 기자들이 제인스빌로 몰려들자 그 역시 흥분됐다. 하지만 존은 폴의 부통령 후보 지명에 신중하게 대처해야 한다고 생각했다. 포워드 제인스빌은 정치와 무관한 조직이었다. 비록 모임에 참여하는 기업인들이 민간 부문을 통한 문제 해결을 선호하고, 정부의 적극적인 재정 정책에 반대하는 폴의 관점을 공유하는 경향이 있었지만 말이다. 그러나 존은 제인스빌이 미국인이라면 누구나 아는 지역이 되고 있다는 사실에 들떴다.

"사람들 머릿속에 제인스빌이 투자할 만한 곳이라는 긍정적인 연상 작용을 불러일으킬 수 있다면 손해 볼 게 없어. '맞아, 거기가 폴 라이언의 고향이지.' 돈을 얼마를 쓰든 이만한 홍보 효과를 얻기란 쉬운 일은 아니니까 말이야."

★

폴은 어땠을까? 14년간 연방 하원의원으로 활동한 그는 겨우 마흔두 살의 나이에 부통령 후보에 지명되어 회색 전함을 배경으로 검정색 정장과 흰색 오픈칼라 셔츠 차림으로 8분짜리 첫 연설을 하고 있다.[5] 그는 오바마 백악관의 "기록적인 실패"를 비난했다.

"우리는 지금까지 겪었던 것과는 다른 위기의 순간에 직면했습니다. (……) 저는 많은 가족들, 소규모 사업자들, 생계에 어려움을 겪는 사람들로부터 보고 들었습니다. 하지만 최근에 들었던 이야기가 저를 가장 힘들게 합니다. 그들의 목소리, 그들의 말은 뭔가 달랐습니다. 그것은 꿈이 쪼그라든다는 것입니다. 앞날에 대한 기대가 낮아진다는 것입니다. 미래가 불확실하다는 것입니다. (……) 어떤 사람들은 이것이 우리가 받아들여야 하는 새로운 일상이라고 말합니다."

폴의 목소리는 점점 커지고, 허공을 가르는 손놀림도 분주해진다.

"실업률은 오르고, 수입은 줄어들고, 가계 부채는 참담하게 늘어만 갑니다. 이것이 그들이 말하는 새로운 일상입니까?"

직접적인 언급은 없지만, 폴은 자신의 고향을 위로하려는 것인지도 모른다. 그로부터 서른 시간이 지난 일요일 이른 아침, 폴은 '고향 방문 집회'라고 홍보한 캠페인을 위해 롬니와 함께 위스콘신에 도착한다.

감동적인 장면이었다. 마이크를 잡은 워커 주지사가 청중들을 고무시켰다.[6]

"치즈 헤드Cheese head(위스콘신 주민들이 스스로를 일컫는 별칭_옮긴이)가 부통령 후보가 되다니, 정말 대단하지 않습니까?"

주지사가 폴과 롬니를 소개하며 고래고래 소리를 지른다. 장엄한 《에어포스 원》 음악이 다시 한번 울려퍼진다. 폴은 손을 흔드는 틈틈이 얼굴을 아는 사람들에게 인사를 건네며 군중들 사이를 헤쳐 나간다. 몇 발짝 뒤를 롬니가 따른다. 무대 위로 뛰어올라 가기 직전, 폴이 양손으로 뺨에 흐르는 눈물을 닦는다. 그러고서 워커 주지사와 한참 동안 포옹을 한 뒤 지지자들에게 손 키스를 날린다. 아내 재나는 연단 가까이에서 세 아이들과 나란히 선 채 군중에 섞인 누군가를 가리킨다. 이윽고 음악이 잦아들고, 폴이 마이크에 몸을 기울이고는 고향 방문 유세의 일성을 날린다.

"안녕, 엄마."

워커는 폴의 오른쪽 뒤편에 섰다. 폴은 지지자들에게 감사 인사를 보낸 뒤 연설을 잇는다.

"집에 오니까 정말 좋네요. 아, 이 말을 빠뜨렸군요. 위스콘신을 사랑합니다."

아름다운 귀향이다. 롬니는 토박이 후보에게 보내는 위스콘신 공화당원들의 과장된 찬사를 들으며 활짝 웃는다.

이날 유세와 관련해 한 가지 알아둘 것이 있다. 이 집회가 열린 곳은 제인스빌이 아니다. 집회는 워키쇼의 엑스포 센터에서 열렸다. 47일 전, 워커가 주지사 소환 선거에서 승리를 거두고 연설했던 곳이다. 엑스포 센터는 폴의 지역구에서 북쪽으로 몇 킬로미터 떨어진 곳에 있는데, 이곳은 또 다른 공화당 의원 짐 센슨브레너 Jim Sensenbrenner의 지역구였다. 워커쇼는 제인스빌과 다르다. 워커쇼는 위스콘신주에서 공화당에 가장 확실하고 견고한 지지를 보내는 지역이다.

앞서 여러 번 언급했듯이 폴의 고향은 제인스빌이다. 이로부터 2주 뒤에 폴이 공화당 대통령 지명 전당대회에 참석하기 위해 플로리다주 탬파로 떠나기 전, 모교인 크레이그고등학교 체육관에서 폴을 배웅하는 집회가 열린다.[7] 이 자리에서 폴의 형 토빈이 동생을 소개하며 "제인스빌 주민과 제인스빌이 표방하는 가치가 폴을 부통령 후보로 만들어냈다"라고 말한다. 올해 일곱 살인 폴의 아들 샘이 위스콘신을 상징하는 치즈 머리 모양 모자를 쓰고 아빠를 지켜본다. 그러나 이런 것들은 중요하지 않다. 사람들은 대통령을 뽑는 문제 앞에서 기존의 정치적 태도를 쉽게 바꾸지 않기 때문이다. 실제로 폴이 지난해 노동절 퍼레이드에서 친노조 진영의 운동가들로부터 야유를 받은 이후 폴과 롬니의 선거운동 캠프는 폴의 선거구와 인근 지역에서 고향 방문 유세를 펼칠 엄두조차 내지 못했다.

2012년 노동절 축제

"퍼레이드가 시작되려면 약 10분 남았습니다."

WCLO 라디오 진행자 팀 브리머가 본부석 마이크에 대고 우렁찬 목소리로 말한다. 본부석은 풀로 덮인 코트하우스 파크 언덕의 맞은편에 있다.

"이곳 제인스빌에서 노동절 축제 퍼레이드가 막 시작되려고 합니다."

행진은 밀워키가에서 중심가 방향으로 진행되는데 항상 그렇듯 어릿광대들이 앞장선다. 광대들이 구경 나온 아이들에게 사탕을 던지자 부모들 무릎에 앉아 있던 아이들이 사탕을 주우려고 앞다투어 뛰쳐나간다. 아이의 부모들은 행렬이 지나가는 길을 따라 인도 위에 캠핑용 의자를 펼쳐놓고 앉았다.

9월 3일, 햇볕에 달궈진 보도블럭의 복사열이 후끈하다. 모든 것을 태울 듯한 열기가 대기를 가득 채웠다. 퍼레이드를 구경하려고 5000명이 넘는 인파가 인도를 메웠던 과거보다 지금은 빈 공간이 많이 보인다. 상가 점포들 앞에는 평소보다 "세 놓음" 간판이 많이 세워져 있다. 그러나 그 무엇도 여전히 생기가 도는, 편안하면서도 열정에 휩싸인 축제의 기분을 망칠 정도는 아니다.

어릿광대들이 연노랑 셔츠와 청색 바지를 입은 경찰 오토바이 부대에 자리를 내준다. 뒤따르는 것은 제인스빌 애국회다. 제인스빌 공장이 쉐보레 자동차를 생산하기 시작하고 7년이 지난 1930년에 설립된 단체다. 애국회 뒤를 2012년 퍼레이드 주관자인 팸 위지가 뒤따른다. 그는 제인스빌 공장이 문 닫을 때까지 그곳에서 30년을 일했고, 요즘은 VFW 홀에서 가라오케를 운영하며 시간을 보낸다. 노동절 축제 퍼레이드는 그사이 변해버린 많은 것을 보여줌으로써 제인스빌 사람들을 과거와 연결시킨다.

노동절 축제의 클라이맥스는 1950~1970년대까지 "퍼레이드 오브 챔피언스The Parade of Champions"라고 불렸는데, 당시까지만 해도 이 행사를 위해 자동차노련 지역노조와 중앙 노동위원회, 지역의 기업체 대표들이 함께 모여 계획을 세웠다. 그 시절에 지역노조 소속 노동자들은 쉐보레 조립 작업을 잠시 미루고 퍼레이드에 쓸 장식 차량을 만들기 위해 노조 강당에 모였다. 장식 차량은 그 직전 해보다 더욱 공들인 티가 나야 했다. 어떤 해에는 차량 꼭대기에 흐르는 물처럼 꾸민 배경 장식을 설치하고 낚시 여행을 떠난 가족들의 모습을 연출해 노조가 노동자들에게 가져다준 편익을 묘사하기도 했다. 300개의 다리―여덟 마리의 조랑말과 예순네 마리의 라마―로 끄는 수레가 등장한 또 다른 해에는 그 위에 올라탄 인원의 수로 세계기록을 갈아치웠다. 이 행사가 "레이버 페스트Labor Fest"라는 이름을 가지게 된 뒤부터는 충분한 기금을 확보했던 덕분에 정상급 관악기와 드럼 악단을 불러올 수 있게 되었다.

제너럴 모터스가 공장 가동을 중단한 뒤 처음 열린 3년 전 축제에서는 152개 단체가 퍼레이드에 참가해 5번가를 출발한 뒤 다운타운을 지나 본부석 바로 아래까지 행진했다.[1] 디제이 브리머는 바리톤 느낌의 목소리로 오늘 83개 단체가 퍼레이드에 참가했다고 전한다. 노동절 축제가 밴드를 부를 만큼 충분한 기금을 더 이상 유치할 수 없게 되면서, 제인스빌 축제에는 오늘 중심가를 따라 행진하는 고적대가 유일하게 남게 되었다. 이 고적대는 1976년 미국 독립 200주년 행사를 위해 제인스빌에 소재한 고등학교 두 곳의 밴드부로 꾸려졌다. 진녹색이 섞인 황금색 유니폼 차림의 파커 바이킹스와 감청색 제복의 크레이그 쿠거스 단원들이다.

수십 년 동안 퍼레이드의 핵심적인 후원자요, 참가자였던 자동차 노동자들은 보이지 않았다. 자동차노련 제95지역노조가 준비한 장식 차량은 물론, 행진에 참여한 자동차 노동자 단체 역시 없었다. 검정색 티셔츠를 입고 노조원 야구 모자를 쓴 나이 든 사내 두 명만 눈에 띈다. 그들은 사각 현수막이 달린 장대의 양쪽 끝을 잡고 행진 중이다. 깃발에는 "자동차노련 제95지역노조 퇴직자들"이라고 적혀 있다. 그러나 퍼레이드에는 자동차 노동자들의 부재보다 더 놀라운 것이 있었다. 내부를 진홍색 천으로 장식한 흰색 수레였다. 중심가를 따라 움직이는 이 수레는 어딘가에서 빌린 것이었는데, 퍼레이드가 풍요로웠던 시절의 기억을 희미하게 상기시키는 고적대 행렬의 바로 앞에서 퍼레이드 주관자를 바짝 뒤따랐다.

"굿윌 앰배서더에서 나온 앤 포백입니다."

라디오 디제이가 소개한다. 그는 제인스빌 홈리스 아이들의 부서진 삶을 회복시키려고 노력하는 사회복지사다. 굿윌 명판을 든 앤의 맞은편에는《16:49》에 출연했던 카일라와 코리가 앉았다. 그들은 마차 위에 놓은 레드 벨벳 의자 뒤편에 앉아 멋진 퍼레이드 마차 위에 선 여느 10대들처럼 웃으며 손을 흔든다. 이 아이들에게서 안전하게 잘 곳이 없어 거리를 헤매는 홈리스의 모습은 찾아볼 수 없다.

디제이가 큰 소리로 앤의 "지역 공동체에 쏟는 헌신"에 고마움을 표시한다. 노동절 퍼레이드 단체에 홈리스 아이들이 끼어 중심가를 행진한다는 것은 과거에는 생각하기 어려웠던 일이다. 그러나 이 이례적인 장면에도 군중들은 그저 형식적인 박수만 보낼 뿐 별다른 반응을 보이지 않는다.

약병들

여름도 끝을 향해 간다. 록 카운티 치안담당관 밥 스퍼든은 교도소장으로부터 보고서 한 장을 받는다. 교도관 한 명이 재소자와 부적절한 관계를 맺었다는 내용이다. 다른 재소자가 이 사실을 교도소장에게 제보했다.

백발의 치안담당관은 다정다감했지만 현실적인 사람이었다. 그는 제인스빌에서 자랐고, 이 지역의 사법집행 기관에서 50년 가까이 일했다. 그의 아버지도 치안담당관실 부실장이었고, 밥도 치안담당관실 수석 부실장을 지내다가 6년 전에 이곳 치안담당관으로 선출되었다. 이런 상황이 닥쳤을 때 그가 해야 할 일이 있다. 밥은 크리스티 바이어 교도관에 대한 조사를 시작한다.

부적절한 관계가 이어진 기간은 길지 않았다. 두 달 남짓이었다. 그러나 보고서는 장황했다. 사건과 관련된 여러 혐의들을 보니 음식과 약물 반입, 그 밖의 다른 혐의가 포함되어 있었다. 어쩌면 크리스티는 해고될 수도 있다. 형사책임을 져야 할지도 모른다. 위스콘신 법률은 재소자를 자발적 동의 능력을 갖춘 존재로 간주하지 않는다. 따라서 누가 먼저 제안했든, 교도관이 재소자와 성적으로 접촉하는 것을 엄격히 불법으로 규정한다.

현재까지 치안담당관과 부하 직원들은 크리스티가 조사받고 있다는 사실을 당사자에게 알리지 않았다. 금요일인 9월 17일 밤 10시 30분에 크리스티가 야간 근무 보고를 하는 동안 치안담당관실 수석 부실장이 그녀를 사무실로 호출했다. 부실장은 크리스티에게 몇 가지 혐의로 내사가 진행 중이며, 지금부터 그녀의 신분은 유급 휴직 상태로 전환됨을 알린다. 그 뒤 크리스티가 가지고 있었던 수용실 열쇠를 넘겨받고, 9월 19일 오후 1시 30분까지 조사를 받으러 사무실로 나오라고 통보한 뒤 그녀를 문 밖으로 데리고 나간다.

크리스티는 엄마에게 교도소에서 있었던 일을 말했다. 그녀는 심문받기가 두렵다. 해고당하는 것은 물론이고 자칫하면 교도소에 수감될 수도 있다고 생각한다.

"그렇다면 여길 떠야지."

엄마가 말한다.

"떠나자꾸나. 여기서 뭘 하겠니? 아무것도 없어. 어디로 가든 엄마가 함께 갈게."

★

크리스티의 직무가 정지된 것은 마흔 살 생일을 맞이하기 닷새 전이었다. 어렸을 때부터 크리스티는 떠들썩한 생일 파티를 즐겼다. 그래서 지난 금요일에 크리스티는 생일 파티에 필요한 물건들을 사러 가자고 엄마에게 말했다. 그곳은 매디슨과 밀워키 사이, 집에서 40분 정도 떨어진 존슨 크릭 아울렛이다.

쇼핑을 하는 동안 크리스티는 기분이 좋았다. 크리스티는 다이어트 중이었는데, 8사이즈 청바지가 키 164센티미터인 그녀의 몸에 꼭 맞았다. 크리스티는 청바지를 한 벌 샀다. 엄마 린다는 새 남자에 대해 그렇게 많은 이야기를 하는 크리스티가 낯설었다. 엄마는 크리스티가 말하도록 내버려두었다.

"그 남자한테 기회를 주자고."

크리스티가 말했다. 남자는 복역을 마치고 교도소를 나온 상태였다. 그러나 린다가 볼 때 그것은 결코 좋은 일이 아니었다.

"난 네가 죄수하고 놀아나는 걸 두고볼 수 없어."

린다가 크리스티에게 말했다. 집으로 돌아오는 길에 두 사람은 올리브 가든에 들렀다. 2년도 더 지난 봄날, 크리스티와 바브의 가족들이 블랙호크를 우수한 성적으로 졸업한 둘을 축복하며 식사했던 곳이다.

그날 저녁, 크리스티는 밖으로 나가 오른쪽 발에 문신을 했다. '무한'을 상징하는 모로 누운 '8'자 모양이었다. 한쪽 동그라미 안에는 아들 이름 "조쉬"를, 다른 쪽 동그라미 안에는 교도소에서 막 나온 그 남자의 이름 "타이"를 새겼다. 집으로 돌아온 크리스티는 막 새긴 문신을 엄마에게 보여주었다.

★

크리스티와 남편 밥은 침실을 따로 썼다. 크리스티가 자는 방은 복도의 왼쪽 끝에, 밥의 방은 오른쪽에 있었다. 수요일 오전 5시 20분, 매디슨에 있는 주청사 건물로 출근하기 위해 집을 나서기 전, 밥은 아침 인사를 하러 크리스티의 방으로 걸어갔다. 평소 같았으면 크리스티는 아직 밤샘 근무에서 돌아오지 않았을 것이다. 그러나 이날은 크리스티가 정직당한 지 이틀째 되는 날이다. 밥이 안으로 들어갔을 때, 크리스티는 십자가와 천사 모양 펜던트가 하나씩 달린 목걸이를 하고 회색 티셔츠와 흰색 레깅스를 입고 있었다.[1] 몸 왼쪽을 바닥에 붙이고 한쪽 팔은 침대 모서리에 걸친 채다.[2] 그런데 크리스티의 호흡이 느껴지지 않았다.

밥이 내지른 비명에 잠이 깬 린다가 급하게 뛰어온다.

"크리스티, 일어나, 일어나란 말이야!"

지하 방에서 자던 아들 조쉬도 갑작스러운 소란에 잠을 깬다. 2층으로 빠르게 뛰어올라 온 조쉬가 빈 약병을 발견하고 911에 전화를 건 뒤 구급차가 도착하기를 기다리며 엄마의 흉부를 압박하기 시작한다.

★

2008년 4월 28일, 제너럴 모터스가 제인스빌 공장 가동을 중단하겠다고 발표하기 5주 전, 회사는 공장의 두 번째 교대근무 조를 없앨 계획

이라고 밝혔다. 그날 해당 근무 조에서 27년을 일한 60세 노동자가 스스로 목숨을 끊었다.[3]

그 이후, 록 카운티에서 자살로 인한 사망은 두 배가 늘었다.[4] 2008년에 15건이었던 자살은 2011년에 32건을 기록했다. 카운티의 위기대처 핫라인에 점점 많은 전화가 걸려왔다. 최근에 카운티 검시 사무소는 교육을 원하는 모든 주민 모임에 자살 예방 강연을 하고 있다.

이것은 제인스빌에서만 벌어지는 일이 아니다. 자살률은 미국 전역에서 급증했다.[5] 1930년대의 대공황 시절만큼은 아니지만 금융위기가 시작된 지 2년 만에 자살률이 네 배로 치솟았다.

케이트 플래너건은 공중정신보건 서비스 종사자다. 록 카운티에서 이 직업을 가진 사람들의 수는 점점 줄어드는 추세다. 케이트는 지역사회가 스트레스에 시달릴 때 일부 주민들은 희망의 끈을 놓기 쉽다고 생각한다. 약물중독과 우울증, 또는 그 형태가 무엇이든 개인적 취약함 때문에 제대로 대처하지 못하는 이들은 일자리를 잃는 것과 동시에 삶에 대한 제어력을 상실하기도 한다.

파커의 벽장을 운영하는 데리 왈럿은 스트레스와 스트레스가 유발하는 결과들을 잘 안다. 지난 한 해 동안에만 벽장에 나오는 아이들 가운데 일곱 명이 자살을 예고했고, 몇몇은 실제로 시도했다. 벽장의 아이들 가운데 가난하게 자라 항상 가난했던 아이들은 그렇지 않은 아이들보다 강인하고, 자살 충동에 비교적 더 잘 대처하는 경향을 보인다. 무너지기 쉬운 아이들은 가난에 익숙하지 않고, 부모들 역시 가난에 대처할 방법을 몰라 불화를 겪는 경우다.

홈리스 10대들을 돌보는 학교 사회복지사 앤 포벡 역시 스트레스를 목격한다. 임신한 10대 딸과 함께 쉼터에서 지내온 한 중년 여성은 쉼터 거주 기간이 서서히 만료되어가자 차로 나무를 들이받아 죽어버리고 싶다고 털어놓았다. 앤은 그녀에게 정신과적 도움을 주려고 노력했다. 또 시의 교통과 공무원을 만나 주변 상황이 진정될 때까지 운전을 하지 못하도록 이 여성의 차에 쫌쇠를 달아주겠다는 다짐을 받았다. 얼마 지나지 않아 그 가족은 위스콘신을 떠났다. 앤은 그녀의 처지가 어떻게 달라졌을지 알 수 없다.

★

구급차가 도착해 크리스티를 머시 병원으로 옮겼다. 오전 5시 50분, 들 것에 실린 크리스티가 응급실로 이송된다. 밥이 크리스티를 발견한 지 30분 만이다. 병원에 도착했을 때는 심장박동이 이미 멈춘 상태였지만 의료진은 일단 심폐 소생술을 실시한다.[6] 오전 6시 32분, 담당의는 모든 시도를 중단하기로 결정했다.[7]

7분 뒤, 록 카운티 검시관 제니퍼 키치의 무선 호출기가 울린다. 머시 병원으로 들어오라는 연락이다. 또 한 명이 스스로 목숨을 끊은 것이다.

★

검시관은 크리스티가 요통 완화를 위해 주치의에게 처방받은 근육 이완제를 과다 복용해 숨졌다고 보고했다.[8] 크리스티는 성인에게 권장하는 안전 복용량의 열 배가 넘는 약을 삼켰다. 그리고 안전 복용량의 스

356

무 배에 가까운 양의 베나드릴Benadryl(항히스타민제의 일종_옮긴이)도 함께 먹었다.

크리스티의 엄마는 진즉부터 근육 이완제가 든 약병을 버리려고 생각했다. 크리스티는 졸음을 유발하는 성분이 든 그 약을 먹기 싫어했다. 또 외상 후 스트레스 장애 치료약을 복용 중인 손자가 그 약에 관심을 보이는 것이 싫기도 했다. 그러나 크리스티가 그 약을 다른 목적에 쓸 것이라고는 생각하지 못했다. 린다는 죄책감을 느낀다. 범죄 추리 쇼를 좋아하는 크리스티가 형사정책을 공부하면 좋겠다는 아이디어를 낸 것에도 죄책감을 느꼈다. 그러나 딸의 죽음이 그 약병들과 TV 프로그램 때문만은 아니라는 것을 안다. 린다는 제인스빌에서 일자리가 사라진 시점부터 모든 것이 가파르게 내리막을 걷기 시작했다고 느낀다. 금융위기가 오지 않았더라면 크리스티는 자신이 디자인한 작업용 앞치마의 저작권료로 약간의 부수입을 올리면서 여전히 리어에서 일했을 것이다. 그랬으면 교도소에서 일할 이유도, 거기서 남자를 만날 일도 없었으리라. 가장 친한 친구이기도 했던 딸의 황망한 죽음 뒤편에 급격한 추락(금융위기를 말함_옮긴이)이 있었음을 엄마는 안다.

★

취업센터의 밥 버러먼스는 한때 의뢰인이었던 크리스티가 자살했다는 소식을 듣고 충격에 빠진다. 다른 의뢰인도 아니고 센터의 뉴스레터에 성공 사례로 홍보되었던 이가 변을 당했다. 이 사건은 그가 이미 아는 사실에 더해 많은 생각을 하게 만들었다. 고졸 학력을 가지고 생산직에 종사하던 누군가를 새로운 직업으로 이끄는 일은 결코 간단하지 않다는 사실 말이다.

★

수요일 늦은 오후, 바브는 발달장애 의뢰인이 사는 공동주거시설에서 일을 하던 중에 전화를 받았다. 리어에서 일하다가 블랙호크 기술전문대학에 함께 입학했던 이에게서 온 전화다. 그녀는 다른 사람에게 전해 들은 이야기라 자신도 믿기 힘들지만, 크리스티가 자살한 것 같다고 말했다.

"뭐라고?"

전화기를 든 바브가 되묻는다. 말도 안 되는 이야기였다. 최근에 크리스티와의 대화가 뜸하기는 했다. 얼마 전에 바브는 몇 번인가 크리스티에게 자기처럼 학교로 돌아와 학사 학위를 따는 것은 어떠냐고 물었다. 크리스티의 반응은 시큰둥했다. 바브는 크리스티가 필요한 물건을 언제든 살 수 있는 봉급쟁이 생활에 푹 빠졌다는 인상을 받았다. 그런데 자살이라니?

5분도 지나지 않아 바브의 휴대전화가 다시 울렸다. 이번에는 남편 마이크에게서 온 전화다. 마이크는 바브가 일하는 시간에는 전화를 거는 일이 없다. 그는 쉽게 말을 꺼내지 못했다.

침묵의 행간에서 바브는 크리스티가 정말로 죽었음을 감지했다.

마이크가 비로소 말을 꺼낸다. 크리스티의 아들 조쉬가 바브의 전화번호를 찾지 못해 자신에게 전화를 걸었다고 했다. 바브는 듣기가 괴롭다. 그녀는 참지 못하고 울음을 터뜨린다.

일을 마치자마자 바브는 크리스티의 엄마 린다를 만나러 간다.

블랙호크에서 잔뜩 긴장한 상태로 입학 첫날을 함께 맞은 이래 크리스티와의 우정을 이어오면서 바브는 크리스티가 자신보다 몇 발짝 앞선다는 사실을 인정했다. 성적도 앞섰을 뿐 아니라 교도소에도 가장 먼저 취업했다. 바브는 그런 것들이 아무렇지도 않았다. 크리스티가 남들보다 똑똑하고 강인한 사람임을 받아들였기 때문이다. 그러나 오늘 밤 바브는 크리스티에 대한 자신의 생각이 틀렸을지도 모른다고 생각한다.

린다는 크리스티가 직장을 한 번 잃는 아픔을 겪은 뒤 이번에도 언제 쫓겨날지 모른다는 강박에 시달렸을 것이라고 생각했다. 린다는 크리스티가 처했던 상황을 이해한다. 그러나 한 가지 이해할 수 없는 게 있다. 왜 딸이 두 번째 기회를 얻기 위해 그토록 기를 쓰고 노력했는지, 그러고 나서는 왜 그것을 걷어찼는지다. 다른 무엇보다도 크리스티가 목숨을 끊을 생각을 했으면서도 자신에게는 아무 말도 하지 않은 이유를 도무지 이해할 수 없다. 크리스티가 그 이야기를 했더라면 린다는 뜬눈으로 밤을 지새우며 딸을 감시했을 것이다. 그런 점에서 크리스티는 주도면밀했다. 린다는 자신과 크리스티가 모든 것을 이야기하는 사이라고 생각했기 때문에 크리스티가 아무런 메모도 남기지 않았다는 것을 납득하기 어려웠다. 린다는 조쉬와 함께 그것을 계속 찾아보려 하지만 아직까지는 아무것도 발견하지 못했다. 린다는 그것 역시 믿기 힘들다.

돌아온 월요일, 슈나이더 장례식장에서 열린 크리스티의 장례식에 수백 명의 추모객이 모였다. 장지는 제인스빌 북서쪽, 에반스빌의 14번 국도변에 있는 메이플 힐 묘지다. 린다는 장례식장을 떠나 묘지로 가는 길에 크리스티가 일했던 카운티 교도소를 지나친다는 사실을 깨닫는다. 다른 길을 택했더라면 좋았을 것이라고 린다는 생각한다.

크리스티는 조쉬가 고른 관에 누워 영면을 준비한다. 린다는 얼마 전 자기 몸에 딱 맞는다며 뿌듯해하던 8사이즈의 새 청바지를 크리스티에게 입혔다. 그러고는 평소 좋아하던 그린베이 패커스 팀의 응원 담요로 크리스티의 몸을 감쌌다.

여성의 모임

홀리데이 인 익스프레스의 연회장이 화려하게 꾸며졌다. 쉰다섯 개의 원형 탁자는 공들여 장식한 흔적이 역력하다. 각각의 테이블에는 서로 다른 중앙부 장식과 개인별 식기 수저 세트가 화려함을 뽐낸다. 연회장 한가운데 차려진 기다란 뷔페 테이블에는 딸기, 포도, 싱싱한 파인애플 조각이 수북했다. 생야채로 만든 프랑스식 전채 요리와 소스, 통으로 훈제한 연어 주위에 허브 줄기를 두른 접시들도 놓았다.

이곳에서는 지금 '여성의 모임'이라는, 2년에 한 번씩 열리는 만찬이자 YWCA 록 카운티 지부의 모금 행사가 진행되는 중이다. 이 행사는 "여성들의 기부 정신과 지역 여성의 지위 향상을 위한 노력들에 찬사를 보내자"가 모토다. YWCA는 요즘 유나이티드 웨이로부터 받는 기부금 규모가 점점 줄어들고 있다. 그래서 홈리스 10대들을 위한 프로젝트 16:49를 계속 후원할 만큼 재정적 여유가 없는지도 모른다. 그렇다고 YWCA가 현재 진행 중인 프로그램을 유지하기 위해 노력을 하지 않는다는 이야기는 아니다. 그러나 제인스빌의 박애주의 정신이 아직까지도 온전히 발휘되고 있다고 자신하기는 어렵다. 오늘 밤, 이곳에 나타난 450명의 여성들을 봐도 그렇다. YWCA를 돕기 위해 록 카운티 곳곳에서 온 여성들은 화려한 옷차림으로 행사장을 돌아다니며 서로의 테이블 장식을 칭찬하기에 여념이 없다.

오늘 밤의 모금 목표액은 5만 달러다. 여성의 모임은 이 목표액을 틀림없이 채울 것이다.

이 축제의 장을 메운 이들은 제인스빌의 전문직 여성들과 다소 몽상적 기질이 있는 박애주의자들이다. 이 자리에는 앨리슨 하킨슨 국장을 위시한 YWCA의 활동가들이 나와 있다. 사회복지사인 앤 포벡도 참석했다. 그녀는 프로젝트 16:49에 대한 후원을 중단한 앨리슨의 결정에 실망했지만 그것은 지나간 일이다. 각 테이블마다 캡틴이 있고, 캡틴은 테이블을 함께 장식할 여성 여덟 명을 초대할 의무가 있다. 연회장에 차려진 쉰세 개의 테이블 가운데 연회장 앞쪽, 연단 오른편에 위치한 어떤 테이블은 중앙에 금과 은으로 만든 공들을 채운 커다란 유리 꽃병을 놓았다. 크림색 식탁보를 덮은 테이블 위에는 화려한 접시받침과 금접시가 깔렸고, 그 사이사이에도 금공과 은공이 반짝였다. 이 테이블의 장식을 책임진 캡틴은 메리 윌머다. 그녀가 속한 BMO 해리스는 여성의 모임을 후원하는 기업 가운데 하나였다.

메리가 지점장으로 일하는 은행은 이름을 바꿨다. 4주 전, M&I 은행의 모든 간판이 교체되었다.[1] 19세기 중반 위스콘신에 등장한 '마셜 앤 일슬리'라는 이름이 갑자기 사라져버린 것이다. 중심가에 있는 지점을 포함해 모든 지점의 간판이 BMO 해리스로 바뀌었다. 캐나다에 본사를 둔 뱅크 오브 몬트리올과 시카고가 본사인 해리스를 조합해 만든 이름이다. BMO는 지난해에 M&I를 인수했다.[2] 위스콘신에서 가장 큰 은행인 M&I는 금융위기 이후 3년 내리 재정 손실을 입었다. 손실은 대부분 잘못된 자문을 받아 실행한 애리조나와 플로리다 지역의 부동산과 건설업 대출에서 나왔다. BMO에 인수되었을 때 M&I는 여전히 연방정부에 갚아야 할 1억 7000만 달러의 구제금융 자금을 안고 있었다.[3] 옛 M&I의 직원들 일부는 지금 근무하는 매장과 일자리가 앞으로도 온전할지 장담하기 어려운 상황이다. 그러나 메리는 이런 불이익을 받는 대신 BMO 해리스의 지역 시장 책임자 겸 커뮤니티 은행 의장이라는 더 큰 역할을 부여받았다.

레이스가 달린 검정색 블라우스와 검정색 스커트를 차려입고 행사장에 나온 그녀는 우아함이 돋보인다. 메리는 BMO 해리스로 이름이 바뀐 직장의 부하 직원 몇몇과 함께 앉아 YWCA의 지역 자선 활동을 소개하는 영상을 끝까지 시청한다. 영상에는 방치되거나 학대당하는 아이들과 가정폭력에 시달리다 다시 일어서기 위해 분투하는 여성들, 도움의 손길을 기다리는 이민자들을 위한 자선 활동이 소개되었다. 메리는 이날의 수상자를 소개하는 순서도 끝까지 지켜본다. 자비심 많은 두 명의 여성 창업자가 주인공으로, 이들은 사랑했던 고인의 유품을 담는 작은 함을 만들어 판다. 마침내 메리 차례다. 자리에서 일어난 메리가 연단을 향해 걸어간다.

메리는 비영리기구 활동과 관련해 주도적 역할을 수행할 때면 제인스빌의 미덕을 다소 과장해서 예찬하고는 한다. 이 지역 사람들의 강인함, 지역사회의 너그러움, 제너럴 모터스와 함께 헤쳐온 어려웠던 시절과 그 시절을 견디게 해준 지혜와 실천에 대해서 말이다. 오늘도 메리는 이 이야기들로 연설을 시작한다. 하지만 오늘 밤에는 다른 점이 있다. 어제가 쉰두 번째 생일이었던 메리는 연단에 서서 연회장에 펼쳐진 테이블 장식과 멋지게 차려입은 여성들을 바라본다. 메리는 자신의 어린 시절 이야기를 꺼낸다. 가진 것이라고는 작은 농장 하나뿐이라 항상 생계를 꾸리기 어려웠던 과부와 겁 많은 소녀의 이야기다. 기금 목표액을 달성하기 위해서는 행사장에 온 여성들의 마음을 움직이고 공감을 이끌어내야 했다. 이 이야기는 누구든 도움이 필요한 처지로 전락할 수 있는 상황에서 너그러움이야말로 최선의 정책이라는 주장을 뒷받침하는 훌륭한 사례이자 솔직한 자기 고백이기도 했다. 이제껏 메리는 자신의 소녀 시절 이야기를 단 한번도 공개적인 자리에서 말한 적이 없었다.

첫 투표

11월 5일 월요일, 케이지아 휘태커는 잠자리에 들기 전 페이스북에 짧은 글을 올린다. "이제 자러 간다. 일어나면 나는 18살이다."

하루가 지났다. 쌍둥이 자매 케이지아와 알리사는 투표권 행사가 가능한 나이가 되었다. 공교롭게도 오늘은 대통령 선거일이다. 쌍둥이들은 각자 하나씩 쉐보레 승용차가 있다. 스스로 돈을 모아 마련한 것들이다. 알리사의 차는 흰색 임팔라, 케이지아는 빨간색 아베오다. 쌍둥이들은 집 밖에 주차된 차에 오른다. 오늘 하루 각자 유-록에서 강의를 듣고 파커고등학교 수업에 들어갔다가 아르바이트를 하러 가야 한다. 그러나 학교에 가기 전에 해야 할 일이 있다. 일단 집에서 1.6킬로미터 떨어진 매디슨초등학교에서 만나기로 한다. 투표소가 있는 곳이다.

오전 8시, 매디슨초등학교 투표장에는 긴 줄이 늘어서 있다. 투표를 하려는 사람이 많다는 이야기다. 대통령 선거니 그럴 수밖에 없다. 쌍둥이들도 줄을 선다. 마침내 투표용지를 받는다. 그들이 선택한 후보는 오바마다. 나머지 기표란에도 모조리 민주당 후보들의 칸에 체크한다. 그들이 찍은 민주당 후보들은 여태껏 이름조차 들어본 적이 없는 사람들이다. 커노샤 출신으로 폴 라이언의 연방 하원의원직에 도전하는 롭 저번Rob Zerban이라는 민주당 후보 역시 마찬가지다. 케이지아는 엄마와 아빠도 민주당 후보들을 찍었을 것이라고 생각한다. 알리사가 오바마를 찍은 것은 대선 후보 TV 토론을 보면서 그가 공화당 후보인 밋 롬니보다 노동계급 편에 더 가깝다고 판단했기 때문이다. 알리사는 토론에서 오가는 이야기를 이해할 만큼 충분히 성숙했다. 게다가 노조원이었던 부모를 둔 그들이 스콧 워커 주지사와 노조관을 공유하는 후보에게 표를 줄 수는 없는 노릇이었다. 주지사가 시행한 공립학교 재정 삭감에 동의하는 후보 역시 마찬가지다. 공립학교에 대한 지출 삭감은 그들이 다니는 파커고등학교의 학급당 학생 수를 늘렸다. 학교에서 내실 있는 심화학습 과정을 운영하기는 불가능해질 것이다.

기표를 마친 케이지아는 긴장한다. 용지를 투표기에 잘못 집어넣어 자칫 무효표를 만들지 않을까 걱정스러웠다. 그들은 조심스럽게 용지를 투표기에 넣는다. 성공이다. 이것은 성년이 된 첫날을 기념할 만한 큰 사건이다. 엄마와 아빠는 마땅히 해야 할 일을 하지 않았다면 그 결과에 대해서도 불평해서는 안 된다고 그들을 가르쳤다. 쌍둥이들은 오늘 주어진 책임을 다했다. 케이지아가 페이스북에 새 글을 올렸다. "오늘 내 첫 투표권을 행사하는 데 겨우 30분밖에 걸리지 않았다. 인생의 새 장을 멋지게 시작했다."

알리사와 케이지아가 성인으로서 첫 의례를 마친 것은 오전 8시 45분이다. 그 시각 매디슨초등학교에서 동쪽으로 3킬로미터가량 떨어진 중심가의 헤드버그 공공도서관 앞길에는 반짝거리는 검정색 SUV 차량 한 무리가 멈춰 선다. 경호원들이 나타나 주변에 이상한 낌새가 없는지 살피는가 싶더니 세 번째 SUV에서 검은색 정장과 엷은 은색 넥타이를 맨 폴 라이언이 성큼 뛰어내린다. 폴은 세 아이들이 차에서 내리는 것을 돕는다. 아내 재나와 세 아이 그리고 경호원들이 뒤따르는 가운데 폴은 도서관 출입구 안쪽에서 그를 기다리던 취재진과 악수를 나누었다.

폴과 그를 따르는 소규모 수행단은 도서관 1층에서 구불구불하게 줄을 서 차례를 기다리던 주민들을 지나쳐 곧장 투표장으로 들어갔다. 경호원들은 몇 발짝 뒤에 떨어져 제인스빌 다운타운에 있는 이 공공도서관에서 혹시 모를 돌발 사태가 벌어지지 않을까 삼엄한 경계 태세를 유지했다. 그동안 폴은 재나와 함께 투표 진행 요원들에게 각자의 이름을 말한 뒤 투표지를 받았다. 폴은 두 아이와 함께 기표소로 들어가 투표를 마친 뒤, 첫딸 리자에게 투표지를 보여준다. 나비 모양 머리띠를 한 리자가 아빠의 이름에 기표된 것을 보고 빙긋 웃는다. 폴과 수행단은 취재진이 기다리는 투표장 밖으로 나왔다. 한 기자가 묻는다.

"감회가 어떻습니까?"

"느낌이 좋아요."

폴이 대답한다.

"유구하게 이어져 온 위대한 선거일에 이곳에 오게 되어 정말 설렙니다. 저는 이곳에서 오랫동안 투표를 해왔습니다. 고향에서 아침에 눈을 뜬다는 건 정말 기분 좋은 일입니다. 이곳은 제가 자란 동네입니다. 이 길로 50미터 정도 가면 닿는 중학교를 다녔어요."

그가 검지로 오른쪽 방향을 가리킨다. 폴은 오늘까지 매우 순탄한 삶을 살아왔다. 폴이 자리를 뜨려고 하자 한 기자가 다급한 듯 큰 소리로 질문한다.

"오늘 승리를 자신하십니까?"

폴이 뒤돌아보며 고개를 끄덕인다.

"물론입니다."

★

폴은 오늘 위스콘신에 오래 머무르지 않을 예정이다. 고향에 머무르는 시간도 잠깐이다. 그는 이제 클리블랜드를 거쳐 리치먼드로 향한다.[1] 위스콘신보다 유권자 수가 많은 스윙 스테이트swing states (특정 정당을 지지하는 지역이 아니어서 투표 결과를 예측하기 어려운 주_옮긴이)에 속한 도시들이다. 그다음에는 보스턴으로 건너가 오늘 밤에 롬니와 합류할 계획이다.

위스콘신 역시 이번 2012년 대통령 선거의 아홉 개 스윙 스테이트 가운데 하나다.[2] 여론조사에서 나타난 위스콘신의 치열한 접전세는 투표일 하루 전, 오바마를 제인스빌에서 약 64킬로미터 떨어진 주도 매디슨의 시청 앞 무대에 서게 만들었다. 1만 8000명의 위스콘신 유권자들이 오바마 대통령 그리고 유세의 흥을 돋우려 공연에 나선 브루스 스프링스틴을 보러 몰려들었다. 스프링스틴은 기타를 손에 쥔 채 목에 하모니카를 걸고 무대로 나왔다. 청바지와 조끼를 덧입은 회색 셔츠 차림의 그는 쌀쌀한 날씨에도 소매를 팔뚝 위로 걷어 올렸다. 전형적인 노동계급의 옷차림이다. 그는 행사장에서 한 블록 반 거리에 있는 주정부 청사를 흘깃 쳐다봤다. 그곳에 스콧 워커의 집무실이 있다. 그는 2주 전에 만들어 발표한 선거용 로고송을 불렀다. 오바마의 2012년 재선 슬로건 "앞으로Forward"에서 따온 노래로, 이 슬로건은 위스콘신주의 모토와도 겹쳤다. 노래에서 반복되는 매우 부자연스러운 리듬은 오바마의 동의를 얻은 것이었다. 그러고 나서 그는 자신의 아버지가 포드 생산 공장에서 일했던 사실을 언급하며 제인스빌이 처한 상황을 건드렸다.

"지난 30년 동안 제가 써온 곡은 아메리칸 드림과 아메리카의 현실 사이에 가로놓인 간극에 관한 것이었습니다."

스프링스틴은 기타를 치며 말을 이어갔다.

"그 30년 동안 최상층과 보통 사람들 사이에 부의 격차가 심화되는 것을 보며 저는 괴로웠습니다. 이 격차는 우리를 서로 다르고 분리된 두 개의 나라로 찢어놓으려고 합니다. 어떻게든 우리는 그런 상황이 도래하는 것을 막아야 합니다."

기타 연주가 이어졌다.

"결국 오늘 저는 이 자리에 섰습니다. 미래는 바다의 밀물처럼 삽시간에 몰려오지 않는다는 것을 사는 동안 깨달았기 때문입니다. 때때로 그것은 느릿느릿 우리를 향해 다가옵니다. 조금씩, 조금씩."

기타 선율이 흘렀다.

"하루하루, 오랜 세월에 걸쳐서."

연주는 계속되었다.

"우리는 지금 그 오랜 나날들 가운데 하루를 살고 있는 것입니다."

오바마를 무대 위로 불러내기 전 그는 "희망과 꿈의 땅"이라는 노래를 불렀다. 이어 이 음유시인은 기쁜 기색이 얼굴에 가득한 대통령과 포옹을 하며 서로의 등을 두드렸다.

오바마는 스프링스틴을 "미국의 보석"이라고 불렀다.

"이 보석은 우리에게 이 나라가 처한 상황에 대해, 이 나라가 가야 할 방향에 대해 이야기합니다."

오바마는 최종 유세의 마지막 날 연설을 시작했다. 그는 자신의 4년 재임 기간에 거둔 성과들을 하나하나 언급했다. 그중에는 "미국 자동차 산업이 정상의 자리에 복귀했다"는 것도 있었다. 그가 제인스빌을 떠올렸다면 꺼내기 힘든 이야기였다.

★

성년이 된 첫날에 케이지아와 알리사가 그랬던 것처럼 제인스빌 유권자들은 이날 밤 공화당이 꺼낸 토박이 카드 대신 오바마를 선택했다. 이들이 그런 선택을 한 것은 오바마가 제인스빌의 중산층을 좋았던 시절로 되돌려놓을 거라는 신뢰 때문이었는지 혹은 오랜 친노조 성향과 민주당을 지지해온 뿌리 깊은 전통 때문이었는지 알 수 없다.

제인스빌이 오바마를 선택한 것은 지난봄 이 지역 공화당원들이 워커 주지사를 쫓아내려던 반대파의 시도가 무산된 것을 기뻐하며 스피크 이지의 뒤뜰 테라스에서 축배를 든 지 5개월 하루 만이었다. 이날 밤은 민주당원들이 축배를 들 차례였다. 이들은 마이크 본의 할아버지이자 본 집안의 1대 노조 활동가인 톰 본이 설립에 참여한 자동차노련 제95지역노조 강당에 모여 승리를 자축했다.

록 카운티 유권자의 뜻은 단호했다. 열 명 중 여섯 명 꼴로 오바마의 재선에 찬성표를 던졌다.[3] 폴에게는 물론 이 밤이 좋을 리 없다. 그의 연방의원 지역구에 사는 이웃들조차 오바마의 당선을 도왔기 때문이다.[4] 폴은 하원의원으로서 8선 임기에 도전했던 선거에서 승리했으나, 2위 후보와의 표차는 이전 선거보다 줄어든 상태였다. 이번 대통령 선거에서는 제인스빌과 그곳에 속한 폴의 지역구에서도 폴이 아닌 상대 후보가 더 많은 표를 가져갔다. 대통령 선거일의 밤이 깊어갈수록 홀리데이 인 익스프레스 연회장의 분위기는 가라앉는다. 이곳은 며칠 전 여성의 모임 행사가 열렸던 곳으로, 오늘 밤은 개표 결과를 지켜보기 위해 공화당원 수백 명이 모였다. 하지만 결과는 그들이 바라던 정권 탈환이 무산되는 쪽으로 흐르고 있다. 연회장 한쪽에 설치된 대형 스크린이 무대 위에 올라선 롬니를 비춘다. 무대에는 깃대에 독수리 장식을 얹은 열여섯 개의 성조기가 놓였다. 롬니가 대통령에게 당선을 축하하는 전화를 걸었다고 말한다. 이때 보스턴은 자정이 지난 시각이었으나 제인스빌은 아직 화요일이다. 롬니의 간략한 승복 연설이 끝날 즈음 폴이 무대 위로 나왔지만 록 카운티 공화당원들은 대부분 연회장을 떠나고 없다. 스크린에 비친 폴은 입을 앙다물고 있다. 복장은 이날 아침 도서관에서 투표를 할 때 입었던 검정색 수트와 은색 넥타이 차림 그대로다.

위스콘신의 토박이 부통령 후보가 무대 위로 걸어나온 시각, 보스턴 수변 무대에서 약 1800킬로미터 떨어진 제인스빌의 썰렁한 연회장에서는 공화당의 카운티 위원장 제이 밀크가 쓸쓸히 자리를 지킨다. 연회장을 채웠던 사람들 대부분은 공화당의 패배가 확실시되자 집으로 돌아갔다. 제이는 연회장 스크린에 등장한 폴을 지켜본다. 오늘 밤, 이 노회한 정치인의 얼굴에는 근심이 가득하다. 수많은 일자리가 사라졌지만 여전히 제인스빌은 민주당을 진심으로 지지하는 노조원들의 도시다. 제인스빌의 마음을 돌려놓기에는 토박이 부통령 후보로도 충분하지 않았다는 것이 제이의 생각이다. 중산층의 마음을 조금 더 움직인 것은 공화당이 아닌 상대 진영이었다.

헬스넷

제인스빌 유권자들은 어제 치른 선거로 위스콘신 상원에서 일할 새 대표자를 뽑았다. 새로 뽑힌 데브라 콜스트Debra Kolste는 팀 컬런과 같은 민주당 소속이며 전직 교육위원이다. 그녀는 머시 병원에서 실험실 기사로 일하면서 일주일에 한 번씩 록 카운티 헬스넷HealthNet에서 자원봉사 활동을 한다. 헬스넷은 거의 20년 동안 건강보험이 없거나 치료비가 부족한 사람들을 힘닿는 만큼 치료해온 다운타운의 무상 의료 기관으로 매우 적은 자본으로 운영된다. 44번 선거구 유권자들이 새 상원의원을 선출하고 하루가 지난 이날 오후 데브라는 진료소에 나와 있다. 매주 수요일은 헬스넷이 두 시간 동안 신규 환자와 재등록 환자들을 접수받는 날이기 때문이다.

무상 진료를 받기 위한 접수는 오후 1시 30분에 시작한다. 데브라가 문을 열고 병원 대기실에 들어간 것은 접수가 시작되고 30분이 지났을 무렵이다.

"8번 대기자 들어오세요."

데브라가 호명한다. 대기 줄에서 좋은 자리를 차지하려면 얼마나 일찍 헬스넷에 도착해야 하는지 수 옴스테드는 알 수 없다. 줄을 서려면 밀워키가 뒤편의 진료소 후문에 도착해 현관으로 이어지는 복도 앞 계단을 올라가야 한다. 좋은 자리를 차지하면 진료소 안으로 들어갈 수 있지만, 그렇지 않으면 다음 주 수요일을 기약하고 발길을 돌려야 한다.

오후 1시 25분, 매주 접수 때마다 그렇듯 폴로셔츠를 입은 라이언 메싱어라는 건장한 청년이 서류철을 들고 복도로 나왔다. 수는 거의 한 시간 정도 줄을 서서 기다리고 있다. 헬스넷의 의료 활동 책임자인 라이언은 항상 쾌활한 모습이다. 겉모습만 보면 그가 비영리 기관 운영자로서 하루에 열다섯 시간씩 일을 하며 악전고투 중이라는 사실을 알아채기는 쉽지 않다.

라이언은 진료받을 기회를 잡으려고 길게 줄을 선 사람들을 위아래로 훑어본다. 일찍 온 사람들은 접이식 의자를 운 좋게 차지했지만 앞자리를 놓친 이들은 그냥 서 있거나 리놀륨 판이 깔린 복도 바닥에 아무렇게나 주저앉아 있다. 헬스넷은 그동안 매주 30명 규모의 신규 및 재등록 환자들을 받아왔지만 최근에는 그렇지 못했다.

"오늘은 열세 명밖에 접수를 못 받을 것 같습니다."

라이언이 미안한 그러나 단호한 어조로 말했다. 이 어조는 지난 몇 달

동안 매주 수요일 오후 접수 시간이면 그가 하던 인사말을 몇 가지 유형으로 바꿔 선보이는 과정에서 새롭게 가다듬은 것이다.

숫자 8이 적힌 번호표를 받을 수 있었던 것으로 미루어 수는 오늘 제시간에 맞춰 도착한 것이 틀림없다. 30분이 지난 뒤 마침내 자신의 번호가 불리자 수는 "오늘은 운이 좋네"라며 혼잣말을 한다. 마침내 헬스넷의 무상의료 서비스를 이용할 수 있게 된 것이다.

수는 SSI 테크놀로지라는 회사에서 19년을 일했다. 제인스빌 북쪽에 위치한 이 회사는 분말 금속으로 자동차 부속과 산업용 부품을 만들었다. 수는 금융위기가 공식적으로 종료되기 두 달 전인 2009년 4월에 해고되었다. 그때까지는 품질 검사 분야에서 일하며 시급 15.5달러를 받았다. 생산직에서는 가장 높은 시급이었다. 실직하고 3년 반이 지나는 동안, 수가 찾을 수 있었던 일자리는 3주짜리 임시직이 유일했다.

수는 쉰세 살이다. 그리고 10년 전에 이혼했다. 제인스빌의 다른 실직자들처럼 새 직장을 찾지 못한 그녀는 1년 전에 블랙호크에서 의료행정을 공부했다. 학업은 순탄치 않았다. 건강 문제로 수업을 많이 빠져야 했기 때문이다. 그래서 그녀는 낙제하느니 차라리 학교를 그만두는 것이 어떨지 고민 중이다. 여러 건강 문제에서 가장 상태가 안 좋은 곳은 폐였다. 수는 이것이 분말금속과 씨름하며 지낸 공장 생활 때문이 아닌지 의심한다. 원인이 무엇이든 SSI에서 해고당한 뒤 수는 건강보험 혜택을 받을 수 없었다. 폐렴이 계속 재발해 머시 병원을 찾았을 때, 보험 혜택을 받을 수 없다는 통보가 무엇보다 당혹스러웠다. 그녀는 의료비를 할인받기 위해 병원에 보험이 없다고 이야기했으나 병원은 단 한 푼도 깎아주지 않았다. 결국 스스로 무덤을 파는 짓인 줄 알면서도 빚을 줄이기 위해 매달 조금씩 받던 퇴직연금을 깨 일시불로 찾았다. 더구나 수는 한쪽 발에 관절염까지 앓아서 오래 서 있기가 힘들다. 수는 자신이 가벼운 우울증을 가졌다고 생각한다. 잠을 자려면 약물의 도움도 받아야 한다. 이런 그녀에게 헬스넷에서 받은 8번 순번표는 드물게 찾아온 좋은 기회였다.

데브라가 번호를 부르자 수는 이 강단 있는 얼굴의 짧은 금발 머리 여성을 따라 검사실로 따라 들어간다.

"전 데브라예요. 이곳에서 자원봉사를 하죠."

데브라가 방문을 걸어 잠그며 말한다. 자신이 제인스빌을 대표해 주 상원에서 일하게 되었다는 이야기는 일절 꺼내지 않는다. 물론 수는 어제 선거에서 데브라를 찍었지만 그녀를 개인적으로 아는 것은 아니다. 데브라는 이 작은 방에서 지금 하려는 조사가 수의 폐 질환에 관한 것이 아니라, 수가 심혈을 기울여 작성한 뒤 진료소에 제출한 무상진료 신청서와 관련된 조사라는 점을 주지시킨다. 수가 헬스넷이 제공하는 무상진료의 구명줄을 붙잡을 자격이 있는지가 이 조사로 판가름난다.

"저는 충분한 자격이 있다고 생각해요."

수가 검사실 의자에 앉아서 말한다. 하트 모양의 얼굴선에 턱까지 내려오는 갈색 직모를 가진 그녀는 보라색 스웨터와 검은색 청바지를 입고 선홍색 테두리를 두른 검정색 스니커즈를 신었다.

데브라는 사실 확인을 위한 일상적 질문을 시작한다.

"누구와 함께 살죠?"

수의 바람과 달리 질문이 까다롭다. 그녀는 10년 전에 남편과 이혼하면서 집의 소유권을 넘겨받았다. 두 아이가 고등학교를 졸업하면 그것을 팔아 주택융자금을 정산하고, 빚을 갚고 남은 돈이 얼마든 그 절반을 남편에게 떼어주기로 되어 있었다. 하지만 그동안 집값이 너무 많이 떨어진 탓에 앞으로 갚아야 할 융자금을 생각하면 집을 처분할 엄두가 나지 않았다. 그래서 수는 집 파는 것을 미루고 무작정 기다렸다. 그리고 1년여 전 어느 날, 살던 집을 잃게 된 전남편이 잠시 머물게 해달라고 부탁했을 때 허락했다. 남은 인생을 함께하지는 않을 테지만 서로 간섭하지 않고 각자의 생활을 영위하며 지내기에 침실이 네 개 딸린 집은 충분히 넓다고 생각했던 것이다. 게다가 수는 실업수당을 받을 수 있는 기간이 얼마 남지 않은 상태였다. 결국 전남편이 주택대출금을 대신 갚았다. 다음 달도 그리고 그다음 달도.

"전남편과 함께 살아요."

수가 데브라에게 말한다.

"오로지 경제적인 이유 때문에요."

데브라는 수에게 그동안 냈던 세금 신고서를 요구한다. 그리고 그것들을 살펴본 뒤 약간 놀란 표정으로 수를 쳐다본다.

"그러니까, 당신은 수입원이 없는 거네요?"

"작년에는 실업수당을 받았죠."

수가 말한다.

"전 지금 학생이에요. 학교에서 약간의 돈을 보조받죠."

"배저케어 거부 통지서는요?"

데브라가 묻는다. 두 사람의 문답은 헬스넷 수혜자가 되려는 사람들에 대한 검증이 얼마나 뒤죽박죽인지 보여준다. 주 당국은 데브라 같은 자원봉사자들에게 자기들이 해야 할 역할극 놀이를 떠넘겼다. 헬스넷은 위스콘신주의 저소득층 의료보장 보험인 배저케어 수혜 자격이 없는 사람들만 환자로 받았다. 3년 전, 위스콘신주는 '배저케어 플러스 코어'라는 새로운 보험 프로그램을 만들었다. 이론으로는 다른 주에서 시행되는 것보다 더 관대한 의료보장제도였지만 수의 경우처럼 집에서 자녀를 키우지 않는 성인들에게 맞는 필수의료보험만을 제공하겠다는 취지였다. 배저케어 플러스 코어는 2009년 6월에 시작되어 3개월 뒤에 접수를 중단했다.[1] 그 이후 이 프로그램에 등록한 이는 누구나 대기 명단에 등재된다. 수가 실직자 생활 1년 반 만인 2010년 이 프로그램에 지원했을 때, 그녀는 주정부로부터 수혜 자격이 충분하며 자신이 4만 8874번째 지원자로 대기 명단에 등록되었다는 통지를 받았다. 그러나 수는 최종 명단에 이름을 올리는 데는 실패했다.

통지서를 살핀 데브라는 말뚝을 박아놓은 듯 아무런 움직임이 없는 대기자 리스트에 수가 4만 8874번으로 등록된 것을 확인한다. 데브라는 이어 연방정부에 낸 수의 세금 신고서를 계속해서 훑어본다. 그런데 몇 가지 문제가 발견된다. 데브라는 자리를 뜨며 잠시 후에 돌아오겠다고 수에게 말한다. 수가 검정색 스니커즈를 신은 한쪽 발을 초조한 듯 떨기 시작한다. 조사실을 나서는 데브라의 얼굴에 암담한 표정이 스친다. 데브라는 라이언이 뒷방에 있는 것을 발견한다. 방 옆의 게시판에는 이런 표어가 붙어 있다. "살면서 우리는 폭풍이 지나가기만을 기다려서는 안 된다. 빗속에서도 춤추는 방법을 배워야 하는 것이 인생이다."

그녀는 세금 신고서를 라이언 앞에 내민다. 하나는 수의 것, 다른 하나는 한집에 기거하는 전남편의 것이다. 헬스넷의 지침이 한집에 거주하는 모든 사람의 소득 증빙서를 가져오라는 것이었기 때문에 수는 전남편의 세금 서류도 함께 가져왔다. 문제는 가구 합산 소득이 연방정부가 고시한 빈곤선의 185퍼센트에 못 미치는 경우에만 무상의료 혜택을 받을 수 있다는 점이다.

라이언은 서류를 살펴본 뒤 고민에 잠긴다. '수에게는 수입이 없지만 벌로이트 엔진 제조사에서 일하는 전남편이 주택대출금을 갚아주고, 그 덕분에 주택을 계속 소유할 수 있다면 수는 충분히 돈을 내고 진료를 받을 형편이 되지 않을까?' 라이언이 눈을 가늘게 뜨고 수의 서류들을 한참 살피더니 마침내 입을 연다.

"전남편이 갚아주는 주택대출금을 아무래도 이분의 소득에 포함시켜야 할 것 같아요."

"오늘은 정말 이런 일을 하는 것이 싫군요."

데브라가 라이언에게 말한다.

"정말 도움이 절실한 사람들이 도움받지 못하고 있어요."

라이언도 상황을 미화하려 들지 않는다.

"안전망의 성긴 틈새로 추락하는 사람들이 종종 있죠."

그도 동의한다. 도움을 받으려고 찾아온 사람들을 되돌려 보내는 일이 라이언은 싫다. 그는 진료소에 오는 모든 이들을 받고 싶다.

그렇기는 해도 지금은 사정을 봐가며 규칙을 탄력적으로 적용할 때가 아니다. 주정부 보조금이 깎이고 민간 기부금이 줄면서 진료소는 예전보다 모금 행사를 더욱 자주 여는 중이다. 라이언과 그의 상급자인 진료소 상임이사는 이 같은 상황을 고려해 올해 지출을 5만 4000달러로 줄일 계획을 세웠다. 약값 지출은 지난해 3만 5000달러에서 9000달러로 삭감했다. 그들은 일부 환자들이 빈곤층을 대상으로 한 제약회사의 지원 프로그램을 통해 혜택받을 것이라고 기대했다. 엑스레이 촬영 예산은 머시 병원과 올해 초 시내에 문을 연 세인트 메리 병원이 관련 예산을 늘리기 희망하면서 아예 없앴다. 그리고 진료소 의무실장은 데브라의 남편이 된 또 한 명의 자원봉사자와 의사들은 환자들을 위한 임상 테스트를 단 두 번만 요청할 수 있게 되었다. 더 많은 테스트를 요청하려면, 라이언은 의학박사가 아니라 보건교육 전문가였지만 어쨌든 환자의 의료 기록을 샅샅이 뒤져 추가적인 테스트가 반드시 필요한 이유를 입증해야 했다.

지난해, 헬스넷은 일반 진료와 치과 진료를 위해 9000건에 가까운 방문 진료를 시행했다. 의사와 진료 약속을 잡기 위해서는 환자의 병세가 아무리 심각해도 지금으로서는 거의 3개월을 기다려야 한다.

데브라는 수가 기다리는 검사실로 걸어가면서 게시판 앞을 다시 한번 지나친다. 빗속에서도 춤추는 방법을 배워야 하는 것이 인생이라는 표어 옆에는 그것과는 다른 내용의 문구가 하나 더 붙어 있다. 그것은 "환자들이 헬스넷에 내는 기부금 규모는 역대 최저이지만, 서비스를 제공받는 환자들 수는 과거 어느 때보다 많다는 사실을 아셨나요? 헬스넷은 모든 이의 기여와 기부로 유지됩니다. 당신은 오늘 기부하셨나요?"라고 묻는다.

'자격 규정을 임의로 완화할 수 있는 상황이 아니다.' 데브라는 검사실 문을 열고 들어가 수에게 해야 할 이 말이 끔찍하기만 하다.

"그러니까 말이에요, 수잔."

그녀는 최대한 정중하게 말한다.

"당신에게 독립적으로 생계를 유지할 수단이 없는 것은 맞아요. 하지만 같은 집에 사는 전남편의 수입이 많더군요."

수는 이 말이 어떤 뜻인지 안다. 분통이 터지려 한다.

"그 남자는 법적으로 저를 책임질 의무가 없어요."

수가 말한다.

"저는 그저 염치없이 신세지고 있을 뿐이라고요. 그게 전부예요. 지금 사는 집이요? 절반이 제 것이지만 지금 팔아서는 대출금도 다 못 갚는 깡통집이죠. 저는 갑상선염에 다리까지 아파요. 게다가 지난 3년간 잊을 만 하면 폐렴이 재발했어요. 호흡기가 만신창이라고요."

데브라 역시 수 못지않게 화가 치미려고 한다.

"라이언한테 좀 자세히 물어볼게요."

데브라는 수를 진정시키고 나서 도망치듯 문 밖으로 빠져나온다.

이번에 라이언을 찾은 곳은 진료소 뒤편의 약품 보관소다. 헬스넷은 최근 약품 구입을 줄이기는 했어도 여전히 많은 의약품을 그곳에 비축하고 있다. 외부에서 기증받은 의약품도 여기에 포함된다. 처방받은 환자가 사망했거나, 교도소에서 투약 치료가 끝나기 전에 재소자가 출소해 주인을 잃은 약들이다. 헬스넷은 무상의료를 제공하는 기관의 특성상 공짜로 얻을 수 있는 것이라면 어떤 의약품도 보관하고 사용할 수 있다.

"시간을 좀 더 내주실래요?"

데브라가 기어들어가는 목소리로 라이언에게 말한다. 이번에는 거의 애원조다.

"제가 일을 당신에게 떠넘기고 있다는 것도 알아요."

"괜찮아요."

라이언의 상냥한 태도에는 흐트러짐이 없다.

"우리가 그 여자분한테 해줄 수 있는 이야기는 하나밖에 없어요. 한집에 사는 그 남자를 쫓아내면 이곳을 이용할 자격이 생긴다는 거요."

데브라는 소식을 전하러 검사실로 돌아온다.

"정말 미안해요."

수는 말없이 고개를 떨구고 무릎만 쳐다본다. 쓰고 있던 안경을 접어 케이스에 넣더니 세금 신고서를 돌려받아 서류철 안에 챙겨 넣는다. 고개를 든 그녀의 눈은 붉게 충혈되어 있다.

"살다가 상황이 변하면……."

데브라가 말한다. 그리고 티슈를 준비하지 못한 것을 미안해하며 벽에 걸린 두루마리 종이 타월을 뜯어 수에게 건넨다. 데브라는 수의 등을 어루만지며 진료소 후문까지 그녀를 안내한다.

수는 떠났다. 데브라는 작성하던 진료소 등록 서류를 갈기갈기 찢는다.

접수 대기실 앞으로 돌아온 그녀는 문을 열고 11번 대기자를 호명하고 말한다.

"데브라예요. 이곳에서 자원봉사를 하죠."

11번 번호표를 든 여성은 폴 라이언의 집에서 세 블록 떨어진 코트하우스 힐에서 민박집을 하며 어렵게 산다. 하지만 그녀가 푸드셰어 수혜자라는 사실이 드러난다. 푸드셰어는 위스콘신주에서 저소득층에게 제공하는 식료품 할인 구매권이다. 문제는 푸드셰어 역시 고스란히 소득으로 산입된다는 점이다. 그녀는 결국 헬스넷의 소득 제한 문턱에 걸리고 만다.

데브라는 11번 대기자를 진료소 후문으로 안내한다.

"그럼 그렇지. 웬일로 일진이 좋더라니……."

그녀는 다른 자원봉사자에게 투덜거린다. 그 자원봉사자는 어제 선거에서 데브라가 거둔 승리를 축하하며 들떴지만 데브라는 그렇지 않다.

데브라가 알기로 워커 주지사는 전임 도일 주지사 시절 건강보험개혁법Affordable Care Act(일명 오바마케어_옮긴이)에 따라 새로운 보험시장 개척을 돕기 위해 연방정부로부터 교부받은 3700만 달러의 대부분을 집행하지 않기로 했다.

선거에서 승리한 이튿날 오후, 데브라는 진료소에 우두커니 선 채 생각에 잠긴다. 일개 초선의원이 주 상원에서 할 수 있는 일이 무엇일까? 데브라는 확신을 가질 수가 없다.

또 한 번의 실직

　데리 왈럿은 더 이상 파커의 벽장의 초보 운영자가 아니다. 벌써 5년째 벽장을 이끄는 데리에게는 중고 의류와 통조림, 치약을 구하려고 벽장을 드나드는 아이들이 200명이나 된다. 최근 몇 년 동안 데리는 아이가 곤란을 겪는다는 사실을 알아채는 방법과 관련해 많은 것을 배웠다. 그 가운데 하나는 아이의 페이스북 계정을 면밀히 살피는 것이 매우 유용하다는 점이다. 어제 그녀는 케이지아 휘태커의 계정에서 아이가 절친한 친구와 함께 웃고 있는 사진, 저렴하게 머리 손질을 할 만한 곳을 추천해달라는 글, 침울하고 무거운 느낌의 글을 봤다. 데리는 케이지아에게 쪽지를 보내 잠깐 자기에게 들를 수 있는지 물었다.

　케이지아는 미적분 성적이 우수하다. 그래서 방금 전 수학 교사로부터 수업을 빠져도 좋다는 허락을 얻은 뒤 데리와 진솔한 대화를 나누기 위해 사회 과목 강의실로 왔다. 지금은 12월 12일 수요일 오후다. 데리는 방 중간에 놓인 책상에 앉아 케이지아와 얼굴을 맞댄다. 그러고는 단도직입적으로 묻는다.

"무슨 일이 있었던 거야?"

아빠가 다시 직장을 잃었다고 케이지아는 털어놓는다.

"우리는 이제 집세를 낼 돈조차 없어요."

케이지아는 자신도 이 상황에 일말의 책임이 있는 것처럼 말한다.

"그랬구나."

데리가 말한다. 힘겨웠던 몇 개월이었다. 케이지아의 아빠 제러드는 제네럴 모터스에서 해고된 뒤 다른 안정된 직업을 찾을 때까지 일하는 곳을 절대 떠나지 않으려고 애썼다. 심지어 교도소에서 일할 때는 평소의 불안 증세가 밀실공포증으로 악화되어 밀폐된 공간에서는 공황 상태에 빠지기 일쑤였지만 일을 그만두지 않았다. 그는 항불안제를 처방받았다. 하지만 약이 항상 효과적이지는 않았다. 지난여름에는 부서 관리자가 케이지아의 엄마를 늦은 밤에 불러 근무시간이 끝나지 않았는데도 남편을 집에 데려가도록 한 적도 있다. 그때 엄마는 아빠가 차에 탈 수 있을 만큼 안정이 될 때까지 30분을 바깥에 앉아 기다렸다. 자정이 다 되어 집에 도착한 뒤에도 엄마는 아빠가 평정을 찾도록 한 시간이 넘게 제인스빌 거리를 걸어야 했다. 교도소 계장은 케이지아의 아빠를 불러 "직장 상사가 아니라 친구로서 하는 말인데, 자넨 이곳을 그만둬야 해"라고 말했다.

제러드는 1년 남짓 다른 직장을 알아보다가 새로운 곳을 찾았다. 그는 교도소를 9월 초에 그만두고 유나이티드 알로이라는 회사에서 전보다 적은 급여를 받으며 일하기 시작했다. 연료 탱크와 다른 금속 제품을 만드는 곳이었다. 그는 유나이티드 알로이에서 한 주를 일한 뒤 다시 일시 해고를 당했다. 또 한 주가 지난 뒤에는 회사에 들어와 몇 가지 교육을 받으라는 통보를 받았다. 그는 자신의 손에 얼얼한 마비 증세가 있다는 것을 느꼈다. 운동과다증후군이라고 의사는 말했다. 이런 사정을 고려해 유나이티드 알로이는 그에게 강도 낮은 업무를 맡겼으나 2주 뒤 다시 그를 집으로 돌려보냈다. 케이지아의 아빠는 산재보험금을 받아보려고 했다. 하지만 회사는 좀처럼 사정을 봐주지 않았다. 그래서 그는 급하게 다른 직장을 구한 뒤 유나이티드 알로이에 이 사실을 통보했다. 새 직장은 그레인저 인더스트리얼 서플라이라는 물류 회사였다. 다니던 곳을 완전히 정리한 그는 지난 목요일부터 그레인저로 출근하기로 되어 있었다. 그러나 회사는 돌연 태도를 바꿔 당장 그를 고용할 상황이 아니며, 언제쯤 일을 시작할 수 있을지도 현재로서는 모른다고 했다.

케이지아의 아빠는 실업급여조차 받을 수 없는 처지다. 회사로부터 해고당한 것이 아니라 새 직장을 알아본 뒤 스스로 그만두었기 때문이다. 케이지아와 알리사는 집안을 돕기 위해 할 수 있는 모든 일을 했다. 새 학년이 시작되자마자 케이지아는 무척 좋아하는 파커 토론 팀의 지도교사에게 짧은 편지를 보냈다. 벌써 3년을 팀에서 활동했고 지난번 대회에서 위스콘신주 본선까지 팀을 이끈 케이지아였지만, 이번 해에는 참여하기 어려울 것 같다고 썼다. 그녀는 "집안일과 학업에 집중해야 할 것 같다"며 "지난 몇 년 간 받았던 모든 가르침에 감사드린다"라고 썼다. 그러나 자신이 고등학교 심화학습 과정과 2년제 학부 과정을 이수해야 하는 것 말고도 방과 후에 두 개의 아르바이트를 한다는 사실은 쓰지 않았다. 케이지아는 매일 학교가 끝나면 척추지압원 접수 담당자와 자동차 대리점 사무원으로 일한다.

케이지아가 일하는 대리점은 케이지아의 엄마가 이번 가을부터 일하기 시작한 자동차 대리점과 같은 회사에 속한다. 엄마는 자동차 대리점에서 풀타임으로 일하면서 거래에 필요한 서류 작업을 처리하고 시급 13.5달러를 받는다. 엄마가 바랐던 보조교사 자리는 구하기가 여의치 않았다. 알리사가 하는 아르바이트는 세 개다. 엄마가 일하는 자동차 대리점 사무원과 파커 수영 팀 인명 구조원으로 일하는 것으로 모자라 타파웨어 외판 아르바이트까지 시작했다. 알리사는 케이지아가 타파웨어 외판 일을 함께했으면 한다. 그러나 케이지아는 그것이 옳은 선택인지 모르겠다고 데리에게 말한다. 그나마 한 가지 좋은 소식은 척추지압원이 다음 몇 달 동안은 케이지아를 토요일에 일하도록 배려해주었다는 사실이다. 데리는 이런 종류의 이야기들을 너무 많이 듣는다. 데리는 케이지아에게 무슨 조언이 필요한지 안다. 그리고 그 조언이 케이지아에게 결코 충분하지 않을 것이라는 사실도 안다.

"혹시 에코에는 가봤어?"

데리가 묻는다. 에코는 시내에 있는 가장 큰 푸드 팬트리다. 데리가 에코 이야기를 하자 케이지아가 울음을 터뜨린다. 전에 엄마가 에코에 식료품을 구하러 찾아간 적이 있지만 거절당했다. 에코 직원은 케이지아

가족이 겪는 정도의 곤란함으로는 에코를 이용할 자격이 안 된다고 했다. 그때 엄마는 분통을 터뜨렸다. 요즘 에코는 심각한 자금난을 겪는다. 그래서 문을 열자마자 찾아오는 사람들 가운데 선착순으로 40명만 매장에 입장시킬 뿐 아니라 한 번 다녀가면 최소 한 달은 지나야 다시 이용할 수 있다. 지난봄에는 운영자금이 너무 부족해 그동안 해오던 긴급 주유카드와 버스 티켓 지급도 중단했다. 여름에는 직원들의 근무시간도 줄었다. 에코가 지난여름 한때 금요일에도 매장 문을 열지 않은 것이 그 때문이었다. 금요일에 에코가 휴장한 것은 1969년에 문을 연 이래 처음 있는 일이었다. 자금난 때문이었든 아니든, 에코는 가계 소득이 최저 기준을 약간 초과했다는 이유로 매장 이용을 막아 엄마를 격분시켰다. 그때 케이지아와 알리사는 내셔널 아너 소사이어티가 펼치는 자선활동에 참여해 에코에 기부할 물품을 모으는 중이었다. 그들은 소사이어티에서 모은 700파운드의 식료품이 어디에 쓰이는지 엄마에게는 차마 말하지 못했다.

케이지아는 모든 사정을 구구절절 늘어놓지 않는다. 데리에게는 단지 이렇게만 이야기한다.

"그곳에서는 우리에게 식료품을 주지 않을 거예요."

데리가 일어섰다. 대화를 하다가 종종 그러듯이 그녀는 자기 자리로 돌아가 수화기를 들어 학교 사회복지사에게 전화를 건다. 예산이 삭감되기 전에 파커고등학교에는 두 명의 사회복지사가 근무했지만 지금은 한 명뿐이다. 전교생 1400명 가운데 절반에 가까운 아이들이 연방정부로부터 급식비를 지원받는, 소득 기준선 이하의 상황에 처한 아이들이었는데도 그랬다.[1] 무상급식을 받는 아이들의 수는 자동차 공장이 문을 닫기 전보다 두 배 가까이 늘었다.

데리는 사회복지사에게 전화를 건다. 이것은 일종의 의무감이다. 파커의 벽장과 함께한 시간이 상당한데도 그녀는 가끔 자신이 사회복지사가 된 듯한 느낌을 받는다. 데리가 사회복지사와 나누는 통화의 마지막 대화가 케이지아의 귀에 들린다.

"그분은 회사를 스스로 그만둔 상태라 실업 보험을 적용받지 못한다고요……. 네, 소식이 들어오면 알려주세요."

데리가 다시 케이지아가 앉은 책상 앞으로 건너온다. 그리고 에코의 전화번호가 적힌 작은 명함을 건넨다.

"그쪽에서 한 달치 집세는 지불해줄 거야."

데리가 말한다.

"그 사람들이 기금을 얼마나 가지고 있는지가 관건이겠지만."

케이지아는 아직 고등학생이지만 세상이 어떻게 돌아가는지 안다. 가용할 기금이 있어도 에코에서 주택대출금을 대신 내주는 일은 없을 것이라는 사실을 데리에게 일러줄 수 있을 만큼 말이다. 제인스빌에서 GM 공장이 돌아가던 시절, 자기 집이 있는 사람들이 에코를 필요로 하게 될 것이라고 누가 생각했겠는가? 데리는 센트리 푸드에서 사용할 수 있는 무료 식료품 카드 몇 장은 줄 수 있다고 케이지아에게 말한다.

지난 2년간 케이지아의 집에는 희망봉투가 배달되었다. 저소득층 가정이 새해 연휴를 지낼 식료품을 담은 자선 봉투다. 하지만 올해는 아니다. 제인스빌의 각급 학교들에는 한 해에 발송할 수 있는 희망봉투의

양이 제한되어 있다. 올해 제인스빌 교육청은 이 자선 행사와 관련해 4만 6000달러를 모아 모금액 목표치를 초과 달성했다.[2] 그러나 이전보다 많은 학교들이 희망봉투 전달 행사에 참여하기를 원한 탓에 파커고등학교는 지난해보다 적은 양의 봉투를 배당받았다.

"봉투를 필요로 하는 집은 많지만 올해는 서른다섯 집밖에 전달하지 못할 거야."

데리가 케이지아에게 말한다. 하지만 파커고등학교에서 식료품을 절실히 필요로 하는 최소 50가구가 이번 크리스마스 연휴에는 아무것도 받지 못한다는 사실이나, 자신과 학교 사회복지사가 몇 주 전에 형편이 어려운 집이 모두 기입된 긴 목록을 펼쳐놓고 앉아 고통스러운 결정을 내려야 했다는 사실에 대해서는 입을 다문다. 그리고 남동생이나 여동생이 있는 학생들 집이 가능하면 많이 포함되도록 기회가 왔을 때 다른 학교들과 목록을 조율했다는 사실, 과거에 봉투를 받은 적이 없는 집들에 우선권을 주었으며 꾸준히 봉투를 받는 행운을 누렸던 가족들은 지금까지 전달했던 2주분의 식료품보다 적은 양을 받게 될 것이라는 것도 이야기하지 않는다.

데리는 그저 다른 곳에서 민간 기부금을 끌어와 봉투를 못 받는 일부 가족들에게 크리스마스 저녁 식사권을 제공할 수 있게 되었다는 사실만 케이지아에게 이야기한다.

"그러니까 그 문제에 대해서는 걱정하지 않아도 돼."

데리의 말에 케이지아가 웃는다. 케이지아는 엄마가 화장실 휴지를 좀 샀으니 그건 염려하지 말라고 한다. 그리고 한 이웃이 마침 소고기

찜을 가져다주어서 감자를 곁들여 먹을 계획이며, 올해는 크리스마스 전등을 켜지 않으니 전기료도 아낄 수 있을 것이라고 데리를 안심시킨다. 또 크리스마스에는 할머니가 오셔서 도와줄 것이라고 덧붙인다.

"정말 준비를 잘하고 있구나."

데리가 말한다. 그러면서 이 모든 상황은 경제 사정이 좋지 않아 벌어진 것이고, 그것은 케이지아와 알리사의 잘못이 아니라고 다독인다.

데리가 잠시 뜸을 들이더니 묻는다.

"너랑 알리사는 어때? 이 상황이 견딜만 해?"

"정말 힘들죠. 정말로."

"너, 혹시 죄책감 같은 걸 느끼니?"

데리가 묻는다.

"내년에 집을 떠나 대학에 가야 한다는 것 때문에 말이야."

케이지아는 고개를 세 번 끄덕인다.

"집안 살림에 제가 보태는 몫이 너무 크니까요. 부모님은 아무것도 요구하지 않으시지만요."

케이지아는 지금 8학년인 막냇동생 노아가 걱정스럽다. 제인스빌 공장이 문을 닫을 때 케이지아와 알리사는 막 8학년에 올라가는 참이었다. 지금 부모님은 노아에게 줄 중학교 레크리에이션의 밤 참가비 6달러가 없다. 그래서 그 돈을 케이지아가 대신 주었다.

"동생한테도 제가 필요할 텐데……."

케이지아가 말한다.

"동생이 어리거든요. 걔한테는 6, 7달러가 항상 필요해요. 전 동생이 어떤 기회든 돈 때문에 놓치는 것이 싫어요."

"너희에게는 서로가 있잖니? 상투적으로 들릴지 모르겠다만 그건 사실이야."

케이지아는 이 말을 공책에 옮겨 적었다.

"아빠는 오늘 아침에만 입사 지원서 세 장을 썼어요. 제가 학교 갈 시간이 되기도 전에요."

케이지아가 말한다.

"그러니까, 무진장 노력하고 계신 거예요."

그리고 아빠는 이제 막 바이오라이프라는 회사와 혈장 기부 계약을 마쳤다. 이 회사는 고속도로를 지나서 있다. 아빠는 주삿바늘만 보면 오금이 저릴 만큼 겁이 많지만 일주일에 두 번씩 그곳에 가 혈소판 헌혈을 하고 60달러를 받기로 했다.

"저도 혈소판을 기부하러 가려고 했었죠."

케이지아가 데리에게 말한다.

"아빠에게 헌혈을 하려면 제가 뭘 해야 하는지 물었어요. 미리 예약을 해야 하는지도요. 근데 아빠가 무척 화를 냈어요."

케이지아가 말한다.

"우리는 헤쳐나갈 거예요. 이미 그렇게 하고 있고요."

데리가 일어나 케이지아를 품에 안는다. 케이지아는 강의실을 나서 복도로 향했다. 수업 시간을 알리는 종이 막 울린 복도에 아이들이 가득하다.

금요일 오후, 크리스마스의 기적이 찾아왔다. 태미 휘태커는 내일 아침 희망봉투 행사를 준비하는 식료품 포장 작업에 나갈 작정이다. 남편 제러드와 막내아들 노아도 함께 갈 생각이지만, 두 딸들은 데려가지 않으려고 한다. 그때면 케이지아는 척추지압원에 일을 나가야 하고, 알리사는 학교 클럽인 데카DECA 회원들과 로터리 가든을 위해 과일 바구니를 만드는 봉사활동에 참여한다. 알리사는 데카에서 마케팅과 기업 활동에 관련된 지식과 기술을 익히고 있다. 데카에서 습득한 기술은 초보 외판원 알리사가 타파웨어 판매에서 탁월한 실적을 올리는 데 큰 도움을 주었다. 식료품을 포장하면서 그것을 집에 가져가고 싶은 유혹을 이겨내기란 쉬운 일이 아닐 것이다. 하지만 그런 이유 때문에 봉사활동에 안 갈 수는 없는 노릇이다. 지난해까지 태미는 희망봉투를 받았다. 도움을 받았으면 돌려줘야 한다.

내일은 12월 15일이다. 매달 15일은 주택담보대출 원리금 납부일이다. 하지만 이달에 내야 할 돈을 태미는 아직 마련하지 못했다. 그러나 오늘, 블랙호크 신용조합이 마침내 태미와 제러드가 이제껏 부담해온 주택담보대출금을 이자가 더 낮은 담보대출 상품으로 갈아타게 해주었다. 새로운 담보대출의 이자율은 연 3.75퍼센트다. 이렇게 되면 매달 내는 상환액이 이전보다 250달러나 줄어든다.

그래서인지 전화를 받는 태미의 목소리가 유난히 밝다. 데리로부터 온 전화다. 희망봉투를 받기로 했던 한 집에서 더 이상 기부 식료품을 받고 싶지 않다며 신청을 철회했다는 소식이다. 그 말인즉슨 올해도 태미네가 희망봉투를 받을 수 있다는 이야기였다.

토요일 아침, 날씨가 우중충하다. 차가운 비가 매섭게 쏟아진다. 아침 7시 30분, 시가지 남쪽 존 디어사의 정원용 트랙터 보관 구역 옆에 있는 대형 물류센터 안에 150명의 자원봉사자들이 서성인다. 그곳에는 식료품을 쌓아놓은 긴 테이블이 열을 지어 놓였다. 자원봉사자들 중에는 자동차노련 제95지역노조 노조원들과 GM 퇴직자들도 일부 끼어 있어, 자동차 공장 관리자와 노조원들이 함께했던 홀리데이 푸드 드라이브의 전통을 떠올리게 한다. 하지만 지금 자원봉사자의 대부분은 교사, 학부모, 아이들이다.

오전 8시, 자원봉사자들이 크레이그고등학교 수학 교사인 짐 레이프 주위로 크게 원을 둘러 모인다. 격려사를 하는 짐은 마브 워팻이 자동차 공장이 문 닫기 전 25년 동안 배달 봉사에 참여했던 사실을 주지시킨다. 짐은 감정을 최대한 절제하고 있다. 그는 식료품을 전달받을 제인스빌의 350가구가 "크리스마스 휴가를 보낼 충분한 음식을 받고, 우리가 임무를 완수한 것에 감사함을 표시할 것"이라고 했다.

"시간은 충분합니다. 천천히, 실수 없이 마무리합시다."

제러드는 봉투 운반 조다. 통로를 부지런히 오가며 우드먼스에서 기증받은 봉투를 한 번에 하나씩 나른다. 빈 봉투를 들고 출발하면 자원봉사자들이 그 안에 음식물을 집어넣는다. 봉투가 점점 무거워지는 것을 느끼며 제러드는 잰걸음을 옮긴다. 태미는 5번 열 중간에 배치되었다. 정원용 트랙터들이 주차된 구역에서 두 열이 떨어진 위치다. 제러드를 포함한 봉투 운반자들이 가까이 오면 그녀는 봉투 안에 솔틴즈(짭짤한 크래커_옮긴이), 스토브 탑 스터핑 믹스(닭이나 칠면조 요리의 속을 채워 넣는 음식 혼합물 브랜드_옮긴이), 스위스 미스 코코아 파우더를 집어넣는다.

"나 이거 좋아하는데."

태미가 말한다. 앞에 놓인 식료품 더미가 줄어들고, 장내 방송 설비에서 징글벨 음악이 울려퍼진다.

"이 노래는 들을 때마다 기분이 좋아."

태미 옆에서 파커고등학교의 교사 한 사람이 부지런히 손을 놀린다.

"당신의 딸들은 제가 아끼는 아이들이에요."

그녀가 태미에게 말한다.

"두 아이 다 너무너무 사랑스럽죠."

오전 8시 45분, 식료품 포장이 마무리된다. 음식물이 담긴 봉투가 그다음 작업을 기다리며 콘크리트 바닥 위에 가지런히 놓인다. 이제 배달이다. 음식물 포장을 마친 자원봉사자들 몇 명이 차에 오르자 행사 운영자들이 봉투를 받을 집 주소와 세대주 이름이 적힌 서류철을 건넨다. 태미는 한 운영자에게 자신과 남편, 아들 노아가 이곳에 나와 있어 운반 팀이 집에 가더라도 봉투를 받을 사람이 없다고 미리 말해두었다. 태미는 자신의 집 주소지가 적힌 종이를 따로 뽑아 든다.

세 사람은 비가 내리는 물류센터 바깥으로 나설 준비를 한다. 물이 고인 주차장을 가로질러 차까지 뛰어갈 참이다. 그다음에는 물류센터 뒤를 돌아 길게 늘어선 차량 대열의 후미로 차를 붙일 것이다. 그들 차례가 오면, 붉은색 조끼를 입고 빗속에 선 남자가 배달처를 몇 군데나 할당받았는지 물을 것이다. 그러면 태미는 한 군데라고 대답할 작정이다. 그 '한 군데'가 자기 집이라는 사실은 귀띔해주지 않을 것이다. 그러면 그 남자와 붉은 조끼를 입은 또 한 사람이 봉투 여섯 개에 나눠 담긴 식료품들을 그녀의 승용차 트렁크에 실을 것이다. 그 양은 예년에 견줘 절반에 불과할 것이다.

태미네 식구들이 억수같이 쏟아지는 빗줄기를 뚫고 주차된 차에 오르기 위해 콘크리트로 덮인 광활한 공간을 가로질러 뛰어가는데, 제러드가 잠시 뜀박질을 멈추더니 트랙터 주변의 노란색 접근 금지선 뒤에 선 경비원을 바라본다. 경비원의 셔츠 소매에는 "얼라이드 바턴"이라는 마크가 붙었다.

"이 회사는 어떻게 다니게 됐어요?"

제러드가 경비원에게 묻는다.

"저는 여러 번 지원을 했는데 아무런 응답도 못 받았거든요."

"제 부서장한테 한번 살펴보라고 할게요."

경비원이 친절하게 말한다. 제러드는 감사 인사를 하고서 주차장 출구 근처에서 기다리는 태미와 노아를 향해 다시 뛰기 시작한다.

Part 6

두 개의 운명, 두 개의 제인스빌
#2013

두 개의 제인스빌

제너럴 모터스 공장이 가동을 멈춘 지 햇수로 5년째에 접어들었다. 흐르는 시간과 불운한 경제 상황은 회복력이 뛰어난, 결코 주저앉거나 포기하지 않는 지역사회마저도 갈갈이 찢어놓을 수 있다는 사실을 극명하게 보여주기 시작했다. 록강이 휘돌아 흐르는 제인스빌은 지금 두 조각으로 동강났다.

한쪽 제인스빌에서 메리 윌머는 정신없이 이어지는 많은 일들에 휘말렸다. 그녀는 훌륭한 품성을 갖추었다. 은행에서 메리가 짊어져야 할 책임이 커지려는 지금, 궁지에 몰린 M&I 뱅크를 BMO 해리스로 바꿔놓는 초반 작업은 점차 안정 궤도에 오르고 있다. 이튿날 그녀는 그린베이에서 매디슨을 거쳐 제인스빌, 벌로이트까지 약 320킬로미터에 걸친 위스콘신주 전체에서 "최우수 은행원들"과 재정 고문들로 구성될 개발 팀의 책임 관리자가 된다. 프리미어 뱅킹은 저축액이 25만~100만 달러에 이르는 BMO 해리스의 "대중 부유층mass affuent sector" 고객들에게 제공된다.[1] 은행의 마케팅 자료에는 "BMO 해리스의 재정적 성취 수준을 높이려면 더 높은 수준의 주의력 집중이 필요하다고 우리는 믿는다"라고 적혀 있다. 주어진 임무에 따라 메리는 부유층 고객에 대한 서비스를 향상시키기 위해 분투하게 될 것이다.

메리는 제인스빌 기업인 커뮤니티의 최고 위치에 올랐다. 그러면서도 비영리기구를 위한 다양한 자원봉사 활동을 이어가고 자선 행사에도 적극 참여하는 한편, 지역경제를 재건하기 위해 록 카운티 5.0이 펼치는 노력에도 꾸준히 힘을 보탠다. 그녀가 볼 때 상황은 나아지는 중이다. GM이 떠나며 남긴 145만 2000평의 빈 공장 시설을 논외로 친다면, 제인스빌에서 산업 공간 공실률은 3년 전 13퍼센트에서 올해 7퍼센트를 조금 상회하는 수준까지 떨어졌다.[2] 애초 5년짜리 프로젝트였던 록 카운티 5.0은 오는 가을이면 출범한 지 5년이 된다. 그러나 올해가 지난 뒤에도 이 기구는 메리와 다이앤 헨드릭스가 그대로 공동의장을 맡아 운영할 계획이다.

1월 말이다. 포워드 제인스빌의 오찬 시상식에 참가한 메리가 공로상 수상자를 소개한다.[3] 5대째 컬런 집안이 경영 중인 건설 업체 JP 컬런 앤 선즈 주식회사의 대표이사인 마크 컬런이 그 주인공이다. 이 회사의 창업자들은 폴 라이언의 선대들처럼 제인스빌 아일랜드 마피아의 한 분파였다. 금융위기가 닥친 동안 건설업은 제인스빌과 미 전역에 걸쳐 어려움을 겪었다. 하지만 JP 컬런 앤 선즈는 흔들리지 않았다. 지난 수십 년에 걸쳐 위스콘신대학 및 주요 기관들과 맺은 대형 계약들 덕분이었다. 금융위기가 발생하고 5년이 지난 오늘, 그의 공로상 수상이 보여주듯이 마크 컬런은 아무 상처 없이 위기의 시간을 빠져나왔다. 메리가 그랬던 것처럼.

메리의 삶은 꾸준히 좋아지고 있다. 그녀는 사랑에 빠졌다. 담보대출 은행을 다니던 남편과의 오랜 결혼 생활에 종지부를 찍고 이제 막 새 남자를 만난 것이다. 남자는 매디슨에서 활동하는 건축가다. 그녀는 최근 자신의 페이스북 친구들에게 멕시코로 겨울 휴가를 가려고 계획 중이니 좋은 리조트를 추천해달라는 글을 올렸다. 메리와 남자 친구는 올해 하반기에 캘리포니아 나파 밸리에서 일주일간 휴가를 함께 보낼 계획도 세워두었다. "이보다 더 행복할 순 없어."[4] 막내아들 코너의 열여덟 번째 생일 파티가 있던 날 메리가 페이스북에 올린 글이다. 같은 날 메리는 캘리포니아 와인 여행 상품을 예약했다.

★

포워드 제인스빌의 오찬이 열린 그때, 휘태커 가족은 얼마간의 도움을 받았다. 여전히 실직 상태인 제러드는 위스콘신주가 배급하는 푸드셰어를 받기 위해 온라인 접수를 한다. 오찬이 열리기 사흘 전인 월요일, 주정부에서 일하는 한 여성이 인터뷰를 위해 제러드에게 전화를 걸었고 이튿날 제러드는 식료품 구매 보조금으로 한 달에 160달러를 받을 수 있다는 통지를 받는다. 160달러는 태미가 매주 다섯 식구의 식료품을 사기 위해 쓰던 돈보다 적다. 그뿐 아니라 며칠 전에 했던 푸드셰어 신청이 승인되었더라면 그곳에서 받을 수 있었던 지원금 액수에도 미치지 못한다.

하지만 푸드셰어는 알리사와 케이지아의 아르바이트 수입을 고스란히 가구 소득에 포함한 뒤 소득 총액이 기준선을 넘는다는 이유로 휘태커 가족의 수급 자격을 인정하지 않았다. 아이들이 이제 열여덟 살이 되었으니 그 수입도 가구 소득에 포함시켜야 한다는 것이 푸드셰어의 설명이었다. 태미는 뭔가 단단히 잘못되었다고 생각한다. 주정부는 아직 고등학생인 아이들이 가계 소득을 지탱하는 데 기여할 수 있다고 기대한다는 말인가? 이런 상황에서도 어쨌든 160달러는 휘태커의 가계에 큰 도움이 되는 것만은 분명하다.

휘태커 가족이 사는 제인스빌은 메리 윌머가 사는 제인스빌과 다르다. 올해 록 카운티에서는 4만 1000가구가 푸드셰어를 받았다.[5] 자동차 공장이 문을 닫기 직전 해보다 곱절로 늘어난 수치다. 그러나 휘태커 가족은 제인스빌에서 극도로 궁핍한 편은 아니다. 그들은 아직 집을 소유하고 있다. 물론 태미는 뒷마당에 수영장이 딸린 괜찮은 집을 원하는 사람, 건초 더미에서 바늘 찾기보다 더 어렵다는 주택 매수자를 지금이라도 찾아나서야 하는 것은 아닌지, 매수자가 나타나면 집을 팔고 임대료가 싼 집으로 이사 가는 것이 옳지 않을까 여전히 고민한다. 지금까지 계속해서 실직 상태에 있었던 것도 아니다. 그들은 단지 급여가 충분하지 않은 여러 직업을 전전할 뿐이다. 쌍둥이 딸들은 성적이 좋고 고등학교 심화학습 과정을 밟은 덕에 위스콘신대학 플랫빌 캠퍼스에서 입학 허가를 받았다. 이 캠퍼스는 제인스빌에서 서쪽으로 약 160킬로미터 떨어진 곳에 위치했는데, 알리사가 가고 싶어 하는 공학기술과 케이지아가 원하는 의학 과정을 운영한다.

딸들은 진학에 필요한 학비를 마련할 수 있을 것이라고 확신한다. 방법은 모르지만 말이다. 그러니 휘태커 가족이 처한 상황이 제인스빌에서 최악은 아니다. 그들은 단지 전혀 예기치 못했던 길, 제인스빌의 많은 가족들이 맞닥뜨린 길고 급격한 내리막의 어느 지점에 선 것뿐이다.

가욋돈을 마련하기 위해 태미는 노웩스 외판을 시작했다. 노웩스는 인체에 유해한 화학약품 성분이 없어 태미가 좋아하는 세정제다. 자동차 대리점에서 일을 마치고 집에 돌아오면 그녀는 알리사가 타파웨어를 팔기 위해 하는 것과 같은 방식으로 친척과 친구들을 모아놓고 노웩스 판촉에 나서기 시작한다.

알리사는 일하는 시간을 더 늘릴 방법을 찾아냈다. 파커고등학교의 교사 한 명이 버츄얼 아카데미라고 불리는, 제인스빌의 학교들이 참여하는 주정부 교육 프로그램을 소개해준 것이다. 버츄얼 아카데미에 등록한 학생들은 온라인 수업을 들으며 혼자 공부할 수 있다. 제인스빌에서 버츄얼 아카데미를 관리하는 주임 교사는 데이브 파였다. 그는 2년 전, 이른 새벽에 월마트에서 어떤 남자에게 봉변을 당한 적이 있지만 지금도 여전히 제인스빌 교육 협회를 이끈다. 당시 월마트에서 마주친 남자는 교사들이 얼마나 많은 것을 누리고 사는지 아냐며 계속해서 소리를 질러 그를 곤혹스럽게 했었다.

GM 공장이 철수하기 1년 전에 버츄얼 아카데미가 처음 개설되었을 때는 대부분의 수강생들이 일반적인 수업에서 학업을 계속하기 어렵거나, 온라인으로 수강할 수 있는 광범위한 심화학습 과정에 끌린 학생들이었다. 데이브는 제인스빌의 10대들에게 일어난 변화를 관찰해왔다. 지역에 소재한 파커고등학교와 크레이그고등학교의 주차장에 있는 차를 보면 변화가 확연했다. 아이들의 차는 부모들이 사준 새 차들에서 케이지아와 알리사처럼 스스로 일해 모은 돈으로 구입한 낡고 오래된 차로 바뀌었다. 자동차 구입비를 마련하기 위해서든 가계 지출에 부담을 덜어주기 위해서든 버츄얼 아카데미는 유용했다. 그곳에 등록한 학생들은 위스콘신주가 정한 10대들의 근로 허용 시간을 제한하는 규정을 적용받지 않았기 때문이다. 온라인 강의는 일주일에 7일, 밤이든 낮이든 이용이 가능하기 때문에 학생들은 각자 일정에 맞춰 수업을 듣고 원하는 만큼 일을 할 수 있다. 이것이 학생들을 버츄얼 아카데미로 이끈 핵심적인 요인이다.

알리사는 버츄얼 아카데미에 등록해 공부를 하면, 자신이 하는 세 가지 일 가운데 하나의 근로시간을 주 15시간에서 24시간으로 늘릴 수 있을 것이라고 판단했다. 엄마와 같은 자동차 대리점에서 하는 사무원 아르바이트가 그것이었는데, 알리사가 평일에 이틀을 오후 1시에 출근할 수 있다면 충분히 가능했다. 그래서 알리사는 이달 초에 자신이 버츄얼 아카데미를 수강하기에 적합한지 평가하는 시험을 치렀다. 얼마 뒤, 알리사는 매우 자발적이고 성실하며 시간을 효율적으로 관리하고 낙관적인 성격이라는 결과를 받았다. 버츄얼 아카데미에서 공부하기에 매우 알맞은 태도와 성격을 가졌다는 이야기였다.

1월 24일, 메리가 포워드 제인스빌의 2013년도 공로상 수상자를 발표하기 겨우 몇 시간 앞둔 시각, 알리사는 학교에서 돌아와 집에 있는 거실 소파에 앉았다. 알리사는 자기 돈으로 산 검은색 에이수스 노트북을 켜고 온라인 강의를 들었다. 곁에는 집에서 키우는 작은 핀셔가 조용히 웅크리고 있다. 알리사가 수강 중인 강의는 해양과학 가운데 "무엇이 대양을 살만한 곳으로 만드는가?"라는 주제다. 알리사는 이 부분을 지난밤에 이미 읽었지만 문제를 풀려면 복습을 해야 한다.

이번 달에 알리사는 이미 해양과학 과목의 과제 쉰다섯 개 가운데 여섯 개를 끝냈다. 이대로라면 정해진 시간 안에 과정을 마칠 수 있다. 물론 그보다 더 일찍 끝내고 싶은 마음이 굴뚝같다. 알리사는 파워포인트를 활용해 "계류는 무엇인가?"라는 장의 발표 과제를 준비했다. 최근에는 록 강변에 가서 1월 관찰 과제였던 조류와 포유 동물, 제방 경사면, 강기슭의 토양 성분을 조사했다. 녹조류는 관찰하지 못했다고 기록했다. 거위도 보이지 않았다. 알리사는 이어서 그다음 관찰 과제에 대한 예상 보고서를 가능한 한 많은 변수들을 통제해가며 과학적 원리들에 입각해 충실히 작성했다.

얼추 완성된 파워포인트는 바람 부는 강변의 이미지와 알리사가 입력한 문구로 마무리된다. "이곳의 미래는 어떻게 될까?"

★

2월 4일 월요일, 제러드는 새로운 일을 시작한다. 제러드가 구직에 어려움을 겪는다는 소식을 들은 태미의 직장 상사가 작은 사업체를 운영하는 사촌에게 그를 추천해 성사된 일이다. 제러드의 새 직장은 자동차 수리점에 재생 부품을 공급하는 회사의 대리점이다.

제러드가 하루에 이동해야 하는 거리는 약 320킬로미터가 넘는다. 아침 6시 30분에 출근 도장을 찍고 부품을 가득 실은 트럭을 운전해 시카고 서쪽 변두리에 있는 자동차 차체 수리공장까지 갔다가 제인스빌로 돌아온다. 일이 순조롭게 풀리면 출근하고 나서 열 시간 반 뒤에 퇴근한다. 하지만 일을 시작한 지 한 달이 채 안 되어 시카고를 오가는 고속도로 운전이 제러드의 불안증을 재발시켰다. 교도소에 근무할 때 겪었던 폐쇄공포증이나 공황발작만큼 심각하지는 않았지만 제러드는 때때로 근무 중인 태미에게 전화를 걸어 분노를 토로했다. 도로에서 만나는 난폭 운전자들이나, 괜찮은 부품을 알아보지 못하는 사장들, 우회전 지점에 도착하기 몇 킬로미터 전부터 우회전을 하라고 반복해 알리는 네비게이션에 관한 불평들이었다.

태미는 이런 대화가 제러드의 스트레스를 줄이는 데 도움이 되는 것을 안다. 비록 자신의 스트레스는 늘어나지만 말이다. 태미는 생각한다. 우리는 왜 이런 처지가 되었을까? 태미는 결코 거창하고 화려한 삶을 바라지 않는다. 그저 편안하게 살기를 바랐을 뿐이다. 요즘 태미는 알리사와 케이지아, 노아에게 말하곤 한다. 지금 우리는 인생이라고 불리는 게임을 하는 것뿐이라고. 그들은 풍족한 돈 없이도 살아가는 방법을 이미 안다.

제러드는 새 직장을 구했지만 이 때문에 잃은 것도 있다. 제러드의 시급은 12달러다. 생계를 꾸리기에는 부족한 돈이지만 태미와 두 딸들의 수입을 더하면 그럭저럭 살만하다. 이로써 푸드셰어는 물 건너갔다. 하지만 일자리가 생겼다. 그리고 생활비를 충당하기 위해 더 이상 손을 벌리지 않아도 될 것이라고 제러드는 생각한다.

한밤의 드라이브

"자, 잽싸게 여기를 뜨자고!"

사내가 문 밖으로 뛰쳐나오며 소리친다. 점토 타일이 깔린 로비를 가로질러 빠르게 걸음을 옮기더니 출퇴근 기록계 앞에서 가까스로 속도를 늦추고는 아이디 카드를 긋는다. 금요일 밤의 포트웨인 자동차 공장에서 일주일의 업무가 마무리되는 날이다. 방금 두 번째 교대근무 조의 일이 끝났다. 오늘은 아홉 시간을 일했다. 운 좋게 초과근무를 할 수 있었던 날이다. 남자가 큰 소리로 동료들의 발걸음을 재촉하는 지금은 밤 11시 45분이다. 남자는 근무를 마치고 작업장 밖으로 우르르 쏟아져 나오는 1100명의 GM 노동자들 가운데 한 명이다.

11시 47분, 무리들 틈에 끼어 맷 위팻이 로비에 도착했다. 한쪽 어깨에는 가방을 둘러맸고 머리에는 비니를 썼다. 뛰지는 않지만 다른 사람들처럼 매우 빠른 속도로 걷는다. 이것은 금요일 밤마다 마치 의식처럼 행하는 일이다. 밤공기가 쌀쌀하다. 동료들은 그에게 오늘 밤 안전하게 운전해 집에 도착하기를 빌어준다. 그가 1997년형 새턴 앞에서 잠시 걸음을 멈춘다. 맷은 매주 금요일이면 이 넓은 주차장에서 항상 같은 자리를 골라 차를 세운다. 도로로 나가는 램프 아래 주차열의 중간 지점이다. 그렇게 해야 월요일 아침에 돌아와서 차를 어디에 세웠는지 몰라 헤매지 않아도 된다. 트렁크에서 가방을 꺼낸 맷은 또다시 매우 빠른 걸음으로 인근에 주차된 2003년형 폰티악 그랜드 프릭스로 향한다. 차에는 벌써 시동이 걸려 있다. 운전석에는 크리스 알드리치가 앉았고, 뒷좌석은 폴 셰리던 차지다. 폴은 자기 자리와 문 사이에 코트를 아무렇게나 놓았다. 크리스와 폴도 GM 집시들이다. 크리스가 트렁크를 열자 맷이 가방을 집어넣은 뒤 쾅 소리가 나게 눌러 닫고 조수석으로 들어가 앉는다. 맷이 조수석 문을 닫기 무섭게 크리스는 액셀을 밟아 출발한다.

제인스빌까지는 약 450킬로미터를 운전해야 한다. 그들 바람대로 4시간 35분 만에 목적지에 닿으려면 속력을 좀 더 내야 한다. 맷이 다시에게 전화를 걸어 출발했다는 소식을 알린다. 매주 금요일에 포트웨인을 떠나며 맷이 항상 하는 일이다.

크리스가 차에 시동을 걸고 움직이기 시작한 것은 포트웨인 시각으로 밤 11시 54분이다. 하지만 제인스빌 집시들이 탄 차의 계기판 시계는 10시 54분을 가리킨다. 맷만 제인스빌 시각에 맞춰 살던 것이 아니었다. 크리스는 포트웨인에서 2009년 8월 17일부터 일했다. 맷보다 7개월 먼저 옮겨온 것이다. 크리스는 그날을 결코 잊지 못할 것이다. 그날 아내와 아이들이 '이사'를 돕기 위해 포트웨인까지 따라왔다. 물론 크리스는 '이사했다'고 말하는 것을 싫어해서 항상 포트웨인에 '머문다'고 이야기한다. 어쨌든 가족들은 크리스가 월요일 아침에 오리엔테이션을 받으러 공장으로 갈 때 제인스빌로 돌아갔다. 오리엔테이션은 1교대 조의 근무 시간과 겹쳤다. 그래서 그가 새 아파트로 돌아왔을 때는 오후 3시 30분이었다. 그는 막 구입한 싸구려 식탁 의자에 앉아 벽만 쳐다봤다. 혼자였다. 아내와 아이들은 이미 제인스빌로 돌아간 뒤였다. 인생 전체를 통틀어 그때처럼 기분이 최악이었던 적은 없었다.

벌써 3년 반 전이다. 그랜드 프릭스는 그동안 7만 5000킬로미터를 넘게 뛰었다. 지금 이 차의 마일리지는 21만 6307킬로미터다.

그들이 탄 차가 114번 도로로 막 진입하려고 한다. 포트웨인 공장을 출발한 지 10분이 채 지나지 않은 시각이다. 맷이 조용한 목소리로 말한다.

"오늘이 제가 여기 온 지 3년째 되는 날이에요."

크리스가 일말의 주저함도 없이 쏘아붙인다.

"그 따위 기념일은 축하할 필요도 없다니까."

맷은 이미 출근하기 전 다시에게 문자메시지를 보냈다.

"3주년 기념일이야. 축하해줘."

그러자 답신이 왔다.

"3년이라고? 훨씬 더 오래된 것 같은데."

다시는 문자 뒤에 슬픈 표정의 이모티콘을 달았다. 3년이라는 세월

안에는 밤길을 질주해 집으로 돌아가야 했던 수많은 금요일의 경험이 아로새겨져 있다. 이번 주 포트웨인에는 눈이 25센티미터나 왔다. 하지만 쌓였던 눈이 녹고 오늘은 햇살이 비쳤다. 지금은 밤하늘이 화창해 인디애나의 평원 지대를 가로지르는 자동차의 차창 너머로 별이 빛난다. 그 빛은 위스콘신에서보다 훨씬 밝게 느껴진다.

"오늘 밤 운 좋으면 라쿤 두 마리는 잡을 것 같지 않아?"

크리스가 묻는다. 지난여름에 114번 도로의 이 구간을 달리는 동안 라쿤 한 마리가 도로의 왼쪽에서, 다른 한 마리는 오른쪽에서 절묘하게 타이밍을 맞춰 뛰어들었다. 그들이 탄 그랜드 프릭스가 두 마리를 함께 쳤다. 한 마리는 앞바퀴, 또 한 마리는 뒷바퀴였다. 드물게 찾아오는 진기한 경험이었다. 그러나 오늘은 주인들이 한껏 솜씨를 부려 겉을 장식한 도로변 집들만 눈에 띤다. 집들은 크리스마스라도 맞은 듯이 화려하다. 성 패트릭의 날을 앞두고 녹색과 황금색 칠을 하고 토끼풀 장식을 주렁주렁 달았다.

이제 북쪽으로 곡선 주로가 몇 킬로미터쯤 이어지다가 서쪽으로 틀면 4차선으로 이루어진 30번 국도다. 더 북쪽으로 가면 다른 제인스빌 집 시들이 금요일마다 이용하는 인디애나 유료 도로가 있지만, 그들 생각에는 이 길이 더 편하다.

30번 국도를 지나다 보면 자동차 영화관이 나오는데, 여름철이면 어떤 영화가 상영 중인지 보인다. 그럴 때면 운전을 하지 않는 두 사람이 목을 길게 빼 비스듬한 각도로 화면을 재빨리 훔쳐보곤 했다. 한번은 거대한 폭풍우를 뚫고 지평선이 보이는 넓은 평원 위를 운전하다가, 천둥

번개가 들판 위에 수직으로 내리꽂히는 광경을 보기도 했다.

그곳에는 또 버번 바이블이라는 교회가 있는데, 다윗과 골리앗을 커다란 입체 모형으로 만들어놓아 계절에 상관없이 운전할 때마다 그 기괴한 모습을 감상할 수도 있다.

맷의 전화벨이 울린다. 막내딸 브리아가 잠자리에 들 시간을 넘겨 전화한 것이다.

"아직 인디애나야."

맷이 말한다.

"세 시간 정도 걸릴 거야. 그래, 공주님. 이만 끊어. 나도 사랑해."

그들은 이제 밸퍼레이조에 있다. 항상 그렇듯 이곳에 있는 파일럿 트래블 센터라는 트럭 휴게소에 차를 세운다. 제인스빌 집시들 중에는 이곳을 지나쳐 일리노이주 경계를 벗어나기 직전 마지막 패스트푸드 휴게소까지 쉬지 않고 가는 이들도 있지만 세 사람은 이곳을 좋아한다. 화장실이 여러 칸 있고, 스낵도 맛이 괜찮기 때문이다. 크리스는 데리야키 맛 육포, 폴은 그냥 육포, 맷은 스마트푸드에서 나온 팝콘을 주문한다. 맷은 씹어 먹는 젤리 과자도 하나 따로 챙긴다. 브리아와 브룩이 좋아하는 군것질거리다.

길은 49번 고속도로까지 북쪽으로 이어지다 유료 도로가 연결되는 서쪽으로 방향을 튼다.

"제한속도보다 느리게 가고 있어요."

코트 안에 몸을 웅크린 폴이 졸음에 겨운 목소리로 말한다.

"시끄러워. 타이어 터지는 꼴 보고 싶어?"

크리스가 말한다.

"타이어 교체할 줄 알잖아요."

폴이 대꾸한다.

"운전 잘하고 있어요, 크리스."

듣고 있던 맷이 끼어든다.

"고마워. 역시 자넨 내 편이야."

크리스의 말이다. 이제 그들은 게리를 쏜살같이 지나친다. 길 오른쪽에 남아 있는 제강공장에서 불빛이 번쩍인다. 깜빡이는 불꽃과 함께 회색빛 연기 기둥이 하늘로 흩어져 곧 사라진다. 게리는 1906년에 유에스 스틸이 제강공장을 짓기 위해 미시간호 남쪽 기슭에 들어왔을 때만 해도 "매직 시티"라고 불렸다. 하지만 이곳의 현재 인구수는 전성기였던 1960년대의 절반에도 못 미치는 7만 8000명에 불과하다.[1] 2000년과 비교해도 약 4분의 1이 줄어든 수치다. 이곳을 떠난 주민들 가운데 40퍼센트가 빈곤층으로 전락했다.[2] 게리는 러스트 벨트의 현재를 보여주는 표본이자 제인스빌이 어떻게든 피하려고 노력하는 미래다. 크리스는 여전히 운전대를 잡고 있다. 지금 제인스빌 시각은 새벽 1시 30분. 그랜드 픽스가 도로 위를 미끄러지듯 달린다.

요금 정산소를 통과한 차는 일리노이주로 접어든다. 고가도로를 지나면 댄 라이언 도시 고속화 도로다. 이 도로는 차로가 열네 개나 되는데도 길이 밀린다. 하지만 오늘 밤은 통과하기가 수월하다.[3] 공장에서라면 시간 외 초과근무 시간에 해당하는, 평소보다 늦은 시각에 이 길을 지나가고 있기 때문이다. 게다가 이 '큰 어깨의 도시city of big shoulder' 대부분은 이미 잠든 상태다. 칼 샌드버그Carl Sandburg(20세기 초중반에 활동한 미국의 사회주의 시인_옮긴이)는 이곳에서 끝없이 이어지는 고된 노동의 일상에 착안하여 '큰 어깨의 도시'란 별칭을 이곳 시카고에 붙였다.

다운타운의 지평선이 보이기 시작한다. 차가 시카고 북쪽에 이르렀을 때, 네 명이 탄 차가 그들 곁을 스쳐 지나간다.

"톰이 운전하는 차야."

크리스가 알아본다.

"뒷자리에 탄 건 올리리 같은데."

또 다른 제인스빌 집시들이다.

깊은 잠에 빠진 폴을 따라 맷도 깜빡 잠이 든다. 그래봤자 2, 3분이다. 크리스는 잠깐이라도 이런 정적이 싫다.

"여봐, 조수석에 앉았으면 시답잖은 스포츠 평론이라도 해야 하는 거 아냐?"

맷이 정신을 차리자 크리스가 놀린다.

두 시가 조금 지났을 때 맷에게 문자 메시지가 도착했다. "마일 표지판 28 부근, 중앙분리구역에 경찰." 맷이 깨어 있어 천만다행이다. 메시지는 제인스빌 집시들을 태우고 앞서가던 다른 차에서 온 것이다. 크리스가 속도를 늦춘다. 9분 뒤, 맷이 경찰을 발견한다.

"딱지는 절대 안 되지."

크리스가 말한다.

"벌금 낼 돈이 어디 있어?"

맷은 지지난해 여름에 속도위반으로 적발된 적이 있다. 그때 경찰에게 주중에 포트웨인에서 일하고 집으로 가는 길인데, 가족을 만난다는 사실에 조금 흥분한 것 같다고 사정을 설명했다. 경찰은 이해한다며 맷을 그냥 보내주었다.

차가 벨비디어 크라이슬러 공장을 지난다. 가동을 멈춰 아무도 일하지 않는 곳이다. 록퍼드에 도착하자 크리스가 말한다.

"결승점이 눈앞이야. 20분 뒤면 폴을 집 앞에 내려줄 수 있겠어."

"정말이네요. 거의 다 왔어요."

맷이 말한다. 여전히 폴은 조용히 코를 골며 잠에 빠져 있다.

제인스빌 시각 오전 2시 41분. 크리스가 포트웨인에서 일하며 보내는 시간에 대해 달관한 듯한 태도로 말한다.

"우리가 그 시간을 어떻게 셈하는지 생각해보면 우스워. 난 거기서 얼마나 많은 크리스마스를 보내야 할까? 세 번이 더 남았어."

그가 GM에 입사한 것은 제인스빌 공장이 거의 문을 닫을 뻔하다 기사회생해 인력을 대규모로 채용한 1986년 8월 17일이다. 얼마 있으면 근속 27년을 맞게 되는 셈이다. 제인스빌 공장이 가동을 멈춘 2008년 12월 23일, 크리스는 작업장에 내려가 디지털 카메라로 영상을 찍었다. 크리스의 입사 연월일은 그가 은퇴할 때까지 3년 7개월이 남았다는 사실을 뜻한다. 맷에게는 12년 7개월이 남았다. 크리스가 말한다.

"난 은퇴하더라도 말이야. 자네들과 헤어지고 싶지 않아. 난 모두가 제자리에 있었으면 좋겠어. 아마도 그게 은퇴한 뒤 내 일이 될 거야. 셔틀 기사가 되어서 자네들을 집으로 데려다주는 일 말이야."

그랜드 픽스가 177번 출구를 통해 고속도로를 빠져나갈 때 폴이 잠에서 깬다.

"정신 차리라구."

크리스가 폴에게 말한다.

"눈 깜짝할 새에 집에 데려다줄 테니까."

새벽 3시가 막 지났다. 제인스빌에 도착했으니, 굳이 제인스빌 시각이라고 말할 것도 없다. 크리스가 폴의 집앞 진입로에 차를 댄다. 폴을 내려준 뒤 크리스는 록강을 지나 여전히 빈 자동차 공장 부근의 센터 스트리트로 차를 움직인다. 밀턴 거리를 지나 시내 북쪽에 위치한 맷의 멋진 집으로 향한다. 맷이 집시가 된 덕에 그들은 가까스로 이 집을 지켰다. 시내를 통과하면 바로 맷의 집이다. 그러나 가끔 그들은 다른 길로 시내를 통과하기도 한다. 가기도 편하고, 가는 도중 제인스빌 거리를 보기에도 좋기 때문이다.

새벽 3시 20분, 크리스가 짙은 빨간색 대문이 달린 집 앞에 차를 멈춘다. 다시가 외등 켜놓는 것을 잊은 모양이다. 하지만 집에 돌아올 남편을 맞이하기 위해 세탁실 등은 켜두었다. 세탁실은 차고 바로 안쪽에 있다. 맷이 포트웨인 공장으로 처음 떠나던 날, 다시와 딸들이 눈물을 흘렸던 그곳이다.

맷이 크리스에게 20달러를 기름값과 오일 교환 비용으로 건넨다. 그랜드 픽스의 연료 게이지는 '0'을 향해 가고 있고 엔진오일도 교체할 때가 되었다.

"월요일 아침 몇 시쯤 이리로 오실 건가요?"

맷이 트렁크에서 가방을 꺼내기 직전에 묻는다.

416

"늘 오던 시간."

크리스가 말한다.

"8시 10분이나 15분쯤."

계절에 따라 늘고 주는 업무

노동조합이든 아니든 일자리가 없기는 매한가지다. 다시 생긴다고 확신하기도 어렵다. 마이크 본이 세네카 푸드의 인사관리부에서 일을 시작한 지도 2년이 다 되어간다. 대를 이어 자동차노련 대의원을 지내온 집안 전통을 잇는 것이 마이크의 목표였던 시절도 있다. 이제 그때로 돌아갈 수 없다는 것을 마이크는 안다. 맞다. 그의 정체성은 사업장 노조 대표로 리어 조합원들을 위해 일하면서 형성되었다. 그러나 이제 와 생각해보면 그것이 유일한 선택지는 아니었다.

마이크는 계절에 따라 업무가 늘고 줄기를 반복하는 것에 주목한다. 특정 작물이 활발하게 생산되는 계절에는 그 분야가 필요로 하는 인력이 갑작스레 늘었다가 비수기가 되면 썰물처럼 빠지는 현상이 되풀이되었다. 약 3만 913평의 가공공장에는 약 400명의 상근직 노동자들이 일했는데, 일거리가 많은 성수기에는 200~300명이 추가로 일한다.[1] 위스콘신 농지에서 재배되는 농작물이 익어 가공공장으로 오는 데는 일정한 주기가 있다. 완두콩은 6월에서 7월 말까지, 옥수수는 감자가 한창 자라는 초가을까지, 그다음은 모둠 채소와 감자가 수확된다. 마이크는 신참자들이 작업 공정에 투입되기 전에 필요한 교육을 마치면 인사 시스템에 입력한다. 크리스마스 직전에 감자 가공이 끝나면 그들은 공장을 나가야 한다는 것을 마이크는 안다.

마이크는 계절 고용직이 아니라 상근 노동자이지만, 이런 농작물의 리듬은 그의 업무에도 영향을 미친다. 비수기가 되면 근무시간이 바뀌어 오후 3시 30분부터 자정까지 일한다. 통조림 가공을 하는 시기에는 야간 근무를 한다. 성수기가 오면 시간 외 근무를 할 수 있는데 마이크는 일주일 내내 꼬박 시간 외 근무에 자원한다. 그러면 어떤 주에는 6일, 어떤 주에는 7일씩 초과근무를 할 수 있다.

마이크가 초과근무를 하는 이유는 추가로 해야 할 인사관리 업무가 생기기 때문이다. 그리고 초과근무는 그가 업무에서 뒤처지지 않기 위한 방법이기도 하다. 게다가 밤을 세워 일을 하면 쉬는 날이 불규칙해져 생체 리듬이 흐트러지기 마련이다. 그래서 마이크는 모두가 잠든 시간에 집에서 깨어 있으니 차라리 회사에 남아 일하는 것이 낫다고 생각한다. 마이크가 악착같이 초과근무를 하는 가장 큰 이유는 금전 문제다. 그는 세네카로 직장을 옮긴 뒤 승진을 했지만, 그가 받는 급여는 여전히 리어에 다닐 때에 미치지 못한다. 성수기 내내 초과근무를 하면서도 그는 잘 버티고 있다. 마이크와 바브는 일의 리듬에 맞춘 돈의 리듬을 고안했다. 마이크가 여름과 가을에 버는 수입의 일부를 쓰지 않고 모았다가 살림살이가 빠듯하고 추운 시기에 식료품 저장고에서 먹을 것을 가져오듯 일부를 꺼내 쓰는 것이다. 그들의 생활수준이 과거 리어에서 일하던 시절과 비슷하게 유지될 수 있는 이유도 여기 있었다.

그와 바브는 예전부터 항상 저축을 하려고 노력했다. 그러나 마이크는 지금이야말로 저축이 가장 필요한 시기임을 안다. 한 번의 실직 경험은 그의 뇌리에 낙인처럼 남았다. 그 일이 다시 일어나지 않는다고 장담할 수 없다. 그리고 다시 한 번 그 일이 일어난다 해도 마이크는 스스로를 믿는다. 예전과 달리 '기회'라는 것의 특성에 대해서도 안다. 마음먹고 노력하면 좋지 않은 사건이 닥쳐도 그 안에서 긍정적인 결과를 만들 수 있다는 사실을 깨달았다. 이것은 그가 리어 공장이 문 닫을 때, 작업장에서 노조 소모임과 차례로 만나며 마지막으로 건넸던 바로 그 말이기도 하다. 그때 마이크는 공장을 나가더라도 주어진 상황에서 최선을 다하고, 새로운 계획을 세워야 한다고 조언했다.

그는 이것이 진실이라고 확신했기 때문에 노조원들에게 그렇게 신신당부했다. 그러나 그것은 마이크의 머릿속에만 있는 추상적 진실이었다. 그는 기회를 잡는다는 것이 실제로 어떤 모습인지, 바브가 학교에 입학하고 그곳에서 여태 해본 적 없는 분야의 공부에 매진하는 것을 보고 나서야 알았다. 그는 바브가 걸어간 길을 뒤따랐다.

바브의 새 직장 생활은 잘 풀리고 있다. 지난 6월, 바브가 다니는 크리에이티브 커뮤니티 리빙 서비스는 그녀를 '지역보호 상주 코디네이터'

에서 '프로그램 매니저 겸 감독관'이라는 지위로 승진시켰다. 급여도 조금 올라 시급 13달러를 받는다. 그러나 바브는 시간을 쪼개 원래 맡은 업무와 자신이 가장 좋아하는 일, 다시 말해 의뢰인들에게 직접 도움을 주는 일을 함께한다.

놀랍게도 바브는 리어 공장의 폐업을 자신에게 닥쳤던 일들 가운데 가장 잘된 일로 꼽는다. 리어의 폐업을 겪으면서 바브는 자신이 역경을 견디고 살아남은 사람이라고 생각하게 되었다. 돈을 벌기 위해서가 아니라, 하면 행복해지기 때문에 해볼 만한 가치가 있는 일이 존재한다는 사실도 알게 되었다. 그녀에게 의지하며 밤낮을 가리지 않고 전화를 거는 발달장애인과 함께하는 것이 때로는 직업처럼 느껴지지 않을 때가 있다. 그것은 삶의 방식이다. 바브는 스스로에게 약속했다. 리어 공장에서 어깨와 손목을 다친 뒤, 우울함만 가득했던 카운티 교도소의 교도관 생활을 그만둔 뒤, 그곳이 어디든 자신이 행복을 느낄 수 없는 곳에서는 일하지 않기로 작정했다. 바브는 리어에서 일하던 시절을 되돌아보지 않는다. 자신에게 도움을 받은 의뢰인이 얼마나 좋아지는지, 어떻게 최선을 다해 자립하는지를 기대감 속에 지켜볼 뿐이다.

다시, 프로젝트 16:49

앤 포백은 다큐멘터리 《16:49》 시사회가 성황리에 열렸었다는 사실이 아주 오래전 일처럼 느껴진다. 그때부터 거의 2년 반이 흘렀다. 앤과 그녀의 프로젝트 파트너인 벌로이트의 학교 사회복지사 로빈 스튜트는 홈리스 청소년을 위한 남녀 쉼터를 12개월 안에 개관할 수 있으리라던 생각이 순진했음을 깨닫고 쓴웃음을 짓는다.

프로젝트 16:49를 위한 모금은 아직도 진행 중이다. 이 영화를 통해 홈리스 아이들이 자기 주변에 존재한다는 것을 깨닫고 충격받았던 지역 사회에는 프로젝트에 대한 공감대가 여전하다. 6월 1일, 소년 시절 한때 홈리스였던 서른여섯 살의 제인스빌 보험설계사가 누적 거리 약 2653킬로미터(1649마일_옮긴이)를 목표로 30일 동안 자전거를 타고 시내를 도는 이벤트를 시작할 예정이다. 시민들의 기부를 독려하기 위한 차원이다. 훗날의 일이지만, 그는 목표 거리를 다 채우고 그 과정에서 1만 6000달러를 모금한다.

YWCA가 고민 끝에 프로젝트 후원을 중단하기로 결정한 지난봄 이후, 앤과 로빈은 한때 그들이 할 수 있다고 꿈꾸던 비영리기구들의 협력 법인에 대해 많은 내용을 알게 되었다. 프로젝트 16:49는 이제 미국 연방 세법 조항에 따라 면세 혜택을 받는 비영리단체가 되었다. 독자적인 이사회를 구성하고, 두 명의 홈리스 아이들을 포함한 이사진 위촉도 마쳤다. 이사회는 단체의 활동을 총괄할 사무처장 인선 작업을 시작하려고 한다.

프로젝트 16:49는 이제껏 학교 사회복지사가 갈 만한 곳이라고 상상조차 못한 곳들로 앤을 이끌었다. 오늘도 앤은 새로운 장소를 방문했다. 금색 칠을 하고 '룸 411 사우스Room 411 South'라는 문패가 달린 위원회 회의실이다. 위스콘신 주의사당 건물, 워커 주지사의 집무실에서 세 층을 더 올라가면 있는 방이다. 벌써 3월 중순이다. 앤이 노동절 퍼레이드 장식 수레에 자신이 돌보는 두 명의 홈리스 아이들을 태우고 중심가를 행진한 지 6개월이 지났다. 앤은 이날 오후에 열리는 위스콘신의 첫 번째 홈리스 청소년 심포지엄에서 10대 홈리스들의 실태를 이야기하기 위해 이곳에 왔다. 위스콘신주 상원의원 데브라 콜스트는 앤과 로빈이 앉은 참나무 증인석을 빙 둘러싼 책상들 가운데 하나에 앉았다. 제인스빌에서 주 상원의원에 당선된 데브라는 임기 3개월째에 접어들었다. 의원이 된 뒤 그녀는 헬스넷에서 수요일마다 하던 자원봉사 활동을 그만두었다. 앤과 로빈은 위스콘신에서 홈리스 학생들과 만나는 전문가들 가운데 심포지엄이 초청한 4인의 "지역 발언자들" 중 두 명으로 선택받았다.

앤은 지금까지 어디서도 증언이라는 것을 해본 적이 없다. 그러나 앤의 진술은 거침없다. 그녀는 회의실에 나온 데브라를 위시한 주 의원들에게 제인스빌의 각급 학교들이 파악한 바로는 딱히 정해진 곳 없이 아무 곳에서나 잠을 청하는 학생들이 968명에 달한다고 말한다. 그 학생들 가운데 170명은 어른의 보호 없이 자기들끼리만 지내는 아이들이다. 프로젝트 16:49가 도우려고 애쓰는 학생들이 바로 이들이라고 앤은 말한다. 앤은 계속해서 증언한다.

"대개는 이 집 저 집 떠돌게 돼요. 이 아이들 중에는 우울증을 앓거나, 불안에 시달리는 경우가 많아요. 우리는 이 아이들에게 미래라는 것을 안겨주고 싶어요."

앤과 로빈은 다큐멘터리에서 뽑아온 몇 개의 장면들을 보여준다. 다큐멘터리는 학교의 어느 계단 통로에 앉은 브랜든이 졸업식에 엄마가 오지 않을 것이라고 이야기하는 장면으로 끝난다. 일부 의원들은 처음 영화를 봤던 시사회 관객들과 마찬가지로 금방이라도 눈물을 흘릴 것처럼 보인다.

앤은 숙제를 마쳤다. 준비한 영상이 다 돌아가자, 마치 의원들을 상대로 오랫동안 로비 활동을 해온 사람처럼 말한다.

"우리는 입법적 해결책이 나오길 바라고 있습니다."

앤은 주변에 동의해줄 부모가 없을 경우, 16~17세 아이들도 주거지원금이나 배저케어를 신청할 수 있게 법률을 개정한다면 아이들을 돕는 일이 훨씬 수월해질 것이라고 말한다. 그녀는 이 자리에 참고가 될 만한 오리건주 법률을 가져왔다. 벌로이트에서 온 상원의원이 오리건주 법률을 기꺼이 살펴보겠다고 말한다. 물론 앤의 요청을 받아들이겠다는 것은 아니다. 그러나 결국에는 아마도 그렇게 될 것이다.

절반 넘게 찬 유리잔

봄이 온 뒤 맞은 또 한 번의 주말이다. 폴 라이언은 평소처럼 워싱턴 연방의회에서 돌아와 제인스빌에 머무르고 있다. 오늘 밤, 그는 홀리데이 인 익스프레스 연회장에 설치된 작은 무대에 올라 750명의 잘 차려입은 제인스빌 시민들을 앞에 두고 연설할 것이다. 이 방은 메리 윌머가 여성의 모임 회원들 앞에서 가난했던 어린 시절을 처음 털어놓았던 그곳이다. 록 카운티 공화당원들이 모여 그들의 토박이 후보가 백악관 입성에 실패하는 것을 지켜봤던 곳이기도 하다.

부통령 후보가 되어 대선을 치르며 겪었던 일들이 오늘 밤 연설의 주제다. 연설은 개인의 신상에 관한 것이면서 유머가 넘치고, 감성적이며, 고향을 향한 애정이 묻어난다. 이 4월의 마지막 금요일에 열리는 행사는 지역경제의 부흥을 목표로 한 기업인 모임, 포워드 제인스빌의 연례 만찬이다. 연사로 나선 폴 라이언을 보기 위해 많은 청중들이 몰려든 탓에, 지역 기업인과 여론 주도층 인사들로 구성된 포워드 제인스빌 회원들은 원형 테이블에 다닥다닥 붙어 앉을 수밖에 없었다. 입장 티켓은 이미 몇 주 전 매진되었다.

짙은 황색 천이 덮인 연회장 탁자 위에는 네덜란드식 소스를 얹은 1등급 갈비와 파티 기념품으로 제공된 투명 텀블러가 놓였다. 텀블러에는 녹색 글씨로 "우리 앞의 유리잔은 절반 넘게 차 있다"는 문구가 적혔다.

제인스빌이 경제적 시련을 겪던 당시 메리가 생각해낸 "우리 모두 낙관주의의 대사가 되자"라는 슬로건은 일부 주민들의 비웃음을 샀지만, 포워드 제인스빌은 메리의 아이디어를 받아들였다. 낙관주의를 확산시키는 일은 포워드 제인스빌의 신조와 전략에서 핵심적 위치를 차지했다. 이 기구에는 핵심 자원봉사자들로 이루어진 "친선 대사들"이 있는데, 이들은 새로 문을 여는 업체들의 개업식에 참석하고, 포워드 제인스빌 회원들이 일하는 곳을 1년에 한 차례 이상 방문한다.

폴의 연설이 있기 전, 이날 저녁 프로그램을 시작하면서 포워드 제인스빌 의장 존 베커드는 무대 위에 올라 한 영상을 소개한다. 이날 행사를 위해 특별히 제작된 영상으로, 존이 말한 "지역에 만연한 부정적 태도, 특히 익명의 온라인 논평가들"을 조롱하는 내용인데 제목이 〈심술궂은 블로거들〉이다. 제인스빌 경제에 대한 낙관적 통계 수치들을 분노에 차 블로그에 불평을 쏟아내는 상습적 반대론자들을 묘사한 만화와 나란히 보여준다. 여기에는 2010년 초 이후 1924개의 일자리가 41개 기업들에 의해 록 카운티에 만들어졌다는 사실을 보여주면서 "고용 상황의 호전"을 찬양하는 내용도 담겼다.

연회장 뒤편에 앉은 제인스빌 취업센터장 밥 버러먼스는 블로거들의 주장에 공감하며 "내 생각과 같군"이라고 중얼거린다. 밥은 오늘 밤 시민사회 지도자 자격으로 만찬에 참석했다. 그러나 "잔이 절반 이상 차 있다"는 청중들 다수의 시각에는 동의하지 않는다.

새로 생겼다는 2000개에 가까운 일자리는 무시할 만한 규모가 아니다.[1] 그러나 영상과 존 베커드 모두 GM이 공장폐쇄 방침을 밝히던 시점에 견줘 카운티의 일자리 수는 여전히 4500개가 적다는 사실은 언급하지 않는다. 이달에 있었던 제인스빌 혁신센터의 개관 소식을 알려주면서도, 센터 입주에 대한 신생 회사들의 관심 부족에 대해서는 일언반구가 없기는 마찬가지다. 혁신센터는 창업 기업들에 공간을 제공하기 위해 연방정부의 보조금과 시 예산으로 설립되었다.

영상이 끝나자 마이크 앞에 다시 선 존이 포워드 제인스빌이 펴내는 잡지의 최신 기사를 호들갑스럽게 소개한다. 잡지에는 "제인스빌과 록 카운티, 위스콘신의 미래를 낙관할 수 있는 서른세 가지 근거들"이라는 기사가 실렸다. 그는 청중들에게 "우리 모두 낙관주의의 대사, 현재 목도하는 생환기의 주인공이 될 수 있다고 생각하자"는 문구의 광고판에 대해 이야기한다. 그런 다음 존은 "제인스빌의 미래를 낙관할 수 있는 서른네 번째 근거"라며 메리를 소개한다.

우아한 검정색 드레스를 입은 메리가 무대 위로 나와 3년 전에 있었던 이 연례 만찬을 회상한다.

"저는 그때 다이앤 헨드릭스와 함께 이 무대에 섰었죠. 그리고 약간은 얼이 나간 것처럼 보이는 청중 한 명을 쳐다봤어요. 우리 모두 정말 힘든 시기를 보내고 있었어요."

메리의 발언이 이어진다.

"우리는 이제 제인스빌 주민으로서 자기연민에서 빠져나와 희망과 영감, 열정을 가지게 되었습니다."

존 베커드와 〈심술궂은 블로거들〉이라는 영상 그리고 메리 자신이 금융위기의 깊은 나락을 경험한 뒤 제인스빌에서 이루어진 어떤 진전을 보여주는 것은 분명하다. 그러나 그들은 현실의 또 다른 지점 역시 드러낸다. 경제발전에 사활을 건 이 운동가들과, 지역에 사는 주민들 다수가 경험하는 현실 사이에는 '낙관주의의 격차'가 존재한다는 사실이다.

두 개의 제인스빌은 그들 스스로를, 나아가 그들의 지역사회를 되살리기 위해 여전히 분투 중이다. 그들은 과거부터 내려오는 '할 수 있다'의 전통을 포기하지 않았다. 하지만 지금, 록 카운티 주민 열 명에게 경제가 회복되었느냐고 묻는다면 여섯 명은 아니라고 대답할 것이다. 금융위기 이후 실직했거나 가족 중 누군가 일자리를 잃은 이들의 3분의 2는 경제가 아직 회복되지 않았다고 이야기할 것이다. 이것은 전혀 놀라운 일이 아니다.

메리 및 그의 동료 낙관주의자들과 나머지 주민들 사이에 존재하는 격차에는 우리가 주목해야 할 또 다른 지점이 있다. 록 카운티가 과거의 좋았던 시절, 다시 말해 노동자들은 자기 직장이 안정적이라고 느끼고 구직자들은 벌이 좋고 괜찮은 직장에 취업할 수 있었던 과거의 그 시절로 돌아갈 수 없을 것이라고 생각하는 사람이 60퍼센트에 가깝다는 사실이다. 나머지 응답자들 대부분은 그런 상태로 돌아가는 데 여러 해가 걸릴 것이라고 답했다. 록 카운티가 일자리 안정성과 양질의 일자리를 제공했던 과거로 돌아갈 수 있을 것이라고 믿는 응답자는 2퍼센트에 그쳤다.

전체적으로는 절반이 조금 넘는 응답자가 가계 형편이 금융위기 이전보다 나빠졌다고 답했지만, 실직했거나 가족 중 실직자가 있는 경우는 같은 응답을 한 비율이 4분의 3에 육박했다. 그리고 실직 후 다른 일자리를 구한 경우에는 3분의 2가 과거보다 수입이 줄었다고 답했다. 응답자 전체로 범위를 넓히면 같은 응답을 한 비율이 절반을 조금 상회했다. 설문은 두 개의 제인스빌이 실존함을 보여준다. 일부는 위험을 피했다. 하지만 나머지는 '할 수 있다' 전통에 아무리 악착같이 매달려도 고통스러운 상황은 변하지 않았다.

딸기와 초콜릿 무스를 담은 튤립 잔이 디저트로 나오는 이 연회장에 실직했거나 봉급이 줄어든 사람들은 오지 않았다. 무대에 선 메리가 말한다. 공장폐쇄 직후 우울하고 충격적인 나날을 겪은 뒤, 기업들이 납부하는 판매세는 증가했고 산업 공실률은 지속적으로 떨어졌다고. 그러면서 그녀는 이 지역사회가 이룬 진전이 실로 경이롭다고 강조한다.

폴이 무대 위로 뛰어올라 간다. 그를 향한 청중의 기립박수가 오래도록 장내를 메운다. 이것이 과연 불과 5개월 전 선거에서 공화당의 부통령 후보와 연방의원 후보 모두에게 다수표를 주지 않은 폴의 선거구, 그 제인스빌이 맞나 싶을 정도다. 포워드 제인스빌의 회원들은 메리가 단골 삼아 이야기하는 낙관주의자들이자 폴의 사람들이기도 하다. 그들은 순회 유세 당시 폴이 겪은 일화들을 무척 좋아한다. 위스콘신의 상징 동물에 애정을 담아 "날아가는 오소리"라고 이름을 붙인 선거운동 비행기 안에서, 폴은 자신의 유세 여행을 "대포에 장전된 뒤 국민들을 향해 발사되는 느낌"이라고 묘사했다. 그리고 그들은 오늘 밤 폴이 데리고 온 연인(제인스빌을 말한다_옮긴이) 역시 사랑한다. 산전수전 다 겪은 전국 단위 언론사 기자들이 어디서든 그를 캐고 다녔던 이야기. 그들은 폴이 위스콘신에서 가장 좋아하는 나이트클럽이 벅혼이라는 사실을 찾아내는가 하면, 나이 지긋한 그의 고등학교 은사와 베테랑 언론인 스탠 마일럼을 전국 TV에 등장시켜 폴이 어떤 사람이고 제인스빌은 어떤 고장인지에 대해 거의 모든 것을 설명하게 했다. 그리고 가족들이 모두 집으로 돌아가고 호텔 방에 혼자 남았던 폴. 그는 당시 자신이 앓았다는 향수병을 이런 독백으로 풀어냈다. "음, 엄밀히 말하면 난 혼자가 아냐. 문밖에는 20명쯤 되는, 그중 일부는 자동화기로 무장한 특별 경호원들이 있어. 참모와 경찰관들, 다른 사람들도 함께 있잖아. 그런데 난 밤이면 늘 침대에 눕지. 그곳, 바로 그곳, 내가 나고 자란 그곳을 생각하면서 말이야."

그들은 워싱턴에서 밀워키로의 귀환 여정을 묘사한 폴의 송가에도 환호를 보낸다. 거기에는 불과 몇 시간 전에 그가 했던 것과 똑같은 비행기 여행, 그의 활 사냥터와 어린 시절에 잔디를 깎던 라이언 주식회사와 고등학생 때 세차를 하던 장례식장, 어린 시절부터 지금까지 가족과 함께 다니는 성 요한 비안네 교회를 지나 집으로 가는 그의 운전 여정이 담겼다. 그는 말한다.

"동네로 돌아오면 워싱턴에서 쌓인 스트레스가 확 날아갑니다. 그건 말로 표현하기 힘든, 이곳에 살면서 가지게 되는 편안함입니다. 말하자면 무엇인가에, 어딘가에 속했다는 소속감입니다. 자기보다 큰 공동체 안에서 산다는 소속감 말입니다."

폴의 연설은 이제 더 넓은 주제로 나아간다. 자신이 최근 만든 캐치프레이즈 "미국의 이상"에 관한 것이다. 그는 자신의 재정적 보수주의와, 공화당의 빈곤 정책 입안자로서 새롭게 만들어가는 정체성을 이 캐치프레이즈 안에 결합시켰다. '미국의 이상'은 폴이 자신의 신념을 표현하는 새로운 수단이기도 하다. 폴은 평생 남의 도움을 필요로 하는 사람들의 경우, '뉴딜'이나 '위대한 사회'가 부추긴 것처럼 정부가 무엇을 해주기를 기다릴 것이 아니라, 그들이 사는 지역의 너그러움과 사회적 자원들에 기대야 한다고 확신한다. 그는 제인스빌을 "헌신적인 사람들로 넘쳐나는 지역사회, 우리가 아는 대로 헬스넷과 에코를 떠올릴 수 있는 커뮤니티"라고 말한다.

그러나 폴이 언급하지 않은 것이 하나 있다. 도움이 필요한 사람들은 너무 많은데 제인스빌의 자부심이었던 자선은 그 규모가 크게 줄었다는 사실이다. 헬스넷은 매주 수요일에 받는 신규 환자의 수를 줄였고, 에코 매장에 입장할 수 있는 선착순 40명 안에 들기 위해 개장 두 시간 전부터 사람들이 줄을 서서 기다린다는 사실을 폴은 연설에서 빠뜨렸다. 폴은 여전히 연인에게 푹 빠져 있다.

"굉장한 커뮤니티입니다. 가족을 돌보기에 가장 좋은 곳이죠. 주말마다 워싱턴에서 돌아오면 저는 이곳이 얼마나 특별한지 생각합니다. 저는 이 도시를 둘러보며 누대에 걸쳐 이곳에 살아온 집안의 사람들을 만납니다. 사회학자들은 이를 일러 시민사회라고 합니다만 저는 이를 제인스빌, 위스콘신이라고 부릅니다."

폴의 연설이 마무리되고 있다. 750명의 기업인과 여론 주도층 인사들은 그들 앞에 놓인 최고급 갈비 요리와 초콜릿 무스 그리고 고장 토박이의 연설에 충분한 포만감을 느낀다.

"중요한 건 말입니다. 사람들이 대를 이어 이곳에 사는 데는 이유가 있다는 겁니다. 여러분은 아마 그것을 모를 겁니다. 그러나 선거운동 기간 동안 이 도시, 다름 아닌 민주당 도시, 아, 저를 믿으세요, 저는 공화당원입니다. 저와 아내 재나는 완벽한 따뜻함, 환대, 공동체, '우린 이곳에 함께 있다'는 정신 같은 것이 우리 제인스빌 사람들에게 있다는 것을 깨달았습니다. 그것이 이 도시를 그토록 위대하게 만듭니다. 그것이 이곳을 대대손손 살아가는 우리의 고향으로 만드는 것입니다."

포워드 제인스빌 회원들이 일제히 일어선다. 이번 기립박수는 그가 처음 무대에 오를 때 보냈던 기립박수를 예행연습으로 만들어버렸다. 그들은 폴의 메시지에 전율한다. 낙관주의자 동지들에게 둘러싸인 폴도 전율한다. 연회장을 빠져나가 4월의 부드러운 밤공기 속으로 걸어 들어가는 대신 폴은 그곳에 계속 머문다. 그는 재나와 큰아들 토빈, 그리고 처제 오클레이와 함께 섰다. 그들은 연회장 앞쪽에서 오랜 친구들과 반갑게 인사를 나눈다. 그들의 상당수는 선거운동 이후 한동안 만나지 못했던 이들이다.

밥 버러먼스도 연회장을 서둘러 떠날 생각은 없다. 그의 아내 다이앤은 주말 동안 집을 비운다. 연설이 끝나고 밥은 연회장과 호텔 로비를 잇는 복도를 배회하다 등받이가 높은 의자를 발견하고 그곳에 자리를 잡는다. 이번 주말이 지나면 그는 최근에 시작한 프로젝트에 다시 매진할 생각이다. 현지 기업들의 도움을 받아 실직자들에게 새로운 기술을 가르치는 혁신적 방식을 도입해보는 것이다. 밥의 생각에 연회장을 메운 존 베커드, 메리, 폴과 낙관주의자 동지들의 낙천적인 대화는 그가 보는 현실, 여전히 보이는 현실, 취업센터의 문을 지나 들어오는 현실과 부합하지 않는다.

제너럴 모터스가 이 도시를 떠나고 2013년 4월 26일의 밤을 맞기까지 4년 4개월 3일이 흘렀다.

"낙관했었지, 앞으로 더 나아갈 수 있을 거라고 말이야."

밥은 스스로를 돌아본다.

"주어진 환경 속에서 우리가 할 수 있는 한 최선을 다했다고 믿었던 거야. 그런데 제인스빌이 회복되었나? 절대 아니지."

밥의 생각에, 이곳에 모인 사람들은 제인스빌의 현실을 미화하는 것이 새로운 사업을 유치하는 과정에서 제인스빌을 매력적으로 보이게 하리라 믿는다. 그러나 많은 사람들이 아직 곤궁함에 시달리고 여전히 담보대출 이자나 집세를 내지 못하고 있는 것이 제인스빌의 현실이다.

"자리에 앉아 형편이 정상으로 돌아간다고 말하는 건 사기야."

밥이 혼잣말을 한다.

"현실을 받아들이지 않는 자들과 함께하는 건 괴로운 일이지."

밥은 폴을 취업센터로 초대해 센터가 돌아가는 상황, 괜찮은 일거리를 찾는 사람들을 직접 보라고 설득하기를 몇 년 전에 단념했다. 아무려면 어떤가? 밥은 자리에서 일어나 연회장으로 다시 들어간다. 폴은 여전히 참석자들과 악수하고 포옹하고, 사인을 해준다. 밥은 인파의 가장자리에 섰다. 사람들의 수가 점차 줄어든다. 몇몇 포워드 제인스빌 회원들은 "우리 앞의 잔은 절반 넘게 차 있다"는 문구가 적힌 텀블러를 들고 주차장으로 향한다. 마침내 밥과 폴이 대면한다. 밥이 자신을 소개한 뒤 명함을 건넨다. 밥은 폴에게 취업센터에 들러주었으면 좋겠다고 말한다. 폴이 대범한 어조로 말한다.

"기꺼이 가야죠."

폴이 제인스빌의 진실을 보기 위해 정말로 올 것인지, 낙관주의로 충만한 이 밤에 여전한 의구심을 간직한 채 밥은 자리를 뜬다.

졸업

6월 초. 일주일 뒤면 제너럴 모터스가 공장폐쇄 방침을 발표한 지 꼭 5년이 된다. 졸업 시즌이 다가왔다.

맷 워펫은 16년 된 승용차 새턴이 브룩의 졸업식장까지 자신을 데려다줄 수 있을지 걱정스럽다. 이 차는 최근 들어 미덥지 못하다. 지난달에 맷은 의붓딸 브리타니의 결혼식에 참석하기 위해 목요일 밤에 혼자서 집으로 운전해 돌아오기로 되어 있었다. 제인스빌로 출발하기 사흘 전 밤, 맷은 포트웨인 공장을 빠져나온 직후 평소처럼 다시에게 전화를 걸었다. 차에 사달이 난 건 그때였다.

"차에 불이 안 들어와."

그가 다시에게 말했다. 차를 북쪽으로 틀어 69번 고속도로에 진입한 직후였다. 아파트를 8킬로미터쯤 남겨둔 지점이었다. 그런데 전조등, 후 미등, 계기판등이 갑자기 꺼진 것이다. 속도를 줄여 고속도로 갓길에 차 를 붙이자마자 시동이 꺼졌다. 다행히 위스콘신에서 온 다른 GM 노동 자가 그의 뒤를 따라오던 중이었다. 서로 잘 모르는 사이였지만 그 사람 도 같은 아파트에 살았다. 그가 맷을 집까지 데려다주었다.

원인은 교류발전기에 있었다. 교체비로 210달러가 들었다. 게다가 견 인비까지 내야 했고 이튿날 회사에도 지각했다. 이 일을 겪고 나서 맷은 생각했다. 포트웨인에서 차를 끌고 다니는 것은 주거비보다 돈이 더 든 다. 게다가 새 차를 살 여유도 없다. 실제로 맷과 다시는 브리타니에게 결혼식을 늦추는 것이 어떤지 설득하려고 했다. 기왕이면 스물한 살을 넘겨서, 너무 급박하게 큰돈이 들어가는 결혼 비용 때문에 고등학교를 마치는 브룩의 졸업 파티가 지장받지 않도록 시기를 조정해달라는 부탁 이었다. 그러나 브리타니는 하루빨리 가정을 꾸리고 싶어 했다. 결국 맷 은 교류발전기를 새로 단 새턴을 타고 5월 4일에 열리는 결혼식을 위해 제인스빌로 갔다. 5월 4일은 스타워즈의 날이다. 사람들은 이날 한 솔로 와 레아 공주 인형을 얹은 케이크를 산다. 결혼식 주례는 그새 인터넷 으로 신학 교육 과정을 밟아 목사가 된 아버지 마브가 섰다. 마브는 그 때까지 사촌들 셋의 결혼식을 집전했다.

주말에 열리는 브룩의 졸업식에 참석하기 위해 집으로 운전해 돌아오 는 동안 새턴은 잘 굴러갔다. 감사한 일이다. 지금은 후텁지근한 일요일 오후다. 졸업식이 시작하기 한 시간 전인 오후 1시쯤부터 하늘의 조짐 이 심상찮다. 학교는 졸업식을 실내로 옮겨 진행하기로 결정했다. 밀턴고등학교 풋볼 경기장에서 학교 체육관으로 장소를 변경한 것이다. 체육관에는 시야가 확보되는 좋은 관람석이 충분하지 않다. 다행히 맷은 다시, 브리아와 함께 좋은 자리를 잡았다. 건너편 관람석 위쪽에는 브리타니와 새신랑, 맷의 누이 제니스와 남편, 맷의 조카, 다시의 아버지, 다시의 여동생과 제부, 할리 데이비슨을 타고 식장에 온 맷의 아버지 마브가 앉았다. 여전히 록 카운티 감리위원으로 활동하는 마브는 은퇴 생활틈틈이 제인스빌과 여자 친구가 사는 플로리다를 오간다. 가족들 대부분이 모였다. 그들이 속한 곳, 고향 제인스빌에.

2013학년도 밀턴고등학교 졸업생들이 체육관으로 들어온다. 여학생들의 졸업 모자와 가운은 진홍색, 남학생은 검정색이다.

맷은 삼성 캠코더를, 다시는 카메라를 쥐고 있다. 브리아는 스마트폰 카메라를 들었다. GM이 여전히 구입비를 지원해주는 중산층 생활의 소박한 장신구들이다. 비록 지금은 맷이 타향살이를 하는 데 더 많은 비용이 들지만 말이다. 맷은 학교 밴드가 연주하는 음악에 맞춰 뒷문으로 입장한 브룩이 자기 자리를 향해 걸어가는 장면을 영상에 담으려고 캠코더를 만지작거린다.

"브루키!"

다시가 소리친다. 졸업생들은 성이 시작하는 알파벳 순서에 따라 입장하는데, 대열의 마지막에 속한 학생들이 출입구를 통과할 즈음 마침내 브룩의 모습이 보인다. 사각모 윗부분을 장식한 은빛 반짝이 안에 브룩의 머리글자인 'B'가 크게 적혀 있다. 졸업생 235명의 이름이 나열된 졸업식 안내문에는 졸업생들의 학년 모토가 나와 있다. "주어진 상황에 최선을 다하는 사람에게 최선의 결과가 온다."

브룩은 지금 같은 상황에서 최선을 다하는 길은 제인스빌에 남는 것이라고 결론지었다. 가족들과 함께 살기로 한 것이다. 브룩은 물리치료사가 되는 것을 생각해봤지만 가을에 일반 교과과정을 더 이수하기 위해 유-록에 등록했다. 가뜩이나 아빠가 집에 머무는 시간이 많지 않은 상황에서 이곳을 떠나고 싶지 않았다. 집을 떠나면 고등학교에 다닐 때보다 아빠를 볼 기회가 줄어든다.

2시 2분. 밴드가 연주를 멈추고 졸업생 대표가 연설을 하기 위해 일어선다.

"오늘 이후, 우리는 무한한 기회가 펼쳐질 학교 밖 세계로 나갑니다. 충분히 노력한다면 우리는 바라는 무엇이든 될 수 있습니다."

그다음으로 두 명의 우등 졸업생과 학교장의 연설이 이어진다. 그들 중 누구도 제인스빌 주변에 펼쳐질 기회가 과거보다 '덜 무한'하다는 사실에 대해서는 아무런 암시를 주지 않는다.

학교 합창단이 가스 브룩스의 〈더 리버〉를 부른다.[1] "급류에 몸을 싣고 물결 따라 춤추면서 물가에 머무르지 않는다네."

브룩이 졸업장을 받으러 연단에 오른 것은 오후 세 시가 조금 넘어서다. 브룩의 성姓 위팻의 머리글자 'W'보다 순서가 나중인 졸업생은 많지 않은 탓이다. 맷과 다시가 활짝 웃으며 뜨거운 박수를 보낸다. 아버지 마브의 쩌렁쩌렁한 목소리 덕에, 브룩을 향한 가족들의 환호가 체육관 스탠드 양편에서 요란하게 울려퍼진다.

★

태미 휘태커가 몬테레이 경기장의 관중석 계단을 오른다. 세 시간 반 뒤면 이곳에서 파커고등학교 졸업식이 열린다. 경기장은 1931년에 세워졌다.² 당시 제인스빌시와 교육청은 그들의 트레이드 마크였던 '선한 행정'의 전통에 따라 제인스빌의 이름난 공원 한 곳에 트랙과 풋볼장을 짓기 위해 힘을 모아 정부 보조금을 따냈다. 이 특별한 몬테레이 공원은 록강의 폭이 좁아지는 지점까지 이어지는데, 그곳에서 강을 건너면 거대한 제너럴 모터스 공장이 자리 잡고 있다. 경기장이 지어질 때 공장에서는 이미 8년째 쉐보레 자동차를 생산하고 있었다.

태미는 적잖은 다른 학부모들처럼 일찌감치 이곳에 도착해 졸업생들 자리와 멀지 않고 시야가 트인 관람석의 한쪽에 담요를 폈다. 딸들의 졸업을 축하하기 위한 모든 준비가 끝났다. 태미의 부모들은 내일 오후에 있을 졸업 축하 파티를 위해 필요한 모든 것을 제공했다. 엄마는 케이지아의 도움을 받아 200개의 미트볼을 만들었다. 제러드의 엄마와 사이가 좋은 제러드의 사촌 누나는 가족들 모두가 좋아하는 닭고기 요리와 속이 꽉 찬 샌드위치 등 다른 음식을 준비했다. 태미는 음식을 준비하는 데 든 비용을 얼마라도 돌려주려고 했지만 사촌 누나는 받지 않았다. 고마운 일이다.

졸업식을 몇 시간 앞둔 지금 아직 정해지지 않은 것이 하나 있다. 알리사와 케이지아가 위스콘신대 플랫빌 캠퍼스에 진학하는 비용을 어떻게 마련할 것인지다. 지난 10월에 대학은 알리사와 케이지아에게 입학을 허가하는 편지를 보내왔다. 지난겨울 동안 딸들은 장학금을 닥치는 대로 찾아 수없이 많은 에세이를 쓰고 또 썼다. 연방정부에 신청하는 보조금 지원서도 여러 차례 썼다. 케이지아는 어떤 보조금을 받을 수 있을지 궁금하다. 보조금 신청서에는 연간 수입을 기재해야 했다. 케이지아의 올해 수입은 8000달러다. 고등학생치고는 꽤 많은 돈이다. 여기에 부모님이 버는 돈을 더하면, 실제와 달리 그들 가족은 딸들의 학비를 감당하기에 충분하다는 착각을 불러일으킬 수 있다.

우수한 학교 성적과 고등학교 심화과정 및 2년제 예비 학부 수강 실적을 종합한 덕분에 그들은 학년 수석에 가까운 성적으로 졸업하게 되었다. 알리사는 평균 학점 4.15를 받아 324명의 졸업생 가운데 12등을 차지했다. 케이지아의 평균은 3.7로 전교 33등이다. 그러니 지난달 파커 고등학교의 학년 표창장 수여식에 참석하라는 초대장이 집으로 날아온 것은 흥분되는 일이기는 해도 놀라운 사건은 아니었다. 그곳에서 무엇을 받게 되리라는 것도 충분히 예상할 만했다.

시상식은 실망스러웠다. 요즘 지역에서 주는 장학금은 그리 풍족하지 않다. 알리사와 케이지아는 각각 '정오 로터리 클럽'이 주는 장학금 1000달러와 그들이 다녔던 초등학교 교사 이름을 단 장학금 100달러를 받았다. 여기에 더해 알리사는 제인스빌 커뮤니티 재단으로부터 1000달러를 받았다. 대학에서 우수한 성적을 유지할 경우에 매년 받을 수 있는 장학금이다. 이제까지 받은 것을 따져보면 모든 것이 괜찮다. 그러나 쌍둥이에게는 1학년 한 해에만 약 1만 5000달러의 학자금과 캠퍼스 생활에 드는 돈이 더 필요했다.[3] 그러니 지역에서 받는 장학금만으로는 비용을 충당하기에 턱없이 부족했다.

　나중에 밝혀진 일이지만, 쌍둥이들은 대학에 입학한 첫해 각각 500달러를 추가로 받을 수 있었다. 8학년이던 당시, 대학에 진학하면 자원봉사 활동에 꾸준히 참여하고 평균 B학점 이상을 유지하겠다는 주 약정서에 서명한 대가로 주어지는 장학금이었다. 많은 돈은 아니었지만 그때 8학년이었던 것은 행운이었다. 워커 지사가 이 프로그램을 없애면서 그다음 해부터는 누구도 그 혜택을 받을 수 없게 되었기 때문이다.

　장학금을 받는 것 외에도 그들은 가능한 한 많은 일을 해야 한다. 케이지아는 플랫빌에서 두 건의 아르바이트를 할 예정이고, 알리사는 격주에 한 번 제인스빌로 돌아와 엄마가 다니는 자동차 대리점에서 해온 사무원 일을 계속할 작정이다. 그러나 이것들만으로는 충분하지 않다. 6월의 어느 날, 알리사는 연 11퍼센트의 이자를 붙여 갚아야 할 8000달러의 가계자금대출을 받은 뒤 페이스북에 이런 글을 올린다. "지금 이 순간, 교육을 책임지는 사람들이 내가 교육받는 것을 원하지 않는 것처럼 느껴진다. 내가 응당 받아야 할 것을 받기 위해 죽어라고 일을 해야 한다는 것이 끔찍하다."

　알리사가 말한 그 '순간'은 한 달 안에 닥칠 것이다. 이날 오후, 알리사와 케이지아는 졸업식 준비에 여념이 없다. 코르크 따개에 머리를 말고, 진한 황록색 졸업 모자를 쓰고 가운을 입는다. 졸업식이 시작될 시간이 다가온다. 졸업식에 오기로 한 휘태커 가족 모두를 식장으로 태우고 가려면 자동차가 여러 대 필요하다. 태미는 충분한 담요를 경기장 관람석에 펴놓고 졸업식에 올 가족과 친척들을 기다린다. 이제 열네 살인 막

내 아들 노아와 여자 친구, 알리사의 남자 친구 저스틴, 케이지아의 남자 친구 필, 제러드와 태미 부부의 양가 부모들이다.

식장에 오기로 한 사람들이 모두 담요에 앉았다. 그때 한 남자가 제러드에게 인사를 건넨다. 제인스빌 공장에 다닐 때부터 알던 친구다. 하지만 그 뒤로 연락하지 못했다. 제러드는 공장 시절에 알고 지내던 사람들 대부분과 소식을 끊고 지낸다.

이 시각, 데리 왈럿은 풋볼장 가장자리 트랙 위에서 올해 자신에게 주어진 졸업식 업무를 수행하고 있다. 참석자들과 포옹을 하고, 뭔가를 물어보는 아이들과 부모들에게 성의껏 답변한다. 졸업식이 원활하게 진행되도록 사람들을 안내하는 역할이다. 지난해에 데리는 파커의 벽장 아이들을 위해 졸업 파티를 준비했다. 풍선을 달고 선물을 준비하고 점심 식사를 함께했다. 학교 행정 직원들과 아이들에게 용기를 북돋울 연사도 한 명 불렀다. 몇몇 벽장 아이들의 집에서 따로 파티를 준비하지 못할 것이라는 게 데리의 생각이었다. 올해는 소박한 졸업 파티를 열었다. 준비한 음식은 설탕 입힌 딸기를 얹은 마블 케이크 하나가 전부다. 올해 졸업하는 마흔 명의 벽장 아이들 중 서른두 명의 아이들과 심화학습 과정에서 심리학을 가르치는 에이미 베너티가 함께했다. 에이미는 케이지아를 벽장에 소개한 데리의 조력자다. 몇몇 아이들은 파티에 오지 못했다. 돈을 벌어야 했기 때문이다.

저녁 7시, 날씨는 더할 나위 없이 좋다. 하늘은 맑고 산들바람이 기분 좋게 분다. 위풍당당 행진곡이 연주되고, 2013학년도 파커고등학교 졸업생들이 두 줄로 입장해 트랙 위에 놓인 흰색 접이식 의자에 앉는다. 알리사와 케이지아는 제일 앞에 있다. 학년 리더십 팀의 일원으로 뽑혔기 때문이다. 이들은 진입로를 지나 풋볼장 가장자리, 진한 황록색 리본으로 장식한 작은 무대 위에 놓인 의자에 앉는다.

파커고등학교의 2013년 졸업식 주제는 '현재를 즐겨라 Carpe Diem'다. 교장 크리스 라우에가 미래가 불확실한 상황에서는 현재를 지배하는 것이 중요하다고 이야기한다. 그는 각자의 방식으로 '오늘을 지배한' 학생들에 대해 말한다. 거기에는 자신과 가족을 건사하기 위해 일을 두 가지나 하면서도 학교에 빠지지 않고 나왔던 한 여학생의 이야기도 포함되어 있다. 그는 알리사와 케이지아의 사례도 이야기할 수 있었지만 그렇게 하지 않는다.

파커고등학교의 전직 수석 풋볼 코치이자 지금은 트랙과 구기 종목을 지도하는 수학교사 조 다이가 상황에 유연히 대처하는 것의 중요성을 일깨우는 구호를 선창한다. "너희는 바이킹이야." 바이킹은 학교 운동부의 이름이다. "도전이 닥쳐올 때 바이킹은 맞서 싸워. 폭풍우가 밀려오면 바이킹은 견뎌내지. 등 뒤가 잠잠할 때, 폭풍우가 몰아칠 때, 바이킹은 노 젓는 법을 알아."

최근의 재정 삭감과 취학률 감소로 타격을 입은 제인스빌 교육 당국은 자체적으로 바이킹과 비슷한 조치들을 취하고 있다. 제인스빌 교육감은 올해 중국에 다녀왔다. 중국 학생들이 제인스빌의 공립학교를 다닐 수 있게 초청하기로 협약을 맺고 돌아온 것이다. 제인스빌 교육청은 중국 학생들로부터 연간 학비로 1인당 2만 4000달러를 받기로 했다. 제인스빌의 유서 깊은 기업가 정신이 모처럼 발휘된 셈이다.

시간은 오후 8시를 향해 간다. 학교장이 졸업생들에게 말한다.

"이제 졸업장을 드리겠습니다. 다들 준비하세요."

그가 학년 리더십 팀 구성원들의 이름을 부른다. 알리사와 케이지아의 이름도 있다. 그들은 나머지 학생들이 무대를 가로질러 이동하는 동안 졸업 증서함을 차례로 교장에게 건넨다. 8시 30분을 막 넘긴 시각, 알리사와 케이지아가 각자의 졸업장을 건네받는다. 몇 분 뒤 록강 둔치를 따라 폭죽이 터진다.

소녀들의 이름이 호명될 때 비스듬히 기운 황금빛 저녁 햇살이 강 건너 텅 빈 자동차 공장을 비춘다. 30년을 그곳에서 일한 뒤 넉넉한 연금을 받는 그들의 할아버지도, 13년을 일하고 내쳐진 그들의 아버지도, 공장에 눈길 한번 주지 않기는 마찬가지다.

2015년의 할로윈 데이를 앞둔 수요일, 잠에서 깬 제인스빌 주민들은 〈제인스빌 가제트〉 1면의 헤드라인을 본다. "끝났다."[1] 제너럴 모터스와 전미자동차노련이 모든 가동을 중단한 제인스빌 공장의 처리 방향에 합의한 것이다. 영구적인 공장폐쇄였다. 제인스빌 공장에서 마지막 타호가 생산된 지 7년, 제인스빌이 제너럴 모터스사 전체를 통틀어 단 하나뿐인 "대기" 상태의 어중간한 공장이 된 지 4년 만이었다. 최근 몇 년간 문 닫은 공장 부지와 생산 시설을 어떻게 할 것인가 하는 문제는 이 도시가 정치적 입장과 경제적 처지가 다른 두 개의 제인스빌로 쪼개지는 과정에서 선명한 분할선으로 작용했다. 기업인과 경제개발 리더들은 공장을 공식적으로 폐쇄하라고 진즉부터 GM에 요구했다. 그래야 매각 절차를 밟아 부지를 새로운 용도로 개발할 수 있기 때문이다. 그들은 이 날 아침 날아든 뉴스에 환호했다. 그러나 언젠가 공장이 다시 문을 열 것이라는 희망을 놓지 않았던 옛 제인스빌 공장 노동자들은 미국 자동차 산업이 기록적인 판매고를 기록 중인 가운데 날아든 영구적인 공장 폐쇄 소식에 절망했다.

경기후퇴가 빚어낸 최악의 결과들 때문에 모든 것이 엉망이 된 소도시라 할지라도 그곳에 사는 주민들의 운명이 모두 같았던 것은 아니다. 연방정부와 주정부, 산업과 노동이라는 외부의 거대 세력들이 한때 번성했던 중산층을 원래 자리로 되돌릴 능력을 상실하자 제인스빌은 그들이 가진 자원에만 의지해 미래를 기대해야 하는 처지가 되었다. 다행스럽게도 제인스빌은 경제적 곤란을 겪는 다른 도시들에 견줘 포용력과 창의력이 풍부하고, 고통의 강도 역시 덜하다. 이것들은 제인스빌이 지닌 자원이다. 이런 상황에서 주민들은 시간이 흐름에 따라 일부는 형편이 피고, 일부는 비통해하고, 일부는 그럭저럭 살아간다.

제인스빌에서 일어난 사건들은 2016년 대통령 선거 이후 확산된 미국 사회의 '보편적 상식'에 부합하지 않는다. 이 선거는 도널드 트럼프가 힐러리 클린턴을 누르고 당선되는 미국 역사상 가장 믿기 힘든 이변을 낳았다. 여기서 말하는 보편적 상식이란, 폴 라이언 및 다른 공화당 지도자들과도 관계가 편치 않은 비주류 공화당원이 백인 노동계급과 몰락한 중산층 그리고 자신의 고통과 억울함을 외면하는 듯한 정부에 불만을 가진 사람들 사이에서 예기치 못한 희망의 상징으로 떠오른 것이다. 확실히 제인스빌을 덮친 경제적 재앙은 정부에 대한 불만에 기름을 부은 것과 같았다. 그리고 오늘날의 제인스빌은 2016년 선거에서 전형적으로 드러난 양극화를 고스란히 보여준다. 예상과 달리 위스콘신주 유권자들은 2016년 선거에서 공화당에 다수표를 주었다. 32년 만에 처음 있는 일이었다. 그러나 제인스빌은 금융위기 이후에 여러 가지 곤란한 상황을 겪은 뒤에도 민주당 텃밭 도시로서의 정체성을 지켰다. 실제 록 카운티 유권자들의 52퍼센트가 클린턴을 지지했다.[2] 물론 이 수치는 4년 전에 오바마가 얻은 득표율보다 10퍼센트포인트 가량 낮은 것이다.[3] 4년 전과의 가장 큰 차이는 더 많은 유권자가 공화당에 표를 던졌다는 것이 아니다. 중요한 것은 그때보다 적은 유권자가 민주당 후보에게 투표했다는 사실이다.

금융위기가 명목상 종식되고 7년 반이 지난 지금, 제인스빌의 상황은 어떤가? 놀랄 만큼 나아졌는지 아닌지는 각자의 판단에 맡긴다. 가장 최근에 시행된 조사의 결과를 보면, 록 카운티의 실업률은 4퍼센트 아래까지 떨어졌다.[4] 21세기가 시작된 이래 가장 낮은 실업률이다. 취업자 수는 금융위기 직전 수준을 회복했다.[5] 물류센터가 들어왔고, 벌로이트에 있는 프리토 레이와 호멜 푸드 공장은 꾸준히 채용 공고를 낸다.[6] 먼 곳으로 나가 일하는 주민들도 있다. 좋은 소식임은 분명하다. 그러나 현재 직업을 가진 모든 주민들이 편안한 생활을 영위하기에 충분한 돈을 버는 것은 아니다.

자동차 공장이 문을 닫은 뒤 주민들의 실질 임금은 눈에 띄게 하락했다. 그리고 최근 미국 내 일부 지역에서 제조업 일자리들이 생겨나고 있지만[7] 록 카운티는 그렇지 않다. 카운티에는 약 9500개의 제조업 일자리가 있다. 이것은 2008년보다 25퍼센트, 1990년보다는 무려 45퍼센트가 줄어든 규모다.

경제 발전을 위해 쏟았던 제인스빌의 열정적인 노력은 결실을 맺었을까? 의료용 방사선동위원소를 대량생산하려는 샤인 메디컬 테크놀로지는 혹독한 규제의 장벽을 넘은 뒤 미국 원자력규제위원회로부터 건설 허가를 받았다.[8] 제인스빌 시정부가 900만 달러의 자금을 융자해주기로 했던 그 스타트업 말이다. 하지만 사업의 진행 속도는 예상보다 더디다. 2015년부터 제품 생산에 들어갈 것으로 기대했으나 2019년 말로 시작이 늦춰졌다. 다만 가시적 조처의 하나로, 샤인은 그들의 법인 본사를 매디슨 외곽에서 제인스빌 도심으로 이전했다.[9] 물론 이 과정에서 제인스빌 시정부가 사무 공간을 재정비하는 비용으로 40만 달러의 인센티브를 제공했다. 샤인 본사는 한때 파커 펜의 본사가 있던 곳에서 두 블록 떨어진 곳에 자리 잡았다. 샤인은 150명의 인력을 고용할 것으로 기대된다.

대규모 일자리와 관련한 최신 뉴스는 달러 제너럴Dollar General(저소득층을 상대로 저가 상품을 판매하는 미국 유통 기업_옮긴이)이 도심 남쪽에 물류 센터를 열기로 했다는 것이다. 시정부는 달러 제너럴에 1150만 달러 규모의 인센티브 패키지를 제공한다. 제인스빌이 이제껏 제공한 인센티브 가운데 가장 큰 액수다. 달러 제너럴은 지금 당장은 300명 정도의 인력이 필요하지만 최종 단계에는 500명까지 수요가 늘어날 것이라고 말한다. 이는 제인스빌에서 앞으로 수 년 안에 이루어질 채용 계획 가운데 가장 큰 규모다. 대부분의 일자리는 시급 15~16달러일 것이다. 자동차 공장이 문 닫기 전에 GM 노동자들이 받았던 시급 28달러보다는 턱없이 낮지만 요즘의 제인스빌에서는 그나마 괜찮은 편이다. 달러 제너럴이 최근 개최한 취업 설명회에 3000명의 구직자들이 몰려든 것은 일자리와 더 나은 급여에 대한 주민들의 해소되지 않는 갈망을 보여준다.[10]

한때 강력했던 자동차노련 제95지역노조에는 영광스러운 과거의 흐릿한 흔적만 남았다. 조합원 수가 수백 명으로 줄고 조합비도 많지 않은 탓에 노동조합 회관의 남는 공간을 세놓아 부족한 운영자금을 충당하려 부단히 노력 중이다. 2014년에는 매년 사흘간 진행하던 노동절 축제를 이틀로 줄였다. 그다음 해에는 아예 모든 행사가 취소되었다.[11] 그래서 축제가 열렸더라면 퍼레이드 대열이 행진했을 시간에 도로는 텅 비어 있었다. 행사가 취소된 이유에 대해서도 아무런 설명이 없었다. 사람들은 지역에서 노동자들이 맡았던 역할이 크게 축소되면서 축제를 꾸준히 이어가기 어려워진 것이라고 추측할 따름이었다. 2016년 노동절에는 전년도에 집행하지 않았던 행사 예산으로 간신히 축제를 치렀다.

제인스빌 공장의 경우, 자동차 산업의 옛 영광을 상기시키는 거대 유적지로서 얼마나 더 오래 록 강변에 남을지 불투명하다. 2016년 초, 제인스빌의 행정 담당관은 제너럴 모터스에 2500만 달러의 "유산 기금legacy fund" 출연을 요청하는 공문을 보냈다.[12] 공문은 2차 세계대전 기간 파커 펜이 베풀었던 것과 비슷한 자선 활동이 제인스빌 재단의 창립으로 이어졌던 선례를 근거로 들었다. 현재까지 GM에서는 아무런 응답도 없다. 그러는 동안 위스콘신주 관리들은 최근 농도가 높아진 오염 물질을 제너럴 모터스가 책임지고 정화해달라고 요구했다. 오염 물질은 공장 주변 강바닥 퇴적물에서 검출되었는데 주민들의 건강을 위협할 만큼 심각한 수준은 아니었다. 이런 다툼이 진행되는 동안, 제너럴 모터스는 약 24만 4800평에 달하는 공장 부지 매각을 추진하기 시작했다. GM은 용도 폐기된 산업 자산을 전문적으로 재개발하는 회사 네 곳을 잠재 고객 명단에 올려두었다.[13]

최근 몇 년 동안 제인스빌의 변화에 관여했던 정치인들의 궤적은 엇갈렸다. 〈제인스빌 가제트〉의 헤드라인이 자동차 공장의 영구 폐쇄 소식을 전한 지 하루 만인 2015년 10월 29일, 폴 라이언은 연방 하원의회 의장에 취임했다. 전임자인 오하이오주 출신의 존 베이너John Boehner 의장이 돌연 사임했을 때 폴은 그 자리를 고사했다. 공화당 원로들로부터 의장을 맡으라는 압력이 커질 때도 폴을 아는 제인스빌 사람들은 취임한 지 10개월밖에 되지 않은 세입위원장 자리를 그가 포기하지 않을 것이라고 생각했다. 세입위원장은 예산통인 그가 오래 전부터 꿈꿔온 자리였다. 그러나 폴은 세입위원장을 그만두었다. 현재 그는 미국 대통령직 승계 서열 2위인 제44대 연방 하원의장직을 유지하고 있다(폴 라이언은 2018년 12월에 돌연 정계 은퇴를 선언했다. 고별 연설에서 그는 최근의 미국 정치가 "무례와 냉소에 휘말려 망가졌다"고 말했다_옮긴이).

스콧 워커는 가장 최근에 있었던 공화당 대통령 후보 경선에서 고배를 마신 뒤 위스콘신 주지사로 돌아왔다. 그는 2014년 재선에 성공했다.[14] 첫 번째 주지사 임기 안에 25만 개의 민간 부문 일자리를 창출하겠다던 약속은 지켜지지 않았다.

주 상원의원 팀 컬런은 위스콘신 정치가 지나치게 양극화되었고, 관심을 기울여야 할 중요한 문제들을 외면해왔다고 비판하며 2014년 재선에 도전하기를 포기했다. 2015년에 그는 《링 사이드 의자 – 위스콘신 정치, 1970년대부터 스콧 워커까지》라는 책을 출간했다. 팀은 몇 년 전에 자신이 설립한 두 재단의 일에 매진하면서 2018년 주지사 선거에 출마할지 생각 중이다.

샤론 케네디는 블랙호크 기술전문대학에서 퇴직한 뒤 미시간주로 이사했다. 그녀는 중서부 지역 실직 제조업 노동자에 대한 2년제 공과대학의 재교육에 관한 자신의 연구 결과를 《생산라인을 떠나 강의실로》라는 책으로 묶어 펴냈다. 지금은 2년제 대학에 취업하려는 대학원 박사과정 학생들을 지도한다.

밥 버러먼스는 경구 설암 치료를 성공적으로 끝낸 뒤 취업센터에서 퇴직했다. 현재 두 곳의 인력개발 프로젝트를 자문 중이지만 그는 이 프로젝트가 순조롭게 출발할 수 있을지 확신하지 못한다. 지역 비영리기구 두 곳의 이사로도 활동하며, 위스콘신주 노령화 자문위원회 위원으로 발탁되었다.

메리 윌머는 BMO 해리스에서 계속 일한다. 그녀는 재혼을 하고 매디슨 교외로 이사했다. 하지만 여전히 록 카운티 5.0과 YWCA 여성의 모임을 위한 모금 등의 자원봉사 활동에 참여한다.

다이앤 헨드릭스는 여전히 ABC 서플라이의 대표이사이자 공화당의 핵심적인 재정 후원자다. 그녀는 트럼프의 출마를 돕기 위해 190만 달러를 기부했고,[15] 2016년 대선이 막바지에 이르렀을 때는 '위스콘신 수퍼 팩PAC'이라는 곳에 클린턴에 대한 네거티브 광고를 의뢰하며 광고비로 800만 달러를 지불했다. 그녀는 그동안 해온 후원 활동을 트럼프 대통령 취임식 준비위원이라는 자리로 보상받았다.

홈리스 10대들을 위한 프로젝트 16:49의 공동 창립자로 제인스빌 교육청에서 일했던 앤 포벡은 크레이그고등학교의 학교 사회복지사로 근무한다. 2014년 초, 프로젝트 16:49는 벌로이트에 앤의 파트너 로빈 스튜트의 이름을 따 '로빈 하우스'라는 여자 청소년 쉼터를 개관했다. 현재까지 서른일곱 명의 여자아이들에게 숙소를 제공했으며 한 번에 일곱 명을 수용할 수 있다. 이곳에 머무른 청소년들 중에는 제너럴 모터스에서 일했던 부모가 인디애나 GM 공장에서 일하려고 자신을 제인스빌에 남겨두고 떠나버린, 학습 장애를 앓는 소녀도 있다. 남자 청소년 쉼터를 짓기 위한 설계와 모금 행사는 꾸준히 진행 중이다.

데리 왈럿은 여전히 파커고등학교에서 사회를 가르치며 파커의 벽장을 운영한다. 그녀는 오랜 연인과 결혼해 이제 데리 이스트먼으로 불린다. 데리는 현재 위험한 환경에 처한 학생들을 전문적으로 가르치며, 학생들의 집에 식료품이 충분하지 않을 경우에 대비해 기부받은 것들을 교실에 보관한다. 2016~2017학년도에 벽장은 어느 해보다 많은 200명 안팎의 학생들에게 도움을 주고 있다.

자동차 공장에서 일했던 이들 가운데, 바브 본은 발달장애인 지원 업무를 계속한다. 바브는 고등학교 중퇴가 학력의 전부이지만, 2015년부터 록 카운티의 노령화 및 장애 지원 센터에서 관리이사로 활동한다. 남편 마이크는 2016년 여름에 유나이티드 알로이로 직장을 옮겨 인사부 직원으로 일한다. 그는 주간근무 조에 속해 있다.

크리스티 바이어가 세상을 떠난 후, 남편 밥은 매디슨 주청사 건물의 시설관리 직원으로 계속 일한다. 아들 조쉬는 결혼을 해 걸음마를 시작한 아들이 있다. 조쉬는 오하이오에서 자동차 수리공으로 일하며 지역의 2년제 대학 야간부에 등록해 자동차 정비 기술을 익히는 중이다.

휘태커 가족들은 어떻게 살고 있을까? 제러드는 매디슨 남쪽에 있는 서브 제로 물류 창고에서 지게차 운전을 한다. 태미는 여전히 자동차 대리점 일을 하는데 근무지를 탐 펙 포드사 대리점으로 옮겼다. 태미의 시급은 15달러로 이전 직장보다 1달러가 많다. 고등학교 2학년이 된 아들 노아는 누나들이 그랬던 것처럼 컬버스에서 일한다. 졸업하는 대로 군에 입대할 계획이다. 알리사는 위스콘신대학 플랫빌 캠퍼스 2학년이다. 공학을 공부하면서 부전공으로 경영관리를 선택했다. 알리사는 한 학기 동안 매디슨에서 산업공학 협력 학생으로 일했기 때문에 5학년이 되어야 대학을 졸업할 수 있다. 그녀는 두 개의 아르바이트를 하고 장학금까지 받지만 1년에 1만 7000달러의 학비 융자를 받는다. 알리사와 같은 대학에 입학한 케이지아는 3년 만에 심리학 학사 과정을 마쳤다. 조기 졸업을 한 데는 학비를 절약하려는 목적도 있다. 학업과 병행해 아르바이트를 세 개나 할 때도 있었다. 지난여름, 케이지아는 오래 사귄 남자 친구와 결혼했다. 학비 융자금을 갚으려고 일하면서도 이번 가을에는 사회복지학 석사 학위를 따기 위해 아이오와주 데븐포트에 있는 성 앰브로스대학에서 공부를 시작했다. 학업을 마치면 퇴역 군인이나 홈리스를 위한 복지 업무를 하고 싶어 한다.

위팻 집안으로 시선을 돌려보자. 마브는 은퇴 생활을 즐기는 중이다.

시간을 쪼개 집과 플로리다주 펜사콜라를 오간다. 플로리다에는 여자친구와 다달이 임대료를 내는 해변 콘도가 있다. 그는 여전히 약물중독 치료와 회복을 돕는다. 그의 며느리 다시는 한 기업평가회사에서 일한다. 투표를 할 수 있는 나이가 된 다시의 두 딸은 2016년 대선에서 생애 첫 투표권을 행사했다. 하지만 클린턴이 미국의 첫 여성 대통령이 되지 못하자 가족 모두가 상심하고 당혹스러워했다. 맷은 7년째 포트웨인 공장에서 일한다. 매주 월요일 아침이면 제인스빌을 떠나 금요일 밤 늦게 돌아온다. 그는 두 번째 교대근무 조의 조장으로 시급 30달러를 받는다. GM의 퇴직연금 수급 자격이 주어지는 만기 근속일까지는 아직 8년 반이 더 남았다.

이 책은 한 지역 공동체에 관한 이야기다. 이 지역에 살았던 사람들의 도움이 없었더라면 이 책은 나오지 못했을 것이다. 가장 먼저 제인스빌 주민들에게 감사의 말을 전한다. 그들은 불쑥 끼어든 호기심 많은 이방인을 따뜻하게 맞아주었다.

많은 이들의 이름이 책에 등장하지만 특별히 언급해야 할 사람들이 있다. 스탠 마일럼은 제인스빌에 와서 처음 만난 사람이다. 빼어난 능력을 가진 그는 자칫 놓칠 수도 있었던 여러 사실들을 찾아내 열정적으로 보도했고, 진행 중인 복잡한 사안들을 내가 따라잡을 수 있게 도와주었다. 〈제인스빌 가제트〉의 친절한 직원들에게도 많은 도움을 받았다. 지역 재계에서 벌어지는 일들에 대해서는 짐 로이트의 지식을 전적으로 신뢰하게 되었다. 마르샤 넬슨과 프랭크 슐츠는 탁월한 언론인들이자 저녁 식사를 함께하는 동반자였다. 폴 라이언은 워싱턴 의사당에 있는 자신의 사무실에서 여러 차례 인터뷰에 응해주는 친절을 베풀었다. 밥 버러먼스는 위스콘신의 멋진 나이트클럽으로 안내해주었다. 데리 이스트먼이 베푼 넉넉한 마음 씀씀이도 잊을 수 없다. 작가의 아내이기도 한 앤 포벡은 책 쓰는 일이 어떤 것인지 누구보다 잘 이해했다. 잘 정리된 제인스빌 자료실과 지역사 데이터베이스를 갖춘 헤드버그 공공도서관의 직원들 그리고 록 카운티 역사학회는 파일 더미에 숨은 주옥같은 자료들을 안내해주었다. 제인스빌 교육감 캐런 슐트, 록 카운티 치안담당관 밥 스퍼든, 전 록 카운티 검시관 제니퍼 키치, 록 카운티 가정폭력예방 프로그램 책임자 크리스틴 쾌플러의 친절한 안내에도 감사드린다. 가장 큰 고마움을 전하고 싶은 사람들은 이 책의 중심에 있는 휘태커, 워팻, 번 집안의 사람들이다. 그들이 베푼 너그러움, 인내심, 믿음을 소중하게 간직할 것이다.

　이 책은 지난 30년간 나의 든든한 직장이었던 〈워싱턴포스트〉의 뒷받침이 없었더라면 세상에 나올 수 없었다. 편집국 간부들은 내가 열정을 가지고 이 일을 할 수 있도록 많은 시간을 허락해주었다. 전 편집국장 마커스 브로츨리는 1년의 휴직 기간을 2년으로 연장해주었다. 그리고 편집국장 마티 배런, 현재 미국 신문을 이끄는 지도자 가운데 최고라는 찬사가 전혀 어색하지 않은 그는 뜻밖에도 이 책의 집필에 필요한 또 다른 1년을 배려해주었다. 관리 에디터 캐머런 바, 국내 부문 에디터 스콧 윌슨, 나의 직속 에디터들인 로리 맥긴리, 로라 헬무스, 수잔 레빈은 여러 해에 걸친 나의 곡예 같은 행각을 너그럽게 지켜봐 주었다.

편집국을 떠난 동안, 나는 이 프로젝트를 위해 여러 대학과 싱크탱크들을 이용할 수 있는 행운을 누렸다. 특히 하버드대학의 래드클리프 고등과학원에 큰 빚을 졌다. 그곳에서 만난 리자벳 코언, 주디 비츠니악, 고인이 된 린디 헤스는 한결같이 큰 힘이 되어주었다. 캠퍼스의 다른 곳에서 만난 경제학자 로런스 케이츠와 사회학자 로버트 샘슨, 브루스 웨스턴으로부터는 작업 초창기에 멋진 아이디어와 격려를 얻었다. 그리고 스탠퍼드대학의 빈곤과 불평등 센터 소장 데이비드 그러스키로부터는 경기후퇴의 사회적·경제적 결과와 관련한 개인적인 조언을 얻었다.

얼마간 체류할 기회를 준 우드로 윌슨 국제연구센터에도 고마움을 전한다. 티모시 스미딩은 위스콘신대학 매디슨 캠퍼스의 빈곤연구센터로 나를 초청해 공공정책과 소득 분배에 대한 지혜를 전수해주었을 뿐 아니라 그곳에 머무는 동안 많은 편의를 베풀어주었다. 워싱턴의 친구들도 마찬가지다. 케이시 커리어는 나를 위해 미국연구협회에 사무 공간을 얻어주었고 체류 기간도 연장해주었다. 조지타운대학에서는 노동과 근로빈곤working poor에 관한 칼마노비츠 이니셔티브 연구원들의 도움을 결코 잊지 못할 것이다. 특히 노동사학자인 조지프 매커틴에게 감사한다. 이 책의 초안을 작업할 때 집필 공간을 제공해준 것이 바로 조지프였고, 조언을 요청하면 언제든 응해주기도 했다. 조지타운에서 만난 몽고메리 학장에게도 고마움을 전한다. 그는 몰락하는 미국의 자동차 산업 도시들에 대해 상당한 식견을 가졌고, 매커트 공공정책학회의에도 초청해주었다. 조지타운대학에서 교육과 노동 센터를 이끄는 앤서니 카니발, 경제학자 해리 홀처는 저임금 노동시장 전문가이자 멋진 점심 친구였다.

뛰어난 연구 조교들의 지성, 근면함, 친절함도 빠뜨릴 수 없다. 함께 일했던 순서대로 소개하자면 하버드대학의 스테파니 갤록과 태라 메리건, 윌슨 센터의 대니얼 보거, 조지타운대학의 알리사 러셀이다. 모두들 헌신적이었고 지금도 많은 도움을 받고 있다.

록 카운티에 대한 설문조사는 애니 E. 케이시 재단의 후원을 받아 위스콘신대학 서베이 센터와 공동으로 진행했다. 네이선 존스의 특별한 기여가 있었음을 밝힌다. 사회학자 게리 그린과의 토론은 매우 유용했다. 그는 위스콘신의 정치, 경제, 여론에 대한 통찰력을 보여주었고 데이터를 분석하며 던지는 무수한 질문들에 인내심을 가지고 대답해주었다. 러트거즈대학의 칼 밴 혼에게도 감사를 전한다. 그는 질문지 문항을 작성하는 데 큰 도움을 주었다.

직업 재교육을 분석할 때는 조이스 재단의 도움을 받았다. 휘트니 스미스는 전문적인 조언을 주었고, 제인스빌 일대에서 진행된 직업 재교육이 그녀가 기대했던 긍정적인 결과로 이어지지 않았다는 결과가 나왔을 때도 의연함을 잃지 않았다. 마티아스 스카글리온은 위스콘신주 인력개발부의 실업과 임금 데이터를 분석하는 과정에서 함께했던 든든하고 열정적인 파트너다. 블랙호크 기술전문대학의 샤론 케네디는 기꺼운 마음으로 나의 방문을 받아들였고 우리는 곧 좋은 친구가 되었다. 마이크 개그너는 기관 데이터와 전문 지식을 제공했다. 데이터의 분석 방향을 설정하고 데이터를 분석하는 과정에서는 위스콘신대학 위스콘신 전략 센터의 노동경제 전문가 로라 드레서와 W. E. 업존 고용연구학회의 케빈 홀런벡에게 신세를 졌다.

이 책이 나오기까지 여러 번 원고를 읽고 비평해준 친구와 동료들에게도 큰 신세를 졌다. 존 루소와 셰리 링컨은 노동계급에 대한 진정한 전문가들이었는데, 이들은 내 초고를 읽고 지도와 격려를 아끼지 않았다. 이야기를 짜는 데 큰 재능을 가진 편집자들 루리 헤르첼, 탐 슈로더, 팻시 심스는 이 책의 서사를 구성하는 데 중요한 조언을 아끼지 않았다.

내 이야기를 듣고, 공감해주고, 집필에 많은 조언을 해줄 재능 있고 경험 많은 작가 친구들이 많다는 것은 행운이었다. 파멜라 컨스터블, 다시 프레이, 스티브 룩센버그, 다이앤 맥워터, 에이미 너트, 래리 타이가 이런 친구들이다. 최고의 저널리스트인 내 친구 로첼 샤프는 구구절절한 이야기를 거의 다 들어주고 꾸준히 도와주었다. 베스 글래서도 마찬가지다. 그녀는 능숙한 솜씨로 부록에 들어갈 차트를 만들었다. 레니 샤피로는 매디슨을 찾을 때마다 집에 온 듯 편하게 만들어주었는데 지금도 여전하다. 모두들 내가 의지하는 친구들이다.

좋은 편집자를 만난 것도 큰 행운이었다. 리처드 토드는 초고 다듬기로 시작해 현명한 조언, 풍자적 유머, 변함없는 격려를 지속적으로 제공했다. 그 고마움에 대해서는 이루 말로 표현할 길이 없다. 《프로퍼블리카 ProPublica》의 초대 편집장 폴 스타이거는 내가 제인스빌과 직업 재교육에 관해 찾아낸 사실들에 관심을 보이며 초기 원고들을 기꺼이 잡지에 실어주었다.

수잔 래비너와 시델 크라머를 매디슨에서 느닷없이 불러냈을 때부터

나는 그들이 왜 이 바닥에서 가장 부지런한 일벌레이자 집요한 작가 에이전트로 유명해졌는지 알게 됐다. 그들은 끝까지 내 곁을 지키며 어떻게 스토리를 구성할 것이며, 이야기는 어떻게 다듬을 것인지를 조언했다.

사이먼 앤 슈스터에서 일하는 나의 편집자 프리실라 페인턴을 언급하지 않을 수 없다. 그녀는 이야기에서 최상의 요소들을 뽑아내기 위해 제인스빌을 직접 방문하는 수고를 마다하지 않았다. 편집부의 커다란 공헌도 소개해야 한다. 메건 호건은 매우 효율적으로 출판 공정을 감독했다. 프레드 체이스는 신속하게 교열을 보았고, 캣 보이드는 홍보를, 엘리사 리블린은 법률적인 문제를 검토해주었다. 특히 출판사 회장이자 발행인 조너선 카프에게 감사를 보낸다. 그는 이 책이 우리 시대에 반드시 필요한 이야기가 될 것이라고 확신했다.

무엇보다 소중한 존재는 이 책이 나오기까지 헌신과 인내로 기다려준 가족들이다. 부모님 신시아와 로버트 골드스타인은 부드러운 리더십과 배움에 대한 끝없는 갈망을 보여주는 나의 역할 모델이다. 배려심 많은 이모 주디 버그와 데이비드, 로라, 미란다, 올리비아. 그대들 모두를 사랑한다.

한 권의 책은 현실에서 나타나는 여러 특징들 가운데 오직 한정된 부분만 담을 수 있다. 그래서 나는 관찰 대상들의 단편적 경험을 넘어 경제 상황과 인근 주민들의 태도를 광범위하게 탐색하려고 노력했다. 그런 이유로 록 카운티에 대한 설문조사에 착수했다. 록 카운티는 위스콘신주 남부에 위치하며 제인스빌이 이곳의 군청 소재지이다.

설문조사는 위스콘신대학 조사기관과 공동으로 실시했다. 몇 명의 사회과학자들이 조사를 구상할 때 도움을 주었다. 위스콘신대학 매디슨 캠퍼스의 지역사회학 및 환경사회학 교수인 게리 그린은 문항을 작성하고 결과를 분석하는 데 가장 주도적으로 참여했다.

우리는 2013년 늦겨울과 봄에 설문을 진행했다. 이때는 금융위기가 공식적으로 종료된 지 5년, 제인스빌 자동차 공장이 생산을 중단한 지 4년이 지난 시점이었다. 조사를 위해 록 카운티에 주소지를 둔 사람들 가운데 인구학적 대표성이 있는 2000명을 대상으로 우편 설문을 보냈다. 우편 설문을 받은 이들 가운데 59.7퍼센트가 답신을 해 높은 응답률을 보였다.

대부분의 문항은 설문지를 받은 사람 누구나 답변할 수 있는 내용으로 구성했다. 그러나 몇몇 문항들은 금융위기 이후 직장을 잃거나, 가족 중 누군가가 해고를 당한 이들의 경험에 초점을 맞췄다. 후자의 일부 문항들은 금융위기 기간 동안 실직이 사람들에게 어떤 영향을 미쳤는지를 앞서 조사한 전국 단위 조사들의 문항 구성을 참조했다. 록 카운티의 조사 결과가 전국 단위 조사와 어떤 유사성과 차이를 보이는지를 알아보기 위해서였다.

전반적인 조사 결과는 상대적으로 록 카운티에서 실직이 광범위하게 이루어졌다는 사실을 입증했다. 응답자의 3분의 1 이상이 일자리를 잃었거나 가족 중 누군가가 실직을 경험했다. 금융위기가 종식된 뒤에는 임금이 삭감되었고 경제를 비관적으로 바라보는 견해를 여전히 가지고 있었다. 조사 결과는 노조 가입자가 감소하고 노조에 대한 태도 역시 양극화되었음을 보여주었다. 재정적·심리적 고통 역시 심각했다. 응답자의 절반이 식비를 마련하는 데 어려움을 겪었고, 3분의 2에 가까운 응답자는 가족관계에서 긴장을 경험했다고 답했다. 모두가 실직이 야기한 결과들이었다.

아래는 조사에서 드러난 주요 내용들이다. 응답자의 4분의 3이 2013년 미국 경제가 여전히 불황 속에 있다는 의견을 보였다.

미국의 불황이 끝났다고 생각합니까, 여전히 불황이라고 생각합니까?

(단위: 퍼센트)

- 불황은 끝났다: 10
- 여전히 불황이다: 76
- 모름: 14

전반적으로 절반을 약간 상회하는 응답자가 금융위기 이전보다 자신의 재정 상태가 나빠졌다고 답했다. 여기서 우리는 '두 개의 제인스빌'이 실재함을 확인하게 된다. 자신이 실직했거나 가족 중 누군가가 실직한 사람들이 그렇지 않은 사람들보다 재정 상태가 나빠졌다고 응답한 비율이 현저히 높았다.

현재의 가계 재정 상태는 5년 전보다 좋은 편입니까, 나쁜 편입니까?

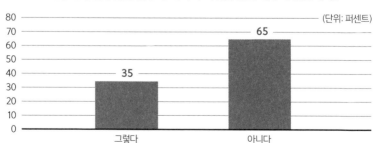

응답자의 3분의 1 이상은 경제 상황 때문에 실직했거나, 실직한 가족과 살고 있었다.

지난 5년간 당신이나 가족 중 누군가가 다니던 직장이 폐업하거나 일자리 부족 때문에, 또는 직장에서 담당했던 업무가 사라져 직업을 잃은 경우가 있습니까?

살던 집의 가치가 떨어진 경우도 매우 많았다.

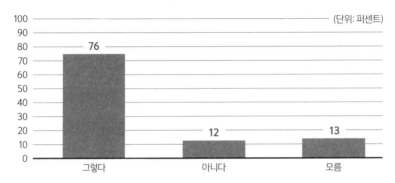

지난 5년 사이에 거주 중인 주택의 가격이 떨어졌습니까?

해고 때문만이 아니라 어떤 이유에서든 직장을 옮긴 사람들은 이전 직장에서보다 적은 돈을 벌고 있었다.

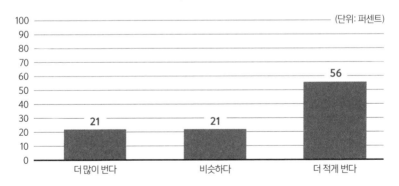

지난 5년 사이에 새 직장을 구했다면 이전 직장에서보다 많이 법니까, 비슷합니까, 더 적게 법니까?

앞으로의 경제 상황에 대한 비관적인 전망 역시 광범위하게 퍼져 있었다.

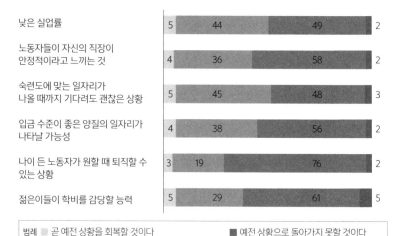

**다음 항목과 관련해 앞으로 록 카운티에서는
어떤 상황이 펼쳐질 것이라고 생각하십니까?** (단위: 퍼센트)

항목				
낮은 실업률	5	44	49	2
노동자들이 자신의 직장이 안정적이라고 느끼는 것	4	36	58	2
숙련도에 맞는 일자리가 나올 때까지 기다려도 괜찮은 상황	5	45	48	3
임금 수준이 좋은 양질의 일자리가 나타날 가능성	4	38	56	2
나이 든 노동자가 원할 때 퇴직할 수 있는 상황	3	19	76	2
젊은이들이 학비를 감당할 능력	5	29	61	5

범례 ▨ 곧 예전 상황을 회복할 것이다 ▦ 예전 상황으로 돌아가지 못할 것이다
▩ 예전 상황을 회복하겠지만 여러 해가 걸릴 것이다 ▨ 이미 예전 상황을 회복했거나 더 나아졌다

전체 응답자의 3분의 1은 실직자들을 돕기 위해 정부가 더 많은 일을 해야 한다는 의견이었다. 집안에 실직자가 있는 경우는 같은 응답을 한 비율이 더 높았지만 과반에는 미치지 못했다.

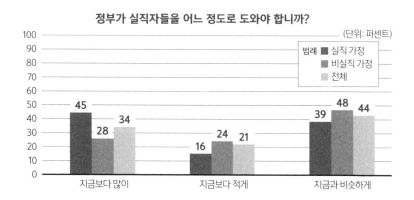

정부가 실직자들을 어느 정도로 도와야 합니까?

(단위: 퍼센트)

범례 ■ 실직 가정 ■ 비실직 가정 ■ 전체

	지금보다 많이	지금보다 적게	지금과 비슷하게
실직 가정	45	16	39
비실직 가정	28	24	48
전체	34	21	44

약 절반이 노동조합에 가입했던 적이 있다고 응답했다. 그러나 그들 대부분 현재는 노조원이 아니었다.

노동조합에 가입했거나, 가입했던 적이 있습니까?

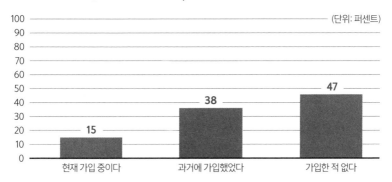

노동조합에 대한 견해는 팽팽하게 나뉘었다.

종합적으로 판단할 때 노동조합은 미국 경제에 도움을 줍니까, 부담을 줍니까?

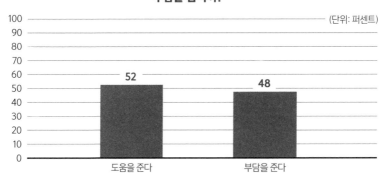

실직자나 가족 중 실직자가 있는 경우에는 많은 사람들이 재정적 어려움을

극복하기 위해 여러 조처들을 취하고 있었다. 아래는 그들이 취한 대처 방안의 분포다.

당신이나 가족 중 누군가 실직한 기간 동안 다음과 같이 대처한 적이 있습니까?

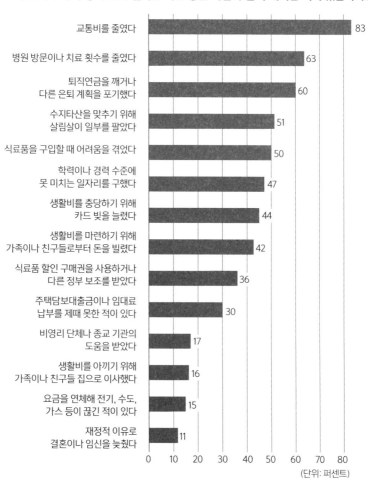

교통비를 줄였다 — 83
병원 방문이나 치료 횟수를 줄였다 — 63
퇴직연금을 깨거나 다른 은퇴 계획을 포기했다 — 60
수지타산을 맞추기 위해 살림살이 일부를 팔았다 — 51
식료품을 구입할 때 어려움을 겪었다 — 50
학력이나 경력 수준에 못 미치는 일자리를 구했다 — 47
생활비를 충당하기 위해 카드 빚을 늘렸다 — 44
생활비를 마련하기 위해 가족이나 친구들로부터 돈을 빌렸다 — 42
식료품 할인 구매권을 사용하거나 다른 정부 보조를 받았다 — 36
주택담보대출금이나 임대료 납부를 제때 못한 적이 있다 — 30
비영리 단체나 종교 기관의 도움을 받았다 — 17
생활비를 아끼기 위해 가족이나 친구들 집으로 이사했다 — 16
요금을 연체해 전기, 수도, 가스 등이 끊긴 적이 있다 — 15
재정적 이유로 결혼이나 임신을 늦췄다 — 11

(단위: 퍼센트)

많은 경우에 자신이나 가족의 실직은 감정과 인간관계에 영향을 미쳤다.

당신이나 가족 중 누군가가 실직한 동안 아래와 같은 것들을 경험한 적이 있습니까?

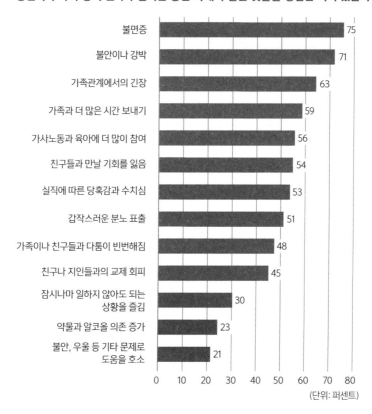

(단위: 퍼센트)

경제에 관한 한 거의 모든 부분에서 생각이 다른 사람들조차 한 가지 사안에서만큼은 비슷한 견해를 공유한다. 실직한 뒤 같은 직종의 일자리를 구할 가능성이 높지 않다면 학교로 돌아가 교육을 받은 뒤 새로운 직종을 찾는 것이 좋다는 것이다. 연방정부는 매년 수백만 달러를 실직 노동자들의 재교육에 지출한다. 그러나 이 정책의 실제 효과를 연구한 결과는 많지 않다. 그래서 나는 제인스빌 GM 공장과 인근 지역에서 수천 명이 일자리를 잃고 나서 처음 몇 해 동안 직업 재교육이 실직 노동자들에게 도움이 되었는지 살펴보기로 했다.

나의 구상은 공장 노동자 출신 학생들이 학교에 얼마나 잘 적응했는지, 학교를 마친 뒤 일자리는 얼마나 잘 구했는지 따져보는 것이었다. 이 조사를 위해 제인스빌에 있는 2년제 공립학교인 블랙호크 기술전문대학의 사례에 집중하기로 했다. 금융위기 직후 너무 많은 실직자들이 갑자기 몰려드는 바람에 이 작은 학교는 위스콘신주 2년제 공과대학 시스템이 갖춰진 이래 가장 가파른 등록자 증가세를 나타냈다.

조사 결과는 충격적이었다. 직업 재교육은 제인스빌은 물론 그 주변 지역에서도 구직 기회나 임금을 늘리는 데 아무 도움도 안 됐다. 이는 일자리가 크게 줄어든 시기에만 국한된 현상은 아니었다.

분석은 앞선 다른 조사들의 선례를 따랐다. 실직 뒤 재교육을 받은 이들 가운데 일자리를 찾은 사람은 얼마나 되고, 수입은 얼마나 되는지를 재교육을 받지 않은 이들과 비교 조사한 것이다. 나는 미시간주 캘러머주에 있는 W. E. 업존 고용연구협회의 케빈 홀런벡 수석 경제학자, 위스콘신대학 매디슨 캠퍼스의 위스콘신전략센터 부소장 로라 드레서와 공동으로 작업했다.

몇 종류의 데이터가 분석되었다. 위스콘신주 인력개발부는 두 종류의 데이터 묶음을 제공했다. 실직자 여부를 확인하기 위해 우리는 이 부서가 보유하고 있는 2008년 여름부터 2011년 가을까지 록 카운티와 그에 인접한 그린 카운티 주민들의 실업급여 신청자 명단을 활용했다. 그린 카운티는 남부 위스콘신에 있으며, 블랙호크 재학생 대부분이 거주하는 지역이다. 우리는 이 부서에 있는 고용보험 납입 현황도 활용했다. 노동자들 개개인의 보험료 납부 기록은 모든 주에서 집계되며, 고용주들은 이를 의무적으로 주정부에 제출해야 한다. 록 카운티와 그린 카운티의 고용보험 납부 기록을 보면 노동자들이 3개월간 벌어들인 수입이 얼마나 되는지 추산할 수 있었다. 블랙호크 기술전문대학은 제인스빌에서 대규모 실직이 이루어진 2008년 여름과 2010년 여름 사이, 교과 프로그램에 등록했던 모든 학생들의 기록을 제공했다. 이 기록들에는 연령, 성, 인종, 출신 국가 등 기초적인 인구통계와 학업 성취도 및 수강 과목명, 졸업 여부 등의 정보가 포함된다.

대상자들의 이름은 기록에 포함되지 않았다. 이 데이터 묶음의 관련성을 분석하기 위해 당시 위스콘신 인력개발부 경제 자문 팀의 노동 담당 전문가였던 매티어스 스캐글리언이 조사 대상자들의 사회보장번호를 활용했고, 데이터의 익명성을 유지하기 위해 분석이 끝난 뒤 번호들을 삭제했다. 우리는 특정 시기에 실업급여 수급 기록을 확인해 블랙호크 입학생 가운데 실직자를 가려냈다.

블랙호크의 신입생 설문 자료도 활용했다. 설문에는 취업 여부에 대한 항목도 포함되었는데, 우리는 해고당했거나 실직했다고 응답한 학생들을 분석에 포함시켰다. 조사 대상자들의 중복 포함 여부도 확인했다.

분석을 위해 우리는 재교육 "이전"(금융위기 이전, 대량해고 이전) 상황을 보여주는 2007년 자료와 재교육 "이후" 상황을 보여주는 2011년 상반기 자료를 입수해 비교분석을 해보았다. 이런 식으로 우리는 재교육을 전후해 실직자들의 취업률에 어느 정도의 변화가 있는지를 살펴볼 수 있었다. 다만 응답자들의 근무 형태가 풀타임인지, 파트타임인지는 확인할 수 없었으므로 1년 내내 급여를 받는 "지속 노동자"와 최소 1분기 이상 유급 노동을 하되 1분기 이상은 유급 노동을 하지 못하는 "간헐적 노동자" 그리고 벌이가 확인되지 않는 사람들로 구분했다. 데이터에는 위스콘신주 안에서 거둔 소득만 포함했다. 다른 주에서 얻은 소득은 파악하기 어려웠다. 그러나 다른 조사 결과들로 미뤄 거주지가 제인스빌로 되어 있지만 소득은 다른 곳에서 얻는 경우는 상대적으로 미미한 것으로 보인다. 우리는 위스콘신주에 직장을 잡은 이들의 재교육 전후 소득을 비교했고, 그 뒤에는 직업과 소득을 록 카운티와 그린 카운티에서 실업 급여를 받은 사람들, 같은 기간 학교를 다닌 다른 학생들과 비교했다.

우리는 해고를 당한 뒤 블랙호크에 입학한 노동자의 3분의 1 정도가 그들이 선택한 학습 프로그램을 정해진 기간 내에 이수했다는 사실을 확인했다. 이는 그들과 함께 학교를 다닌 다른 학생들보다 조금 높은 비율이다.

아래는 이번 조사 결과 드러난 주요 내용들이다.

실직한 뒤 학교로 돌아간 노동자들은 재교육 프로그램을 마친 뒤에도 일자리를 구하기가 쉽지 않았다. 이들의 취업률은 학교를 다니지 않은 실직자들보다 낮았다.

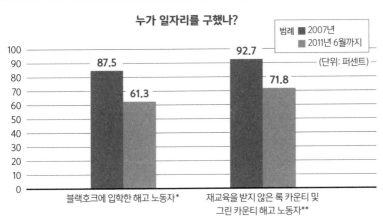

누가 일자리를 구했나?

범례 ■ 2007년
    ■ 2011년 6월까지

(단위: 퍼센트)

87.5   61.3   92.7   71.8

블랙호크에 입학한 해고 노동자*   재교육을 받지 않은 록 카운티 및
                                그린 카운티 해고 노동자**

* 1740명, 2008년 여름~2010년 여름
** 2007~2011년 여름 사이 실업급여를 수령한 3만 777명

재교육은 구직에 큰 도움이 되지 못한 것으로 드러났다. 재교육을 위해 학교로 간 실직자들 가운데 졸업 후 지속적 일거리를 확보한 이들의 비율은 학교를 가지 않았던 실직자들보다 낮았다. 더 심각한 것은 재교육을 이수한 뒤에도 아무런 수입을 거두지 못한 이들이 조금이라도 수입이 있었던 이들보다 많았다는 사실이다.

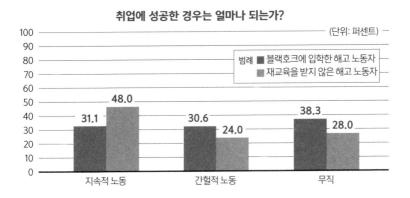

취업에 성공한 경우는 얼마나 되는가?

(단위: 퍼센트)

범례 ■ 블랙호크에 입학한 해고 노동자
    ■ 재교육을 받지 않은 해고 노동자

31.1   48.0   30.6   24.0   38.3   28.0

지속적 노동   간헐적 노동   무직

재교육을 받으러 학교로 간 해고 노동자들은 그렇지 않은 해고자들보다 구직 후에도 더 낮은 급여를 받았다. 금융위기 이전 두 그룹의 임금 차이는 거의 없었는데도 말이다.

재교육은 성과가 있었나?			(단위: 달러)
	블랙호크에 입학한 해고 노동자들	재교육을 받지 않은 해고 노동자들	블랙호크 일반 학생들
2007년 분기당 평균수입	7,294	7,239	1,636
2011년 6월까지 분기당 평균수입	3,348	6,210	2,788

재교육을 받은 뒤 안정적인 일자리를 구한 실직자들은 금융위기 이전에 상대적으로 높은 임금을 받았다. 이후 이들의 임금은 안정된 일자리를 찾지 못한 다른 재교육 이수자들보다 조금 높았으나 학교를 가지 않고 안정된 일자리를 찾은 다른 실직자들보다는 훨씬 낮았다.

안정된 일자리를 찾은 이들에게 재교육은 성과가 있었나?		(단위: 달러)
	블랙호크에 입학한 해고 노동자들	재교육을 받지 않은 해고 노동자들
이전 2007년 분기당 평균수입	9,675	8,390
이후 2011년 6월까지 분기당 평균수입	4,821	7,637

블랙호크에서 전공 프로그램을 이수하고 졸업한 해고 노동자들은 재교육을 중도에 포기한 해고 노동자들에 견줘 더 높은 임금을 받았다. 그러나 이들은 해고되기 전에 소득이 높았기 때문에 재교육 중도 포기자들보다 임금 하락폭이 더 컸다.

재교육 과정 이수는 성과가 있었나?		(단위: 달러)
	재교육 이수자	중도 포기자
이전 2007년 분기당 평균수입	10,174	5,833
이후 2011년 6월까지 분기당 평균수입	4,275	2,926

해고 노동자들 가운데 한 그룹은 CATE 프로그램의 도움을 추가로 받았다. 어떤 분야의 학습이 가장 유망한 구직 통로가 될 것인지를 두고 블랙호크 직원들과 지역 기업주들이 내놓은 예상에 근거해, 학생들 중 일부는 정보기술과 임상실험기술 분야의 준학사 학위 과정을 이수했다. 반면 다른 이들은 간호조무, 용접, 자영업 분야의 단기 자격증 과정을 수료했다. 우리는 구직에 유망한 과정을 이수한 해고 노동자들이 다른 과정을 이수한 이들보다 구직 성공률이 실제로 높았는지 살펴봤다. 결과는 그렇지 못했다.

구직 유망 과정은 도움이 되었나?		
	이수 전	이수 후
유망 프로그램	81%	62%
기타 프로그램	89%	61%

블랙호크에 입학한 해고 노동자들 가운데 상당수는 일반적인 2년제 대학 재학생들보다 나이가 많았다. 학생들의 나이가 많을수록 금융위기 이후 수입 감소폭이 더 컸다.

어느 연령대가 가장 큰 타격을 입었나?					(단위: 달러)
	18~24세	25~34세	35~44세	45~54세	55세 이상
2007년 분기당 평균수입	1,173	4,316	11,761	11,747	10,760
2011년 6월까지 분기당 평균수입	2,519	3,178	4,128	4,540	3,387

옮긴이 후기

1.

"이 폭풍은 그가 등을 돌린 미래 쪽을 향하여 간단없이 그를 떠밀고 있으며, 반면 그의 앞에 쌓이는 잔해의 더미는 하늘까지 치솟고 있다. 우리가 진보라고 일컫는 것은 바로 이러한 폭풍을 두고 하는 말이다."

– 발터 베냐민Walter Benjamin, <역사철학테제> 중에서

공장은 무너지고, 사방이 잔해 더미다. 건물을 떠받쳐온 철골 구조물은 용접 불꽃에 잘려 고철강 회사로 팔려나가고, 60년 넘은 콘크리트 벽체는 산산이 조각나 폐기물 매립지로 향한다. 제인스빌의 벨에포크를 이끈 이 산업시대의 거대 유적은 지난해 노후 산업시설 재개발 회사인 커머셜개발회사에 매각됐다. CDC는 부지 면적이 100만 제곱미터에 달하는 이 공장을 우리 돈 108억 원을 주고 손에 넣었다.

공장폐쇄 방침이 처음 발표된 2008년만 해도 제인스빌 사람들에게는 믿는 구석이 있었다. 1930년대 대공황과 1970년대 세계 불황에도 살아남은 제인스빌 공장이었기에, 일부는 이 공장이 허망하게 문 닫는 상황을 GM 수뇌부와 연방 정부가 두고 볼 리 없다고 생각했다. '의지적 낙관'으로 표상되는 지역민의 망탈

리떼mentalité에 기대를 거는 이들도 있었다. 공장이 결국 문 닫아도 "할 수 있다"는 긍정적 신념 아래 모두의 에너지를 집중한다면 떠난 사람을 불러 모으고 부서진 공동체도 재건할 수 있으리라는 굳은 확신이었다. 그러나 시간이 흐를수록 믿음은 희미해졌다. '구조조정'과 '산업 합리화'라는 이름의 이 폭풍은, 치솟는 잔해 더미를 눈앞에 펼쳐놓으며 호시절의 미망에 사로잡힌 제인스빌 사람들을 불안하고 불확실한 미래를 향해 간단없이 밀어냈다.

재개발 시행사에 따르면, 공장 철거와 부지 정리가 마무리되기까지는 2년이 걸린다고 한다. 제인스빌 시당국은 이곳에 또 다른 대규모 산업 시설이 들어서기를 희망한다. 그러나 저렴한 노동력을 찾아 생산라인을 속속 국외로 이전 중인 미국 제조업 상황을 떠올린다면, 어떤 형태의 파격적 인센티브를 노조와 지방정부가 약속한들 과거의 GM처럼 매머드급 생산 시설을 이곳에 지으려는 기업을 찾아내기란 무망해 보인다.

오랜 기간 지역경제를 떠받쳐온 공장이 돌연 문을 닫았을 때 지역사회 앞에 놓인 선택지는 많지 않다. 가장 손쉬운 방법은, 공장 재가동 프로젝트가 실패로 돌아간 뒤 제인스빌 기업인과 경제 관료들이 그랬던 것처럼 기존 시설을 부수고 재개발하는 것이다. 조지프 슘페터Joseph Schumpeter가 "창조적 파괴"라고 찬양한 건설과 파괴의 주기적 순환이야말로 자본주의와 현대성을 지탱해온 역동성의 원천이 아닌가. 이 시스템 아래서 잉여가치를 낳지 못하는 죽은 노동, 비용만 잡아먹는 낡은 고정자본은 파괴의 삽날을 피해갈 수 없다.

제인스빌 시당국은 지난 연말 공장 터 일부에 '센테니얼 인더스트리얼 파크'라는 공원을 세워 100년 가까이 지역사회와 함께했던 GM 공장의 역사를 기념할 것이라고 했다. 시는 공장 부지 재개발이 한시적이나마 2000개 안팎의 일자리를 제인스빌 일대에 가져다줄 것으로 기대하고 있다.

2.

"우리는 이제 경제적 비상사태가 영구적인 것, 하나의 상수, 하나의 생
활양식이 되어가는 시대에 진입하고 있다. 이 시대는 훨씬 더 야만적인
긴축 정책, 복지 혜택의 삭감, 의료 및 교육 서비스 축소 그리고 더 불
안정한 고용 등의 위협을 동반한다."

— 슬라보예 지젝Slavoj zizek, <경제의 영구적 비상사태> 중에서

'비상사태의 영구화'는 정상적 통치 행태에서 벗어나는 예외적 조처들이 상시
적으로 행해지는 정치 상황을 일컫는다. 이 '영구화된 비상사태' 아래서는 '정
상성의 회복'을 명분 삼은 비상조치들이 일상처럼 행사된다. 계엄이나 국가 비
상사태 아래서 기본권을 제한하는 포고령과 긴급조치들이 남발되는 것과 같은
이치다.

비상사태의 영구화는 비단 정치 영역에만 국한되지 않는다. 지구적 자본주의
차원에서는 1970년대 말 이후 불어닥친 신자유주의의 거대한 흐름 속에서, 국
내적으로는 외환위기 이후 강요된 '1997년 체제' 아래서 기업 권력은 비대해지
고 노동의 시민권은 지속적으로 축소됐다. '긴급한 경영상의 이유'가 존재한다
면 기업은 손쉽게 노동자를 해고할 수 있고, 비용 절감과 경영 합리화를 위해
서라면 노조의 보호를 받는 정규직을 없애는 대신 임시직과 파견직으로 그 자
리를 채울 수 있게 됐다.

한국 경제의 엔진으로 불렸던 자동차 산업 역시 마찬가지다. 2001년 대우자
동차 정리해고가 시작이었다. 2009년 쌍용차 정리해고는 서른 명이 넘는 해고
노동자들을 죽음으로 내몰았다. 그리고 2018년 2월 13일, 한국GM이 군산 공
장의 '3개월 후 폐쇄' 방침을 발표했다. 카허 카젬Kaher Kazem 한국GM 사장은

이를 "힘들지만 반드시 필요한 우리 노력의 첫걸음"이라고 했다. 인구가 제인스빌의 네 배(27만 명)가 넘는 군산이 칼날의 시간 위에 섰다. 지역 총생산 9조 8000억 원 가운데 1조 4000억 원이 지엠공장 폐쇄로 사라질 것이란 전망이 흘러나왔다.

군산 공장은 5월 31일 공식 폐쇄됐다. 전체 정규직 노동자 가운데 희망퇴직 신청자(1200여 명)를 제외한 휴직자 612명이 부평과 창원, 보령 공장으로 전환 배치를 신청했다. "함께한 100년, 함께할 100년"이라는 부도난 사훈이 공장 문을 나서는 퇴직자들을 배웅했다. 희망퇴직자와 전환 배치 대기자, 비정규직 해고자, 협력 업체 노동자와 그 가족들 모두에게는 매일의 삶이 비상사태였다.

3.
"바람은 딴 데에서 오고/구원은 예기치 않은 순간에 오고/절망은 끝까지 그 자신을 반성하지 않는다."
– 김수영, <절망> 중에서

나는 이 책을 2017년 가을 연수차 머무르던 미국 미주리주 컬럼비아의 대니얼 분 리저널 도서관 신착 도서대에서 처음 만났다. 국내에 소개된다면 적잖은 관심을 모을 것이라 예상하면서도 직접 번역을 해보자는 데까지는 생각과 열의가 미치지 못했다. 이 책을 다시 접한 건 2018년 3월 미주리를 찾아온 후배 조태근을 통해서다. 그는 뉴욕 출장길에 맨해튼 서점에서 산 이 책을 선물로 건넸다. 그의 강권에 귀국을 4개월여 앞두고 번역을 시작했다.

번역은 우울하고 권태로웠던 미국 생활에 새로운 의미와 활력을 불어넣었다. 원문을 읽으며 용례를 뒤지고 문맥을 따져 적절한 우리말로 옮기는 동안, 5년 전 《차브》(오언 존스 지음, 이세영·안병률 옮김, 북인더갭, 2014)를 번역할 때 경험하지 못한 미묘한 감정을 나는 느꼈다. 20년 가까이 취재 현장에 몸담아온 신문기자로서, 한참을 앞서간 동종 업계 종사자를 향해 품게 되는 경외, 질투, 부러움의 복합 감정이었다. 한 가지 사안에 깊이 천착하면서 사건의 전후와 맥락, 인과관계를 재구성해 장편소설 분량의 산문으로 풀어낼 수 있다는 건 호흡 짧은 기사문 작성에 특화된 일간지 기자에게는 쉽게 허락되지 않는 축복이 분명했다.

내가 이 책을 우리말로 옮긴다는 소식에 지인 몇 사람이 "귀국하면 군산을 심층 취재해 책을 써보는 건 어떠냐"고 했다. 제인스빌 사례의 번역 경험을 살려 유사 상황이 펼쳐지는 군산의 현실을 꼼꼼한 문헌 조사와 장기간의 참여 관찰, 심층 인터뷰에 기반한 새로운 작법의 저널리즘 글쓰기로 풀어보면 어떻겠느냐는 권유였다.

불행히도 내게는 그런 능력이 없으나 그 책을 쓸 적임자가 누구인지에 대해선 말할 수 있다. 그는 이 책을 쓴 에이미 골드스타인 못지않게 뜨겁고 날카롭고 집요할 뿐 아니라, 구사하는 문장의 격과 무게로도 취재 현장의 모든 현업 기자를 압도한다. 언젠가는 그가 이 콘크리트처럼 절망적인 현실을 무섭도록 촘촘한 서사의 의미망 속에 오롯이 구현해내리라 확신하기에, 나는 나의 절망을 반성하지 않는다.

주

이 책은 본문에 등장하는 인물들을 비롯한 제인스빌 주민들과의 인터뷰,
서술된 사건들을 직접 관찰하며 얻은 결과들을 바탕으로 쓰였다. 등장인물들의 이름은
모두 실명이다. 내가 현장을 직접 목격하지 못한 사건들에서 누군가가 한 행동, 발언,
생각, 감정은 당사자 및 당시 그곳에 있었던 다른 사람들의 기억에 기초해 서술했으며
더욱 정확한 설명을 위해 아래의 자료들을 참조했다.

프롤로그

1 Mike DuPré, *Century of Stories: A 100 Year Reflection of Janesville and Surrounding Communities* (Janesville Gazette, 2000), 17.

2 Rick Romell, "Janesville GM Plant's Remains Go to Auction," *Milwaukee Journal Sentinel*, May 20, 2009.

Part 1. 제인스빌에 도착한 긴급 뉴스 • 2008

전화벨은 울리고

1 Rep. Paul Ryan, H.R. 6110 (110th): "A Roadmap for America's Future Act of 2008," introduced May 21, 2008.

2 Prom'87, George S. Parker High School yearbook, 1987.

시내 한가운데를 헤엄치는 잉어

1 Jeffrey Salzman, Melissa Mack, Sandra Harvey, and Wally Abrazaldo, "Rapid Response Under the Workforce Investment Act: An Evaluation of Management, Services and Financing," U.S. Department of Labor, Employment and Training Administration, Office of Policy Development and Research, August 2012.

2 Ann Marie Ames, "Rock River Flooding Could Threaten City's Downtown," *Janesville Gazette*, Jun 11, 2008.

3 Gina Duwe, "Rock River Rising," *Janesville Gazette*, Jun 15, 2008; The Gazette staff, "The Janesville Gazette's Top Stories of 2008," *Janesville Gazette*, Dec 31, 2008.

4 Robert R. Holmes, Jr., Todd A. Koenig, and Krista A. Karstensen, "Flooding in the United

482

States Midwest, 2008," U.S. Geological Survey professional paper no. 1775, U.S. Department of the Interior.

5 Catherine W. Idzerda, "Carp Gathering to Mate in United Way Parking Lot," *Janesville Gazette*, Jun 21, 2008.

크레이그

1 Carol Lohry Cartwright, Scott Shaffer, and Randal Waller, *City on the Rock River: Chapters in Janesville's History* (Janesville Historic Commission, 1998), p. 61.

2 DuPré, *Century of Stories*, p. 2.

3 Ibid., p. 32.

4 Ibid.

5 Letter from W. C. Durant, Rock County Historical Society, Feb 26, 1919.

6 Austin Weber, "GM Centennial: Show and Tell," *Assembly Magazine*, Jul 1, 2008.

7 "The Making of a Motor Car," Souvenir Guide Book to the Chevrolet-Fisher Manufacturing Exhibit, General Motors Building, A Century of Progress International Exposition, Chicago, 1933.

8 "Janesville a Plant City for 40 of GM's 50 Years," *Janesville Daily Gazette*, Mar 6, 1958.

9 Neil Leighton, "Remembering the Flint Sit-Down Strike oral histories," Labor History Project, University of Michigan–Flint; "The Sit Down Strike of 1936~37," United Auto Workers, Local 659.

10 DuPré, *Century of Stories*, pp. 58~59; Gillian King, "The Cogs Fight the Machine: The Great GM Sit-down Strike," *Wisconsin Hometown Stories*, Wisconsin Public Television; Oral history of strike, Janesville Room, Hedberg Public Library.

11 "Shifting Gears: Janesville after GM"(GM history timeline), http://gazetteextra.com/gmtimeline/, *Janesville Gazette*, Dec 15, 2013.

12 Irving Bernstein, Chapter 5, "Americans in Depression and War," *Bicentennial History of the American Worker*, U.S. Department of Labor, 1976.

13 Letter from War Department to the Men and Women of the Janesville Plant, Dec 11, 1943.

14 Mike Hockett, "Today in Manufacturing History, GM Celebrates 100 Millionth Car Made in US," *Industrial Maintenance and Plant Operation Magazine*, Apr 2016.

15 DuPré, *Century of Stories*, p. 197.

은퇴 파티

1 Gina Duwe, "Obama Visit Came Off 'Without a Hitch,'" *Janesville Gazette*, Feb 14, 2008.

2 Stacy Vogel, "GM Workers Caught Up in Obamamania," *Janesville Gazette*, Feb 14, 2008.

3   Nick Bunkley, "GM Posts Record Loss of $38.7 Billion for 2007," *New York Times*, Feb 12, 2008.

4   Transcript, Barack Obama, remarks in Janesville, Wisconsin: "Keeping America's Promise," Feb 13, 2008, American Presidency Project.

르네상스 센터로

1   Press release, Office of Wisconsin Governor Jim Doyle, Jun 23, 2008.

2   Press release on meeting with General Motors, Office of Wisconsin Governor Jim Doyle, Sep 12, 2008.

엄마, 어떻게 좀 해봐요

1   Heather Landy and Neil Irwin, "Massive Shifts on Wall St.," *Washington Post*, Sep 15, 2008.

2   Vikas Bajaj, "Whiplash Ends a Roller Coaster Week," *New York Times*, Oct 11, 2008.

3   Adam Plowright, "World Powers Look to Solve Crisis with Collective Efforts," Agence France-Presse, Oct 11, 2008; "Financial Stress, Downturns and Recoveries,"World Economic Outlook, International Monetary Fund, Oct 2008.

"행복의 한쪽 문이 닫히면 또 다른 문이 열린다"

1   Rock County Community Resource Guide, Southwest Wisconsin Workforce Development Board.

2   Ibid.

3   Meeting minutes, Southwest Wisconsin Workforce Development Board, Dec 10, 2008.

파커의 벽장

1   Adapted from Loren Eiseley, "The Star Thrower," in *The Unexpected Universe* (New York: Harcourt, Brace & World, 1969).

Part 2. 하나둘씩 깜빡이는 고통의 신호들 • 2009

록 카운티 5.0

1   "From Beloit Iron Works to Beloit Corporation," Beloit Historical Society.

2   Superfund Program profile: Beloit Corp., U.S. Environmental Protection Agency.

3   As told to Amy Zipkin, "The Business Must Go On," "The Boss" column, *New York*

Times, Nov 21, 2009.

4 Leigh Buchanan, "Create Jobs, Eliminate Waste, Preserve Value," Inc., Dec 1, 2006.

5 "The Forbes 400," *Forbes*, Sep 20, 2007.

6 James P. Leute, "Billionaire Hendricks Dies After Fall," *Janesville Gazette*, Dec 21, 2007; Krista Brown, "Reports Detail Fatal Fall," *Beloit Daily News*, Dec 22, 1007.

네 번째 마지막 날

1 TAA Program Benefits and Services under the 2002 Benefits, Employment and Training Administration, U.S. Department of Labor.

2 Reports of mass layoffs and plant closings, Wisconsin Department of Workforce Development, 2008 and 2009.

3 Unemployment rate, Local Area Unemployment Statistics, Janesville–Beloit, Wisconsin, metropolitan statistical area, Bureau of Labor Statistics, U.S. Department of Labor.

입찰 전쟁

1 Proceedings of the Rock County Board of Supervisors, Jun 11, 2009.

2 Transcript, press conference by Fritz Henderson, president and chief executive of General Motors, Jun 1, 2009; Statement from General Motors, "GM Pulls Ahead U.S. Plant Closures; Reaffirms Intent to Build Future Small Car in U.S," Jun 1, 2009; Statement on General Motors and Chrysler, Office of Wisconsin Governor Jim Doyle, Jun 1, 2009.

3 GM Statement on Officer and Board Announcements, Mar 30, 2009; Peter Whoriskey, "GM Chief to Resign at White House's Behest," *Washington Post*, Mar 30, 2009.

4 Thomas Content, "State Bid $195 Million to Land GM Auto Line," *Milwaukee Journal Sentinel*, Jul 8, 2009.

소닉 스피드

1 Thomas Content, "State Bid $195 Million to Land GM Auto Line," *Milwaukee Journal Sentinel*, Jul 8, 2009.

2 "Michigan Gets Small Car GM Plant; Doyle 'Deeply Disappointed,'" Madison.com/Associated Press, Jun 26, 2009.

3 Statement regarding GM decision, Office of Wisconsin Governor Jim Doyle, Jun 26, 2009.

4 Regional and state employment and unemployment monthly news release, Bureau of Labor Statistics, U.S. Department of Labor, Jul 17, 2009.

5 Statement from General Motors, "GM Pulls Ahead U.S. Plant Closures; Reaf-firms Intent to Build Future Small Car in U.S," Jun 1, 2009.

6 Katherine Yung, "Creative Tax Plan Key to GM Triumph," *Detroit Free Press*, Jun 28, 2009.

7 Ibid.

8 Statement from General Motors, "GM Announces Plan to Build Small Car in U.S.," May 29, 2009; Steven Mufson, "After Many Tuneups, A Historic Overhaul: A Global Industry Is Transformed in Race to Reinvent U.S. Automakers," *Washington Post*, May 31, 2009.

9 Tom Krisher and Dee Ann Durbin, "Tiny Chevrolet Sonic Helps Detroit Shake Off Rust," Associated Press, Jan 11, 2013.

10 Chrissie Thompson, "Goal: All 2nd Tier Pay at Orion," *Detroit Free Press*, Oct 16, 2010.

11 Kevin Krolicki, "GM Workers Protest Low-Wage Small-Car Plant," Reuters, Oct 16, 2010.

12 Brent Snavely, "Laid-off GM Worker Files Complaint Against UAW," *Detroit Free Press*, Oct 27, 2010.

13 Denial Letter, Case 07-CB-017085, International Union UAW and its local 5960 (General Motors LLC), National Labor Relations Board, Feb 2, 2011.

14 David Barkholz, "GM begins Chevrolet Sonic Production at Suburban Detroit Plant," *Autoweek*, Aug 1, 2011.

15 Press release, "Reaction of Wisconsin Congressional Delegation Members to GM's Decision on the Location of its New Auto Line," Jun 26, 2009.

16 James P. Leute, "So What Does 'Product-ready' Mean?," *Janesville Gazette*, Jun 27, 2009.

노동조합 활동가의 갈등

1 Carol March McLernon, *Lead-mining Towns of Southwest Wisconsin* (Charleston, S.C.: Acadia Publishing, 2008), pp. 20, 28.

블랙호크

1 Michael J. Goc, "Origins," *Wisconsin Hometown Stories*, Wisconsin Public Television.

2 Video, "100 Years of Making Futures," Wisconsin Technical College System, 2011.

수업을 앞두고

1 Based on quote by Leo Buscaglia.

하나의 계획과 고통의 신호들

1 James P. Leute, "Public Private Economic Development Initiative Is a First for Rock County," *Janesville Gazette*, Oct 29, 2009; Hillary Gavan, "Rock County 5.0 Launched with Cooperative Effort," *Beloit Daily News*, Oct 29, 2009.

2 Editorial, "Joining Forces for the Future," *Beloit Daily News*, Oct 30, 2009.

3   Records, U.S. Bankruptcy Court, Western District of Wisconsin.

4   Foreclosure records, Office of the Treasurer, Rock County, Wisconsin.

5   Local Area Unemployment Statistics, Janesville-Beloit, Wisconsin, metropolitan statistical area, Bureau of Labor Statistics, U.S. Department of Labor, Sept, Oct, Nov, Dec 2009.

홀리데이 푸드 드라이브

1   Stacy Vogel, "Hundreds Turn Out for Food Drive," *Janesville Gazette*, Dec 20, 2008.

2   Stacy Vogel, "UAW/GM Food Drive Is About Helping, Not Mourning," *Janesville Gazette*, Dec 21, 2008.

3   Records from ECHO.

4   Rochelle B. Birkelo, "Food Drive Comes to End," *Janesville Gazette*, Nov 21, 2009.

Part 3. 따뜻한, 그러나 위태로운 희망 • 2010

파커 펜의 마지막 날들

1   Obituary, "George W. Parker Dies in Chicago. Famous Pen Manufacturer Stricken at 73. Was Most Widely Known Janesville Citizen," *Janesville Gazette*, Jul 19, 1937.

2   Len Provisor and Geoffrey S. Parker, "History of the Parker Pen Co., Part III, Janesville," *The Pennant* (publication of the Pen Collectors of America), Winter 2006, 5.

3   Ibid., 4.

4   Ibid., 7.

5   Ibid.

6   Len Provisor and Geoffrey S. Parker, "George S. Parker, Part IV, The Early Years, Return to Janesville c. 1884," *The Pennant*, Spring 2007, 7.

7   Website for the Heritage House/Parker Pen Museum, London, U.K.

8   Len Provisor and Geoffrey S. Parker, "George S. Parker, Part IV, The Early Years, Return to Janesville c. 1884," *The Pennant*, Spring 2007, 8, 10.

9   Len Provisor and Geoffrey S. Parker, "The Early Years, George S. Parker, Part V, George Parker Travels the World," *The Pennant*, Summer 2007, 12.

10 "Parkwood Addition to Janesville Wisconsin was laid out and platted by the Parker Pen Company by Geo S. Parker, president and W. F Palmer, Secretary on Jun 17, 1916 upon the following described parcel of land," Janesville city document, Rock County Historical Society archives.

11 Philip Hull, *Memories of Forty-nine Years with the Parker Pen Company*, 2001, 17.

12 Len Provisor and Geoffrey S. Parker, "The Early Years, George S. Parker, Part V, George Parker Travels the World," *The Pennant*, Summer 2007, 12.

13 "Parker Pen Writing Instruments: A Chronology," Parker Pen Co.

14 Timeline on website for the Heritage House/Parker Pen museum.

15 "Peace Through Understanding Through Writing, the Parker International Pen Friend Program," New York World's Fair, 1964.

16 Mike DuPré, obituary for George S. Parker II, *Janesville Gazette*, Nov 7, 2004.

17 Ibid.

18 "Company News: Gillette Completes Acquisition of Parker Pen," *New York Times*, May 8, 1993.

19 Jim Leute, "Writing Is on Wall at Sanford," *Janesville Gazette*, Aug 19, 2009.

20 David Schuyler, "Newell to Close Janesville Plant," *Milwaukee Business Journal*, Aug 18, 2009.

21 Lyrics to song, "May the Good Lord Bless and Keep You," Meredith Wilson, 1950.

22 Timeline on website for the Heritage House/Parker Pen museum.

23 Jim Leute, "Writing Is on Wall at Sanford," *Janesville Gazette*, Aug 19, 2009.

집시가 된다는 것

1 Jim Leute, "It's Been a Year. How Are We Doing? Where Are We going?," based on General Motors figures, *Janesville Gazette*, Dec 20, 2009.

2 Jim Leute, "More Janesville GM Workers Get Jobs in Fort Wayne," *Janesville Gazette*, Jan 28, 2010.

GM보다 가족이 중요하다

1 "On This Date ......," *Beloit Daily News*, Dec 22, 2011.

2 Guide to Wisconsin's Child Labor Laws, Wisconsin Department of Workforce Development.

3 Statement, Rick Wagoner, chairman and CEO, General Motors, Mar 22, 2006.

4 "More than 900 Take Buyout at Janesville GM Plant," Associated Press, Jun 27, 2006.

5 Bill Vlasic, "G.M. Offers Buyouts to 74,000," *New York Times*, Feb 13, 2008.

6 Jim Leute, "Former GMers Face Transfer Deadlines," *Janesville Gazette*, May 11, 2010.

영광의 학사모

1 Ted Sullivan, "Blackhawk Tech Graduates Include Displaced Workers," *Janesville Gazette*, May 16, 2010.

2 Video excerpts, Blackhawk Technical College graduation, May 15, 2010.

3 Sharon Kennedy, testimony before Wisconsin Assembly Committee on Workforce

Development, Feb 12, 2009.

4   Newsletter, CORD, Southwest Wisconsin Workforce Development Board, Jun 1, 2010.

5   Neil Johnson, "Hard Work Turns into Second Careers," *Janesville Gazette*, Jun 15, 2010.

제인스빌에 온 백악관

1   "Remarks by the President on the American Automotive Industry," The White House, Mar 30, 2009.

2   Ibid.

3   Bree Fowler, "Wagoner Leaving GM with Compensation Worth $23M," Associated Press Financial Wire, Mar 30, 2009.

4   "Remarks by the President on the American Automotive Industry," The White House, Mar 30, 2009.

5   Annual Report of the White House Council on Automotive Communities and Workers, The White House, May 2010, 25.

6   Attendee List, Southwest Wisconsin Workforce Development Board, Jun 11, 2010.

7   Paul Ryan on the Scott Hennen Show, YouTube, Jun 11, 2010.

8   Photograph with story by Bob Shaper, "White House Official to Janesville: 'Don't Wait,'" WKOW 27, Jun 11, 2010.

9   Materials for presentations during Montgomery visit, Southwest Wisconsin Workforce Development Board, Jun 11, 2010.

10 "Bridge to Work,"Fact Sheet and Overview, American Jobs Act, The White House, Sep 8, 2011.

11 Text of remarks by Bob Borremans during Montgomery visit, Jun 11, 2010.

12 News release, "Georgetown Appoints Edward Montgomery Dean of Public Policy," Georgetown University, Jun 10, 2010.

13 "Statement by President Obama on Dr. Ed Montgomery," The White House, Jun 14, 2010.

14 News release, "Secretary of Labor Hilda L. Solis announces new director for administration's Office of Recovery for Auto Communities and Workers," U.S. Department of Labor, Jul 6, 2011.

15 "Treasury's Exit from GM and Chrysler Highlights Competing Goals, and Results of Support to Auto Communities Are Unclear," U.S. Government Accountability Office, May 2011, pp. 32~41.

2010년 노동절 축제

1   Catherine W. Idzerda, "Weekend's LaborFest Has Something for All," *Janesville Gazette*, Sep 3,

2010.

2   Krissah Thompson and Spencer Hsu, "Tens of Thousands Attend Progressive 'One Nation Working Together'Rally in Washington," *Washington Post*, Oct 2, 2010.

3   News release, " Janesville, Wisconsin, Laborfest 'JOBS NOW' rally draws statewide attention," International Association of Machinists, Sep 1, 2010.

4   Video posted on Face book, "Barrett for Wisconsin, Janesville Jobs NOW! Rally," Sep 5, 2010.

5   Video, "Presidential Remarks on the Economy, Laborfest in Milwaukee," C-SPAN, Sep 6, 2010.

6   "Remarks by the President at Laborfest in Milwaukee, Wisconsin," The White House, Sep 6, 2010.

7   Candidates at the Janesville LaborFest Parade 2010, YouTube, Sep 6, 2010, https://www.youtube.com/watch?v=Xy03uejOAH4.

8   News release, "Walker: Obama Admits $1 Trillion Stimulus Bill Failure, Continues to Call for End to Boondoggle Train," Scott Walker campaign, Sep 6, 2010.

9   Ann Marie Ames, "Rock County Close to Home for Walker," *Janesville Gazette*, Sep 7, 2010.

10 Candidates at the Janesville LaborFest Parade 2010, YouTube, Sep 6, 2010, https://www.youtube.com/watch?v=Xy03uejOAH4.

프로젝트 16:49

1   Homeless data, School District of Janesville Demographic and Student Membership Report, 2016, 8.

2   R. E. Burgos, director, *Sixteen Forty-Nine*, 2010.

3   Ann Marie Ames, "Movie Showing Highlights Plight of Janesville's Homeless Kids," *Janesville Gazette*, Sep 18, 2010.

Part 4. 요동치는 제인스빌 • 2011

낙관주의의 대사

1   Mary Willmer, guest op-ed, "All Can Play Roles in Moving County Forward," *Janesville Gazette*, Jan 4, 2011.

2   Jason Stein, "First the Dance, Then the Work," *Milwaukee Journal Sentinel*, Jan 4, 2011.

3   Ibid.

4 Video, "Inauguration of Governor Scott Walker," C-SPAN, Jan 3, 2011.

5 Ibid; transcript of Governor Scott Walker's inaugural address, Jan 3, 2011.

6 Video, "Inauguration of Governor Scott Walker," C-SPAN, Jan 3, 2011.

7 Video of coverage of Scott Walker inaugural ball and protests, News 3 WISC-TV, Madison, Wisconsin, Jan 3, 2011.

8 Scott Foval, "Progressives Vow to Hold GOP Lawmakers Accountable," *Wisconsin Gazette*, Jan 13, 2011.

9 Post, Rock the Pantry Facebook page, Jan 3, 2011.

10 Photo gallery, "Wisconsin Open for Business: Governor Scott Walker Unveils the New 'Wisconsin Welcomes You,'" Office of Governor Scott Walker, Jan 18, 2011.

11 "Wisconsin's Governor Comes After Illinois Business," WREX, Rockford, Illinois, Jan 18, 2011.

12 Brad Lichtenstein, 371 Productions, *As Goes Janesville* (Independent Lens, PBS), 2012.

13 Ibid.

14 Ibid.

15 Ibid.

16 James P. Leute, "Walker Backs Interstate Expansion; Touts State's Business Opportunities," *Janesville Gazette*, Jan 19, 2011.

17 Ibid.

18 Ibid.

19 Mary Willmer, post on Facebook, Jan 18, 2011.

이것이 민주주의다

1 Joe Tarr, "Wisconsin Capitol Protests Massive for Second Consecutive Saturday," *Isthmus*, Feb 26, 2011.

2 Ken Germanson, "Milestones in Wisconsin Labor History," Wisconsin Labor History Society.

3 Ibid.

4 AFSCME History Timeline, website of the American Federation of State, County and Municipal Employees.

5 Primer on Wisconsin Labor History, Wisconsin Labor History Society.

6 "Uprising at the Capitol: Week 2," *Isthmus*, Feb 25, 2011; Ben Jones, "As Protest in Madison Goes into Its Second Week, Many Camp Out in State Capitol," *Marshfield News*, Feb 25, 2011; John Tarleton, "Inside the Wisconsin Uprising: Teaching Assistants Help Spark a New Movement in Labor," *Clarion*, newspaper of the Professional Staff Congress,

City University of New York, Apr 2011.

7   Steven Greenhouse, "Delivering Moral Support in a Steady Stream of Pizzas," *New York Times*, Feb 25, 2011. 154 At 1 a.m., the Republicans in the Wisconsin Assembly: Jason Stein, Steve Schultze, and Bill Glauber, "After 61-Hour Debate, Assembly ApprovesBudget-Repair Bill in Early-Morning Vote," *Milwaukee Journal Sentinel*, Feb 25, 2011.

8   Jason Stein, Steve Schultze, and Bill Glauber, "After 61-Hour Debate, Assembly Approves Budget-Repair Bill in Early-Morning Vote," *Milwaukee Journal Sentinel*, Feb 25, 2011.

9   Mary Spicuzza and Clay Barbour, "Budget Bill: Lawmakers, Already Frustrated, Brace for Impending Battle over Budget," *Wisconsin State Journal*, Feb 26, 2011.

10 Photographs, "Anger in Orange," *Wall Street Journal*, Feb 25, 2011.

11 Clay Barbour and Mary Spicuzza, "Campout: Huge Protest Inside the Capitol Will Break Sunday for Cleanup, Police Say," *Wisconsin State Journal*, Feb 26, 2011.

12 *Wisconsin's Politics, the 1970s to Scott Walker* (Mineral Point, WI: Little Creek Press, 2015), pp. 191~192.

13 Ibid., pp. 193~194.

14 Ibid., pp. 195~197.

15 Mary Spicuzza and Clay Barbour, "Budget Repair Bill Passes Senate, Thursday Vote Set in Assembly," *Wisconsin State Journal*, Mar 10, 2011.

16 Jason Stein, Don Walker, and Patrick Marley, "Walker Signs Budget Bill, Legal Challenges Mount," *Milwaukee Journal Sentinel*, Mar 11, 2011.

17 Video from interview with Paul Ryan, *Morning Joe*, MSNBC, Feb 17, 2011.

18 Frank J. Schultz, "Janesville School Board Votes to Cut Teachers," *Janesville Gazette*, Apr 7, 2011.

제인스빌의 시간

1   Figures from human resources department, Fort Wayne Assembly Plant, General Motors.

자부심과 두려움

1   Neil Johnson, "Blackhawk Technical College Graduates Pack Commencement," *Janesville Gazette*, May 14, 2011.

2   TAA Statistics, Trade Activity Participant Report Data for FY 2010 for United States Total, Employment and Training Administration, U.S. Department of Labor; Trade Adjustment Assistance for Workers, Report to the Committee on Finance of the Senate and Committee on Ways and Means of the House of Representatives, Employment and Training Administration, U.S. Department of Labor, December 2010.

3   FY2010 TAA Statistics; National TAA Program Statistics, Trade Activity Participant Report
    Data for FY 2011 for United States Total, Employment and Training Administration, U.S.
    Department of Labor.

2011년 노동절 축제

1   Clay Barbour, "Two Sides on One Mission; Dale Schultz, Tim Cullen Are Out to Show
    State Residents That Politicians Can Work Together, Bipartisan Barnstorming," *Wisconsin
    State Journal*, Jul 29, 2011; Frank J. Schultz, "Democratic, Republican Senators Work to
    Forge Relationship," *Janesville Gazette*, Aug 19, 2011.
2   "Paul Ryan Labor Day Confrontation," YouTube, https://www.youtube.com/
    watch?v=YD0lh1Zj81I.
3   Unemployment rate and employment, Local Area Unemployment Statistics, Janesville-Beloit,
    Wisconsin, metropolitan statistical area, Bureau of Labor Statistics, U.S. Department of
    Labor.
4   Nick Bunkley, "G.M. Contract Approved, with Bonus for Workers," *New York Times*, Sep
    29, 2011.
5   Jim Leute, "Auto Recovery Would Bode Well for Janesville GM Facility," *Janesville Gazette*,
    Sep 22, 2011.

벽장을 발견하다

1   Figures from Parker High School.

Part 5. 이것이 희망인가? • 2012

샤인

1   Fact sheet, "NNSA Works to Establish a Reliable Supply of Mo-99 Produced Without Highly
    Enriched Uranium," National Nuclear Security Administration, U.S. Department of Energy,
    Oct 29, 2014.
2   2010's 40 Executives Under 40," *Business Madison*, Mar 2010.
3   News release, "SHINE Medical Technologies to Site New Manufacturing Plant in
    Janesville," SHINE Medical Technologies, Inc., Jan 24, 2012.
4   James P. Leute, "Janesville Working with Medical Isotope Maker on Incentive Agreement,"
    Janesville Gazette, Jan 25, 2012.
5   Vic Grassman, Economic Development Director, Economic Development Department

Memorandum to Janesville City Council, "Action on a Proposed Resolution Authorizing the City Manager to Enter into a T.I.F. Agreement with SHINE Medical Technologies," Feb 13, 2012.

6   Jim Leute, "Business Park Deemed Shovel-Ready," *Janesville Gazette*, Jul 25, 2012.

7   2012 annual budget, City of Janesville, 1.

8   Ibid., 13.

9   Vic Grassman, Economic Development Director, Economic Development Department Memorandum to Janesville City Council, Action on a Proposed Resolution Authorizing the City Manager to Enter into a T.I.F. Agreement with SHINE Medical Technologies, Feb 13, 2012.

10   Video, meeting of the Janesville City Council, Feb 13, 2012.

11   Ibid.

12   Ibid.

13   Ted Sullivan, "Prison Time Ordered in Contract Killing Case," *Janesville Gazette*, Apr 19, 2009.

14   Video, meeting of the Janesville City Council, Feb 13, 2012.

15   Ibid.

자선의 행방

1   Obituary, "J. A. Craig Dies at 91, Leader in Many Fields," *Janesville Gazette*, Dec 31, 1958.

2   Obituary, "George W. Parker Dies in Chicago. Famous Pen Manufacturer Stricken at 73. Was Most Widely Known Janesville Citizen," *Janesville Gazette*, Jul 19, 1937.

리콜

1   "Recall Race for Governor Cost $81 Million," Wisconsin Democracy Campaign, Jul 25, 2012.

2   Frank J. Schultz, "Billboard Near Shuttered GM Plant Causes Stir," *Janesville Gazette*, Jan 12, 2012.

3   "Recall Race for Governor Cost $81 Million," Wisconsin Democracy Campaign, Jul 25, 2012.

4   News releases, Marquette University Law School Poll, May 2, 2012, May 30, 2012.

5   Tom Kertscher, "A Closer Look at Recall Donations," *Milwaukee Journal Sentinel*, May 17, 2012.

6   Governor Scott Walker victory speech, C-SPAN, Jun 5, 2012.

7   Statewide percentage results, 2012 Recall Election for Governor, Wisconsin Elections Commission.

8 County by county report, 2012 Recall Election for Governor, Wisconsin Elections Commission.

후보자

1 Mitt Romney VP announcement with Rep. Paul Ryan, C-SPAN, Aug 11, 2012.

2 Ibid.

3 Rachel Streitfeld, "Ryan's Clandestine Journey to Romney's Ticket Went from 'Surreal to Real,'" CNN, Aug 12, 2012.

4 Patrick Marley, "Cullen Returns to Caucus Fold; Senator Had Quit over Assignments," *Milwaukee Journal Sentinel*, Jul 29, 2012.

5 Mitt Romney VP announcement with Rep. Paul Ryan, C-SPAN, Aug 11, 2012.

6 Romney-Ryan bus tour rally in Waukesha, Wisconsin, Waukesha County Expo Center, C-SPAN, Aug 12, 2012.

7 Paul Ryan send-off rally in Janesville, Wisconsin, JATV, Aug 27, 2012.

2012년 노동절 축제

1 Gina R. Heine, "Janesville Labor Fest Run by the Community, for the Community," *Janesville Gazette*, Sep 4, 2009.

약병들

1 Report of preliminary death investigation, Kristi Beyer, Rock County Coroner.

2 Ibid. Ambulance report in records of Rock County Coroner on death of Kristi Beyer.

3 Sara Jerving, "Suicide Crisis Centers Report Increase in Calls. Is the Economy to Blame?," *Janesville Gazette*, Feb 21, 2010.

4 Data from Rock County Coroner.

5 Aaron Reeves, David Stuckler, Martin McKee, David Gunnell, Shu-Sen Chang, and Sanjay Basu, "Increase in State Suicide Rates in the USA During Economic Recession," *The Lancet*, Nov 6, 2012.

6 Mercy Hospital report in records of Rock County Coroner on death of Kristi Beyer.

7 Ibid.

8 Autopsy report on death of Kristi Beyer, Rock County Coroner.

여성의 모임

1 Jim Leute, "Bank Makes Name Change Official," *Janesville Gazette*, Oct 6, 2012.

2 Paul Gores, "M&I Absorbed into Harris Bank; Former 'Crown Jewel' of Banks Had Been

Slumping for Years," *Milwaukee Journal Sentinel*, Jul 6, 2011.

3 John McCrank, "Canada's BMO Buying U.S. M&I Bank for $4.1 Billion," Reuters, Dec 17, 2010.

첫 투표

1 "On the Trail: November 6, 2012," "Political Ticker" blog, CNN.
2 Chris Cilizza, "The 9 Swing States of 2012," *Washington Post*, Apr 16, 2012; Attendance figure from a White House pool report, Nov 5, 2012.
3 County by county report, 2012 Fall General Election, Wisconsin Elections Commission.
4 Precinct details, 2012 General Election, Rock County Clerk.

헬스넷

1 Thomas DeLeire et al., "Evaluation of Wisconsin's BadgerCare Plus Core Plan for Adults Without Dependent Children," Report #1, University of Wisconsin Population Health Institute, 1.

또 한 번의 실직

1 "Percent of Children Living in Low-Income Household," School District of Janesville Demographic and Student Membership Report, 2016, 7.
2 Blog post by Karen Schulte, superintendent of schools, "What's Right in the School District of Janesville: Delivering Bags of Hope," Dec 27, 2012.

Part 6. 두 개의 운명, 두 개의 제인스빌 • 2013

두 개의 제인스빌

1 Marketing material, BMO Harris bank.
2 Jim Leute, "Marketing Tightening for Industrial Real Estate," *Janesville Gazette*, Jan 28, 2013.
3 Posted on Facebook, Mary Willmer, Jan 24, 2013.
4 Posted on Facebook, Mary Willmer, May 19, 2013.
5 FoodShare Wisconsin caseload data, Wisconsin Department of Health, 2007, 2013.

한밤의 드라이브

1 Indiana City/Town Census Counts, 1900 to 2010, and Population Estimates for Indiana's

Incorporated Places, U.S. Census Bureau data compiled by STATS Indiana, Indiana Business Research Center, Indiana University.

2   Gary, Indiana, QuickFacts, U.S. Census Bureau.

3   Carl Sandburg, "Chicago."

계절에 따라 늘고 주는 업무

1   Jim Leute, "Janesville Plant Is Key for Seneca Foods, Company Says," *Janesville Gazette*, Jun 20, 2013.

절반 넘게 찬 유리잔

1   Employment statistics, Local Area Unemployment Statistics, Janesville-Beloit, Wisconsin, metropolitan statistical area, Bureau of Labor Statistics, U.S. Department of Labor, Jun 2008 and Apr 2013.

졸업

1   Garth Brooks, "The River."

2   Carol Lohry Cartwright, Scott Shaffer, and Randal Waller, *City on the Rock River: Chapters in Janesville's History* (Janesville Historic Commission, 1998), p. 186.

3   Average cost, Wisconsin resident, 2013~2014 cost chart, University of Wisconsin-Platteville.

에필로그

1   Elliot Hughes and Neil Johnson, "'It's over': Janesville GM Plant Identified in UAW Contract as Closing," *Janesville Gazette*, Oct 28, 2015.

2   2016 Fall General Election Results, Wisconsin Elections Commission.

3   Ibid.

4   Local Area Unemployment Statistics, Janesville-Beloit, Wisconsin, metropolitan statistical area, Bureau of Labor Statistics, U.S. Department of Labor, October 2016.

5   State and Area Employment Statistics, Janesville-Beloit, Wisconsin, metropolitan statistical area, Bureau of Labor Statistics, U.S. Department of Labor, Oct 2016.

6   Job listings and job fair announcements, Rock County Job Center.

7   Ted Mellnik and Chris Alcantara, "Manufacturing Jobs Are Returning to Some Places. But These Jobs Are Different," *Washington Post*, Dec 14, 2016, based on analysis of Bureau of Labor Statistics quarterly employment and wages data.

8   Memorandum and order (authorizing issuance of construction permit) in the matter of SHINE Medical Technologies Inc., U.S. Nuclear Regulatory Commission, Feb 25, 2016.

9   Neil Johnson, "SHINE Confirms Move to Downtown Janesville," *Janesville Gazette*, Sep 21, 2016.

10 Catherine W. Idzerda, "Thousands Attend Dollar General Job Fair," *Janesville Gazette*, Sep 18, 2016.

11 Dave Delozier, "Labor Fest Likely Victim of GM Closure in Janesville," WISC-TV News 3, Sep 7, 2015.

12 Elliot Hughes, "Janesville Asks GM to Create $25 Million 'Legacy Fund,'" *Janesville Gazette*, Mar 8, 2016.

13 Elliot Hughes, "Four 'Qualified Parties'Identified for GM Property Sale," *Janesville Gazette*, Jun 20, 2016.

14 James B. Nelson, "Economists Say Time Has Run Out on Top Campaign Promise," *PolitiFact*, Sep 18, 2014.

15 Federal Election Commission data; Reform America Fund, contributors 2016 cycle, OpenSecrets.org

추천 자료 목록

이 책이 다루는 주제에 관한 생각을 형성하는 데 도움을 준 책들, 경기후퇴의 결과들에 대한 최근의 연구를 이해하는 데 유용한 기사와 보고서 목록을 첨부한다.

책

Bartlett, Donald L., and James B. Steele. *The Betrayal of the American Dream*. New York: PublicAffairs, 2012.[한국어판: 이찬 옮김, 《국가는 잘사는데 왜 국민은 못 사는가》, 어마마마, 2014]

Ehrenreich, Barbara. *#Nickel and Dimed: On (Not) Getting By in America*. New York: Henry Holt, 2001.[한국어판: 최희봉 옮김, 《노동의 배신》, 부키, 2012]

Garson, Barbara. *Down the Up Escalator: American Lives in the Great Recession*. New York: Doubleday, 2013.

Greenhouse, Steven. *The Big Squeeze: Tough Times for the American Worker*. New York: Alfred A. Knopf, 2008.

Grunwald, Michael. *The New New Deal: The Hidden Story of Change in the Obama Era*. New York: Simon & Schuster, 2012.

Grusky, David B., Bruce Western, and Christopher Wimer, eds. *The Great Recession*. New York: Russell Sage Foundation, 2011.

Kennedy, Sharon A. *Classroom at the End of the "Line": Assembly Line Workers at Midwest Community and Technical Colleges*. North Charleston, SC: CreateSpace Independent Publishing Platform, 2013.

Linkon, Sherry Lee, and John Russo. *Steeltown U.S.A.: Work and Memory in Youngstown*. Lawrence: University Press of Kansas, 2002.

Milkman, Ruth. *Farewell to the Factory: Auto Workers in the Late Twentieth Century*. Berkeley: University of California Press, 1997.

Osterman, Paul, and Beth Shulman. *Good Jobs America: Making Work Better for Everyone*. New York: Russell Sage Foundation, 2011.

Packer, George. *The Unwinding: An Inner History of the New America*. New York: Farrar,

Straus & Giroux, 2013. 〔한국어판: 박병화 옮김, 《미국, 파티는 끝났다》, 글항아리, 2015〕

Peck, Don. *Pinched: How the Great Recession Has Narrowed Our Futures and What We Can Do About It.* New York: Crown, 2011.

Putnam, Robert D. *Our Kids: The American Dream in Crisis.* New York: Simon & Schuster, 2015. 〔한국어판: 정태식 옮김, 《우리 아이들》, 페이퍼로드, 2017〕

Smith, Hedrick. *Who Stole the American Dream?* New York: Random House, 2012.

Van Horn, Carl E. *Working Scared (or Not at All): The Lost Decade, Great Recession, and Restoring the Shattered American Dream.* Lanham, MD: Rowman & Littlefield, 2013.

기사와 보고서

Brooks, Clem, and Jeff Manza. "Broken Public? Americans'Responses to the Great Recession." *American Sociological Review* 78 (2013): pp. 727~748.

Burgard, Sarah A., Jennie E. Brand, and James S. House. "Causation and Selection in the Relationship of Job Loss to Health in the United States." Working paper, University of Michigan, Aug 2005.

Davis, Steven J., and Till von Wachter. "Recessions and the Costs of Job Loss." Brookings paper on Economic Activity, Brookings Institution, Fall 2011.

Farber, Henry S. "Job Loss in the Great Recession: Historical Perspective from the Displaced Worker Survey, 1984~2010." Working paper 17040, National Bureau of Economic Research, May 2011.

Goldsmith, Arthur, and Timothy Diette. "Exploring the Line Between Unemployment and Mental Health Outcomes." *The SES Indicator*, e-newsletter of the Public Interest Directorate Office of Socioeconomic Status, American Psychological Association, Apr 2012.

Heinrich, Carolyn, and Harry J. Holzer. "Improving Education and Employment for Disadvantaged Young Men: Proven and Promising Strategies." *Annals of the American Academy of Political and Social Science* 635 (May 2011): pp. 163~191.

Heinrich, Carolyn J., Peter R. Mueser, and Kenneth R. Troske. "Workforce Investment Act Non-Experimental Net Impact Evaluation." IMPAC International, LLC, Dec 2008.

Heinrich, Carolyn J., Peter R. Mueser, Kenneth R. Troske, Kyung-Seong Jeon, and Daver C. Kahvecioglu. "A Nonexperimental Evaluation of WIA Programs." In *The Workforce Investment Act: Implementation Experiences and Evaluation Findings*, edited by Douglas J. Besharov and Phoebe H. Cottingham (Kalamazoo, MI: W. E. Upjohn Institute for Employment Research, 2011), pp. 371~404.

Hollenbeck, Kevin, Daniel Schroeder, Christopher T. King, and Wei-Jang Huang. "Net Impact Estimates for Services Provided Through the Workforce Investment Act." Paper for Office of

Policy and Research, Employment and Training Administration, U.S. Department of Labor, 2005.

Hurd, Michael D., and Susann Rohwedder. "Effects of the Financial Crisis and Great Recession on American Households." Working Paper 16407, National Bureau of Economic Research, Sep 2010.

Jacobson, Louis S. "Strengthening One-Stop Career Centers: Helping More Unemployed Workers Find Jobs and Build Skills." Discussion paper, The Hamilton Project, Brookings Institution, Apr 2009.

Jacobson, Louis, Lauren Focarazzo, Morgan Sacchetti, and Jacob Benus. "Improving America's Workforce Through Enhanced Collaboration Between the Public Workforce System and Community Colleges." IMPAQ International LLC, submitted to U.S. Department of Labor, Dec 10, 2010.

Jacobson, Louis, Robert J. LaLonde, and Daniel Sullivan. "The Impact of Community College Retraining on Older Displaced Workers: Should We Teach Old Dogs New Tricks?" Industrial & Labor Relations Review 58, no. 3 (2005): pp. 398~415.

Kalil, Arial, Kathleen M. Ziol-Guest, and Jodie Levin Epstein. "Non-standardWork and Marital Instability: Evidence from the National Longitudinal Survey of Youth." Journal of Marriage and Family 72 (2010): pp. 1289~1300.

Kalil, Arial, and Patrick Wightman. "Parental Job Loss and Children's Educational Attainment in Black and White Middle Class Families." Social Science Quarterly 92 (2011): pp. 56~77.

Katz, Lawrence. "Long-Term Unemployment in the Great Recession." Testimony for the Joint Economic Committee, U.S. Congress, Apr 29, 2010.

Kessler, Ronald C., Blake Turner, and James S. House. "Effects of Unemployment on Health in a Community Survey: Main, Modifying and Mediating Effects." Journal of Social Issues 44, no. 4 (1988): pp. 69~85.

Kochhar, Rakesh. "A Recovery No Better than the Recession: Median Household Income, 2007 to 2011." Pew Social & Demographic Trends, Pew Research Center, Jun 2014.

Stanley, Marcus, Lawrence Katz, and Alan Krueger. "Developing Skills: What We Know About the Impact of American Employment and Training Programs on Employment, Earnings and Educational Outcomes." G8 Economic Summit, 1998.

Stucker, David, Sanjay Basu, and David McDaid. "Depression Amidst Depression: Mental Health Effects of the Ongoing Recession," background paper to Impact of Economic Crises on Mental Health, World Health Organization Regional Office for Europe, 2010.

Sullivan, Daniel, and Till von Wachter. "Job Displacement and Mortality: An Analysis Using Administrative Data." The Quarterly Journal of Economics 3 (2009): pp. 1265~1306.

Van Horn, Carl, and Cliff Zukin. "Shattered American Dream: Unemployed Workers Lose Ground, Hope, and Faith in Their Futures." Part of series of Work Trends surveys, John J. Heldrich Center for Workforce Development, Bloustein School of Planning and Public Policy, Rutgers University, Dec 2010.

Van Horn, Carl, Cliff Zukin, and Allison Kopicki. "Left Behind: The Long-term Unemployed Struggle in an Improving Economy." Part of series of Work Trends surveys, John J. Heldrich Center for Workforce Development, Bloustein School of Planning and Public Policy, Rutgers University, Sep 2014.

Von Wachter, Till, Jae Song, and Joyce Manchester. "Long-Term Earnings Losses Due to Mass Layoffs in the 1982 Recession: An Analysis of U.S. Administrative Data from 1974 to 2004." Working paper, Columbia University, Apr 2009.

Zukin, Cliff, Carl Van Horn, and Charley Stone. "Out of Work and Losing Hope: The Misery and Bleak Expectations of American Workers." Part of series of Work Trends surveys, John J. Heldrich Center for Workforce Development, Bloustein School of Planning and Public Policy, Rutgers University, Sep 2011.